Est classique le livre qu'une nation ou un groupe de nations ou les siècles ont décidé de lire comme si tout dans ses pages était délibéré, fatal, profond comme le cosmos et susceptible d'interprétation sans fin.

N'est pas classique (je le répète) un livre qui nécessairement possède tel ou tel mérite, mais un livre que les générations humaines, pressées par des raisons différentes, lisent avec une ferveur préalable et une mystérieuse loyauté.

Jorge Luis Borges

Cette citation est extraite de
Enquêtes, trad. Paul et Sylvia Benichou, coll. Folio / Essais,
Gallimard, Paris, 1967, p. 251-252

PLATON,
HÉRITIER DE PROTAGORAS

DERNIERS OUVRAGES DANS LA MÊME COLLECTION

A. Brancacci : *Antisthène. Le discours propre*, 288 p., 2005.

J.-Y. Chateau, *Philosophie et religion. Platon, Euthyphron, traduction et commentaire*, 320 p., 2005.

P. Christias : *Platon et Paul au bord de l'abîme. Pour une politique katéchontique*, 416 p., 2014.

S. Delcomminette, *Aristote et la nécessité*, XXX p., 2016.

M. Dixsaut, (dirigé par) : *Études sur la République de Platon* :

– 1. *De la justice. Éducation, psychologie et politique*, (avec la collaboration de A. Larivée), 360 p., 2005.

– 2. *De la science, du bien et des mythes*, (avec la collaboration de F. Teisserenc), 336 p., 2005.

D. El Murr : *Savoir et gouverner. Essai sur la science politique platonicienne*, 336 p., 2014.

É. Helmer : *La part du bronze. Platon et l'économie*, 320 p., 2010.

« L'art de bien lire ». Nietzsche et la philologie, textes réunis par Jean-François Balaudé et Patrick Wotling, 304 p., 2012.

L'idée platonicienne dans la philosophie contemporaine. Jalons, textes réunis par Sylvain Delcomminette et Antonino Mazzù, 336 p., 2012.

J.-Y. Lacroix : *Platon et l'utopie. L'être et l'existence*, 416 p., 2014.

L. Lavaud : *D'une métaphysique à l'autre. Figures de l'altérité dans la philosophie de Plotin*, 320 p., 2008.

P.-M. Morel : *De la matière à l'action. Aristote et le problème du vivant*, 208 p., 2007.

La mesure du savoir. Études sur le Théétète *de Platon*, dirigé par D. El Murr, 432 p., 2013.

Richesse et pauvreté chez les philosophes de l'Antiquité, dirigé par É. Helmer, 320 p., 2016.

P. Rodrigo : *Aristote. Une philosophie pratique. Praxis, politique et bonheur*, 162 p., 2006.

S. Rosen : *La Question de l'Être. Heidegger renversé*, traduction d'É. Helmer, 384 p., 2008.

F. Teisserenc : *Langage et image dans l'œuvre de Platon*, 320 p., 2010.

C. Viano : *La Matière des choses. Le livre IV des* Météorologiques *d'Aristote et son interprétation par Olympiodore*, 400 p., 2006.

TRADITION DE LA PENSÉE CLASSIQUE
Directeur : Monique Dixsaut

PLATON, HÉRITIER DE PROTAGORAS

Dialogue sur les fondements de la démocratie

par

Marc-Antoine GAVRAY

Ouvrage publié avec le concours du Centre national du livre

PARIS
LIBRAIRIE PHILOSOPHIQUE J. VRIN
6 place de la Sorbonne, Ve
2017

Ce livre résulte du remaniement d'une thèse de doctorat soutenue à Liège le 19 février 2008. Je tiens tout d'abord à en remercier les deux directeurs, Annick Stevens qui, au fil de ce travail, a su montrer à mon égard patience, disponibilité et, surtout, rigueur d'esprit, trois qualités utiles pour me sortir de mon sommeil dogmatique ; et Luc Brisson, qui ne s'est jamais révélé avare de gentillesse et de générosité, me faisant bénéficier de son incomparable connaissance de Platon. Ma gratitude va ensuite à Monique Dixsaut, qui accueille grâcieusement ce livre dans sa collection. Au fil des années, son exigence philosophique m'a permis d'affuter ma lecture de Platon. Je remercie également Sylvain Delcomminette, pour son amitié indéfectible et ses échanges stimulants, sur Platon comme sur d'autres sujets moins sérieux. Mes remerciements vont aussi à Denis Seron pour avoir accepté, une nouvelle fois, de lire ma prose hésitante, le conduisant à revenir à Platon ; mais aussi à Michel Narcy, dont l'acribie et les remarques pertinentes m'ont permis d'éviter de bien fâcheuses erreurs.

Amis, proches, collègues : nombreuses sont les personnes qui, à des degrés divers, m'ont conduit à affiner mes propos et à rendre ce livre moins imparfait. À tous, j'adresse une pensée reconnaissante – Dimitri El Murr, Alexandre Hasnoui, Étienne Helmer et Fulcran Teisserenc, pour ce que chacun d'eux m'a appris sur Platon ; Bernard Collette, pour ces soirées d'hiver passées à causer de philosophie ancienne ; et puis tous les autres (Christophe, Jérôme, Laurent, ma famille) dont la liste occuperait à elle seule l'intégralité d'un chapitre qui, à coup sûr, se serait conclu par quelques mots complices à l'intention de Muriel.

Imprimé en France

ISSN 1251-4756

ISBN 978-2-7116-2695-3

www.vrin.fr

INTRODUCTION

L'IDÉE D'HÉRITAGE

Qu'implique de subir l'influence ou, dans un langage imagé, d'hériter d'une pensée ? Selon une acception large, hériter signifie recevoir quelque chose de quelqu'un malgré soi. Le « quelque chose » revêt diverses formes, des plus abstraites aux plus concrètes. « Quelqu'un » désigne tant un individu qu'un groupe. Enfin, « malgré soi » signifie l'extériorité irrévocable du legs qui échoit à l'héritier, sans volonté de sa part. Il incombe néanmoins à ce dernier de décider de sa position par rapport à l'héritage reçu, de déterminer son point de vue à l'égard de ce qui lui est donné. La notion d'héritage désigne donc d'une part l'objet en tant que tel, le donné à l'état brut ; d'autre part, et par extension, le mode de son appropriation. Un héritage intellectuel se distingue de la notion d'influence par ce second aspect. L'influence ne représente que la partie passive de la relation, le reçu ou le subi sans conscience ni désir nécessaire. En revanche, il s'avère possible de thématiser un héritage, c'est-à-dire de le poser comme un objet vis-à-vis duquel s'orienter dans la pensée. Subir l'influence de son époque suppose d'en véhiculer les idées ou conceptions courantes, tandis qu'en devenir l'héritier implique une décision et une prise de position à son égard : un héritage n'acquiert de sens, voire d'existence, qu'à être déclaré.

À l'instar de l'héritage matériel, l'héritage intellectuel laisse une trace – tel un acte notarié. S'il se refuse à l'intégrer à sa propre doctrine, le philosophe doit s'en justifier : ce refus constitue un acte thétique qui manifeste un processus de pensée supérieur à celui qui résulte d'une acceptation. Armée d'une mauvaise foi intrinsèque qui incite à éprouver moins de remords à se dresser contre des ennemis qu'à reconnaître des amis, la pensée philosophante se montre en effet plus encline à souligner un désaccord qu'à s'avouer redevable – le phénomène se vérifie encore lorsqu'il y a à la fois agrément et refus d'un héritage, accord sur une partie mais pas sur l'ensemble.

Pour le philosophe, hériter ne signifie pas seulement recevoir des idées ou des raisonnements établis, mais surtout recueillir un questionnement. L'auteur légataire a soulevé des questions, par elles-mêmes aussi signifiantes que les solutions qu'il leur a apportées et qui constituent plutôt des indices en vue de la reformulation du questionnement. Elles apparaissent comme les traces du cheminement du raisonnement, les pistes à reprendre pour comprendre les raisons qui ont mené à cette interrogation, puis à ses réponses. Cette approche n'engendre aucun cercle vicieux : la pensée héritée constitue un ensemble d'idées dont la cohérence se révèle plus ou moins directement. En dégager l'unité ou en réaliser la synthèse permet, d'une part, de remonter à une question initiale parfois très éloignée, en apparence du moins, des réponses auxquelles le raisonnement a abouti ; d'autre part, de percevoir, grâce au lien reconstruit, la direction de la pensée ayant conduit au résultat observé. Une archéologie de cette pensée paraît possible, qui retrace les difficultés contre lesquelles chacune des réponses a été inventée en guise de parade.

Hériter, c'est accepter de prendre en compte ces questions, de les reprendre à son compte. Avaliser ou non les réponses, c'est déjà en ressusciter l'origine. Le questionnement commun sert dès lors de base à une confrontation, puisque chacune des parties en présence apporte une solution à un problème identique, l'une ayant l'avantage de rebondir sur les difficultés soulevées par l'autre : l'héritier ne prolonge pas les réponses, mais il reprend la question à nouveaux frais. Dans ce cadre, ce livre entend traquer la question de l'héritage platonicien de la doctrine protagoréenne (au-delà de ses seules occurrences explicites), afin de faire apparaître les enjeux que la philosophie poursuit dans son acte fondateur.

Platon accorde une place de choix et un traitement particulier à Protagoras. Seul d'entre les sophistes, il le fait traverser l'ensemble du corpus, le nomme dans le plus grand nombre de textes, lui consacre deux Dialogues à des périodes différentes, qui se présentent comme des œuvres construites autour de thèses protagoréennes [1]. Dans le *Sophiste*, Protagoras est le seul sophiste nommé, comme s'il devait être considéré comme un

1. Si le nom de Gorgias apparaît dans le *Philèbe* au sujet de son art de la persuasion (58 a), le passage reste sans suite. En outre, bien que deux dialogues portent le nom d'Hippias, il est moins évident qu'ils interrogent directement les doctrines du sophiste d'Élis. Ils constituent deux dialogues avec Hippias, au lieu d'être des dialogues sur Hippias. Le propos semble plus *ad hominem* que relatif à une doctrine particulière alors que, s'agissant de Protagoras, Platon se réfère à ses propres arguments pour rappeler au lecteur sa réfutation et ses enjeux.

modèle du genre (232 d). Par ailleurs, hormis lorsqu'il dresse dans le *Protagoras* un tableau évocateur et caricatural de la scène athénienne, Platon ne range jamais Protagoras parmi ses congénères (Hippias, Prodicos et Euthydème). Il lui attribue une méthode et un objectif d'enseignement originaux, qui ne basculent ni dans l'encyclopédisme superficiel, ni dans une investigation stérile sur la synonymie, ni dans un refus d'examiner l'*aretè*, mais qui renvoient à des problématiques platoniciennes (l'enseignement de la vertu et la connaissance du réel). Dans le *Théétète* encore, il interroge Protagoras sur le fond de sa doctrine, y reconnaissant une conception du monde et une définition possible de la connaissance. Les efforts prêtés à Socrate pour en donner une défense adéquate mériteraient d'être perçus comme autant de gages de l'importance qu'il attribue à ce sophiste. Dès lors, comment décrire la relation qui unit Platon à Protagoras ?

Platon ne se présente pas comme l'héritier de Protagoras, mais comme son adversaire. Quelle est l'incidence de cette position sur la méthodologie exégétique ? Bien qu'elle incite à chercher les erreurs commises plutôt que la vérité, cette attitude implique de reconnaître à l'autre une cohérence et un intérêt suffisants pour entamer la discussion. Elle invite à juger les thèses soit en menant la discussion dans le champ de l'adversaire, soit en le contraignant à se conformer au mode d'argumentation de son interprète. La première option conduit à analyser la validité interne de la thèse au sein de son propre système logique, donc à soumettre le discours herméneutique aux contraintes imposées par ce système. Elle empêche du même coup de développer les idées qui appartiennent au seul interprète, sous peine d'aboutir à des oppositions de principe, à une simple fin de non-recevoir. Elle parvient en revanche à une réfutation ou à une démonstration en bonne et due forme auxquelles l'adversaire ne pourra se soustraire, puisqu'elles auront été menées en vertu de principes philosophiques jugés valides. La seconde option permet au contraire à l'adversaire de contester la réfutation, dans la mesure où elle aura été conduite sur un plan *a priori* incompatible. Toutefois, en l'intégrant à son propre système de pensée, l'interprète montre qu'il confère à son adversaire une théorie cohérente et sensée, pour autant que le procédé soit exécuté honnêtement. Il revient en effet à lui accorder la possibilité de trouver un accomplissement philosophique au sein d'un nouveau système, en rendant sa doctrine plus forte et plus conséquente, en un mot plus philosophique. L'exégète se prescrit ainsi d'affronter des objections plus solides, dignes de faire progresser la pensée en retenant de la thèse adverse les arguments les plus riches. Une telle stratégie tend à chercher un terrain d'entente, dans le sens d'une intégration à sa propre pensée des éléments puisés chez l'adversaire, en vertu de la cohérence qui leur aura été octroyée. La position de l'autre s'avère alors philosophiquement réfutée, consolidant au passage la doctrine de l'interprète, puisqu'elle aura été amenée à affronter des objections prégnantes ou à assimiler des thèses fortes. En conclusion, ce livre a également pour but d'étudier l'herméneutique que Platon met en œuvre dans son dialogue avec Protagoras.

Mise en perspective

Lire le Protagoras de Platon

Le *Protagoras* et le *Théétète* constituent deux œuvres clés pour saisir l'héritage platonicien de la pensée protagoréenne. Platon y met en scène le sophiste et instaure un débat à l'intérieur duquel la frontière entre réalité historique et fiction philosophique reste floue. Ce livre voudrait se concentrer sur deux passages se trouvant au cœur de ces Dialogues : le mythe et le discours du sophiste dans le *Protagoras*, son apologie dans le *Théétète*. Parce qu'elles constituent des moments où Platon laisse s'exprimer la pensée du sophiste, en tâchant à la fois de développer au mieux ses idées et d'interroger les principes de sa méthode, ces deux interventions en première personne offrent des morceaux de choix pour aborder l'interprétation platonicienne de Protagoras. Pour cette raison, elles doivent être privilégiées et prises chacune comme un bloc homogène, au sein duquel Platon tâcherait de restituer la cohérence philosophique de la sophistique de Protagoras. Or les interprètes se soucient rarement de les intégrer au mouvement général du Dialogue, de voir comment, par les éléments et la cohésion qu'elles apportent, elles contribuent à la progression de l'ensemble. Enfin, elles sont trop peu souvent mises en parallèle, alors qu'un éclairage croisé dévoile plusieurs thèmes communs et, à travers eux, la récurrence de questions que Platon estime centrales dans la pensée de Protagoras. Il ne s'agit cependant ni de lire le *Protagoras* à l'aune du *Théétète* ni de faire l'inverse, mais d'examiner comment, au fil de deux textes en apparence si éloignés, Platon relève, en dépit d'un traitement manifestement différent, des éléments identiques afin d'en révéler les enjeux philosophiques. Pendant plus de deux pages de l'édition Estienne du *Théétète*, Platon laisse la parole au sophiste afin de plaider sa cause et de rétablir la cohérence d'une doctrine à laquelle Socrate vient d'adresser plusieurs objections. Ce passage, qui est comme un nœud de la première partie du *Théétète*, est un temps fort dont il faudrait prendre la mesure. Curieusement, il n'a pourtant fait l'objet d'aucune étude systématique : en général, les interprètes le négligent et s'en débarrassent par quelques remarques lapidaires, approfondissant rarement l'un ou l'autre point et préférant enjamber cette section pour parvenir à l'argument de l'auto-réfutation du relativisme, jugé plus décisif. Au mieux, l'apologie est utilisée comme une source où puiser pour justifier la suite; au pire, comme un pastiche de discours sophistique dénué d'intérêt philosophique. Quant aux spécialistes des sophistes, leur bienveillance à l'égard de Protagoras ne suffit pas à les inciter à une analyse minutieuse de cette portion du Dialogue. Ils soulèvent tout au plus la question de l'authenticité historique des idées développées par l'apologie, sans tenter de lui restituer sa fonction au cœur du *Théétète*. Une lecture systématique du discours protagoréen ouvre pourtant de nouvelles perspectives, si on veut bien admettre qu'il constitue un moment décisif du *Théétète*, où sont ramassées et articulées les questions que soulève le début du dialogue. Dès lors, ce livre se propose de mettre en relief les problèmes philosophiques que pose la pensée de Protagoras, laquelle, au-delà de vues fécondes par elles-mêmes, entraîne une interrogation d'ordre épistémologique de la part de Platon. Pour ce faire, il entreprend un découpage thématique de l'apologie, distingue les questions qui y sont successivement posées et leur attribue un homologue dans le *Protagoras*. Sans les isoler ni en respecter l'ordre absolument, il examine la façon dont elles s'enchaînent et s'enchevêtrent pour constituer un discours techniquement irréprochable, tout en s'articulant avec le reste du Dialogue et avec le *Protagoras*.

L'apologie du Théétète

Loin d'être un divertissement sophistique, l'apologie constitue le pivot autour duquel s'accomplit une évolution sémantique caractérisée par le passage d'un discours non dialectique à une forme articulée de la pensée. Pour être philosophique, une thèse doit satisfaire à certaines exigences, telles qu'interroger le sens des concepts en jeu ou éviter la contradiction. Or le montage réalisé dans la première partie du *Théétète* ne remplit pas ces critères. Aussi requiert-il une reformulation adéquate de la thèse de Protagoras, de façon à ce qu'elle donne prise à la critique. Quels indices Platon offre-t-il de ce renversement?

« La science n'est rien d'autre que sensation » (151 e 1-2) : Socrate n'estime pas dénuée de valeur cette première définition de Théétète (λόγον οὐ φαῦλον), car elle rejoint une affirmation de Protagoras, d'après laquelle l'homme serait la mesure de toutes choses. Son intérêt rejaillit donc sur le propos du sophiste (151 e 8-152 a 1). Parce qu'elles paraissent détenir une vérité générale, ces thèses méritent *a priori* considération, en vertu du principe maïeutique de bienveillance qui gouverne une herméneutique socratique fondée sur la relation interpersonnelle et le savoir supposé d'autrui (151c-d), et qui prend pour règle d'accueillir *avec mesure* toute parole provenant d'un savant (161 b 3-4). De plus, la réputation de Protagoras interdit d'imaginer qu'il soit en plein délire, preuve que, si l'herméneutique socratique se focalise sur une thèse, elle n'en néglige pas l'auteur (152 b 1). Or, malgré la bienveillance affichée par Socrate, certains éléments relatifs à la formulation de ce λόγος vont rapidement faire problème.

Socrate aborde la parentèle de la thèse protagoréenne, afin de l'intégrer à une généalogie de la pensée. En amont, il associe le sophiste à plusieurs personnages célèbres – comme dans le *Protagoras* (316 d-e) – et l'inscrit dans une tradition allant d'Homère à Empédocle, en passant par Épicharme et Héraclite (152 e). Si ce geste lui confère de la légitimité et une sorte de valeur ajoutée, il diminue du même coup l'originalité de sa doctrine, qui se voit intégrée au fonds commun de la pensée grecque où Parménide fait figure d'exception. Son assimilation aux sommets de la poésie (la tragédie pour Homère et la comédie pour Épicharme) indique qu'elle retombe dans le champ du récit. Variante de la sagesse populaire, elle consiste en effet en une succession d'affirmations sur l'Être et le Devenir sans grande cohérence ni signification. En outre, elle repose sur une série de « marques suffisantes » issues de l'expérience (σημεῖα ἱκανά, 153 a-b)[1]. Si elle s'avère un sensualisme cohérent qui trouve sa preuve dans le sensible, elle provient de la sensation par sa connaissance même et ne résulte nullement d'un raisonnement détaché des réalités empiriques.

En aval, l'œuvre de Protagoras a engendré une descendance grâce à sa publication : Théétète reconnaît avoir souvent lu la *Vérité* de Protagoras, signe que la doctrine du sophiste s'était répandue (152 a)[2]. De plus, la formule de l'homme-mesure est qualifiée de μῦθος orphelin, que son auteur a pourtant pris soin de confier à des tuteurs (164 e). Or ces derniers,

1. Dans le *Théétète*, σημεῖον désigne la trace de l'expérience sensible – dans le modèle de la tablette de cire (191 d 7 ; 192 b 3, 4 ; 193 c 1, 2, 6 ; 194 a 2, 6 ; 194 d 1, 4 ; voir aussi 208 c 7).

2. La publication contrebalance le prix exorbitant des leçons. Si les livres avaient un coût, ils permettaient de se faire connaître à moindre frais – du moins si le pauvre Socrate a pu se payer le livre d'Anaxagore (*Phédon*, 97 b -98 c). Par ce biais démocratique, les sophistes ont pu diffuser leurs idées.

tel le mathématicien Théodore, refusent de lui prêter secours et d'en assumer la défense, en dépit des exhortations. S'ils apprécient son récit et sa vision du monde, ils se montrent incapables de parer aux objections. En conclusion, la thèse protagoréenne est affublée d'une riche parenté qui l'associe au μῦθος, mais pour quelle raison ? Dans le *Sophiste*, l'Étranger emploie ce qualificatif à propos des doctrines antérieures sur l'Être qui en déterminent le « nombre » la pluralité, la dualité ou l'unité) : « Chacune me paraît raconter une sorte de mythe, comme si nous étions des enfants » (242 c 8-9). Loin de respecter la cohérence dialectique, elles suivent une logique dramatique et usent d'images semblables aux récits poétiques. Elles recourent à un récit temporalisé destiné à en décrire l'avènement au lieu de chercher à en définir la nature et la forme de leur discours est inadéquate, parce qu'ils ne se sont pas interrogés sur ce que signifiait ce mot, « être » (244 a). De sorte que leurs thèses sont assimilables à des fables qui ne relèvent ni du vrai ni du faux (243 a).

Mais pourquoi Protagoras est-il pareillement appelé le « père d'un mythe »[1] ? Dans le *Théétète*, μῦθος qualifie en premier lieu le relativisme des « délicats », à plus d'un titre (156 c 3-6). Tout d'abord, Socrate place ce récit sous le patronage des Muses et des mystères (156 a). Ensuite, le lexique possède les résonances théogoniques d'un récit relatif à l'ἀρχή et à la γένεσις[2]. Enfin, parler de μῦθος instaure une certaine distance. Bref, loin d'un emploi péjoratif, μῦθος désigne ici un récit aux accents hiératiques qui explique la genèse des sensations par la rencontre de mouvements (les puissances d'agir et de subir) et affirme que rien n'est en soi ni par soi, puisque tout naît de corrélations. Socrate expose enfin le fondement de ces thèses : assurer le lien au sein de l'épistémologie composée par la définition sensualiste de la science, la thèse de l'homme-mesure et le mobilisme (160 c-d). Au moyen de cette explication, le μῦθος deviendrait un λόγος doté de signification (ὡς ὁ λόγος ὃν διεληλύθαμεν σημαίνει, 160 c 1-2 : grâce à la révélation de son sens et de ses implications, ce récit serait transformé en λόγος authentique et articulerait les thèses de Théétète, de Protagoras et d'Héraclite. Toutefois, il ne s'agit pas là d'un saut qualitatif, en vertu duquel un μῦθος deviendrait un λόγος par l'ajout

1. Dans le *Phèdre*, Socrate utilise l'image du père du discours (257 b) pour désigner celui qui, en plus de lui donner naissance, est censé le défendre (275 e). Le père d'un λόγος est aussi celui qui l'introduit dans la discussion (*Banquet*, 177 d). Sur l'image du père du mythe comme fabricant, L. Brisson, *Platon, les mots et les mythes. Comment et pourquoi Platon nomma le mythe ?*, Paris, La Découverte, 1994², p. 50-59.

2. Socrate emploie successivement ἔκγονα, δίδυμα, γεννωμένη, ὁμόγονον, συγγενῆ, γένος.

d'une explication. Ce qui était apparu comme un μῦθος s'est révélé, après examen, posséder les caractéristiques d'un λόγος ayant pour objet une des réalités les plus hautes : l'ἐπιστήμη. Cette mutation va néanmoins se révéler incomplète et provisoire.

Par assimilation du discours sur la mesure au μῦθος des « délicats », Socrate qualifie Protagoras de père d'un mythe dont il prononce aussitôt le décès (164 d-e). Un mythe « périt » lorsque son auteur ne parvient pas à le conclure : Socrate laisse un récit inachevé – là où Protagoras aurait pu parer bien des coups [1]. L'incomplétude de l'énoncé résulte de son rattachement à une tradition séculaire. L'association à d'autres thèses met celle de Protagoras en difficulté : l'hypothèse d'une équivalence universelle (161 c-e) contredit la prétention du sophiste à un savoir supérieur, car il est incapable d'expliquer la possibilité de percevoir un objet sans le connaître (163 b-c) et, coup fatal, de rendre raison de la mémoire entendue comme absence de perception (163 d-164 d). En dénonçant ce qui n'est que simulacre de cohérence, l'examen critique révèle l'impossibilité de prétendre au titre de λόγος, voire de μῦθος achevé. Le montage réalisé par Socrate est d'ailleurs appelé μῦθος dès lors qu'il ne parvient plus à répondre aux objections en raison de la fragilité de ses articulations. La tentative d'unification des thèses de Théétète, d'Héraclite et de Protagoras aboutit donc à un échec : ce μῦθος incomplet ne fut qu'un simulacre de λόγος, voire un simulacre de μῦθος, bien que son objet se prête à un λόγος authentique. Mais en l'absence de son père, ce pseudo-*logos* reste impuissant et muet.

Dès le début, plusieurs éléments permettent de douter que la thèse de l'homme-mesure soit un λόγος. Dans son opacité, la formule se présente comme une énigme pour la populace, pour le peuple dans ce qu'il a de plus repoussant [2]. Au mépris pour l'auditoire s'ajoute l'emploi d'αἰννίττομαι, verbe qui désigne une parole dotée d'un sens caché, ambigu, dont la duplicité traduit un désir de troubler l'auditeur [3]. Ni ambivalent (ἀμφότερα)

1. *Théét.*, 164 d 8-10 : οὕτω δὴ μῦθος ἀπώλετο ὁ Πρωταγόρειος. Brisson met en évidence le caractère proverbial de l'expression, parfois complétée par le verbe σῴζεται (*Platon, les mots et les mythes*, *op. cit.*, p. 74). Dans le *Théétète*, ce dernier s'appliquerait implicitement, par synecdoque, à l'auteur du mythe : si Protagoras avait survécu, son mythe aussi.

2. *Théét.*, 152 c 9 : ᾐνίξατο τῷ πολλῷ συρφετῷ. Cette expression péjorative ne se rencontre que dans l'*Hippias majeur* (288 d), où elle qualifie la grossièreté de l'*alter ego* fictif de Socrate, et dans le *Gorgias* (489 c), où elle désigne, dans la bouche de Calliclès, ce que serait une foule d'esclaves qui s'empareraient du pouvoir.

3. *Théét.*, 152 d 2-4, où Platon imagine une doctrine qui implique un autre rapport au monde et au langage : « rien n'est lui-même un par lui-même, et tu ne pourrais dire avec raison qu'il est quelque chose ni d'une quelconque façon (οὐδ' ἄν τι προσείποις

ni exclusif (οὐδέτερον), l'αἴνιγμα requiert un travail d'interprétation qui dégage le sens latent dissimulé derrière le sens apparent, et produit ainsi une signification nouvelle. Plus ramassé mais aussi problématique que le μῦθος, son manque de transparence est inadapté à l'expression de l'ἐπιστήμη. À quoi s'ajoute le fait que, dès les premières critiques, la thèse se voit taxée d'une tendance à la démagogie : Protagoras viserait à exalter son public par « un long et bruyant bavardage » (161 e–162 a). Bref, en dépit de son apparence de λόγος, la formule paraît bien vide de toute ἐπιστήμη, pour la raison qu'elle ne s'interroge pas sur ses implications. Elle est ainsi réduite à un μῦθος parce qu'elle ne thématise pas ce qu'est la science, et elle périt parce qu'elle ne peut éviter la contradiction qui habite tant son fond que sa forme.

En outre, afin d'insister sur la *figure de Protagoras*, Socrate multiplie les qualificatifs et l'appelle tour à tour πασσόφος (152 c 8), ὁ σοφώτατος (160 d 9), σοφός et διδάσκαλος (161 d 8). La première critique vise donc sa réputation de savant, que rend vaine la définition universaliste de la science : si chaque homme est mesure, rien n'autorise les prétentions à la précellence (161 c-e). S'il souligne cette défaillance de la doctrine de Protagoras, l'argument s'avère davantage *ad hominem*, car il discrédite moins la thèse que la renommée et la fonction du sophiste, le plaçant ainsi dans une position inconfortable. Certes rhétorique, le procédé consiste à souligner une discordance entre la personne et son discours, et ce désaccord avec la réalité se reflète dans l'incohérence de ses idées[1]. La critique ne s'attaque pas à la thèse de Protagoras, elle a pour but d'examiner si ce dernier, *en tant que sophiste*, se montre cohérent – l'intérêt de ce qui est dit se trouvant comme disqualifié par la réputation de son auteur. En définitive, l'objection approche l'affirmation de l'homme-mesure comme une doctrine figée mais éminemment incomplète, comme l'opinion d'un

ὀρθῶς οὐδ' ὁποιονοῦν τι) ». Sur αἰνίττομαι et les termes apparentés, *Rép.*, V, 479 c 2-5 : καὶ οὔτ' εἶναι οὔτε μὴ εἶναι οὐδὲν αὐτῶν δυνατὸν παγίως νοῆσαι, οὔτε ἀμφότερα οὔτε οὐδέτερον. L'eunuque n'est pas homme et femme, pas non plus ni homme ni femme. L'αἴνιγμα désigne le mode même de l'objet de l'opinion, qui tantôt est tantôt non, sans que l'on puisse savoir s'il est l'un plus que l'autre. Aussi provient-il de l'ambivalence propre au sensible et à l'opinable. Voir *Théét.*, 180 a 4 (où le terme renvoie aux héraclitéens qui n'articulent pas des λόγοι mais *décochent* des énigmes) ; *Ap.*, 21 b 4, 27 a 1 et d 4 ; *Charm.*, 161 c 9, 162 b 4 et 164 e 6.

1. Ce point est confirmé par la réponse de Théodore : « Aussi, je ne consentirais pas à ce que Protagoras soit réfuté à cause de mes accords » (162 a 4-6). Pour lui, l'argument est moins mis en cause que Protagoras lui-même, ce dont il s'indigne en raison de son affection. Sur ce type d'argument rhétorique, Ch. Perelman et L. Olbrechts-Tyteca, *Traité de l'argumentation. La nouvelle rhétorique*, Bruxelles, Éditions de l'Université de Bruxelles, 2000[5], p. 397.

homme pourvu d'un certain statut. Elle néglige sa profondeur et se limite à des préoccupations périphériques.

Cet aperçu pose une véritable question quant à l'interprétation philosophique de ce qui se présente comme une doctrine. Pour expliquer la formule de Protagoras, Platon l'associe d'abord aux thèses de Théétète et d'Héraclite. De cette façon, il entreprend d'éprouver la vérité d'une opinion en la liant à d'autres, afin d'en augmenter le crédit et de répondre aux points en suspens. Ce procédé mène cependant à une impasse et nuit davantage à la doctrine qu'il ne la sert. Il convient plutôt de remonter au principe de ces opinions et d'en interroger les concepts fondamentaux. Si la thèse de Protagoras apparaît comme une δόξα – puisque toute doctrine résulte d'un arrêt de la pensée et de l'achèvement d'un questionnement –, elle entraîne une mise en cause de la δόξα elle-même, dans la mesure où elle pose le problème du statut de l'opinion en tant que seule source de vérité. Quelle valeur attribuer à la connaissance, si elle se réduit à une opinion et si toute opinion se vaut ? En ce sens, l'apologie ouvre à un examen dialectique de notions restées dans l'ombre, bien qu'elles conditionnent toute interprétation philosophique de Protagoras – la σοφία, l'αἴσθησις, la δόξα et le λόγος –, en réactivant certaines des questions qui ont contribué à élaborer sa doctrine.

Présentée comme un λόγος, la thèse de Protagoras est ensuite considérée comme un μῦθος, par association d'idées. Or, étant entendu que le μῦθος possède un statut par nature ambigu, puisqu'il n'est ni vrai ni faux, et vu que Socrate ne parvient pas à lui donner de fin, l'interprétation doit emprunter une autre voie. Elle doit se débarrasser de toute considération personnelle, de ce qui rattache la thèse de Protagoras aux préjugés que le sophiste véhicule. L'exégèse doit s'abstraire de toute donnée circonstancielle et échapper ainsi au registre de l'opinion (à l'inverse d'une herméneutique de type socratique, qui repose sur des relations interpersonnelles). Une interprétation philosophiquement satisfaisante requiert la dépersonnalisation du débat, en vertu du principe selon lequel la vérité d'une pensée est séparable de la personne qui l'énonce. Par conséquent, Platon doit se détacher de l'image de Protagoras, de la δόξα que la foule se fait de lui et de celle qu'il soutient lui-même. Pour ce faire, il rédige un discours en première personne, mais prononcé par Socrate, et non par Protagoras – la dépersonnalisation s'effectuant lorsqu'il devient possible à un individu de se substituer à un autre, et reprend à sa place le chemin de la pensée.

La confrontation avec Protagoras n'est pas fermée dans son principe. En le ressuscitant, Platon empêche de considérer sa position comme une δόξα inerte inscrite dans un livre mort, car réfuter une δόξα n'enseigne rien sur la vérité de sa propre position. Dialoguer avec un adversaire, c'est-à-dire réactiver un questionnement désormais devenu opaque, implique d'agir non pas en historien de la philosophie mais en philosophe, dès lors que la thèse examinée ne se résume pas à son énonciation mais enveloppe son cheminement autant que ses implications. Rendre son interlocuteur vivant revient à lui attribuer un droit de riposte pour interroger à nouveaux frais ses concepts – à charge pour l'auteur de rendre ce dialogue authentique. La tâche de l'interprète consiste alors à adopter une attitude *également favorable* à l'égard des parties en lice, tout en conservant le regard critique nécessaire au maintien de la distinction entre ce qui, dans ce dialogue, relève d'une intention polémique ou d'un examen philosophique.

La lecture parallèle du *Protagoras* et du *Théétète* met en évidence un ensemble de thèmes communs. Dans ces Dialogues, Platon adopte des stratégies similaires, bien qu'il accentue certaines implications en fonction du contexte. Ce sont ces rapports que ce livre a pour ambition d'étudier. La première partie sera consacrée à l'étude du concept unanimement considéré comme fondateur de la pensée protagoréenne : la mesure. Elle appelle une réflexion systématique et approfondie de sa signification, réflexion qu'on a eu trop souvent tendance à négliger. Il s'agira d'étudier la manière dont ce concept préside à l'interprétation platonicienne de Protagoras, mais aussi l'importance qu'il revêt dans la philosophie de Platon. Sera donc soulevée la question de la réappropriation platonicienne de ce concept, destinée à lui attribuer une tout autre portée philosophique. Aussi, après avoir étudié l'émergence de cette question de la mesure au sein de la discussion avec le sophiste, l'analyse se portera-t-elle sur ses répercussions à travers les Dialogues où s'élabore une théorie de la mesure. Ensuite, elle examinera comment, en raison de « contradictions » inhérentes à des thèses fondamentalement démocratiques, tant dans leurs implications pratiques (politiques) que théoriques (épistémologiques), Protagoras est amené à produire une théorie alternative du savoir, qu'il cherche à fonder dans l'homme en s'abstrayant de toute référence transcendante. Enfin, sera traitée la façon dont cette dernière le conduit à une autre pratique de la philosophie et à une forme différente de conceptualité.

PREMIÈRE PARTIE

LA MESURE ET SA SCIENCE

Platon est notre plus ancienne source du fragment protagoréen affirmant que l'homme est la mesure de toutes choses. Il le cite dans le *Cratyle* (386 a 1) puis, *in extenso*, dans le *Théétète* (152 a 2-4). La répétition soulève une question : que signifie pour un philosophe de reproduire les mots d'un prédécesseur et de les discuter à plusieurs reprises ? Pourquoi Platon a-t-il accordé une telle importance à cette phrase, au point de lui consacrer la moitié d'un Dialogue ? En raison de l'association étrange entre deux termes : l'homme et la mesure. Dès lors, quelle conception de la mesure est ici en jeu ? Cette première partie entend analyser la façon dont Platon construit ce concept en parallèle avec l'image qu'il attribue au sophiste, afin de déterminer l'influence qu'il a exercée sur la signification de la mesure dans les Dialogues platoniciens.

Le concept de mesure éveille un essaim d'idées, certaines pouvant constituer un frein à l'examen de l'interprétation de Protagoras par Platon. L'enquête doit donc établir quelle signification traverse l'esprit du second lorsqu'il interprète le premier. Il faut tout d'abord constater qu'au sein du fragment cet élément suscite en général le moins de difficultés. Loin de s'intéresser au μέτρον, les interprètes s'attachent à ἄνθρωπος, χρήματα et ὡς. La plupart comprennent la *mesure* dans un sens abstrait, sans se soucier que l'histoire de cette métaphore débute avec Protagoras – ou son moment platonicien. Par conséquent, avant d'entreprendre l'étude de la réception ou de la construction de ce concept chez Platon, quelques précautions exégétiques s'imposent.

Premièrement, dans la langue grecque avant Protagoras, la mesure recouvre une notion résolument quantitative ou limitative. Mesurer, c'est attribuer une quantité à un objet en fonction de critères plus ou moins établis, qu'il s'agisse de mesures de longueur (les limites d'un territoire ou la longueur d'un chemin), de mesures de contenu (la mesure d'un instrument ou la quantité mesurée), d'unités de mesure ou, par extension, de mètres poétiques[1]. En ce sens, la notion désigne aussi une mesure appropriée (la juste quantité de vin)[2]. Par ailleurs, même prise métaphoriquement (par exemple la mesure de la jeunesse[3], la compensation des éléments chez Héraclite[4], l'équilibre corporel établi par le médecin[5]), la mesure conserve l'idée de quantité, voire de quantité limite, autrement dit de point culminant d'une durée ou de degré approprié d'un attribut ou d'une vertu. En résumé, aucune acception avant Platon ne se réfère pas à une quantité, au sens propre ou dérivé. À tout le moins, aucun emploi de la mesure ne consiste à *faire exister* l'objet mesuré *de telle ou telle façon*. De ce point de vue, l'innovation de Protagoras tiendrait surtout au passage d'*avoir* la mesure (d'avoir la capacité de déterminer la mesure d'une chose) à *être* la mesure (imposer la mesure aux choses, au lieu de se contenter d'en prendre connaissance).

Deuxièmement, si ce sens littéral, quantitatif, de μέτρον ne permet pas de saisir la signification du fragment de Protagoras, aucun texte n'indique avec certitude qui de Platon ou de Protagoras proposa une acception de la mesure qui s'éloigne de la quantité, c'est-à-dire lequel d'entre eux fit valoir le sens de *critère* ordinairement accepté *pour Protagoras seulement*. Toute réponse dépend nécessairement d'une interprétation de leurs doctrines respectives et de leurs relations. Dès lors, comprendre la mesure chez Protagoras implique censément une reconstruction, plus ou moins vraisemblable.

1. Sur les sens de μέτρον, M. Untersteiner, *Les Sophistes 1*, Paris, Vrin, 1993, p. 121-126; T. van Berkel, « Made to Measure : Protagoras'*Metron* », dans *Protagoras of Abdera : The Man, His Measure*, J.M. van Ophuijsen, M. van Raalte & P. Storke (eds.), Brill, Leiden, 2013, p. 44-58.

2. Cette juste mesure évoque évidemment le précepte delphique μηδὲν ἄγαν.

3. Μέτρον ἥβης se trouve notamment chez Homère, *Il.*, XI, 225; *Od.*, IX, 668; XI, 317; XVIII, 217; XIX, 532; et chez Hésiode, *Op.*, 132; 438.

4. Héraclite, B 30 DK : « Ce monde, le même pour tous, ni dieu ni homme ne l'a fait, mais il était toujours, il est et il sera, feu toujours vivant, s'allumant en mesure et s'éteignant en mesure (μέτρα) »; et B 31 DK : « Conversions du feu : d'abord mer, puis de mer la moitié terre, l'autre moitié souffle brûlant. Terre se dissout en mer et est mesurée selon le même rapport (μετρέεται εἰς τὸν αὐτὸν λόγον) qu'avant de devenir terre. »

5. Hippocrate, *Du Régime*, I, 2, 3; *De l'Ancienne Médecine*, 9, 3. Pour établir un régime alimentaire ou restaurer la santé *de l'individu*, le médecin *conjecture* la mesure convenable. La mesure exacte ne peut en effet jamais être atteinte que par la sensation du corps et elle ne peut être fixée *a priori*.

Troisièmement, depuis le *Théétète*, l'homme-mesure constitue dans les esprits *le point central* de la pensée de Protagoras. Or, en situant le fragment au début de la *Vérité* et en lui consacrant la majeure partie du dialogue, Platon pourrait lui accorder plus de poids que Protagoras [1]. À l'origine, la formule s'inscrivait peut-être dans la tradition littéraire de l'*incipit* et témoignait d'une volonté de se démarquer de l'invocation du divin, avant de développer d'autres arguments, même connexes. Il ne faut pas ignorer que toute interprétation reste tributaire de la perspective platonicienne. Dès lors, souligner l'importance de la mesure pour la compréhension de Protagoras conduit à mieux saisir la philosophie de Platon et l'interprétation qu'il a proposée de la pensée du sophiste. En fin de compte, cette appréhension globale doit permettre de revenir à la lecture de Protagoras, plus au fait des enjeux platoniciens.

Quatrièmement, la mesure est fondamentale à plus d'un égard chez Platon, qui en traite dans plusieurs dialogues, principalement le *Protagoras*, le *Théétète*, le *Politique*, le *Philèbe* et les *Lois*. Étant donné qu'elle surgit dans le cadre d'une réflexion autour de Protagoras, observer sa construction au fil de la pensée de Platon constitue une hypothèse féconde pour comprendre la manière dont celui-ci emprunte la notion au sophiste, la retravaille et l'érige en concept, sans jamais abandonner sa réfutation de la sophistique. Car, sans postuler que Protagoras a complètement déterminé la définition platonicienne du concept de mesure, du moins est-il possible de suggérer que les questions soulevées ont conduit Platon à le reconsidérer et à lui forger un sens nouveau. Quelles implications découlent de l'adoption d'un référent unique, notamment sur la conception du monde et de la connaissance ? Quel type de solution apporte cette tentative ?

Après une analyse de la formule de Protagoras, cette première partie envisage l'émergence d'une science de la mesure au sein des Dialogues platoniciens, dans le contexte d'un débat avec Protagoras sur la vertu et la conduite de la vie. Dans le *Protagoras*, l'art de la mesure doit en effet permettre de rationaliser nos choix au vu de la plus grande somme possible de plaisirs. L'observation de son rapport au bien et l'analyse des critères sur lesquels il repose aideront à déterminer sa possibilité aux yeux du sophiste, ainsi qu'à évaluer le regard que Platon porte sur celui-

1. *Théét.*, 161 c. C'est la thèse de M. Gagarin, « Platon et l'art de la parole », *Philosophie antique* 8, 2008, p. 23-32. Si l'information paraît historiquement exacte (Sext. Emp., *Contre les mathématiciens*, VII, 60), Platon donne le sentiment que la portée de ce traité se résumait à son *incipit*.

ci. Dans le *Théétète*, la mesure reçoit une portée ontologique, pour être intégrée à un ensemble de doctrines épistémologiques et métaphysiques. C'est dans ce dialogue que Platon pousse au plus loin les arguments relativistes, ainsi que les conséquences de la thèse de Protagoras. Sonder la portée des questions que l'homme-mesure soulève aux yeux de Platon permettra d'envisager les réponses que ce dernier va fournir, d'une part pour établir une définition (d'une science) de la mesure, d'autre part pour attribuer un rôle à la mesure dans le monde. Dans le *Politique*, le *Philèbe* et les *Lois*, la mesure se révèle un concept crucial pour la relation entre le sensible et l'intelligible, ainsi qu'un critère pour évaluer l'action et la science. L'analyse de ces textes devrait révéler comment, une fois ce concept emprunté au sophiste, retravaillé et débarrassé d'un ancrage qui lui ôte en réalité toute forme de référence, la pensée de Platon s'élabore en philosophie de la mesure.

CHAPITRE PREMIER

UN FRAGMENT EN QUESTION

« L'homme est la mesure de toutes choses, de celles qui sont qu'elles sont, de celles qui ne sont pas qu'elles ne sont pas » [1] : d'après les sources, cette formule ouvrait un livre, une situation non sans incidence sur son approche générale par le lecteur. Traditionnellement, l'*incipit* permet à l'auteur de dévoiler le garant de sa parole et de sa vérité, un rôle souvent attribué aux Muses [2]. Dans ce contexte, en énonçant d'emblée une propriété humaine, Protagoras s'arracherait à l'usage du patronage divin pour se centrer sur l'homme. Écrit par un homme, au sujet de l'homme et à destination d'autres hommes, son traité ne revendiquerait aucune mesure en dehors de l'homme lui-même et constituerait à cet égard un premier essai d'anthropologie philosophique.

Or comment cet *incipit* s'accorde-t-il avec le titre ? Souvent, le titre d'un livre antique, s'il n'est pas calqué sur l'*incipit*, provient d'un lecteur postérieur dont il reflète la compréhension. Autrement dit, spéculer pour en tirer une information sur le contenu demeure un procédé hasardeux qui permet seulement de mesurer l'impact sur ce lecteur. En ce sens, Platon pourrait avoir intitulé *Vérité* le livre de Protagoras, car il proposait à ses yeux une enquête épistémologique évoquant le poème de Parménide : le

1. Protagoras, B 1 DK : πάντων χρημάτων μέτρον ἐστὶν ἄνθρωπος, τῶν μὲν ὄντων ὡς ἔστιν, τῶν δὲ οὐκ ὄντων ὡς οὐκ ἔστιν. Pour une étude exhaustive des interprétations de ce fragment, F. Decleva Caizzi, « Il Frammento 1 D.-K. di Protagora. Nota critica », *Acme* 31, 1978 (1), p. 11-35 ; B. Huss, « Der Homo-Mensura-Satz des Protagoras. Ein Forschungsbericht », *Gymnasium* 103, 1996, p. 229-257.

2. *Théétète*, 161 c 4 : ἀρχόμενος τῆς Ἀληθειας ; Sext. Emp., *Contre les mathématiciens*, VII, 60 : ἐναρχόμενος τῶν Καταβαλλότων ; Diog. Laër., *Vies*, IX, 51 : ἤρξατό που. La portée de l'*incipit* a été bien relevée par M. Corradi, « Protagoras dans son contexte. L'homme mesure et la tradition archaïque de l'*incipit* », *Mètis* N.S. 5, 2007, p. 17-18. Cf. *Timée*, 28c-d.

principe d'une vérité articulée autour de l'homme contredirait la vérité transcendante transmise par la divinité[1]. Ainsi, le *Théétète* inscrirait le sophiste dans le sillage – avec un pas de côté – des Éléates (152 d-e).

Quant au titre οἱ καταβάλλοντες donné par Sextus Empiricus, il renvoie à des discours renversants et à des arguments indépendants de tout critère de vérité. En cela, il rejoint le Περὶ τοῦ ὄντος que signale Porphyre, un traité dans lequel Protagoras aurait argumenté contre l'unité de l'Être et qui aurait pu inspirer des raisonnements de Platon[2]. La compatibilité entre l'affirmation du relativisme et la réfutation du monisme incite à chercher une corrélation entre les deux œuvres, qui s'intégreraient dans une même perspective d'opposition à l'éléatisme. Selon cette lecture, le fragment de l'homme-mesure serait l'ultime résidu d'une thèse que Protagoras se serait attaché à exposer et à soutenir dans un ouvrage au tour paradoxal, qui renversait l'ontologie éléatique jusque dans son principe.

Ce parcours des titres et de l'*incipit* révèle que Protagoras semblait exposer des idées paradoxales qui se donnaient pour irréfutables et visaient toute une tradition de pensée, notamment parménidienne. Dans cette perspective, la thèse de l'homme-mesure soulèverait des questions cruciales, parce qu'elle s'interroge sur le statut nouveau de l'homme et sur son rapport au monde qui l'entoure, tout en adoptant un regard libéré d'une vérité transcendante, d'origine divine, dont l'homme serait seulement le vecteur, plutôt que la source.

QU'EST-CE QU'UNE CHOSE ?

Cette mesure humaine porte sur les χρήματα. D'après les linguistes, la racine χρη- évoque la dimension d'usage, incluant toute sorte d'objets, tel un oracle ou de l'argent[3]. Les χρήματα se distinguent dès lors des πράγματα, dont la racine πρασσ- renvoie au champ de l'action et désigne l'affaire, l'événement. Dans ces conditions, Protagoras privilégierait les choses en fonction de leur utilisation par l'homme. Or les témoignages anciens alternent entre les deux désignations, au point d'estomper la nuance et de les rendre synonymes (*Crat.*, 386 a ; Sext. Emp., *Hyp. Pyr.*, I, 216).

1. Dans le proème du *Poème* de Parménide, *vérité* se rapporte à l'enseignement de la déesse (B1, 29) ; puis le terme apparaît au début de la portion qui suit (B 2, 4).

2. B 2 DK. C'est du moins l'interprétation d'Untersteiner, *Les Sophistes 1*, *op. cit.*, p. 36 ; *cf.* A. Capizzi, *Protagora. Le Testimonianze e i frammenti*, Firenze, G.C. Sansoni, 1955, p. 97. Le *Cours de philologie* (I) de Porphyre est cité par Eusèbe dans sa *Préparation évangélique* (X, 3, 25).

3. P. Chantraine, *Dictionnaire étymologique de la langue grecque*, Paris, Klincksieck, 1999.

Puisqu'il s'avère à nouveau difficile d'évaluer la pertinence de la distinction étymologique pour Protagoras et ses lecteurs, tout au plus faut-il en déduire que le sophiste mène une investigation relative au caractère du lien qui unit l'homme aux choses : il apparaît comme l'être dont la réalité dépend de la relation qu'il entretient avec le monde qui l'entoure. Il importe donc d'insister sur l'universalité de ce rapport, notée par l'adjectif πάντων. L'homme se trouve être mesure de *toutes les choses à sa portée.*

Πάντα χρήματα semble faire écho à Anaxagore qui commençait son traité par la formule ὁμοῦ χρήματα πάντα [1]. Parfois flanquée du participe ἐόντα, celle-ci désigne non pas la totalité des choses comme entité unifiée, mais l'ensemble des déterminations qualitatives non distinguées qui s'interpénètrent et demeurent *toutes ensemble* sans connaître de séparation complète : contre l'inaltérable unité du ὁμοῦ πᾶν de Parménide, Anaxagore fait droit à la multiplicité [2]. En outre, en regard de ces divers composants qui engendrent l'univers par interpénétration et agrégation, il postule le νοῦς, qui exerce un rôle ordonnateur (B 12). Il distingue un principe séparé, absolument non mélangé aux autres semences, qui organise les éléments, leur donne vie, forme et sens. À cet égard, si Protagoras prolonge la critique de l'unité parménidienne amorcée par Anaxagore, il rompt pourtant avec lui en intégrant à l'humanité la dualité qui caractérise son système. Au lieu d'un principe cosmique présidant à l'ordre du monde, il place l'homme seul en regard des choses. Par ces quelques mots, Protagoras situe son discours sur un plan délibérément éloigné des préoccupations des Physiciens : celui de l'homme face aux choses qui l'entourent et dont il est la mesure, c'est-à-dire la référence au vu de laquelle il faut les évaluer.

Or, à propos du terme *choses* chez Protagoras, les interprètes oscillent entre lectures objectiviste et subjectiviste [3]. Inspirée par Aristote, la première soutient que les χρήματα possèdent en même temps les deux qualités contraires (chaud et froid) qui se manifestent alternativement à l'individu en fonction de son appareil perceptif (*Mét.*, Γ, 5, 1009 a 6-7). Ils porteraient dans leur être même l'origine des variations métriques, dès lors que chacun ne pourrait jamais atteindre qu'une seule qualité à la fois. Issue du *Théétète*, la seconde interprétation considère au contraire que le χρῆμα est en soi dépourvu de détermination, car celle-ci apparaît seulement à

1. D'après Simplicius, *In Phys.*, 155, 26, cette expression apparaissait ἀπ' ἀρχῆς.

2. Voir Anaxagore, 59 B 1, B 4, B 9, B 12, B 17.

3. Ces désignations sont empruntées à G.B. Kerferd, *Le Mouvement sophistique*, Paris, Vrin, 1999, p. 142-143 ; la n. 1 contient un supplément bibliographique.

l'individu pris dans une relation : « telles les choses m'apparaissent, telles elles sont pour moi » (*Crat.*, 386 a; *Théét.*, 152 a). Par lui-même, le vent n'est ni chaud ni froid, pas plus qu'à la fois chaud et froid, mais il devient chaud pour moi dans la relation qui m'unit à lui, étant données certaines conditions.

L'une comme l'autre de ces lectures n'impliquent aucunement de postuler pour ces choses un référent stable, un critère universel, ni même une détermination intrinsèque et unique. La chose reste inaccessible dans son identité, puisqu'elle se livre et se détermine uniquement dans le contexte d'une relation qui l'unit à l'homme. Dans une perspective explicitement anthropocentrique, qui n'interroge plus la nature ni la réalité des choses mais leur mode d'existence en tant qu'elles sont humainement déterminées, la question relative à la chose en soi, prise hors de sa relation à l'homme qui en est la mesure, devient obsolète. Aussi imaginer que la chose possède les deux déterminations contraires préalablement à toute mesure humaine paraît-il dénué de sens au sein de la conception protagoréenne du monde. Seule l'approche subjectiviste semble offrir une interprétation valide. Dès lors, il faut entendre par choses tout ce avec quoi l'homme entre en relation et qui se trouve à sa portée, afin qu'il lui apporte une détermination.

To be or not to be

La seconde partie du fragment révèle le double aspect de la mesure : son objet (τῶν ὄντων et τῶν οὐκ ὄντων) et la modalité de sa relation (ὡς ἔστιν et ὡς οὐκ ἔστιν). À nouveau, deux interprétations s'opposent. Soit Protagoras entendrait *la manière dont les choses sont ou ne sont pas*, formulant une *théorie des prédicats* où la mesure renverrait à l'origine humaine de l'attribut imposé à la chose [1]. Par soi, rien n'aurait de référent dans le monde d'où surgirait la détermination, mais celle-ci résulterait uniquement d'un acte thétique. Soit il intégrerait la mesure à une *théorie de l'existence affirmant des choses qui sont qu'elles sont, de celles qui ne sont pas qu'elles ne sont pas* [2]. Mesurer une chose équivaudrait à la faire exister. Décider entre ces interprétations implique donc de trancher sur le

1. C'est l'interprétation de G.B. Kerferd, *Le Mouvement sophistique*, *op. cit.*, 1999, p. 142.

2. Parmi les partisans de cette thèse : Th. Gomperz, *Les Penseurs de la Grèce. Histoire de la philosophie antique*, Paris, Payot, 1904, p. 406-497, et M. Untersteiner, *Les Sophistes 1*, *op. cit.*, p. 126-128.

sens de la conjonction ὡς (*comme* ou *que*). Sur ce point, le fragment B 4 apporte des éléments de réponse en raison de sa similitude formelle :

> Περὶ μὲν θεῶν οὐκ ἔχω εἰδέναι οὔθ' ὡς εἰσὶ οὔθ' ὡς οὐκ εἰσὶν οὔθ' ὁποῖοί τινες ἰδέαν· πολλὰ γὰρ τὰ κωλύοντα εἰδέναι ἥ τ' ἀδηλότης καὶ βραχὺς ὢν ὁ βίος τοῦ ἀνθρωπου.
> Au sujet des dieux, je ne peux savoir ni qu'ils sont, ni qu'ils ne sont pas, ni quels ils sont quant à leur aspect. Car beaucoup d'obstacles empêchent de le savoir : l'obscurité et la brièveté de la vie humaine.

Protagoras ne prône ici aucun athéisme. Il restreint seulement la connaissance humaine au domaine de l'expérience, auquel les dieux échappent. D'une part, ils ne se manifestent jamais clairement aux hommes : Protagoras peut s'appuyer sur la tradition mythique pour affirmer que, même si quelqu'un venait à croiser un dieu, il ne le reconnaîtrait pas *en tant que dieu*. Ce dernier se caractérise par son obscurité (ἀδηλότης) et le travestissement de son apparence, car il se manifeste toujours sous l'aspect du mortel. D'autre part, la durée de la vie humaine s'avère incompatible avec la propriété essentielle du divin, au sens où cette limite qui s'impose à l'homme l'empêche d'éprouver l'éternité, qui est le caractère propre du divin. Dès lors, une telle expérience excède les possibilités humaines et ces conditions vouent à l'échec toute affirmation au sujet des dieux, qu'elle vise leur existence, leur non-existence ou leur nature. Et seule une attitude de suspension du jugement à leur égard paraît une conséquence raisonnable.

La similitude entre les fragments B 1 et B 4 incite à en postuler la cohérence. Or, à côté de l'être et du non-être, le περὶ θεῶν distingue un troisième objet de savoir : l'aspect extérieur, qu'il exprime par l'interrogatif indirect ὁποῖοι flanqué de l'accusatif de relation ἰδέαν[1]. Autrement dit, pour nous autres hommes il est impossible de connaître l'apparence réelle des dieux. Par contraste, le sens de la proposition ὡς εἰσί s'en trouve éclairé. Aux récits mythiques sur le caractère, les actes et l'aspect des dieux, Protagoras oppose l'incapacité humaine à saisir des réalités de ce type et à se prononcer sur leur apparence, leur existence ou leur inexistence. Exprimé en termes de mesure, ce fragment devient : l'homme n'est pas mesure de ce que le dieu est, ni même de s'il est, car il ne peut jamais avoir la certitude de faire l'expérience du divin. En revanche,

1. À l'époque de Protagoras, ἰδέα à l'accusatif de relation désigne l'apparence ou l'aspect extérieur. Voir F.-G. Hermann, *Words & Ideas. The Roots of Plato's Philosophy*, Swansea, The Classical Press of Wales, 2007, p. 151-155.

il sert de référence pour l'être et le non-être de ce qui se manifeste dans la temporalité qui lui correspond.

Les limites de la mesure et du savoir humain sont celles de l'expérience. Dès lors, l'interprétation la plus plausible de ὡς ἔστι consiste à souligner que mesure et savoir impliquent une position d'existence, mais d'une existence déterminée. Rapporter une chose à l'homme, c'est noter qu'elle existe d'une certaine façon dans son monde, mais pas d'une autre. Elle peut d'ailleurs ne pas être pour lui sans pourtant appartenir aux objets hors de sa portée : le souffle qui paraît chaud à l'un ne lui paraît pas froid, un acte qui paraît juste à un groupe ne lui paraît pas injuste. Bref, la modalité de la manifestation est indissociable de l'affirmation sur l'être de la chose : « l'homme est mesure des choses, de celles qui sont comme elles le sont, de celles qui ne sont pas comme elles ne le sont pas. »

SI C'EST UN HOMME

Qui est l'homme auquel échoit la mesure ? Ἄνθρωπος a plusieurs acceptions. Soit Protagoras oppose l'homme *en général* à la totalité des choses et considère que toutes les propriétés attribuées au monde transitent par la nature humaine. Il confronterait la mesure à l'objet mesuré, ne s'intéressant plus à la nature mais à l'homme qui l'observe. Soit il pose un principe *individuel* de différenciation qui est le versant épistémologique des aspirations pédagogiques visant à promouvoir l'individu (le relativisme phénoménal). L'homme désignerait l'individu tel qu'il perçoit et conçoit le monde. En réalité, ces deux lectures ne sont pas totalement exclusives, dans la mesure où se focaliser sur l'individu implique de se montrer attentif à ce qui caractérise l'homme en général et ses facultés – et inversement.

Que signifierait la mesure générique ? Poser une mesure des choses commune aux hommes reviendrait à postuler un référent universel qui, tout en s'imposant de manière immanente, serait de nature extrinsèque, étant donné qu'il excéderait les facultés de l'individu. Une telle mesure paraîtrait donc surhumaine à certains égards. L'homme se caractérise *a contrario* par la finitude, tant épistémologique que temporelle : la brièveté de son existence l'empêche de connaître le divin – éternel. La mesure ne peut donc être le fait d'une éternité spécifique. Protagoras privilégie un modèle humain, en vertu duquel la connaissance et la relation au monde se déploient sur le mode de la temporalité.

Par conséquent, fonder la mesure en l'homme mène du même coup à noter le rôle du temps et de l'hétérogénéité de ses parties. Ses variations conditionnent la mesure, au sens où elles constituent en elle une source de changement. Dans le champ de l'action, que l'homme soit mesure implique un moment propice pour s'exécuter. Dans le domaine rhétorique par exemple, il y a un moment approprié pour recevoir tel argument[1]. À cet égard, toute mesure diffère de la précédente, car les termes de la relation sur laquelle elle repose ne cessent d'évoluer.

Pour la première fois, un philosophe enquête sur la réalité humaine afin de la comprendre non plus à partir de l'image des dieux ou d'une description de la nature, mais en s'interrogeant sur la manière dont le monde est déterminé par l'homme. Un tel renversement laisse l'homme seul face à lui-même, amplifiant le désenchantement entrepris par les premiers philosophes. Il manifeste surtout la liberté infinie qui définit la pensée et l'activité humaine, reconnues comme les seules sources de sens. Avec Protagoras, il s'agit de prendre acte de cette liberté pour restituer à l'homme la responsabilité dont il s'est délesté au profit d'entités transcendantes – les dieux, la nature ou un principe immatériel.

Que signifie dès lors pour l'homme d'être la mesure de toutes choses ? D'être leur limite : les objets mondains reçoivent de l'homme une détermination qui lui correspond. En plaçant l'homme au centre, Protagoras entame une révolution, tant par rapport à la tradition épique que par rapport à la tradition philosophique naissante. Il arrache la vérité à la référence transcendante, détenue par les dieux ou par un principe naturel, dont l'expérience directe et complète resterait hors d'atteinte. Ce faisant, il restreint le champ de la connaissance, de l'action et de la réflexion à ce qui se trouve à portée humaine, écartant du domaine de la mesure la spéculation sur l'existence et la nature d'une « chose en soi » (inaccessible par définition). L'homme est la mesure de toutes choses, c'est-à-dire fait qu'elles sont telles qu'elles se manifestent à lui, avec telle quantité, telle qualité et telle valeur de vérité. En tant qu'être fini soumis au temps, il possède une mesure qui lui demeure toujours propre, et rien ne garantit jamais que le monde apparaisse identique à tout un chacun, qu'il existe *une* vérité ou *un* principe.

1. Était-ce l'objet des travaux de Protagoras sur la division des parties du temps (A 1 DK) ?

CHAPITRE II

MESURER LES PLAISIRS

Si le *Protagoras* ne mentionne jamais de façon explicite la thèse de l'homme-mesure, du moins examine-t-il la possibilité d'une règle pour l'action fondée sur la *mesure* de ses conséquences. Par une approche pratique, il soulève un point d'ordre éthique : que signifie pour un homme d'être mesure dans le domaine de l'action ? Quel principe guide l'agir ? Obéit-il à une procédure de détermination scientifique ou résulte-t-il d'un conditionnement somatique ? Selon une opinion reçue, l'homme subordonnerait la réflexion au plaisir : la perspective du plaisir immédiat devancerait toute décision raisonnée. Or, si cette conception hédoniste croit défendre son objectif en restreignant la puissance de la raison, elle manque d'un critère efficace pour atteindre avec certitude le bonheur auquel elle aspire. Dès lors, ne vaut-il pas mieux postuler un savoir technique visant à maximaliser les plaisirs par un calcul des coûts et bénéfices engendrés par une action ? Conçu comme une application de la mesure, cet art ne constituerait-il pas un moyen sûr d'établir le *ratio* apte à orienter la prise de décision ?

Si le *Protagoras* témoigne que Platon ne réduit pas la pensée protagoréenne à la mesure, la recherche d'une métrétique des plaisirs offre pourtant une première traduction de son principe et une application à l'activité humaine. Les χρήματα désigneraient ici les affects, positifs et négatifs, auxquels l'homme attribue une valeur, au sens où peines et plaisirs sont des données quantifiables du domaine pratique. *Homme* désignerait la multitude qui se perçoit comme une *mesure* des plaisirs, c'est-à-dire *les hommes* en tant qu'individus pris dans un processus de décision à l'égard des affections qu'ils subissent. La mesure consisterait alors en une comparaison entre des peines et des plaisirs anticipés. Or à la définition qui assimile tout homme à une mesure s'oppose la thèse selon laquelle le meilleur choix relèverait d'un art de la mesure (μετρητικὴ τέχνη), plutôt que de la simple conjecture. Celle-ci apparaît comme l'esquisse d'une théorie de la mesure.

Gravitant autour de la possibilité d'envisager l'homme en tant que mesure, le passage relatif à la métrétique soulève une double question. D'une part, à quelles conditions une science de la mesure est-elle possible ? Quels seraient son mode de fonctionnement, ses critères et principes de décision ? D'autre part, si toute mesure implique évaluation et réflexion, à quelles conditions un tel savoir serait-il la propriété de tous les hommes ? Dans son application à un domaine donné de l'activité humaine, l'acte de mesure s'avère-t-il accessible, par nature et *a priori*, à tout un chacun ? Au contraire, résulte-t-il d'un savoir qui requiert une méthode et un apprentissage exclusifs d'un caractère inné ? Riche de ces questions, quelle serait l'empreinte du *Protagoras* sur la constitution d'une science de la mesure ?

Le principe de l'hédonisme

L'idée d'une métrétique provient de l'examen des conditions de l'hédonisme. Avec l'assentiment de Protagoras, Socrate commence par distinguer entre le fait de bien et celui de mal vivre (351 b 3-4). Cette division s'ancre dans le problème de l'enseignement de la vertu, en même temps qu'elle apporte la raison d'une théorie de l'éducation et justifie la position d'expert affichée par le sophiste. Elle oriente également le débat vers une autre question, celle du critère pour fixer la vie bonne. Vivre n'est pas une fin en soi : vivre *bien* implique de vivre comme il faut, c'est-à-dire en fonction de ce qui accomplit la vertu propre de l'âme [1]. Bien vivre consiste à vivre justement et d'une belle manière, mal vivre à commettre des injustices. Par conséquent, soulever la question du bien-vivre implique déjà de chercher le moyen de réaliser sa vertu propre.

Platon envisage deux vies antithétiques, agréable et pénible, dans leur rapport au bien-vivre afin de déterminer pour chacune si elle est bonne. Loin de dresser une typologie des vies ou d'examiner diverses situations, il donne à l'argument un tour général (par le recours aux adverbes et aux infinitifs). En effet, envisager la vie dans sa globalité, ce n'est pas chercher comment l'évaluer *a posteriori*, mais établir si l'agréable peut servir de critère *a priori* à l'εὖ ζῆν (351 c). Aussi Platon pose-t-il comme condition

1. Voir *Criton*, 48 b; *Gorg.*, 511 c-512 d; *Rép.*, I, 353 e.

nécessaire de vivre sans subir ni peine ni douleur et comme condition suffisante d'avoir mené sa vie de façon agréable (351 b 6-7).

> Ce que je veux dire, en effet, c'est qu'*en tant qu'agréables*, ne sont-elles pas bonnes à cet égard, *à moins qu'*il n'en résulte quelque chose d'autre? Et, à l'inverse, les choses pénibles ne sont-elles pas de la même façon mauvaises, *en tant que pénibles*[1]?

Le raisonnement s'inscrit dans une recherche de l'*en tant que*, de l'agréable comme tel, en tant qu'il exclut le désagréable. Protagoras y ajoute cependant une condition qu'il juge nécessaire : le bien survient pour autant qu'on se réjouisse à de belles choses (351 c 1-2). Ce passage au pluriel altère l'argument. Il ne s'agit plus de la vie agréable dans sa totalité, située sur un plan global, mais des actes singuliers desquels l'individu tire un plaisir. De plus, le critère esthétique précise l'objet du bien. Celui-ci ne se prédique pas du plaisir comme tel, vu que la bonté du plaisir résulte de la beauté (morale) de l'action qui l'entraîne. Le plaisir est alors réduit à sa dimension matérielle d'affection et privé de tout caractère moral intrinsèque. Il devient une sorte d'indifférent dont la valeur morale dépend d'un facteur extérieur (351 d). Autrement dit, l'hédonisme se voit soumis à un régime de dépendance à l'égard d'un critère autre, l'action belle.

Protagoras se revendique de sa propre existence et suit une logique différente de Socrate (πρὸς πάντα τὸν ἄλλον βίον τὸν ἐμόν, 351 d 4). Il ne parle pas ἁπλῶς, tout simplement, mais eu égard au cas présent et à

1. *Prot.*, 351 c 4-6 : Ἐγὼ γὰρ λέγω, καθ' ὃ ἡδέα ἐστίν, ἆρα κατὰ τοῦτο οὐκ ἀγαθά, μὴ εἴ τι ἀπ' αὐτῶν ἀποβήσεται ἄλλο; Καὶ αὖθις αὖ τὰ ἀνιάρὰ ὡσαύτως οὕτως οὐ καθ' ὅσον ἀνιαρά, κακά; Introduite par μὴ εἰ, la conditionnelle confirme le changement de position de Socrate et la différence de niveau par rapport aux affirmations populaires. Les traducteurs lui attribuent pourtant une valeur restrictive – considérer le plaisir sans ses conséquences. Par exemple, É. Chambry : « abstraction faite de toute conséquence » ; A. Croiset : « quoi qu'il puisse en sortir d'ailleurs » ; F. Ildefonse : « abstraction faite de ce qui peut en résulter par ailleurs » ; B. Manuwald : « die Konsequenzen, die sich etwa daraus ergeben, außer Betracht gelassen » ; C. Taylor : « leaving their other consequences out of account » ; M. Trédé et P. Demont : « indépendamment de ce qu'il en sort ». Ces traductions assimilent le plaisir à un souverain Bien inaliénable et contribuent à imputer à Socrate un hédonisme naïf. Or aucun parallèle ni aucune règle ne les justifient. Il paraît donc préférable de considérer que la négation porte sur l'ensemble de la conditionnelle (pas si, sauf si, à moins que). Cette solution est retenue par L. Robin : « à condition qu'il n'en résulte rien d'autre que leur agrément » ; et par B. Jowett : « *if they have no consequences of another sort* » (sur cette construction, Aristote, *De l'Âme*, III, 3, 428 a 2 ; *Phys.*, VIII, 8, 264 a 26). La conditionnelle impose de considérer l'agréable duquel ne découle aucun désagrément et implique d'établir si l'acte plaisant peut être bon sauf s'il possède des conséquences négatives : le plaisir ne serait pas mauvais en lui-même, mais au regard de ses conséquences négatives (353 c-e).

l'expérience vécue (la somme des états en proie à de tels affects, 351 c 7). Il envisage le plaisir en situation et non dans sa généralité, en fonction du sujet qu'il affecte, des circonstances où il survient et des conséquences qu'il entraîne. Il adopte une perspective résolument articulée autour de l'individu et de la singularité des instants vécus. Aussi évite-t-il d'identifier le plaisir au bien et entre dans un débat pragmatique, où le plaisir échappe à toute catégorisation morale. Socrate, lui, le regarde dans sa globalité :

> Eh bien, ce que je veux dire quand je te demande si ce qui est agréable n'est pas bon en tant qu'agréable, c'est si le plaisir lui-même n'est pas un bien [1].

La question ne revient pas à identifier le plaisir au bien mais à déterminer s'il peut constituer *un* bien et être bon [2]. Dès lors qu'une vie n'est jamais composée exclusivement de plaisirs ou de peines, étant donné qu'elle oscille continûment entre ces deux horizons, il faut examiner si vivre agréablement ou son contraire aboutissent à un bien, afin d'élire le mode de vie préférable – au titre de finalité. Cette démarche implique de ne pas se concentrer sur les affects comme tels ni de se limiter à leur aspect instantané et immanent, parce que l'affect présent n'est pas un critère recevable pour évaluer l'ensemble. Elle considère plutôt la vie en totalité, ce qui implique un principe régulateur qui oriente les choix et détermine leur valeur générale. À l'inverse, la démarche prêtée à Protagoras se révèle plus ponctuelle, puisqu'elle vaut au cas par cas, selon un terme variable. Toutes deux constatent cependant l'asservissement de la foule et sa soumission aux affects.

> En réalité, tu sais que la plupart des hommes ne nous croient pas, toi et moi, mais affirment que nombre de gens, bien qu'ils connaissent ce qu'il y a de meilleur, ne consentent pas à le réaliser alors que cela leur est possible, mais font d'autres choses. Et tous ceux à qui j'ai demandé ce qui pouvait bien en être la cause répondent que c'est en étant vaincus par le plaisir ou

1. *Prot.*, 351 e 1-3 : Τοῦτο τοίνυν λέγω, καθ' ὅσον ἡδέα ἐστίν, εἰ οὐκ ἀγαθά, τὴν ἡδονὴν αὐτὴν ἐρωτῶν εἰ οὐκ ἀγαθόν ἐστιν. Αὐτὴν invite bien à se pencher sur le plaisir en lui-même, c'est-à-dire le plaisir qui n'entraîne aucune conséquence pénible.

2. La question de savoir si, dans le *Protagoras*, Socrate se ferait le partisan de l'hédonisme relève d'un débat mal engagé et repose sur une erreur d'appréciation. Affirmer que prendre du plaisir à la lecture de Platon est une bonne chose ne conduit pas à l'hédonisme. De la même façon, Socrate n'identifie ni ne réduit le plaisir au bien : il cherche seulement à savoir s'il peut remplir le critère du bien. Il reste à déterminer si le plaisir suffit, en tant que bien, pour guider la vie. Pour une défense du prétendu hédonisme de Socrate, lire A. Sesonske, « Hedonism in the *Protagoras* », *Journal of the History of Philosophy* 1, 1963 (1), p. 73-79; J.C.B. Gosling et C.C.W. Taylor, *The Greeks on Pleasure*, Oxford, Clarendon Press, 1982, p. 58-68.

par la peine, ou en étant dominés par une de ces affections dont je parlais à l'instant qu'ils font ce qu'ils font (*Prot.*, 352 d 4-e 2).

Si Socrate et Protagoras s'entendent pour subordonner les passions au savoir, ils se distinguent par leur attitude à l'égard de la servitude populaire. Dans une optique de compréhension et d'élucidation des causes, Socrate éduque la foule en lui expliquant la nature et la raison de son égarement (ὅ ἐστιν αὐτοῖς τοῦτο τὸ πάθος, 352 e 6). Dans l'optique pragmatique d'améliorer la situation, Protagoras nie quant à lui tout intérêt à étudier l'opinion ordinaire pour elle-même : au lieu de chercher à comprendre les causes d'une erreur, mieux vaut lui apporter une solution avisée, fondée sur la supériorité du sophiste et le pouvoir de sa science (352 e-353 b). Or, d'après Platon, cette attitude rendrait Protagoras inapte à saisir les implications d'une opinion. Il lui échapperait de constater la proximité entre sa thèse et celle des gens ordinaires, car raisonner à partir des conséquences de l'acte plutôt que du plaisir lui-même les assimilerait l'une à l'autre (la nuance se jouant entre une foule qui s'avoue inférieure et un sophiste qui se dit supérieur), au sens où aucune ne s'enquiert de la véritable nature du plaisir. Dans l'idée d'y substituer la sienne, seul importerait à Protagoras de noter l'inadéquation de la croyance populaire, sans égard pour son origine.

Pourquoi faire l'hypothèse d'un hédonisme populaire ? D'une part, cette thèse révèle l'impuissance de la foule, puisqu'elle n'adopte pas une attitude délibérée mais se laisse commander par le plaisir. En ce sens, l'hédonisme ne consiste pas à rechercher le plus grand plaisir à l'aide d'une faculté libre, mais à céder à une force vécue comme extérieure en dépit du caractère immanent de ses effets. Il ne révèle donc aucun contrôle de soi dans l'action : les gens s'avèrent hédonistes par facilité plutôt que par choix, dans un triomphe de la passivité. D'autre part, examiner pourquoi les gens succombent au plaisir tout en prétendant connaître la conséquence de leurs actes, fût-elle néfaste, soulève la question de la validité d'un tel savoir et de la possibilité, plus large, d'une science hédoniste destinée à rationaliser les choix par la maximalisation du plaisir, notamment grâce à une connaissance de ses effets. Dans tous les cas, Platon ne souligne pas seulement l'inefficacité de la foule à optimaliser son plaisir, mais également son incapacité à poser un choix raisonné qui résulte d'une connaissance véritable.

Interpréter l'expression populaire « être inférieur aux plaisirs » (ἥττω εἶναι τῶν ἡδονῶν) vise ultimement à se rendre maître de ses choix grâce à un savoir supérieur aux plaisirs. Elle repose sur une erreur tacite : croire qu'il est possible d'aboutir à un mal tout en se laissant mener vers un bien (353 c). De ce point de vue, l'agréable pourrait s'avérer mauvais au vu de ses conséquences néfastes. La croyance populaire ne nie donc pas la bonté du plaisir en tant que plaisir, car un critère d'action fondé sur l'évaluation du plaisir doit avoir pour principe que le plaisir comme tel demeure un bien, tandis que le mal provient des conséquences pénibles de l'action (353 d-354 a). Quelle serait l'utilité d'un critère incapable de garantir que le mieux vers lequel tend notre action est nécessairement un bien ?

Le bien n'a ici aucune résonance morale : le plaisir est identifié à un bien non pas en raison de ses conséquences pour la vertu, mais en fonction des retombées de l'action sur l'individu qui la commet[1]. Malgré les douleurs qu'ils entraînent, un traitement médical ou un régime procurent un bien matériel à l'individu, la santé (354 b). De même, un effort individuel peut aboutir à un plaisir partagé : un mal individuel tel que le service militaire est un bienfait pour la Cité. Ce résultat ne correspond pas toutefois à un plaisir collectif. L'hédonisme populaire juge profitable la participation à l'effort collectif à la seule condition que le bienfait récolté se répercute sur les individus, c'est-à-dire s'il apporte aux individus des plaisirs supérieurs. De même que la santé est un bien non pas en soi mais en tant que source de plaisir, la sauvegarde de la Cité devient un bien si elle procure un plaisir aux citoyens, en sauvant la liberté individuelle et en dissipant les craintes. En clair, l'hédonisme populaire ne retient que la dimension égoïste du plaisir, sans envisager la possibilité de fonder sur lui une quelconque morale.

Si une situation peut s'inverser avec le temps, qu'un mal puisse résulter d'une action agréable étend la temporalité de l'hédonisme. Un plaisir présent aboutit parfois à une peine postérieure – un gâteau au chocolat peut se muer en crise de foie. Dès lors, choisir une action ne se résume pas à peser deux situations selon leurs peines et plaisirs immédiats. Il faut encore observer à quoi elles mènent. La temporalité du plaisir altère donc radicalement la signification d'*être vaincu par le plaisir*, car la complexité d'un plaisir et l'évolution de sa source empêchent l'hédonisme de se restreindre à l'instant. Dès lors, céder au plaisir résulte soit de l'ignorance des conséquences de l'action, soit au contraire équivaut à poursuivre un bien (le plaisir) en sachant qu'il aboutit à un mal (la douleur). Cette

1. C'est pour cette raison que, selon Ch. Kahn, Platon ne parle pas d'ἀρετή dans ce passage, mais de σωτηρία τοῦ βίου : il expose une conception servile et déficiente de la vertu qui identifie un bien matériel et non moral. Lire *Plato and the Socratic Dialogue. A Philosophical Use of a Literary Form*, Cambridge, Cambridge University Press, 1996, p. 251.

seconde situation revient à tendre de plein gré vers un mal, sous le prétexte de le céder au bien – ce qui paraît absurde : d'une part, cela implique que le bien cause le mal dans les décisions; d'autre part, si la peine est un mal, l'individu chercherait sa propre douleur. De ce fait, céder au plaisir ne peut se produire sciemment, mais du fait d'ignorer comment évaluer relativement un bien et un mal (355 c-d).

Si la foule cède le plus souvent au plaisir immédiat, elle manque du savoir auquel elle prétend. Or, à partir du moment où le plaisir n'est plus considéré en lui-même, mais au sein d'un ensemble complexe et dans son rapport à la peine, la décision hédoniste résulte d'une évaluation savante des peines d'une part, des plaisirs conséquents de l'autre. Dès lors, si chacun se trompe dans l'appréciation et l'évaluation des plaisirs et des peines – ce qui lui vaut d'agir erronément –, l'idée que l'homme puisse être par nature la mesure des plaisirs, du moins une mesure un tant soit peu fiable, paraît fausse. Il faut plutôt élaborer une science pour guider les choix et replacer l'individu dans un processus actif.

LA MÉTRÉTIQUE : UN ART DU SALUT

> Par conséquent, il est clair que ce que vous appelez *être vaincu* consiste à saisir des maux plus grands en lieu et place de biens plus petits (355 e 2-3).

Absurde, cette thèse manifeste néanmoins un trait essentiel de l'hédonisme, à savoir la disparité entre les peines et les plaisirs. Choisir implique de comparer plusieurs options. Or est-il possible de déterminer la valeur propre d'une peine et d'un plaisir, ou bien l'évaluation est-elle toujours prise dans leurs caractères relatifs ? Bref, existe-t-il un art réellement capable de mesurer les plaisirs ?

> Quelle indignité y a-t-il pour un plaisir en regard d'une peine, si ce n'est un excès et un défaut respectifs ? Or il s'agit là de phénomènes qui peuvent être plus grands ou plus petits l'un que l'autre, être plus ou moins nombreux, être plus ou moins[1].

Peine et plaisir ont une nature éminemment relative. D'une part, leur quantité ne peut jamais être considérée intrinsèquement, mais seulement

1. *Prot.*, 356 a 2-5 : Καὶ τίς ἄλλη ἀναξία ἡδονῇ πρὸς λύπην ἐστίν, ἀλλ᾽ ἢ ὑπερβολὴ ἀλλήλων καὶ ἔλλειψις; Ταῦτα δ᾽ ἐστὶ μείζω τε καὶ σμικρότερα γιγνόμενα ἀλλήλων καὶ πλείω καὶ ἐλάττω καὶ μᾶλλον καὶ ἧττον. Ἀναξία est à prendre en fonction de ce qui précède, puisque le plaisir, lorsqu'il le cède à la peine, est dit indigne de vaincre (ἀναξίων ὄντων νικᾶν, 355e 7). À la suite de Burnet et de Robin, je garde la leçon des manuscrits (contre Schleiermacher, suivi par Croiset, qui corrige ἀναξία en ἀξία).

réciproquement. D'autre part, l'excès et le défaut qui caractérisent leurs rapports éludent l'idée de juste mesure, de valeur étalon, mais également d'indifférence : si un terme de la relation se définit par l'absence de l'autre, il apparaîtra nécessairement en excès ou en défaut par rapport à cet autre (351 b-c; 355 a)[1]. Enfin, une évaluation de ce type concerne des objets dépourvus par eux-mêmes de stabilité – des γιγνόμενα. Or le projet d'un art de la mesure appliqué à ces objets en changement constant implique d'élaborer une procédure qui les arrache à l'ordre du plus et du moins.

Ces variations peuvent s'observer sous plusieurs angles. Le premier est celui de la longueur ou de la durée (μείζω et σμικρότερα) : le prolongement du plaisir en augmente la valeur. Le deuxième résulte du nombre, de la quantité (πλείω et ἐλάττω). Sous cet angle, évaluer est une opération qui rassemble affects proches et affects lointains sur une échelle synchronique (356 a-b). Elle ne se limite pas à comparer deux plaisirs immédiats, mais elle envisage la disposition globale de l'individu, la somme des conséquences du choix posé dans l'instant (les plaisirs et les peines que celui-ci risque d'engendrer) : un plaisir sera supérieur au vu du nombre de plaisirs qui résulte d'un choix initial. Ne pas céder à la gourmandise tout de suite préserve la santé, qui engendrera à son tour davantage de plaisirs. Aussi peser des plaisirs requiert-il une capacité à ramener sur un même plan des objets attachés à des moments distincts – alors que la foule cède en général au plaisir plus proche parce qu'elle est incapable d'apprécier un état futur et préfère l'immédiat[2]. La quantité justifie dès lors une différence entre subir passivement un plaisir et savoir l'évaluer : synthétiser permet de prévoir la résultante future du choix présent. Enfin, un plaisir s'évalue selon son degré d'intensité (μᾶλλον et ἧττον), selon sa nature ou la partie de l'homme qu'il affecte. Évaluer suppose de comparer des plaisirs de natures différentes, tels que les plaisirs de l'âme et ceux du corps, et d'ainsi reconnaître leur valeur propre. En tant qu'art, la mesure des plaisirs devra donc réunir et maîtriser ces trois dimensions, ramener à une échelle commune les problèmes de durée, de nombre et de degré.

1. Cette définition relative du plaisir sera mise en cause dans le *Philèbe*, 43 d-e.

2. Platon parle ici de pesée (356 a-b : ἱστάναι, στήσας ἐν τῷ ζυγῷ, ἱστῆς) – une analogie qui offre deux interprétations. Soit il s'agit de rapporter l'objet à des poids dont la valeur est fixée et de lui attribuer une mesure, c'est-à-dire, dans le cas du plaisir, à en donner la valeur propre grâce à un sytème de référence extensible à tous. Le plaisir serait alors reconduit à une échelle utile à la décision. Soit peser consiste à comparer deux objets dans la balance. Cette opération implique de pondérer chaque lot placé dans les plateaux et de se débarrasser des illusions liées à la distance. Bref, tant que la pesée du plaisir s'effectue par rapport au plaisir ou à la peine présente (*x* πρὸς *y*), elle demeure dans l'ordre du plus ou moins, et le résultat en reste relatif.

Dès lors, quel critère cet art doit-il privilégier pour choisir entre deux plaisirs, quand des aspects entrent en contradiction – un plaisir plus nombreux ayant une durée moindre ou une intensité inférieure[1] ? En réalité, Platon s'étend davantage ici sur le principe de l'évaluation que sur son fonctionnement, sans éprouver le besoin d'approfondir ce point. D'une part, si cet art est prisonnier de l'ordre des relatifs, il ne peut atteindre la valeur intrinsèque d'un affect. D'autre part, s'il invoque des échelles parallèles, il se heurte à un problème majeur : formuler une réponse précise sur des objets en changement constant, pris dans des relations réciproques et sujets à des prolongements. Cette technique connaît dès lors de vraies limites, parce qu'elle refuse notamment de prendre pour critère le simple plaisir et poursuit plutôt le plaisir le plus grand. Quoique le plaisir ait été défini comme le bien, l'hédonisme conséquent, technicien, ne viserait pas seulement le bien, mais il ressortirait à l'ordre du *mieux*. Il inclurait donc dans son principe même un but relatif. Par conséquent, tant que l'art de mesurer les plaisirs ne se pose pas en principe de limitation des affects, sa portée s'en trouvera restreinte.

> Si donc, à nos yeux, le fait de bien agir consistait en cela : d'une part, choisir dans nos actions les grandes dimensions, d'autre part fuir dans nos actions les petites, qu'est-ce qui nous apparaîtrait comme le salut de notre vie (σωτηρία τοῦ βίου) ? Est-ce que ce serait l'art métrétique ou bien la puissance de l'apparence (ἆρα ἡ μετρητικὴ τέχνη ἢ ἡ τοῦ φαινομένου δύναμις) ? Cette dernière ne nous égarerait-elle pas, ne nous ferait-elle pas souvent changer du tout au tout les mêmes choses et regretter, tant dans nos actions que dans nos décisions, les grandes autant que les petites (τῶν μεγάλων τε καὶ σμικρῶν) ? À l'inverse, la métrétique ne priverait-elle pas d'autorité cette apparence (φάντασμα) ; après avoir rendu le vrai manifeste, n'apaiserait-elle pas notre âme en la laissant se fixer sur le vrai et ne sauverait-elle pas notre vie ? Est-ce que les hommes ne seraient pas d'accord, eu égard à ce qui précède, que c'est l'art métrétique qui assure notre sauvegarde, ou bien en invoqueraient-ils un autre ? — C'est bien la métrétique, accorda Protagoras (356 c 8-e 4).

1. H.S. Richardson invoque une prééminence du critère du nombre. Or, s'il apparaît en premier dans les exemples, ce critère est aussitôt suivi par un exemple sur la grandeur. Dès lors, contre l'idée de cet auteur qu'il serait possible d'attribuer une valeur exacte aux plaisirs mesurés, l'argument de Platon montre qu'il est impossible de quantifier avec précision des valeurs indéterminées par nature. Et si ce privilège apparent du nombre conduit Richardson à parler d'incommensurabilité, Platon établit plutôt l'impossibilité de mesurer avec exactitude. Voir « Measurement, Pleasure, and Practical Science in Plato's *Protagoras* », *Journal of the History of Philosophy* 28, 1990 (1), p. 16.

La difficulté de la mesure des plaisirs tient aux effets d'éloignement, car une illusion ordinaire incite à surévaluer un plaisir en raison de sa proximité. En tant qu'affect, le plaisir est en effet soumis aux mêmes illusions que les autres sens, à ce que Socrate appelle la *puissance de l'apparence* (ἡ τοῦ φαινομένου δύναμις). Le phénomène confronte en effet la perception à de nombreuses illusions. Aussi le plaisir, le sensible en général, n'est-il pas apprécié tel qu'il est, mais tel qu'il apparaît, enveloppé de ses dimensions fictives et trompeuses [1]. Or, si l'apparence conditionne nécessairement la formation de l'affect et si sa puissance tient à sa capacité à faire passer pour des objets réels les distorsions phénoménales, le but de la métrétique serait de fournir le moyen de s'accommoder de cette nécessité, en réduisant les effets de cette force par la restauration d'une identité derrière les dissemblances apparentes (356 d). Il est en effet possible de réduire les illusions de deux façons : par comparaison ou par mesure. La comparaison procure une vérité relative : rapprocher un homme qui paraît plus petit de loin et le mettre sur le même plan qu'un autre révèle lequel est vraiment le plus grand. La métrétique véritable devrait donc tout d'abord fournir le moyen de comparer en se libérant des conditions d'apparition, c'est-à-dire de confronter deux objets comme s'ils étaient en un même lieu. Mais cette opération réduit seulement la part d'illusion, sans encore déterminer la valeur réelle. À cette fin doit intervenir la mesure. Le second objectif de la métrétique serait donc de produire une mesure qui arrache l'objet à la perspective dans laquelle il s'inscrit pour lui appliquer, au moyen d'un instrument, une unité de grandeur. Il s'agirait d'une mesure fondée sur un repère normé qui conférerait à l'objet des dimensions précises, une sorte de juste mesure. Sans que ne soit encore identifiée la mesure du plaisir, s'impose déjà la nécessité d'une science pour échapper à la puissance de l'apparence.

Or, s'il paraît aisé de limiter les effets de perspective en matière de longueur, d'épaisseur, de nombre et de son, le plaisir soulève un autre problème. L'illusion qui lui est liée ne résulte pas d'un éloignement spatial, mais temporel (356 c). Et la nuance s'avère considérable, étant donné que l'écart temporel paraît exclure la mise en comparaison admise pour l'écart spatial. Un fossé sépare ainsi les gens du plaisir lointain, parce qu'ils sont incapables de se projeter dans le futur et de considérer le présent à venir sur le même pied que le présent actuel. Aussi l'art métrétique devrait-il

1. *Prot.*, 356 b-c. Sur cette opposition, *Rép.*, VI, 510 a; *Soph.*, 235 d-236 c. Lire F. Teisserenc, *Langage et image dans l'œuvre de Platon*, Paris, Vrin, 2010, p. 95-127.

avoir pour fin première d'anticiper la réalité d'un affect, de ramener au présent le plaisir lointain afin de l'évaluer sur le même plan que le plaisir proche, en les envisageant suivant leur valeur réciproque. Dans un second temps seulement, elle devrait fournir une mesure non relative et atteindre des valeurs propres [1].

La question de la distance fait émerger deux conceptions de la temporalité : l'une, ordinaire, dans laquelle le présent consiste en une série d'instants sans réelle commune mesure; l'autre, scientifique, où un présent continu rassemble chaque moment au sein d'une seule ligne du temps de manière à les comparer. Acquérir l'art de mesurer, c'est passer du privilège ordinaire de l'immédiateté à une appréhension du temps individuel dans sa globalité. Aucune juste mesure du plaisir ne peut se produire isolément, car le plaisir doit être saisi avec l'ensemble de ses effets. La mesure ne confine donc pas à un seul plaisir, mais elle compare deux ou plusieurs réseaux de plaisirs, avec leurs conséquences. Dès lors, si dans l'espace les objets peuvent être mesurés sur un même moment et pris de façon séparée les uns des autres, en revanche le plaisir s'intègre toujours dans un flux temporel où chaque élément interagit avec les autres. Au plaisir seul, il paraît bien difficile d'assigner une limite.

Dans une perspective hédoniste, la réussite de la vie dépend néanmoins de la décision prise à bon escient au cœur des affections. À cet égard, par sa capacité à fixer la valeur du plaisir, l'art métrétique devrait apporter à l'âme une forme de salut, la mener à se reposer dans le vrai, au lieu d'être balancée entre deux choix sans parvenir à trancher justement parce que la puissance de l'apparence la mène à préférer le plaisir immédiat à cause de son immédiateté, au lieu d'examiner si sa proximité n'augmente pas artificiellement sa valeur. En revanche, évaluer les plaisirs en les ramenant à une échelle unique préserve des plaisirs apparents, qui soit aboutissent à des peines soit sont surévalués. La métrétique conduit au choix opportun, du fait d'envisager toutes ses conséquences, et possède une fonction éthique fondamentale : aider à discerner le (plus) grand plaisir afin de le suivre. Elle reste toutefois confinée à un rôle instrumental, et non directeur, puisqu'elle ignore la valeur du plaisir en tant que bien ou finalité de l'action bonne.

Le processus de calcul rend sa dimension active à l'existence. Loin de subir et d'être vaincu par le plaisir, l'homme doté de la compétence

1. Platon utilise d'ailleurs pour la première fois le degré positif des adjectifs, plutôt que le comparatif : τῶν μεγάλων τε καὶ σμικρῶν (356 d 7).

métrétique détient la faculté d'agir délibérément[1]. Or cette activité n'est pas non plus inconditionnée, vu que l'action et le choix délibérés apparaissent moins comme une éventualité que comme une nécessité[2]. La métrétique obéit ainsi à une nécessité de raison : savoir maximaliser les plaisirs conduit inévitablement à poursuivre la meilleure direction et affranchit des actions involontaires. Elle permet de passer de la vie conditionnée des gens ordinaires à une vie véritablement *active* – Platon passant du vocabulaire de l'εὖ ζῆν (351 b 4-5) à celui de l'εὖ πράττειν (356 d 1-3).

> Eh bien, si c'était dans le choix de l'impair et du pair que résidait le salut de notre vie, lorsqu'il faudrait choisir correctement tantôt le plus élevé tantôt le moins élevé, ou bien une quantité *par rapport à elle-même ou l'une par rapport à une autre*, que ce soit de près ou de loin, qu'est-ce qui assurerait la sauvegarde de notre vie ? Ne serait-ce pas une science (ἐπιστήμη) ? Ne serait-ce pas une sorte de métrétique (μετρητική τις), puisque que c'est précisément l'art (ἡ τέχνη) de l'excès et du défaut (ὑπερβολῆς τε καὶ ἐνδείας) ? S'agissant d'impair et de pair, y en a-t-il une autre que l'arithmétique ? Les gens s'accorderaient-ils avec nous, ou pas ? — Protagoras convint qu'ils s'y accorderaient (356 e 5-357 a 5).

L'arithmétique ne désigne pas ici la science pure des nombres. Elle définit un savoir orienté vers l'action qui évalue des quantités avec précision en éliminant les effets de perspective dus à la distance. Les nombres possèdent *en eux-mêmes* une valeur propre, bien qu'ils reçoivent également une valeur relative du fait de leur inscription au sein d'une série. Toutefois, cette valeur relative est plutôt une valeur *comparée* – au sens où elle peut être clairement définie (double, moitié, etc.). Aussi, s'agissant des nombres, que signifie l'expression ἢ αὐτὸ πρὸς ἑαυτὸ ἢ τὸ ἕτερον πρὸς τὸ ἕτερον (356 e 7-8) ? Soit Platon suggère de comparer le plus élevé au plus ou moins élevé. Cela reviendrait cependant à rétablir la perspective comparatiste d'après laquelle la métrétique se contente de déterminer la valeur relative d'un nombre, de comparer réciproquement

1. Rien n'autorise à parler de métrétique *morale* : si elle permet de choisir, elle n'exhorte pas encore au bonheur. Aussi est-il délicat de dire que « Platon aimerait pourtant qu'elle ait la rigueur et l'exactitude de la connaissance mathématique » (voir Y. Lafrance, « Métrétique, mathématique et dialectique en *Politique* 283 c-295 c », dans *Reading the* Statesman, Ch. J. Rowe (ed.), Academia, Sankt Augustin, 1995, p. 91-92). Le philosophe platonicien n'aspire aucunement à cette métrétique : il constate simplement l'impossibilité d'arriver à une telle exactitude dans le domaine des plaisirs.

2. Platon emploie l'adjectif verbal : ταύτην τὴν πρᾶξιν πρακτέον ἐν ᾗ ἂν ταῦτ' ἐνῇ (356 b 8).

deux valeurs afin d'observer laquelle est la plus élevée[1]. Le détour par l'arithmétique paraîtrait bien sans effet pour neutraliser les effets de perspective. Soit il suggère de comparer un nombre par rapport à lui-même ou par rapport à un autre, dans le but d'en fixer la valeur propre[2]. Or que signifie « comparer un nombre *par rapport à lui-même* » ? Pour y répondre, il faut lire ce membre de phrase avec celui qui suit (εἴτ' ἐγγὺς εἴτε πόρρω εἴη)[3]. Évaluer un nombre par rapport à lui-même, c'est vérifier l'identité numérique malgré les effets de perspective – la proximité ou l'éloignement. Vu de près ou de loin, un même groupe paraît plus ou moins nombreux sans que sa composition ne change. Le dénombrer permet alors une juste comparaison, qui consiste à constater la présence de quantités égales. Aussi ne s'agit-il pas de voir si le nombre comme tel est identique à lui-même, mais s'il y a ou non identité de nombre dans des contextes différents. La science *appliquée* des nombres offre dès lors un modèle à la science de la mesure pour poser des choix plus assurés.

L'analogie avec l'arithmétique rompt en partie avec l'ordre du plus ou moins, au sens où elle vise à neutraliser l'illimitation propre au plaisir. L'arithmétique peut en effet comparer un élément *par rapport à lui-même*, plutôt que seulement *par rapport à un autre*, dès lors qu'elle lui attribue une valeur propre. Dans les mêmes conditions, l'art de la mesure ne se contenterait plus de comparer deux termes de façon à former un couple d'excès et de manque. Il devrait échapper aux valeurs relatives pour déterminer des valeurs intrinsèques, sur le modèle des nombres. Or la valeur d'un plaisir inclut nécessairement ses conséquences : elle s'inscrit dans un réseau complexe qui lui sert de perspective, ce qui rend délicat de l'établir *a priori*, avant la réalisation de *tous* les effets résultant d'un choix donné. Par conséquent, si la métrétique fondée sur le modèle de l'arithmétique dépasse la simple logique hédoniste, elle soulève la difficulté de pouvoir évaluer correctement le plaisir même alors qu'il reste pris dans un système de relations.

> Si c'est dans le choix correct de plaisir et de peine que réside apparemment le salut de notre vie, du plus ou du moins nombreux, du plus grand ou du

1. C'est l'option de L. Robin, É. Chambry, C.C.W. Taylor et B. Manuwald. Selon Taylor, il s'agit d'opposer le pair au pair et à l'impair (*Plato. Protagoras*. Translated with notes, Oxford, Oxford University Press, 1991, p. 194). Cette solution implique que le pair et l'impair désignent à la fois, dans une même phrase et sans être répétés, un nombre et la classe de nombres à laquelle il appartient. Notons que M. Trédé et P. Demont ne traduisent pas.
2. C'est la solution retenue dans les traductions d'A. Croiset et de F. Ildefonse.
3. Seule la traduction de B. Jowett et M. Ostwald semble aller en ce sens.

> plus petit, du plus éloigné ou du plus proche, la métrétique ne s'avère-t-elle pas, avant tout, un examen de l'excès, du défaut et de l'égalité de l'un par rapport à l'autre (πρὸς ἀλλήλλας) ? — Nécessairement. — Or, puisqu'il s'agit d'une métrétique, elle est nécessairement un art et une science ? — Ils en conviendront. — Cependant, de quel art et de quelle science il s'agit, nous l'examinerons plus tard (357 a 5-b 6).

Ce passage conclut la démonstration par un rappel de la relativité inhérente à la métrétique. D'une part, il la définit comme l'examen de l'excès, du défaut et de leur égalité réciproque. D'autre part, il abonde en comparatifs, ce qui évacue l'idée de valeur absolue à laquelle tendait l'analogie avec l'arithmétique [1]. Il en résulte une esquisse de différence entre deux types de métrétique, l'une relative l'autre absolue. Toutefois, Platon ne précise pas cette distinction, soit parce qu'il ne possède pas encore de conception définitive de la science de la mesure [2] ; soit, plus simplement, parce qu'une telle distinction n'apporterait rien au *Protagoras*, qui se contente de poser la nécessité d'une science pour faciliter les décisions et préserver l'existence. Il ne paraît pas nécessaire en revanche de traiter ici de son fonctionnement et de sa place au sein de la hiérarchie des savoirs.

Platon ne traite pas davantage le problème de l'intersubjectivité (comparer les résultats obtenus par deux individus), pas plus qu'il n'explique la comparaison entre deux types de plaisir (comparer un plaisir de l'âme et un plaisir du corps) ni le moyen de les hiérarchiser. En revanche, le raisonnement hisse la métrétique au rang de τέχνη, de compétence utile pour passer de l'apparence (τὸ φάντασμα) au vrai (τὸ ἀληθές). Sa fonction principale serait d'apaiser l'âme, de l'aider à se poser en dissipant les illusions et les effets de perspective, tout en lui procurant des données sûres pour prendre des décisions (356 d-e). Elle reçoit donc comme finalité première d'interrompre le mouvement psychique de va-et-vient entre des dimensions relatives [3]. Le salut de l'existence résulterait d'un savoir résolument tourné vers l'action et visant à sélectionner le meilleur plaisir. Le dialogue avec Protagoras n'envisage pas cependant la possibilité que ce savoir constitue une fin en soi. Il vise seulement à

1. Platon emploie successivement πλεόνος, ἐλάττονος, μείζονος, σμικροτέρου, πορρωτέρω, ἐγγυτέρω. Les deux derniers adverbes invitent à penser que la distance est à présent un critère à part entière.

2. C'est l'avis de B. Manuwald, *Platon : Protagoras*. Eingeleitet, übersetzt und erlaütert, Göttingen, Vandenhoeck & Ruprecht, 1999, p. 398-399.

3. M.C. Stokes souligne ce rôle psychologique. *Plato's Socratic Conversations : Drama and Dialectic in Three Dialogues*, Baltimore, Johns Hopkins University Press, 1986, p. 409.

augmenter la capacité d'action, à maximaliser le plaisir plutôt qu'à subir une affection d'un autre type[1].

Or, au-delà du *savoir-faire*, l'analogie avec l'arithmétique envisage aussi la métrétique en tant qu'ἐπιστήμη, science *de l'excès et du défaut*. Aussi se pose la question de savoir si cette science est possible, dont l'objet, le plaisir, semble par nature prisonnier de l'individualité, de l'incomparabilité et de la relativité.

L'IDÉE DE CALCUL HÉDONISTE

Le *Gorgias* et le *Phédon* contiennent quelques pièces à verser au dossier. Par ses prémisses, la thèse de l'insatiabilité du désir soutenue par Calliclès rappelle en effet le débat du *Protagoras* : l'identification successive de la vie agréable à la vie heureuse, puis du plaisir au bien (494 d-e); et la distinction entre science, plaisir et courage (495 c). Le *Gorgias* présente toutefois un hédonisme plus fort, qui n'identifie plus le plaisir *à un* bien, mais *au* bien : ici, n'importe quel plaisir est jugé bon, alors que le *Protagoras* distingue entre bons et mauvais plaisirs. Ce faisant, il écarte du bien d'autres candidats, tels que la science et le courage. Or, à cette prémisse qui pose une équivalence entre les formes de plaisir et rend tout choix sinon absurde, du moins superflu, Platon en oppose une autre qui restaure la diversité des plaisirs, distinguant les meilleurs des moins bons (499 b), et rend possible un calcul hédoniste. En ce sens, il devrait exister un art qui rendrait son titulaire (τεχνικός) apte à distinguer, parmi les choses agréables, celles qui sont bonnes de celles qui sont mauvaises – dès lors que le principe de plaisir obéirait à une recherche *du mieux* (500 a). Le *Gorgias* partage donc avec le *Protagoras* la nécessité de postuler une technique pour discriminer les vrais plaisirs. Il se penche cependant moins sur son objet et sa fonction que sur les conditions auxquelles elle sera un art véritable.

Dans son analyse des arts, Platon distingue en effet les arts authentiques des flatteries (κολακεία), les imitations qui œuvrent seulement au plaisir[2]. À défaut d'examiner sa nature et sa cause, celles-ci produisent le plaisir comme au hasard et par habitude, sur la base du souvenir d'une expérience vécue. En effet, les flatteries pensent que l'art consiste à produire un type d'objets, alors qu'il s'agit en réalité de connaître les

1. Suivant l'interprétation de M. Dixsaut, *Le Naturel philosophe. Essai sur les dialogues de Platon*, Paris, Vrin, 2001 [3], p. 114.

2. *Gorg.*, 500 e-510 a. Cf. *Gorg.*, 464 b-466 a.

conditions de la production d'un type d'objets. Aussi les flatteries visent-elles – à tort – à produire le plaisir, alors que l'art sait pour sa part qu'il a pour tâche de produire un objet ou un état donné. Aussi sont-elles dans l'incapacité de le maximaliser, parce qu'elles ne disposent d'aucune faculté pour le quantifier de façon précise (οὐδὲν διαριθμησαμένη) : du fait d'ignorer la nature de leur objet, elles ne savent ni le produire avec certitude ni, *a fortiori*, comment en ramener les éléments épars à une mesure commune. Dès lors, elles ne présentent aucune fiabilité, même pour un hédoniste. Un art authentique, en revanche, saurait pourquoi un plaisir est bon (ce qui dans les conditions de sa production lui confère une valeur positive) et comment, de ce fait, en optimiser la production, parce qu'il connaîtrait la nature exacte de son objet et les causes qui sont à sa source. À cet égard, le *Gorgias* distingue deux types d'évaluation. La première, ordinaire et relative, fonctionne par habitude et comporte le risque permanent d'aboutir à un mal au lieu d'un bien, parce qu'elle tente vainement d'imiter le souvenir d'une pratique dont elle ignore les raisons. La seconde, technique et absolue, chiffre la valeur propre de ce qu'elle examine et agit en considérant la nature et les causes de son objet. Dès lors, si le *Gorgias* ne précise pas la nature et le fonctionnement de l'évaluation hédoniste (vraisemblablement parce qu'il traite moins de sa dimension pratique que de sa valeur théorique), il affirme qu'aucun parmi les arts du plaisir ne satisfait à ces exigences techniques. Il reste donc à instituer cet art hédoniste véritable qui possédera la connaissance de la nature et de la cause de son objet, seul moyen pour déterminer en quoi il y a plaisir, voire de discerner le meilleur plaisir[1].

Le *Phédon* poursuit l'investigation sur cette science évaluative, en établissant surtout *ce qu'elle ne doit pas être* (68 c-69 c). Il partage son constat initial avec le *Protagoras* : la foule semble servile, puisqu'elle « domine certains plaisirs mais est dominée par d'autres »[2]. Loin d'obéir à une connaissance de leur nature, elle se laisse guider par les plaisirs qui lui paraissent les plus forts. Or ce processus d'échange (ἀλλαγή) de plaisirs plus petits contre de plus grands, qui d'ordinaire est appelé vertu (ἀρετή), est une forme de dérèglement (ἀκολασία), au sens où la vertu ne résulte pas d'une domination des affects mais d'un funambulisme où le plus fort l'emporte sur le plus faible *via* une délibération purement quantitative, dépourvue de tout souci à l'égard du bien véritable. Le *Phédon* dénonce donc la conception de la vertu comme échange, car aussi longtemps que

1. Voir J.C.B. Gosling et C.C.W. Taylor, *Greeks on Pleasure*, *op. cit.*, p. 75.
2. *Phéd.*, 69 a 1-2.

celle-ci reste un procédé relatif, sur la base du plus et du moins, elle ne peut devenir un principe libre mais demeure « réellement servile et ne possède rien de sain ni de vrai »[1]. Par exemple, la tempérance désigne au sens ordinaire la capacité à dominer des plaisirs plus petits pour se laisser vaincre par de plus grands. Cantonnée à cette logique comparative, elle ne commande pas aux plaisirs et n'a qu'une apparence de vertu, parce que n'y intervient ni connaissance ni mesure. Au lieu de fixer les quantités au moyen de valeurs référentielles, ce type de vertu subit les effets de perspective et les jeux d'ombre – ce que Platon nomme σκιαγραφία. Toutefois, la réciprocité accentue les écarts et augmente les valeurs de manière fictive : un plaisir reçoit une valeur supérieure du seul fait d'être comparé à une peine. Dès lors, la décision prise au moyen de ces valeurs relatives manque nécessairement de liberté, parce qu'elle se fonde sur des données non fiables et incertaines, qui empêchent d'agir en pleine connaissance de cause.

Platon compare cet échange aux principes qui régissent la monnaie, dont le cours varie avec le lieu et le temps. Il n'existe pas de valeur d'usage universelle et les conversions se pratiquent sans référence commune, de façon arbitraire. À l'instar des plaisirs, le cours fluctue indépendamment de la valeur propre. Afin d'échapper aux spéculations des vertus populaires, Platon pose une monnaie de référence pour les échanges, à l'aune de laquelle les plaisirs seront évalués sur un même pied : la φρόνησις. Celle-ci se définit comme *ce contre quoi tout doit être échangé*, « la seule monnaie d'institution correcte »[2]. Elle fixe le cours des plaisirs et révèle leur valeur réelle, qu'elle arrache à la fluctuation incessante[3]. Elle est dès lors l'instrument qui libère d'une évaluation par simple comparaison réciproque. Aussi, loin de rejeter la valeur du plaisir et le principe d'un calcul hédoniste, le *Phédon* insiste-t-il pour subordonner le plaisir à la pensée, car elle seule lui confère une valeur véritable et dissipe les effets de trompe-l'œil – de *puissance de l'apparence*. Or ce type de solution s'accorde avec la métrétique du *Protagoras* et son rejet du calcul hédoniste tel qu'il est d'ordinaire conçu. Il affirme une nouvelle fois la nécessité de faire de la science, ou de la pensée, le principe directeur des choix, le seul capable d'agir en toute liberté et d'atteindre la vertu par une juste connaissance de la valeur réelle des peines et plaisirs.

1. *Phéd.*, 69 b 7-8. Pour un exemple de ce type d'échange : *Rép.*, I, 330 d-331 b.
2. *Phéd.*, 69 a 9-10.
3. M. Dixsaut souligne que l'analogie vise à passer d'un échange horizontal (incorrect) à un échange vertical (correct) ; voir *Platon. Phédon*, Paris, GF-Flammarion, 1991, p. 336, n. 102.

Le *Gorgias* et le *Phédon* précisent le fonctionnement de cette métrétique dont le *Protagoras* nourrit le projet, celui d'un principe directeur destiné à libérer de la servitude des plaisirs et de l'ignorance. Chacun apporte quelques éléments de réponse sur le moyen d'arracher la mesure au processus de va-et-vient incessant entre les quantités relatives que revêt le plaisir. Le premier impose de prendre appui sur une connaissance de l'objet. Le second déclare que celle-ci s'acquiert au moyen de la φρόνησις. Le thème du calcul hédoniste mobilise donc Platon au-delà du *Protagoras*. Il permet de dénoncer l'attitude de la foule qui oublie de s'interroger sur la nature véritable du bien et le moyen de l'atteindre. Cependant, la métrétique apparaît uniquement dans le cadre du dialogue avec Protagoras, là où les autres parlent de calcul ou d'échange – comme si l'idée de mesure était exclusivement associée à la personne du sophiste d'Abdère.

ART DE LA MESURE ET SAVOIR SOPHISTIQUE

Le *Protagoras* discute une thèse qui est un effet de la définition de l'homme comme mesure. L'hédonisme vulgaire prend en effet l'homme pour référence et fonde l'évaluation du plaisir sur l'expérience individuelle, ordinaire. L'homme est mesure au sens où il ne fait appel à aucun modèle extérieur pour choisir entre deux plaisirs mais se repose uniquement sur ce qui lui apparaît au moment où et tel que cela lui apparaît. Il en résulte une faculté incomplète, imparfaite, qui ne garantit aucun succès dans la décision : face aux plaisirs, l'homme de la rue se laisse abuser par les apparences et choisit de façon erronée parce qu'il en ignore la valeur réelle. À l'inverse, poser avec la métrétique une science et un art pour évaluer correctement les plaisirs, c'est refuser que ce pouvoir appartienne à tout homme *par nature*. C'est lui ôter la capacité d'être, par nature, une juste mesure des choses. En d'autres termes, Platon fait de la métrétique une échappatoire à la contradiction qui résulte de l'extension de la mesure à chacun, sans référence ni capacité technique supplémentaire. Par là, il rejette une conception de l'homme analogue à celle de Protagoras, parce qu'elle lui attribue d'emblée un pouvoir, un savoir pratique, qu'il lui faut en réalité acquérir et cultiver (357 d-e).

Instituer cet art de la mesure ne revient pas toutefois à évacuer complètement la thèse de Protagoras. Platon jette plutôt les bases d'une science de la mesure et en évoque les conditions de possibilité. Il fixe les limites à l'intérieur desquelles une théorie de la mesure serait acceptable : être un savoir qui opère en fonction d'un repère stable et dissipe les aléas des apparences. Un tel savoir serait utile, grâce à son infaillibilité, pour maximaliser *délibérément* le plaisir, autrement dit pour se soumettre le principe de plaisir qui, sans cela, domine l'activité humaine et, en un sens, rend passive la prise de décisions. Aussi la ligne de démarcation entre une mesure par nature et une métrétique passe-t-elle par la différence entre *être* et *avoir* la mesure, entre être le sujet de l'apparition et posséder la capacité d'examiner ce qu'elle dissimule[1]. Si l'individu ne cède pas au plaisir, s'il pose des choix et dirige ses actes, c'est uniquement par son savoir. Ce n'est donc pas simplement en tant qu'homme qu'il est mesure des choses – des plaisirs –, mais en tant qu'il acquiert un savoir au terme d'un apprentissage. En conclusion, sans être strictement protagoréenne, la thèse hédoniste permet de montrer la nécessité d'un principe métrique pour l'existence et d'insister, contre l'idée de sa présence naturelle en l'homme, sur le caractère *acquis* de ce savoir[2].

Introduire la métrétique poursuit donc un triple objectif : montrer qu'elle est un accomplissement nécessaire de la sophistique, en dégager les limites et s'en démarquer[3]. Dans le *Sophiste*, Platon attribue au sophiste l'art de produire des simulacres de façon ironique, d'imiter un art à partir d'une opinion dont il craint l'inexactitude[4]. Or, si la fonction de la métrétique est précisément de dissiper les illusions et d'agir de cette façon sur l'existence, son usage sophistique devrait se situer au niveau de la maîtrise des phénomènes. Le sophiste les utiliserait pour manipuler la foule et lui imposer sa propre opinion sur le plaisir, tout en sachant que celle-ci est sujette à caution, en raison de la nature même de son objet –

1. Cette différence a également été relevée par Th. Buchheim, « Maß haben und Maß sein. Überlegungen zum platonischen *Protagoras* », *Zeitschrift für philosophische Forschung* 38, 1984, p. 637, ainsi que par A. Capra, « La Tecnica di misurazione del *Protagora* », *Annali della Scuola Normale Superiore di Pisa, Classe di lettere e filosifie*, serie 4, 1997 (2a), p. 288.

2. À cet égard, la pensée protagoréenne reposerait sur une conception erronée du savoir, car elle ne s'interrogerait pas sur les causes de son objet. Identifier la métrétique à l'εὐβουλία que Protagoras prétend enseigner relèverait alors de l'ironie, puisqu'il s'agirait de lui prêter une conception juste de la τέχνη. Comparer 357 e 6-8 : ὡς οὐ διδακτοῦ ὄντος, ἀλλὰ κηδόμενοι τοῦ ἀργυρίου καὶ οὐ διδόντες τούτοις κακῶς πράττετε καὶ ἰδίᾳ καὶ δημοσίᾳ ; et 318 e 5-319 a 2 : Τὸ δὲ μάθημά ἐστιν εὐβουλία περὶ τῶν οἰκείων, ὅπως ἂν ἄριστα τὴν αὑτοῦ οἰκίαν διοικοῖ, καὶ περὶ τῶν τῆς πόλεως, ὅπως τὰ τῆς πόλεως δυνατώτατος ἂν εἴη καὶ πράττειν καὶ λέγειν.

3. Ce triple objectif a été identifié par P. Coby, *Socrates and the Sophistic Enlightenment. A Commentary on Plato's* Protagoras, Lewisburg, Bucknell University Press, 1987, p. 161. R. Lefebvre ajoute à cette liste la volonté de se démarquer de ce qu'il nomme « l'utilitarisme sophistique » (*Platon, philosophe du plaisir*, Paris, L'Harmattan, 2007, p. 61-68).

4. *Soph.*, 268 c-d ; sur cette part d'ironie, 267e-268a. F. Teisserenc, *Le* Sophiste *de Platon*, Paris, Presses Universitaires de France, 2012, p. 174-175.

qui demeure instable et incirconscriptible[1]. Pour le dire autrement, si la métrétique a pour effet de produire son objet, c'est-à-dire de le faire exister en tant qu'objet mesuré indépendant de ses conditions d'apparition, le champ serait ouvert à une production de mesures apparentes destinées à tromper un interlocuteur incapable de détecter la supercherie. Puisque l'homme ordinaire ne possède pas par nature la capacité – l'art – de décrypter les illusions, le sophiste peut lui faire apparaître plus grand ce qui est en réalité plus petit, grâce à une apparence de métrétique. En conséquence, l'idée de métrétique s'inscrit dans le projet sophistique tel que Platon le conçoit : si connaître et maîtriser les conditions de l'apparence permet de dissiper les effets de l'illusion, par extension cela rend aussi apte à produire une distorsion dans le champ perceptif. Le revers de la métrétique, son imitation, serait dès lors de produire ce qu'elle viserait à éliminer.

La métrétique est aussi l'aboutissement de la sophistique, au sens où, dans ce contexte, elle ignore le référent moral, le bien, à l'aune duquel le plaisir devrait être évalué. Poursuivant les intentions de ce que le *Gorgias* appelle *flatterie*, elle cherche plutôt le moyen de maximaliser ce bien matériel. Elle ne s'interroge ni sur la raison de la bonté attribuée au plaisir poursuivi, ni sur celle de la tendance dans cette direction. À l'instar de la foule, au travers des positions que Platon lui prête, Protagoras paraît soumettre la technique de la mesure à des relations entre affects particuliers, sans aucunement se reporter à un référent stable et commun qui fixerait la valeur réelle du plaisir.

Le *Protagoras* fixe du reste certaines limites à la métrétique. Dès lors qu'elle n'atteint jamais la valeur précise des plaisirs, puisqu'ils demeurent pris dans une logique du plus et du moins, elle ne sera jamais une science authentique, c'est-à-dire une science qui connaît les raisons de son objet. Tout au plus tentera-t-elle de dissiper les illusions, mais demeurera imprécise et consciente qu'elle ne peut aller au-delà d'une relative ignorance. Aussi introduire l'idée de science mène-t-il à constater que cette métrétique n'est pas encore la science philosophique de la mesure parce qu'elle reste censément comparative et relative. Si la métrétique philosophique (des plaisirs) doit exister, elle devra nécessairement procéder sur un autre mode.

1. Platon prête à Protagoras du dédain à l'égard de la foule : « Pourquoi, Socrate, nous faut-il examiner l'opinion de la foule des hommes qui disent ce qui leur vient à l'esprit ? » (*Prot.*, 353 a 7-8). Il en ressort l'image d'un homme convaincu de sa supériorité, parce qu'il possède une science lui permettant de maîtriser les apparences tandis que la foule les subit.

CHAPITRE III

MESURE ET PHÉNOMÈNE

« LA SCIENCE, C'EST LA SENSATION »

Au début du *Théétète*, Platon prête à Théétète la première définition suivante de la science : « la science n'est rien d'autre que la sensation » [1]. Son statut de science paraît provenir de son infaillibilité. La sensation est une faculté exempte de fausseté (ἀψευδές), véridique, au sens où elle dit nécessairement ce qui est : les choses *sont* telles qu'elles sont perçues, vu que tout sentir porte sur ce qui est (152 c; 160 d). Dès lors, ce que la sensation fait être (l'être du senti) et l'acte de sentir manifestent la même vérité. En outre, le fait que la sensation porte sur ce qui est ne signifie pas qu'elle vise un objet déterminé qui subsisterait de manière indépendante. Elle fait être l'objet senti sur lequel elle se porte en tant qu'objet qualifié, et non comme simplement existant [2]. Les choses ne sont jamais telles en soi, mais en tant que déterminées par la sensation.

1. *Théét.*, 151 e 2-3 : οὐκ ἄλλο τί ἐστιν ἐπιστήμη ἢ αἴσθησις.

2. Sur cette acception comme *être tel*, Ch. Kahn, « Some Philosophical Uses of "To Be" in Plato », *Phronesis* 26, 1981, p. 117-119. Ces dernières années, G. Fine a imposé au lecteur du *Théétète* une double distinction entre *broad* et *narrow protagoreanism*, puis entre *relativism* et *infallibilism*. « Conflicting Appearances : *Theaetetus* 153 d-154 b », dans *Form and Argument in Late Plato*, Ch. Gill and M.M. McCabe, Oxford, Clarendon, 1996, p. 106-132; « Plato's Refutation of Protagoras in the *Theaetetus* », *Apeiron* 31, p. 204-208. Elle est suivie par D. Sedley, *The Midwife of Platonism. Text and Subtext in Plato's* Theaetetus, Oxford, Clarendon, 2004, p. 49-53; et M.-K. Lee (2005), *Epistemology after Protagoras. Responses to Relativism in Plato, Aristotle and Democritus*, Oxford, Clarendon, 2005, p. 32-34. La première vise à déterminer si tous les phénomènes sont vrais ou seuls les phénomènes sensoriels : soit le phénomène se réduit à la sensation (*narrow protagoreanism*), soit il s'identifie d'abord à la sensation avant de s'étendre à l'opinion (*broad protagoreanism*). Le *Théétète* examinerait successivement les deux positions, *narrow protageanism* (152 a-169 d) puis *broad protagoreanism* (169 d-171 d). Or la question de l'opinion surgit dès la première

Pour étayer cette thèse, Platon l'articule à celles de Protagoras et d'Héraclite. (152 a-160 e). Il échaffaude ainsi une doctrine complexe par le biais de laquelle Protagoras apparaît comme un allié impliqué dans le dialogue et la recherche des arguments[1]. Du point de vue de la construction dialectique, il présente une thèse à décomposer, une position extrême – celle d'une science fondée en l'homme – dont l'analyse doit mener à la vérité. Quel enseignement ce voisinage apporte-t-il toutefois concernant la théorie de la mesure ?

L'association de Théétète à Protagoras résulte d'une paraphrase qui passe de la définition de l'ἐπιστήμη par l'αἴσθησις à la *mesure* de Protagoras – elle-même interprétée d'emblée en termes de φαντασία[2]. L'individu mesure ce que chaque chose est et n'est pas, les qualités qu'elle possède de son point de vue (la chaleur du vent), en fonction de la façon dont elle lui apparaît telle ou telle. L'apparaître révèle donc à chacun l'être de chaque chose, non pas son *être-en-soi*, mais son *être-pour-quelqu'un*. Si le vent n'est en lui-même rien de déterminé, il arrive en revanche que, pour deux personnes qui le ressentent, l'une frissonne l'autre non, l'une légèrement l'autre fort (152 b). À cet égard, la réalité des choses varie avec la complexion individuelle. Sous cet angle, les énoncés *le vent m'apparaît froid* et *je le perçois froid* sont synonymes, et la φαντασία s'identifie à l'αἴσθησις.

critique adressée à Protagoras (161 c-d). Dès lors, la distinction exégétique ne correspond pas à la démonstration de Platon, puisque séparer les deux points de vue interdirait de résoudre le problème que soulève Protagoras. En réalité, elle manque la différence, présente dès le départ, entre la thèse sensualiste et la doctrine de Protagoras *telle que Platon la conçoit*. La seconde distinction paraît plus pertinente. Le *relativism (about truth)* qualifie la lecture de M. Burnyeat : « *p* est vrai pour A si, et seulement si, A croit *p* » (« Protagoras and Self-Refutation in Plato's *Theaetetus* », *Philosophical Review* 85 (2), 1976, p. 178-182). La vérité se révèle toujours relative, car il est impossible de passer de « *p* est vrai pour A » à « *p* est vrai ». Pour sa part, Fine attribue à Protagoras une vision *infaillibiliste* selon laquelle *p* est vrai si et seulement s'il fait l'objet d'une opinion, toute opinion étant vraie. La première option décrit une théorie de la vérité, toujours relative. La seconde concerne le contenu des croyances, toute affirmation étant vraie *absolument*. Or, si elle permet de passer de « *p* est vrai pour A » à « *p* est vrai », puisque toute vérité est *simpliciter*, elle exclut la vérité de la sensation en tant que telle. Elle revient à supprimer la notion d'opinion, en vertu de l'identité entre apparition et sensation, à moins de forger une théorie phénoménale de l'opinion.

1. La thèse de Protagoras explicite celle de Théétète, élaborant une doctrine complexe que, malgré son hétérogénéité, Protagoras finira par assumer (166 c-d ; cf. *Crat.*, 385 e-386 e).

2. *Théét.*, 151 e 1-2 : « celui qui sait a la sensation de ce qu'il sait » ; 152 a 6-8 : « telle chaque chose m'apparaît, telle est pour moi, tandis que telle elle t'apparaît, telle est pour toi ; or tu es un homme, et moi aussi ».

Socrate cantonne néanmoins l'analogie à quelques domaines : « Apparition et sensation sont la même chose *pour ce qui est du chaud et de toutes les choses de ce type* (ἔν τε θερμοῖς καὶ πᾶσι τοῖς τοιούτοις, 152 c 1-2). » En lien avec le chaud et en l'absence d'autre qualificatif, « toutes les choses de ce type » désignent ici l'ensemble des propriétés sensibles. Toutefois, l'expression laisse penser que les deux types de rapport au monde ne sont pas strictement identiques et n'ont pas la même extension. Comment alors comprendre leur lien ?

La définition initiale de Théétète se présente comme l'objet d'un point de vue (δοκεῖ) et d'un phénomène (φαίνεται) : elle explicite ce qui lui apparaît à propos de la science[1]. Ce faisant, elle déplace l'équation entre φαντασία et αἴσθησις, en ajoutant un troisième terme, la δόξα. Le phénomène se manifeste en effet sous plusieurs modes : par exemple, la sensation s'il y a saisie de l'être au moyen des sens, l'opinion s'il y a saisie au moyen de l'âme seule[2]. Or la définition ne fait pas l'objet d'un phénomène sensible. Elle relève plutôt de l'opinion. De ce point de vue, la définition de Théétète est une *contradictio in terminis*, parce qu'elle réduit le phénomène à la sensation et rend vaine toute entreprise de définition : dans ce cadre sensualiste, la définition de la science ne pourra jamais être elle-même objet de science étant donné qu'elle excède le sensible. En revanche, dans la perspective de Protagoras, il est absurde de réduire la φαντασία à la sensation, l'être au sentir, parce que le principe de mesure s'étend à *tous* les phénomènes, *à toutes les choses*. Aussi, en tant que mesure, l'homme doit-il pouvoir déterminer l'être sous ses différentes formes phénoménales. Par conséquent, si la φαντασία est identifiée *ici* à la sensation, l'équivalence stricte n'est pas requise : elle peut tout à fait dépasser le champ du sensible. Si la thèse de Protagoras fournit un modèle à la définition de Théétète, elle n'est résolument pas restreinte au donné de la sensation.

1. *Théét.*, 151 e 1-3 : *Δοκεῖ οὖν μοι* ὁ ἐπιστάμενός τι αἰσθάνεσθαι τοῦτο ὃ ἐπίσταται, καὶ *ὥς γε νυνὶ φαίνεται*, οὐκ ἄλλο τί ἐστιν ἐπιστήμη ἢ αἴσθησις.

2. Dans ce cadre, comment penser le lien entre opinion et sensation ? La sensation confère déjà une détermination : l'attribution du prédicat chaud à la perception du vent ne résulte pas d'un acte judicatif, mais l'information provient de la sensation même. Entre la sensation et l'expression, la relation est transitive et son immédiateté écarte toute erreur de prédication. Aussi l'αἴσθησις ne désigne-t-elle pas seulement le fait de sentir : elle s'étend à l'énoncé sur la sensation, dont les catégories proviennent de la sensation, sans l'intervention du jugement. Cf. *Phédon*, 96 b 6-9 : ἐκ τούτων δὲ γίγνοιτο μνήμη καὶ δόξα, ἐκ δὲ μνήμης καὶ δοξῆς, λαβούσης τὸ ἠρεμεῖν, κατὰ ταῦτα γίγνεσθαι ἐπιστήμην;

La mesure : sujet, objet, relation

L'identification entre sensation, apparition et mesure a pour effet de faire de la mesure une action. De la même façon que la sensation (αἴσθησις) est définie comme l'acte de sentir (αἰσθάνεσθαι), par le biais de l'apparition (φαντασία) et de l'acte d'apparaître (φαίνεται) la mesure est conçue comme l'acte de mesurer. Or mesurer comporte trois dimensions : le sujet mesurant, l'objet mesuré et leur relation. Suivant l'identification entre mesure et apparition, le sujet, l'homme de Protagoras, correspond à l'individu auquel la chose apparaît (152 a). La vérité de la *phantasia* résulte de son ancrage et de sa dépendance à l'égard de l'individu : c'est bien sa propriété qui la rend vraie. Dès lors, comme rien ne contraint *a priori* deux individus au même phénomène, un changement d'individu implique une variation de mesure. Par conséquent, du fait de placer l'homme au siège de la connaissance, Protagoras formulerait une gnoséologie qui rendrait vaine l'idée d'un référentiel en droit partageable.

Par rapport à la sensation, l'objet mesuré désigne l'objet extérieur qui affecte l'individu par le biais de la perception (152 b). Eu égard à la φαντασία à présent, les χρήματα de Protagoras désignent *tous* les objets à la portée de l'individu. La mesure inclut seulement ce qui affecte l'homme et exclut tout ce qui excède son champ phénoménal. Par conséquent, de son point de vue, ce qui ne l'affecte pas n'existe pas. Ou mieux : l'homme ne peut se prononcer sur ce qui ne l'affecte pas, par exemple les dieux (162 d-e)[1]. Comment la sensation, le phénomène, qui porte toujours sur ce qui est, donnerait-elle à connaître un non-être ? La lecture platonicienne de l'affirmation de Protagoras a donc la conséquence ontologique suivante : les facultés humaines fixent *a priori* le critère d'existence des objets mondains. Si l'être se révèle seulement dans le phénomène, il devient inutile de postuler un monde extraphénoménal qui justifie les manifestations en dehors de la signification que leur apporterait le sujet affecté.

Cette interprétation soulève la question de la réalité en soi des sensibles. Que signifie dans ce contexte « le vent en lui-même », si l'objet sensible dépend de sa relation à l'homme (αὐτὸ ἐφ' ἑαυτοῦ τὸ πνεῦμα)[2] ? Dans

1. Platon fait évidemment écho ici au fragment B 4.

2. Les dialogues comptent seulement quatre occurrences : *Théét.*, 152 b 6 ; 160 b 10 ; *Pol.*, 303 e 5 ; *Tim.*, 51 b 8. Pour Cornford, l'argument signifie que le vent en soi est à la fois chaud et froid là où, dans la doctrine secrète qui suit, le vent ne serait ni chaud ni froid (*Plato's Theory of Knowledge. The* Theaetetus *and the* Sophist, New York, Dover, 1935, p. 33-34). Or la lecture objectiviste ne s'accorde pas avec le texte de Platon, qui écarte de

le *Politique*, *l'or en lui-même* sert de paradigme à l'enquête eidétique : pour atteindre le politique, il faut procéder à la façon dont le feu dépouille l'or de toutes scories et découvre le métal non pollué [1]. L'or n'en reste pas moins un objet sensible, qu'il est toutefois possible d'atteindre en lui-même – *dans sa pureté*. Dans le *Timée*, l'enjeu est de saisir un feu en soi, une nature élémentaire pure qui compose les sensibles mais apparaît toujours mêlée à d'autres éléments [2]. Cette expression désigne dès lors l'objet sensible tel qu'en lui-même, débarrassé des déterminations et pollutions extérieures. Αὐτὸ ἐφ' ἑαυτοῦ τὸ πνεῦμα renverrait au souffle pris en dehors de tout apport du sujet, en lui-même. Or c'est la possibilité que Protagoras paraît nier dans le *Théétète*, une identité de soi à soi de l'objet sensible.

Mesurer, c'est déterminer. Or, si cet acte signifie assigner à l'objet à portée de la main des déterminations propres au sujet mesurant, il produit un apparaître vu que l'être qualifié de l'objet résulte uniquement de l'individu, tel qu'il le reçoit, sans processus de réflexion. Il ne consiste pas à porter un jugement d'existence sur l'objet mesuré, mais à lui attribuer un prédicat donné, sans médiation. Ainsi, l'être accompagne nécessairement la qualité éprouvée par qui l'attribue à l'objet. Par conséquent, aucun vent ne pourrait être chaud ou froid par lui-même, mais il sera froid pour quelqu'un, chaud pour un autre.

En posant que l'indétermination et les variations résultent de différences entre les hommes plutôt que des choses elles-mêmes, la mesure de Protagoras inverse la perspective d'une mesure scientifique. Loin de postuler une juste mesure dans les choses, elle assigne une vérité à toute détermination. Or, si tout individu est mesure de son propre phénomène, personne ne peut se tromper, étant donné que rien ne peut contester la nécessité du ressenti. Il est alors impossible d'attribuer une origine à l'erreur et au faux dans le champ phénoménal. En cas de conflit

l'homme-mesure l'idée de vent en soi parce qu'elle contraindrait Protagoras à accepter la contradiction au cœur des choses (le vent serait chaud *et* froid). Il faut plutôt opter pour la lecture subjectiviste, où l'origine de la qualité ne se trouve pas dans le vent lui-même, mais dans l'homme qui le sent.

1. *Pol.*, 303 e 3-5 : [ἃ] μετὰ βασάνων ταῖς ἑψήσεσι μόγις ἀφαιρεθέντα τὸ λεγόμενον ἀκήρατον χρυσὸν εἴασεν ἡμᾶς ἰδεῖν αὐτὸν μόνον ἐφ' ἑαυτοῦ.

2. *Tim.*, 51 b 7-c 1 : ἆρα ἔστιν τι πῦρ αὐτὸ ἐφ' ἑαυτοῦ καὶ πάντα περὶ ὧν ἀεὶ λέγομεν οὕτως αὐτὰ καθ' αὑτὰ ὄντα ἕκαστα. Selon L. Brisson, αὐτὸ ἐφ' ἑαυτοῦ désigne le mode d'existence absolu et en soi de la Forme (*Le Même et l'Autre dans la structure ontologique du* Timée *de Platon. Un commentaire systématique du* Timée, Sankt Augustin, Academia, 1998, p. 128-129). Or ce passage envisage le feu élémentaire, à propos duquel Timée se demande s'il est possible de le saisir isolé des mélanges dans lesquels il intervient.

de perceptions, aucune ne sera dite plus vraie que l'autre. Par conséquent, la thèse de Protagoras évacue la mesure au sens ordinaire – où mesurer signifie comparer l'objet à un référent établi. Elle ne consiste même pas à affirmer que le vent *a telle température* pour toi, *telle température* pour moi. Elle abolit jusqu'à l'idée de température pour parler en termes de qualité relative : chaud-pour-moi, froid-pour-toi. Il en résulte l'abandon de tout système métrique. Parce qu'elle conteste le principe d'un référent stable, cette définition de la science entrave ainsi l'idée de science, qui voudrait appliquer un repère normé à l'objet mondain. Comment en effet ramener les phénomènes individuels à une échelle commune ? L'étude de la thèse protagoréenne vise donc à voir si, d'une part, peut exister une science des impressions et, d'autre part, comment celle-ci s'intégrera au système formé des autres sciences. Protagoras peut-il s'accommoder d'une science métrétique ?

Le mobilisme et la doctrine secrète

Suivant la première définition, la manifestation du phénomène se réduit à la sensation. Or celle-ci est confrontée à un flux qui oscille continûment entre le (plus) froid et le (plus) chaud, et qui n'a par soi aucune prédétermination. Sentir, c'est donc introduire une limite à l'intérieur du flux des phénomènes et imposer au senti une qualité (sa quantité au sein du flux)[1]. Aussi la sensation implique-t-elle une certaine conception héraclitéenne du monde en flux : le sensible doit se présenter comme l'indéterminé auquel la sensation apporte une détermination. Or, si mesurer signifie limiter une réalité antérieurement illimitée, les positions de Théétète et de Protagoras ne situent pas la cause du flux dans les choses elles-mêmes, car elles portent sur les individus et les différences qui les affectent. De telles oscillations n'impliquent pas encore une ontologie mobiliste. Elles mènent cependant à la conclusion suivante :

> Rien n'est un, ni quelque chose, ni de quelque qualité que ce soit (152 d 6).
> μηδενὸς ὄντος ἑνὸς μήτε τινὸς μήτε ὁποιουοῦν.

1. Pour citer Hegel : « La mesure est tout d'abord unité *immédiate* du qualitatif et du quantitatif, de sorte que : *premièrement*, il y a *un quantum* qui a une signification qualitative et existe *comme mesure*. […] Étant donné que [ces *choses autonomes*] se rapportent essentiellement l'une à l'autre, la mesure devient *deuxièmement*, *rapport* de quanta spécifiques envisagées *comme mesures autonomes*. […] C'est pourquoi *troisièmement*, est posée l'*in-différence* des déterminations métriques et la mesure, s'étant réalisée avec la négativité contenue en ces déterminations, est posée comme *rapport inverse de mesures* ». *La Théorie de la mesure*, trad. A. Doz, Paris, P.U.F., 1994[2] [1970], p. 24-25 [340].

Rien n'est *un*, si l'apparaître se réduit à une multiplicité de phénomènes sans unité synthétique réelle. Si d'aventure se manifestait une unité, elle serait réduite à une somme de représentations dépourvue de la consistance d'une *chose*. Elle serait non identifiable et inconcevable. Enfin, même s'il existait une chose, elle n'aurait aucune *qualité* par elle-même, car celle-ci varierait nécessairement avec le sujet du phénomène. Par voie de conséquence, l'objet serait incommunicable, car pour parler d'une chose il faut déjà pouvoir la qualifier d'une certaine façon.

La formule vise à articuler les doctrines, afin d'intégrer Protagoras au sein de la tradition et de passer d'une théorie du phénomène à une ontologie mobiliste (152 e). L'absence d'unité des phénomènes mène de l'homme au monde : alors que le principe d'oscillation résidait dans l'individu sujet de l'apparaître – à titre de mesure, chacun cultive sa vision distincte du monde –, Platon passe à présent à l'absence d'unité propre de l'objet, afin d'en interroger la nature véritable. Ce faisant, il reprend une question évacuée par l'hypothèse protagoréenne, puisqu'il ne place plus la responsabilité de la variation des phénomènes dans les individus mais dans les choses mêmes. La transition s'opère comme suit : si chacun prête des qualités différentes aux choses, c'est parce que celles-ci manquent d'unité et ne parviennent donc pas à en transmettre une aux individus qui en reçoivent les phénomènes. Le lien semble ténu : l'incapacité des manifestations à satisfaire au critère d'intersubjectivité interdirait de postuler l'unité de l'objet. Platon décrit là un empirisme qui justifie l'unité des phénomènes dans la sensation seulement par l'unité du sujet lui-même. Postuler l'unité des objets de la sensation découle à ce stade de ce que le même homme est mesure, unité qui existe uniquement de son propre point de vue. Le principe unificateur est en même temps cause de la diversité, en raison de sa différence avec les autres mesures. Et Platon en conclut de façon étonnante que l'absence d'unité du sentir provient de l'objet.

« Rien n'est jamais, mais toujours devient » (152 e 1). Le terme *être* paraît peu approprié pour décrire un monde en flux, qui s'accommode mieux du devenir. Or, puisque Protagoras l'emploie dans sa formule, sous quel motif Platon peut-il l'associer à Héraclite[1] ? L'être implique *a priori*

1. Pour M.-K. Lee, Platon introduit la *doctrine secrète* afin de reconduire Protagoras à la biconditionnelle « *x* est *F* pour A si et seulement si *x* semble F à A » (*Epistemology*, *op. cit.*, p. 82-86). Cette interprétation, qui prolonge l'infaillibilisme de Fine, ne trouve ni appui dans le texte ni justification logique, mais se fonde sur l'idée que le mobilisme développerait une ontologie restée implicite chez Protagoras. Or Protagoras interdit précisément de rien dire sur cette ontologie, sur ces choses qui ne se manifestent pas à nous (voir 162 d-e, sur les dieux).

une certaine stabilité et identité. Ce qui est doit nécessairement rester, d'une certaine façon, identique à soi. Dans l'hypothèse phénoménaliste cependant, la chose *est* toujours *reçue* d'une façon différente, ce qui dissout son identité et sa stabilité. De là à soutenir qu'elle *se donne* toujours différemment, il n'y a qu'un pas : le devenir qualifie cette réalité sans cesse sujette à la dissemblance et jamais identique à elle-même. Le passage de l'être au devenir résulte donc d'une incapacité à cerner la chose, dont la cause se situe cette fois du côté de la chose même, et plus de l'individu qui la perçoit[1]. Les trois thèses sont reconduites l'une à l'autre, sans qu'elles ne s'impliquent vraiment, les unes postulant l'instabilité des phénomènes, l'autre des choses : le mobilisme se présente davantage comme une ontologie, l'homme-mesure et le sensualisme comme des théories de la connaissance[2]. Aussi Platon renforce-t-il le lien en soulignant leur genèse psychologique commune : à force de ne laisser aucune prise au discours, quelques éristiques projettent leur instabilité psychique et logique sur le monde, transférant le mouvement interne du sujet vers l'objet (179 e-180 b). En d'autres termes, entre ces thèses, la différence paraît bien moins philosophique que psychologique, au sens où les uns projettent à l'extérieur ce que les autres maintiennent en eux.

Platon unit ces théories sous la forme d'une *doctrine secrète* – une manière de revendiquer la paternité de cette construction – afin d'en tirer les conséquences logiques et d'en montrer les implications sur la science (152 d)[3]. Toutefois, elles ne présentent en droit d'autre lien que l'ancrage empirique qui les lie en tant que tentatives pour expliquer l'absence de vérités stables. Plutôt que de décrire un système de thèses mutuellement convertibles, Platon part de leur aboutissement commun pour remonter à leurs principes respectifs. À cet égard, elles intéressent la définition de la science, parce qu'elles sont trois modes d'un premier degré de la

1. Platon accentue cette proximité par l'omission de l'individu relativement auquel l'objet apparaît : « Si tu le qualifies de grand, il apparaîtra aussi petit » (*Théét.*, 152 d 4-5).

2. Le mobilisme pose un principe de mouvement universel, dont les trois différentes formes – déplacement (φορά), changement (κίνησις) et mélange réciproque (κρᾶσις πρὸς ἄλληλα) – situent l'origine du mouvement dans les choses elles-mêmes ou dans leurs corrélations, plutôt que dans leurs relations aux individus (152 d).

3. On s'accorde pour ne pas interpréter littéralement cet ésotérisme : J. McDowell, *Plato : Theaetetus*. Translated with Notes, Oxford, Clarendon, 1973, p. 121-122 ; D. Bostock, *Plato's Theaetetus*, Oxford, Clarendon 1988, p. 44 ; M. Burnyeat, *Introduction au* Théétète *de Platon*, Paris, P.U.F., 1998, p. 27-28. Mais certains y voient un témoignage authentique et font des mobilistes des héraclitéens qui auraient enrichi leur doctrine d'apports protagoréens. Voir J. Mejer, « Plato, Protagoras and the Heracliteans. Some Suggestions Concerning *Theaetetus* 151 D-186 E », *Classica et Mediævalia* 29, 1968, p. 60.

connaissance, l'évidence immédiate du monde. Et le résultat en est identique : qu'elle soit fondée sur le sensible, le phénomène ou le devenir, la science aboutit toujours à l'absence d'unité et de réalité de l'objet de la connaissance.

Pour consolider le lien entre flux chosique et flux phénoménal, Platon élabore une épistémologie fondée sur l'ontologie mobiliste, qui s'ajuste au sensualisme et au protagoréisme : la propriété sensible (la couleur) n'appartient ni à l'œil ni à l'objet, mais constitue *une sorte d'intermédiaire* né de la rencontre entre ce qui se projette et ce qui est projeté, entre les mouvements du sujet et de l'objet de la perception[1]. Fondé sur le changement continu, le relativisme reçoit ici une assise forte, étant donné qu'aucun terme ne possède de qualité *en* et *par soi*, en dehors de la relation. L'attribuer à l'un d'eux impliquerait son repos d'un certain point de vue et, par extension, ne justifierait pas les différences dans l'apparaître[2]. Au contraire, chaque relation est unique et engendre un produit propre, puisque tout changement d'un membre entraîne une nouvelle détermination.

> Si ce à quoi nous nous *contre-mesurons* (ᾧ παραμετρούμεθα) ou nous attachons (οὗ ἐφαπτόμεθα) était grand, blanc ou chaud, jamais il ne se serait altéré après être allé à la rencontre d'un autre, si du moins lui-même n'avait en rien changé ; si, à l'inverse, le *contre-mesuré* (παραμετρούμενον) ou l'attaché (ἐφαπτόμενον) était de chacune de ces façons, il ne se serait pas altéré si un autre était allé à sa rencontre ou avait subi une affection, si lui-même n'avait rien subi (154 b1-6).

Παραμετρεῖν adapte cette théorie au lexique de Protagoras[3]. *Contre-mesuré* sert à désigner les deux versants de la mesure : nous devenons contre-mesurés par rapport à un objet contre-mesuré, chacun recevant

1. *Théét.*, 153 e 5-154 a 3 : καὶ ἡμῖν οὕτω μέλαν τε καὶ λευκὸν καὶ ὁτιοῦν ἄλλο χρῶμα ἐκ τῆς προσβολῆς τῶν ὀμμάτων πρὸς τὴν προσήκουσαν φορὰνφανεῖται γεγενημένον, καὶ ὃ δὴ ἕκαστον εἶναί φαμεν χρῶμα *οὔτε τὸ προσβάλλον οὔτε τὸ προσβαλλόμενον* ἔσται, ἀλλὰ *μεταξύ τι* ἑκάστῳ ἴδιον γεγονός. Ce point interroge cette combinaison de doctrines : sans stabilité des choses ni des individus, sur quelle base postuler l'identité des phénomènes ? Si deux individus rencontrent deux choses, il en résulte bien une différence entre leurs phénomènes respectifs.

2. Bostock note que le sens commun contredit ce changement constant (*Plato's Theaetetus*, *op. cit.*, p. 61). Toutefois, loin de rencontrer l'objectif que suit Platon avec la doctrine secrète, l'objection manque la question essentielle du sens commun : qu'est-ce qui garantit que la perception du voisin, ou la mienne à un moment donné, sera identique à celle présente ? Les différences continuelles font bien davantage droit à un principe de changement permanent.

3. Platon insiste pour que les protagoréens assument la *doctrine secrète* (154 b-c, 155 d).

sa qualité de la rencontre avec l'autre. Le sujet ne mesure pas davantage qu'il n'est mesuré par l'objet vers lequel il se porte, car la mesure résulte d'un arrêt mutuel de deux flux continus, à cause de leur rencontre. Grâce à une extension de la notion de flux, l'homme-mesure débouche sur une ontologie où les variations phénoménales découlent de l'altération réciproque des termes de la mesure. Les choses autant que l'homme s'inscrivent dans un processus, alors que la mesure réside tout entière dans l'acte qui la manifeste, dont aucun terme ne porte seul la responsabilité. Comment dès lors soutenir que l'homme est mesure des choses, s'il ne produit pas la mesure – du moins si son rôle ne relève pas d'un acte unilatéral ? Cette mesure évacue en effet jusqu'au principe d'un étalon, puisque ni la chose ni l'homme ne servent de référence, mais seul importe leur contact lors de sa production. En définitive, la mesure se situe dans cet intermédiaire, et non dans un agent qui interromprait le *continuum*. Elle n'est plus la sanction de l'individu sur le monde qui l'entoure – variable au gré des conditions propres à chacun –, mais l'effet de l'interaction entre deux pôles. Si un terme ne reçoit de valeur qu'en fonction du rapport dans lequel il s'inscrit à l'instant où il s'y inscrit, la mesure devient une détermination absolument relative, prise dans un intermédiaire. Pris dans les limites physiques du sensualisme, ce relativisme n'implique aucune maîtrise ni initiative particulière.

Que signifie une mesure sans référence ni stabilité ? Comment ces théories perspectivistes rendront-elles compte de l'intersubjectivité, qui excède le champ phénoménal ? En affrontant une triple difficulté : reconnaître la nécessité pour la mesure d'avoir des unités de quantification, limiter l'extension du sensualisme et constater que le mobilisme ne justifie pas toutes les variations relationnelles.

Difficultés du relativisme

Bien que la cohésion des doctrines semble acquise grâce au perspectivisme et à l'absence d'inhérence des qualités sensibles, elles font entendre un désaccord d'assertions *étonnantes et ridicules*, parce que des qualités inhérentes pourraient bien s'accommoder d'un certain perspectivisme (154 b). Identique à elle-même, une chose peut très bien apparaître différente à deux individus :

> Prends un petit exemple et tu sauras tout ce que je veux dire. Soient en effet six osselets : si tu en rapproches quatre, nous disons qu'ils sont plus nombreux que les quatre, d'une moitié ; si tu en rapproches douze, qu'ils

> sont moins nombreux et en sont la moitié, et qu'il n'est pas tolérable de parler autrement. Ou bien le toléreras-tu (154 c 1-5)[1]?

Si le double ou la moitié impliquent une mesure relative, celle-ci détermine la quantité avec exactitude, tant vis-à-vis d'elle-même que d'une autre. Elle quitte l'ordre du plus ou moins pour définir un rapport. Elle mesure le nombre au sens où elle acte, *au moyen d'une unité de référence*, une valeur intrinsèque qui peut être déterminée *a priori* et qui ne dépend pas de la relativité phénoménale. Dès lors en quel sens la quantité en elle-même non modifiée subit-elle une variation? Le changement de point de vue modifie la valeur relative, au sens où la grandeur reconnue évolue avec la quantité comparée[2]. Ces propriétés tirent en effet leur signification de l'insertion au sein de relations, plutôt que d'être des dispositions inhérentes. Chaque nouvelle relation entraîne ainsi une nouvelle détermination, qui n'est pas l'objet d'une valeur *per se*. Sans affecter les réalités comme telles, la comparaison en modifie seulement les attributs. Il ressort une opposition entre l'*être* (les propriétés intrinsèques et invariables) et l'*apparaître* (les propriétés extrinsèques et variables). Comment dès lors rendre compte de ces aberrations? Voilà le point que soulèvent les trois prodiges (φάσματα) suivants :

> — À l'examen de la première, nous dirons, à mon avis, que jamais rien ne devient plus grand ni plus petit, que ce soit en volume ou en nombre, aussi longtemps qu'il demeure lui-même égal à lui-même (155 a 2-5).
> — Deuxièmement, ce à quoi rien n'est ajouté ni retranché, nous dirons dans ce cas qu'il n'augmente ni ne diminue, mais qu'il reste toujours égal (155 a 7-9).
> — Troisièmement, ne dirons-nous pas aussi que ce qui, antérieurement, n'était pas, il est impossible que, postérieurement, il le soit sans l'être devenu ni sans le devenir (155 b 1-3)?

L'ambiguïté de tels énoncés provient de leur extension, tantôt relative tantôt absolue, mais disparaît aussitôt que surviennent les marqueurs relatifs liés aux attributs de grandeur. Le premier signifie alors que rien ne devient plus grand ni plus petit *que lui-même*, tant qu'il demeure égal *à lui-même*, mais il peut devenir plus grand ou plus petit *qu'un autre* qui change et lui est comparé; le deuxième, converse du premier, affirme que ce à quoi rien n'est ajouté ni soustrait demeure égal *à lui-même*, mais son rapport *à un autre* peut changer si ce dernier change; le troisième,

1. Pour une synthèse des lectures de ce passage, T. Chappell, *Reading Plato's "Theatetus"*, Sankt Augustin, Academia, 2005, p. 69-72; et M.-K. Lee, *Epistemology*, *op. cit.*, p. 101.

2. Voir F.M. Cornford, *Plato's Theory of Knowledge*, *op. cit.*, p. 43-44; *Rép.*, V, 479 a-b.

fondé sur la définition du changement et du devenir, pose que rien n'est différent *de lui-même* s'il ne l'est pas devenu, ni différent *de quelque chose d'autre* si leur relation ne change pas. Ces trois postulats révèlent l'écart entre le relativisme et le mobilisme, le premier admettant la possibilité que des réalités considérées en elles-mêmes demeurent égales à elles-mêmes, le second non. Ils assoient surtout la nécessité d'une part de traiter les attributs de grandeur comme des propriétés relatives, d'autre part de mentionner les termes comparatifs [1]. Par extension, ils fixent les limites et conditions de possibilité pour le discours issu d'une théorie perspectiviste : les propriétés ne se situent ni dans l'objet, ni dans le sujet de l'apparaître, mais elles impliquent de toujours préciser le rapport et le point de vue, car tout changement de relation rejaillit sur ses membres [2].

Or ce relativisme vaut-il pour toutes les propriétés, ou bien est-il limité à un domaine d'objets ? Comment expliquer que toute perception soit relation ? Par une théorie subtile qui rassemble l'infinité des mouvements sous deux formes – avoir la puissance d'agir ou de subir – et justifie une ontologie processuelle, de type mobiliste, doublée d'une épistémologie sensualiste [3]. Ces deux espèces de mouvement créent toutes choses par leurs rencontres, inévitablement par paires : sentant *et* senti, sensation *et* sensible. Il n'y a plus alors ni choses ni individus, mais des mouvements sentant-senti. Rien n'*est* agent ni patient par soi, mais tout *a la capacité de* le devenir par une relation. Dans cette conception relativiste, le

1. Dans le *Phédon*, Socrate insiste sur le devenir des contraires : le plus grand et le plus petit implique un changement (71 a-b). Devenir, c'est devenir *plus* grand ou *plus* petit (et pas grand ou petit), c'est-à-dire passer d'un contraire à l'autre. Par conséquent, tout devenir implique la précision du terme relatif, par rapport à soi-même d'une part, par rapport au comparé de l'autre. Ce point soulève des questions sur l'hypothèse des Formes (102 b-103 a). Il fournit aussi également la raison de la réminiscence (avoir acquis antérieurement les propriétés de la perception). De manière indirecte, les exemples des osselets et de la taille de Socrate dans le *Théétète* interrogent l'acquisition des propriétés attribuées aux objets. Comment dire qu'un objet est égal ou différent ? Pourquoi parler de *six* osselets ? En d'autres termes, d'où viennent les catégories et les concepts qui unifient l'expérience ? Rien n'y est dit à ce sujet, sinon que ceux qui n'accordent d'existence qu'à la matière de la sensation sont des gens « repoussants » (155 e-156 a). La doctrine secrète n'exclut donc pas *a priori* l'existence de principes invisibles (πράξεις δὲ καὶ γενέσεις καὶ πᾶν τὸ ἀόρατον), même s'ils restent inexplorés.

2. J. McDowell présente une solution similaire (*Plato : Theaetetus, op. cit.*, p. 135) : il ne faut jamais oublier les *than phrases*, les termes relatifs vis-à-vis desquels un changement se manifeste. Mais il insiste sur la nuance entre deux types de prédicat (relationnels ou sensibles) et conclut que le passage vise à mettre en garde contre l'emploi d'*être*, au lieu de *devenir*. Or cette insistance n'a de sens qu'à la condition de peser sur la mention nécessaire des relatifs.

3. *Théét.*, 156 a. Sur cette distinction, A. Macé, *Platon, philosophie de l'agir et du pâtir*, Sankt Augustin, Academia, 2006, p. 120-124.

mouvement est premier – moins le mouvement intrinsèque que le mouvement réciproque[1]. La relation entre pôles objectif et subjectif se consolide en raison de la nécessité de leur union intime. Si, jusqu'alors, l'être des choses dépendait du sujet de l'apparaître, il restait à expliciter la dépendance du sujet à l'égard des choses, la façon dont l'objet l'affecte. L'univocité de l'apparition se mue en une relation bipolaire, qui étend le champ de la sensation à toute affection (156 b) : le plaisir et la peine résultent de la rencontre entre l'organe et son objet ; le désir et la crainte sont des relations qui supposent l'anticipation ou le souvenir de l'objet qui affecte le sujet[2]. Et à côté des sensibles connus, il existe quantité d'organes et de sensations anonymes, dont la mention souligne l'universalité de la théorie.

La relativité sensorielle induit une forme de commensurabilité. Pour produire le couple sensation-sensible, organe et objet doivent s'adapter, se répondre, être proportionnés (σύμμετροι ; 156 d)[3]. Et c'est leur commensurabilité qui explique l'origine des catégories de la perception : celles-ci résultent d'une adéquation physique où le tri se fait *a priori*, vu que les organes s'attachent uniquement aux sensibles correspondants, avec lesquels ils partagent non seulement un ordre de grandeur, mais également un domaine d'application cerné par des limites et des conditions de possibilité communes. De cette façon, la commensurabilité exclut la mesure de tout par tout et, de la même manière, supprime l'idée d'un organe métrique central. Au contraire, l'absence d'origine unique et commune justifie les différences perceptives et écarte tout critère de mesure univoque qui pourrait évaluer les mesures alternatives d'un objet en apparence semblable. Dans ce cas, la commensuration constitue bien le seul critère de détermination des sensations, qui ressort de l'exclusivité et de la conformité entre objets et organes.

Comment expliquer les différences qui surviennent entre les corrélations ? Par deux types de mouvement, auxquels correspondent deux registres de vitesse : la vivacité de la sensation d'une part, la stabilité relative des acteurs de la sensation de l'autre (156 c-d)[4]. Les parents

1. Cf. *Théét.*, 152 d et 153 d.

2. La mention des peines et des plaisirs jette un pont vers la mesure du *Protagoras*.

3. Ce passage regorge de composés en συν-, indices de la corrélativité : συγγενῆ (156 c 3), σύμφυτον (156 d 5), συναποτίκτοντος (156 e 2), συγγεννῆσαν (156 e 4-5), συνέλθῃ (157 a 5), συνελθόν (157 a 6), ainsi que le corrélatif πρὸς ἄλληλα (157 a 1).

4. M.-Y. Lee fait état de deux interprétations aussi peu satisfaisantes (*Epistemology*, *op. cit.*, p. 106-107). (A) Les mouvements rapides sont des mouvements de translation, tandis que les mouvements lents sont les révolutions circulaires des parents – une image certes très plaisante (*cf.* J.M. Day, « The Theory of Perception in Plato's *Theaetetus* 152-183 », *Oxford*

(l'organe et l'objet) observent un mouvement lent qui reste confiné en lui-même afin de maintenir leur apparence d'unité et de stabilité. Ce *mouvement immanent de proche en proche* régit les variations des parents, ces altérations minimales qui modifient continuellement les perceptions et les empêchent de demeurer identiques. Organe et objet sont des *agrégats*, des composés stables et identifiables qui confèrent une certaine unité au sensible (la pierre ne devient pas subitement homme ou table, mais reste semblable; 157 b-c). En revanche, les produits issus de leur rencontre, les sensations, observent de rapides mouvements de translation : la sensation est une contraction subite dans l'intermédiaire entre organe et sensible, qui rend le premier percevant, le second perçu, et en un certain sens fige chacun dans son état au moment de la rencontre. Encore ne faut-il plus parler à leur sujet de « choses », mais de *processus*, étant donné qu'il y a changement constant des termes de la relation.

Si les propriétés n'appartiennent plus à la chose comme telle mais jaillissent à la faveur des rencontres entre agents et patients, il en résulte que la connaissance n'a plus besoin de modèle ni de cause d'intelligibilité extérieure à la relation, qui garantirait la légitimité de la signification et de la dénomination. Le phénomène se réduit aux actes et discours singuliers, sans se redoubler d'un principe d'unité qui transcenderait cette multiplicité de mouvements. Même l'εἶδος, l'espèce, est un objet en devenir, semblable aux agrégats sensibles, étant donné qu'il subit le même mouvement permanent[1]. Bref, l'inhérence des propriétés aux corrélations rend vaine l'hypothèse de causes séparées d'intelligibilité, qui peuvent au mieux être conçues comme des synthèses *a posteriori*, des agrégations constantes.

Studies in Ancient Philosophy 15, 1997, p. 64). (B) À la différence de vitesse correspond une différence dans la nature du mouvement, lent désignant l'altération, rapide la translation. Or cette lecture repose sur des arguments de 181c-d (la distinction entre φόρα et ἀλλοίωσις), sans garantir la cohérence de contexte (Cornford, *Plato's Theory of Knowledge*, *op. cit.*, p. 49-50; McDowell, *Plato : Theaetetus*, *op. cit.*, p. 138, qui voient un lien avec *Tim.*, 45 b-46 c et 67 c-68 d). Mais comment peut-elle soutenir la démarcation entre altération et translation, alors que sensation et sensible paraissent les résultats d'une altération? L'impossibilité de clore ce débat provient d'une volonté d'interpréter littéralement le texte – de chercher une interprétation physique et de définir ces mouvements sans chercher à comprendre la portée de la différence de vitesse.

1. *Théét.*, 157 b 9-c 2 : ᾧ δὴ ἀθροίσματι ἄνθρωπόν τε τίθενται καὶ λίθον καὶ ἕκαστον ζῷόν τε καὶ εἶδος. Si εἶδος désigne ici l'*espèce*, la traduction n'est pas exclusive d'une allusion au sens eidétique ou métaphysique (157 c). En accord avec M. Narcy, *Platon : Théétète*, traduction et présentation par M. Narcy, Paris, GF-Flammarion, 1995[2], p. 327-328, n. 134.

La mesure réciproque intègre Protagoras à ce cadre mobiliste élargi[1]. Issue de la relation entre l'organe et l'objet, elle ne relève plus d'une théorie subjectiviste et phénoménaliste, vu que l'individu n'en a plus l'initiative, mais de conditions de possibilité et de production *strictement physiques*. La mesure naît ainsi de la rencontre entre deux puissances qui s'actualisent mutuellement et génèrent deux entités – la sensation et le sensible[2]. Rempli de vision, l'œil devient voyant, sans devenir lui-même vision. Cette rencontre ne le transforme pas, pour toujours, en organe de la sensation, mais en l'œil qui voit la pierre blanche dans une relation donnée (156 e; 154 b). Rien ne demeure agent ni patient par soi car, d'une part, le patient actualisé peut aussi devenir l'agent d'une nouvelle liaison (l'œil voyant peut lui-même être vu); d'autre part, malgré leur vitesse, les mouvements lents entraînent des modifications, même minimes, qui aboutissent à la disparition de potentialités (l'œil peut perdre sa faculté, devenir aveugle); enfin, l'organe peut cesser de voir tant qu'aucun objet ne s'approche de lui. Cette théorie pense donc le dualisme de la sensation par le refus de pôles figés dans leur rôle et l'éviction de facultés univoques : l'œil est *mesure de cet objet blanc*, et non *mesure en soi*, car la mesure réside tout entière dans l'acte de rencontre, et non dans une faculté (157 a). La capacité se limite à se lier à l'objet commensuré : mesurer, c'est fixer momentanément le mouvement d'agrégats voisins sur une qualité donnée par un mouvement rapide issu de leur rencontre. Par conséquent, l'intentionnalité que postule le relativisme s'avère une propriété relationnelle forte, qui nie jusqu'au rôle d'une capacité tant qu'elle ne s'exerce pas au travers d'une relation.

La rencontre des puissances opposées produit un sensible et un sentant, un agent et un patient. Or l'action n'est pas du côté de l'organe sentant, mais du sensible qui l'affecte. Cette relation prive l'homme de sa part active et de l'initiative de la rencontre. En ce sens, la mesure est comme donnée de l'extérieur, une relation qui s'installe entre l'homme et le monde à l'initiative de ce dernier. En tant que sentant, l'homme *reçoit dans la passivité* et se voit écarté d'un rôle actif au sein de la relation (à moins de devenir lui-même sensible). Cette situation soulève un doute

1. Socrate cite des qualités qui élargissent la portée de la théorie : « Dis-moi donc à nouveau si tu te satisfais qu'une chose ne soit pas bonne, belle ou tout ce que nous venons d'énumérer, mais le devienne toujours (157 d 7-9). » Loin d'être confiné au sensible, le phénomène inclut bien également les propriétés éthico-esthétiques.

2. *Théét.*, 156 d 1-2 : ἐπειδὰν οὖν ὄμμα καὶ ἄλλο τι τῶν τούτῳ *συμμέτρων* πλησιάσαν γεννήσῃ τὴν λευκότητά τε καὶ αἴσθησιν αὐτῇ σύμφυτον, ἃ οὐκ ἄν ποτε ἐγένετο ἑκατέρου ἐκείνωνπρὸς ἄλλο ἐλθόντος.

quant au statut de la science ainsi instituée, qui ne se définit plus comme une capacité à agir, à connaître, si cette dimension passe à l'objet. Elle apparaît comme une capacité à subir et à recevoir un donné externe, plutôt qu'à exécuter librement un modèle. Elle implique dès lors de concevoir une autre théorie de la science, fondée sur la passivité et l'absence d'itération active.

D'après la *doctrine secrète*, rien n'est un ni en lui-même. Les propriétés ne résident pas dans les objets perçus ni dans les individus percevant, mais dans la relation – leur entre-deux ou interaction. Elles sont des propriétés relationnelles qui naissent à la faveur des rencontres (157 a-b). La métaphore de la génération consacre l'exclusivité de la relation, signifiant qu'à rien ni à personne d'autre ne peut échoir le rôle de parent pour les enfants produits. Chacun des termes se voit contre-mesuré par le terme qui lui est commensurable et, de leur union, surgit un nouveau produit. L'association entre mesure, sensation et mouvement au sein de la *doctrine secrète* consacre la théorie de la mesure comme une épistémologie fondée sur une aspiration à l'immédiateté du savoir. Affirmer que l'homme est mesure et que l'apparition est science revient à considérer le savoir comme le résultat d'une relation directe entre deux termes, où rien ne vient interférer.

Cette vision du savoir contredit manifestement la métrétique du *Protagoras*, où l'idée de calcul implique une comparaison. En ce sens, la mesure précède la décision qui engendre l'action – un processus loin d'être immédiat. Or, dans le *Théétète*, l'immédiateté de la mesure passe par l'abolition du référent, ou plutôt par l'abolition de tout référent extérieur à la relation qui lie l'individu à la chose mesurée. La thèse protagoréenne est associée à une forme de relativisme où la notion de mesure cède la place à celle de commensuration. Le seul référent tient à la coréférentialité et à la commensurabilité du sentant et du senti, du mesurant et du mesuré, dont la consistance reste strictement à l'intérieur de la relation qui les lie. Le sujet mesurant s'identifie à ce par rapport à quoi il mesure : il n'opère plus de comparaison, mais rapporte tout à lui.

Sensation et opinion

Si la sensation est toujours vraie, que faire des impressions trompeuses issues de la folie, du rêve ou de la maladie (157 e-158 d) ? Veille et sommeil paraissent bien indiscernables du point de vue de la durée et de la plausibilité, car l'âme s'y acharne à soutenir la vérité et la cohérence des δόγματα. De leur côté, maladie et folie, parce qu'elles s'emparent de l'individu, génèrent des sensations douteuses. Or le sens commun juge que la perception est altérée dans ces états et sujette à l'illusion, donc fausse. Mais cette objection consiste à postuler une juste mesure des phénomènes, située dans l'état de veille et de santé. Quel en serait cependant le critère discriminant ? Au sein de la doctrine secrète, refuser les déterminations en dehors des relations exclut toute forme de privilège, puisque toute relation est propre à l'individu dans des conditions données et est, en ce sens, indubitable. Loin d'être des formes de déviances observables à l'aune d'un référent adéquat, folie, maladie et rêve constituent désormais des sources véridiques d'impression. Le perspectivisme interdit que rien ne soit pas tel qu'il y paraît. Il admet ainsi la valeur des phénomènes issus de la folie ou du rêve, et il conclut à la vacuité d'un critère de démarcation : du point de vue du phénomène, tous ces états se valent. De même, si le souvenir différencie *a posteriori* veille et sommeil, la distinction semble arbitraire car le présent du rêve, mode sous lequel il se vit, est semblable au présent de la veille *en tant que cause de phénomènes*. Et une telle similitude nourrit l'impression de réalité, par la correspondance entre ces états. Disparaît le canon de la mesure fourni par la veille ou la santé, physique ou psychique. Le fou n'est pas moins mesure que le sain d'esprit et aucun de ces états ne peut être préféré à l'autre. Là où la pensée ordinaire considère rêve et folie comme des illusions produisant des troubles perceptifs, le perspectivisme, qui refuse la juste mesure, conduit à les envisager positivement, plutôt que comme des déviances[1].

Les prétendues illusions deviennent des formes parmi d'autres de l'apparaître, des phénomènes tout aussi normaux. La signification du verbe φαίνεσθαι oscille en effet entre apparition et apparence, manifestation et illusion, dans la mesure où elle désigne tantôt que la vérité de la chose se donne dans sa manifestation (le point du jour, l'arrivée de l'individu), tantôt que l'apparence s'avère trompeuse à cause d'un décalage entre l'apparaître et la réalité de la chose (qui résulte de la distance, du milieu, etc.). Or le perspectivisme nie cette équivocité au profit du sens positif, supprimant la possibilité d'un écart entre le phénomène et la réalité. Tout phénomène devient réel. En d'autres termes, grâce à ces formes d'illusions les plus spectaculaires, Platon annonce le rôle d'illusionniste qu'il prête ailleurs au sophiste et ouvre ainsi la voie à des types d'illusions à la fois plus généralisés et plus discrets. Si le sophiste peut user de l'illusion, c'est bien parce que celle-ci reçoit, grâce à sa réévaluation dans le perspectivisme,

1. Il faut rejeter le vocabulaire de l'à-côté et de la déviance de *Théét.*, 157 e 3-4 : παρακούειν ἢ παρορᾶν ἤ τι ἄλλο παραισθάνεσθαι.

un degré équivalent de réalité et de vérité. Postuler la vérité de l'apparence permet au sophiste d'exister.

Pour Platon, le rêve ne livre pas de sensations réelles. Il alimente l'illusion sur le fait d'avoir une sensation, au sens où il constitue une croyance à propos d'une sensation prétendue. En réalité, il en a uniquement l'apparence, car il ne transite pas par le corps mais est un acte de l'âme seule. De même, si la folie ne procure pas l'expérience réelle de la sensation qu'elle suggère, elle est une expérience psychique authentique : le fou n'est pas vraiment dieu, mais il le croit. L'illusion de sensation ne peut-elle pas cependant s'identifier à une sensation réelle ? Le phénomène illusoire n'en est-il pas moins un phénomène, certes d'un autre type, où l'âme agit *comme si* elle éprouvait la sensation ? En ce sens, s'il y a illusion, les choses n'en apparaissent pas moins telles : l'illusion se loge dans le contenu de la sensation, pas dans l'expérience même de la manifestation. Par conséquent, ces exemples étendent le champ du phénomène aux expériences de l'âme seule et entraînent de considérer le processus d'élaboration des opinions.

> Écoute ce que diraient à ce sujet ceux qui établissent que, toujours, ce qui semble (τὰ ἀεὶ δοκοῦντα) est vrai pour celui à qui il semble (τῷ δοκοῦντι εἶναι ἀληθῆ) [1].

Paraphrasant la thèse protagoréenne, Platon passe de φαίνεσθαι à δοκεῖν et va du phénomène sensible au phénomène psychique. Dans l'expérience du rêve ou de la folie, le phénomène ne transite pas par un corps affecté de l'extérieur. Il se manifeste directement à l'âme. Et l'illusion de ce qui semble être une perception se constitue en une opinion, un phénomène psychique qui ne résulte pas d'une sensation. Ainsi la distinction entre φαίνεσθαι et δοκεῖν tient à l'intervention (ou non) de la sensation. Lu en ces termes, Protagoras semble proposer une théorie centrée sur l'opinion, conçue comme une forme de phénomène.

> Car si est vrai pour chacun ce dont il se forme une opinion par la sensation (ὃ ἂν δι' αἰσθήσεως δοξάσῃ), si personne ne peut mieux juger l'affection d'un autre, si personne n'a davantage d'autorité pour examiner si

1. *Théét.*, 158 e 5-6. Ce passage use du lexique de la croyance : ψευδῆ δοξάζουσιν (158 b 2), δόγματα (158 d 4) et δοξάσματα (158 e 3). Le δόγμα désigne l'opinion non démontrée qui a la vraisemblance et la force de la persuasion : la connaissance non justifiée (*Crat.*, 425 c; *Rép.*, VI, 493 a-b, 506 b; *Théét.*, 157 d; *Soph.*, 265 c) ou la croyance utile (*Rép.*, III, 412 e, 413 c; V, 464 a-d; VI, 503 a; *Phil.*, 41 b; *Tim.*, 48 d, 55 d). Ici, il signifie toute croyance non vérifiée que l'âme s'emploie à tenir pour vraie. Plus rare, δόξασμα renvoie à la croyance insignifiante à dissiper (*Phèd.*, 274 c; *Pol.*, 260 b). Il désigne ici la croyance du fou, du rêveur, afin d'établir un critère de vérité. À la différence de la δόξα, il est d'emblée marqué du sceau de l'illusion.

> l'opinion d'autrui est droite ou fausse, mais, comme on l'a répété, chacun, seul, se forme lui-même l'opinion de ce qui le concerne (αὐτὸς τὰ αὑτοῦ ἕκαστος μόνος δοξάσει), donc si tout cela est correct et vrai (161 d 1-7) …

Se faire une opinion par le biais de la sensation, c'est voir cesser en l'âme les mouvements des choses perçues [1]. La sensation arrête le mouvement psychique et l'opinion qui en résulte la conserve dans l'âme une fois l'affection physique achevée. Or, si l'opinion naît de la cristallisation conjointe des flux objectifs et subjectifs, elle ne désigne pas un acte prédicatif (au sens plein). Du fait de leur passivité (πάθος), δόξα et δοξάζειν ne renvoient pas dans ce cadre au jugement et au juger. Le modèle cognitif valable pour la sensation trouve simplement ici une nouvelle expression. En contexte protagoréen, *se former une opinion par le biais d'une sensation* explicite la continuité du φαίνεσθαι au δοκεῖν [2]. L'opinion désigne la traduction de l'affection sensible dans l'âme, un arrêt du mouvement psychique qui prolonge le mouvement naturel – désordonné et omnidirectionnel, et non orienté par la réflexion. L'opinion s'avère donc strictement individuelle, appartenant en propre à son titulaire : chacun accède uniquement à ses opinions, qui sont le fait d'une relation individuelle avec l'objet qui l'affecte. Et, comme de la sensation, la vérité de l'opinion résulte de sa propriété. Protagoras propose donc une théorie de l'opinion fondée sur la passivité pure, où la vérité provient de la fidélité de l'opinion à l'impression, qu'elle soit sensible ou psychique. À cet égard, toutes les opinions ont la même vérité et la même incontestabilité. Or ce modèle comporte des limites : d'une part, plusieurs objets semblent échapper au champ doxique; d'autre part, du fait de la propriété des opinions, tout type de comparaison devient délicat.

Dans le *Sophiste*, Platon distingue clairement l'opinion et l'apparition [3] :

> — Lorsque se produit dans l'âme, par la pensée (κατὰ διάνοιαν), quelque chose en silence, est-ce que tu appelles cela d'un autre nom qu'*opinion* (πλὴν δόξης) ?
> — Comment le ferais-je ?

1. L'idée que la sensation se mue directement en opinion se trouve aussi en *Char.*, 159 a.

2. À partir de 161 c, τὸ δοκοῦν ἑκάστῳ devient la paraphrase officielle : 161 c 2-3, 162 c 8-9, 168 b 5, 170 a 3, 177 c 8. De plus, ἑκάστῳ porte en lui la marque du relativisme : 152 c 3, 154 a 2, 158 a 2, 158 a 6, 161 d 3, 166 c 4, 171 e 2, 178 e 1-2, 179 c 3.

3. La comparaison a été esquissée par B. Collette (« *Phantasia* et *Phantasma* chez Platon », *Les Études philosophiques*, 2006 (1), p. 91-92; p. 96). Si cet auteur considère que Platon et Protagoras se rejoignent pour identifier la *phantasia* à une forme de jugement, il faut noter, vu l'assimilation entre φαίνεται et αἴσθησις, que la *phantasia* est moins un acte prédicatif qu'une sensation, la prédication résultant de la correspondance entre chose agent et organe patient.

— Mais quand elle se présente à quelqu'un non plus par elle-même (μὴ καθ' αὑτήν), mais par le biais d'une sensation (δι' αἰσθήσεως), l'affection de ce type (τὸ τοιοῦτον πάθος), est-il vraiment possible de la désigner correctement d'une autre manière que par *apparition* (πλὴν φαντασίαν) ?
— En aucun cas (264 a 1-6).

L'opinion naît de la pensée, du dialogue intérieur de l'âme avec elle-même[1]. Elle marque un arrêt du mouvement dianoétique pur au cours de sa progression. Définie comme un *mixte de sensation et d'opinion* (264 b 1), la φαντασία est de l'ordre de la représentation, au sens où à l'objet de l'opinion vient s'adjoindre un support sensible. En d'autres termes, la φαντασία se situe du côté de l'image mentale, dont les contours apparents, sensibles, sont fixés par l'opinion. En elle-même, la sensation est en effet un flux indéterminé auquel l'arrêt du mouvement de l'âme imprime une détermination, une signification. C'est alors que le donné sensible, organisé en représentation, devient susceptible de vérité. Or si, dans le *Sophiste*, la φαντασία constitue une δόξα rendue sensible, au début du *Théétète* à l'inverse, l'apparition constitue le mode de production des opinions. Elle suit le modèle du phénomène, où le sens jaillit de la relation instituée avec les choses, et non de l'opinion qui s'y attache - la composante dianoétique étant justement passée sous silence. Dans ce contexte, se former une opinion par le biais de la sensation, c'est voir cette dernière se traduire en opinion. Au lieu que l'opinion soit rendue sensible par l'apparition, l'apparition se mue en donnée psychique et en contenu doxique. Pour le dire autrement, le mouvement s'inverse : les formes unificatrices de la sensation ne résultent pas de l'opinion mais elles sont données par les choses elles-mêmes, grâce à l'adéquation entre l'agent et le patient de la sensation. Il en résulte une théorie qui évacue le faux, dans la mesure où aucun apparaître ne peut susciter de méprise, d'erreur d'attribution entre l'opinion et le donné sensible. Si tout est correspondance, toute apparition - ou toute opinion - devient nécessairement vraie.

Dans le *Sophiste*, la φαντασία désigne la δόξα à laquelle s'ajoute la sensation - la *représentation*. Dans le *Théétète*, la δόξα se produit par l'intermédiaire de la sensation, à la suite d'un arrêt donné par une rencontre agent-patient et transmis par la φαντασία. En ce sens, la définition de la science comme sensation, liée à la φαντασία, offre une variante du mythe

1. *Soph.*, 263 d-e. *Cf.* M. Dixsaut, « Qu'appelle-t-on penser? Du dialogue intérieur de l'âme selon Platon », *Platon et la question de la pensée*, Paris, Vrin, 2000, p. 47-70; F. Teisserenc, *Langage et image dans l'œuvre de Platon*, *op. cit.*, p. 150-152.

de l'immédiateté de la connaissance, contre lequel Platon s'inscrit en faux. Si, dans le *Théétète*, δοκεῖν surgit à propos des phénomènes qui ne sont pas strictement sensibles mais qui sont liés à l'âme seule (le rêve, la folie), à partir du moment où il procède sur le mode du *comme si* et produit une illusion de sensation, il en vient à désigner cette manifestation, phantastique ou doxastique, considérée du point de vue de l'âme seule. Un point essentiel de la réfutation platonicienne de Protagoras sera de souligner les différences entre les constitutions respectives de la δόξα et de la φαντασία[1].

Cohérence de la construction

Le phénoménalisme justifie le sensualisme, l'objet sensible se manifestant à l'individu. La variation des phénomènes conduit à introduire le mobilisme pour éclairer la fluence du monde. Et la loi du double mouvement aide à consolider le sensualisme, puis à rejoindre les fondements du phénoménalisme. Sans aucune implication réciproque, phénoménalisme et mobilisme servent donc à justifier le sensualisme, le premier en apportant une base épistémologique (les changements individuels), le second une assise ontologique (le mouvement des choses). Or, en dépit de leur association dans une *doctrine secrète* qui déplie les fondements du relativisme, ces théories partagent un seul élément : la relativité des objets de la perception. Aussi, en vue de renforcer ce lien, Platon introduit-il la notion de dissemblable. Principe immanent de différenciation, le dissemblable questionne l'identité et la différence, à tout le moins le changement suffisant à l'apparition de différences entre les produits nés de la rencontre entre individus et choses en apparence identiques (158 e-159 e). Si minime fût-elle, une variation constitutive modifie la puissance de chaque élément du processus sensitif : dissemblable du Socrate bien-portant, le Socrate malade entraîne légitimement la production d'un couple différent lorsqu'il rencontre du vin. Le mouvement simultané et conjoint qu'encourent le sensible et la sensation génère, outre des variations internes, des différences relationnelles. Platon revient sur leur impact ontologique :

> De sorte que si on déclare que *quelque chose est*, ou que *quelque chose devient*, il faut dire que c'est soit *pour quelqu'un* (τινὶ), soit *de quelque chose* (τινὸς), soit *par rapport à quelque chose* (πρός τι). Mais que quelque

1. C'est ce qu'a bien vu N. Notomi, *The Unity of Plato's* Sophist. *Between the Sophist and the Philosopher*, Cambridge, Cambridge University Press, 1999, p. 266-269.

> chose soit, ou devienne, en soi et par soi, on ne peut le dire ni l'accepter de quelqu'un d'autre, comme le signifie l'argument que nous venons d'exposer (160 b 8-c 2).

Existence et devenir sont des concepts qui impliquent une relation, voire une réciprocité, au sens où rien d'extérieur à la relation n'interfère dans l'être ou le devenir. Le montage épistémo-ontologique assoit une pensée relativiste où rien ne se manifeste absolument, mais seulement relativement : la nécessité lie notre οὐσία à ce qui nous est relatif et à rien d'autre, pas même à nous-mêmes (160 b). Si l'οὐσία confère une existence déterminée, elle n'est pas un vecteur d'identité car elle ne prend de consistance qu'à l'intérieur de sa relation au pôle opposé. La relativité exclut de vivre replié sur soi, comme une monade isolée. En lui-même, l'individu n'est pas la cause du senti, car celui-ci est tel qu'il apparaît, en vertu d'une série de raisons partagées. L'agent n'agit que sur le patient, le senti affecte un sentant déterminé, sinon à produire une autre sensation. De ce fait, nul autre n'éprouve le même ressenti, car la sensation est propre (propriété qui en garantit la vérité et la scientificité). *Ma* sensation est *vraie-pour-moi*, car elle *est toujours sensation de mon* οὐσία – qui désigne ici l'être en tant que résultat d'une liaison nécessaire, dont la vertu relationnelle inclut une signification donnée et exclut la non-propriété [1]. La sensation à la fois lui appartient et se porte seulement sur ce qui en relève, ce relativisme nourrissant par essence l'ambiguïté entre ces deux pôles. Or, dès lors que rien d'extérieur n'intervient ni ne sort de la relation, son immanence et son exclusivité lui servent de critère de vérité. L'erreur disparaît, puisque la relation confère l'être à chaque terme, en même temps qu'elle-même advient. Sensation propre et phénomène déterminé s'identifient. Par conséquent, bien que ce relativisme entraîne un monde intimement relationnel et exclue par essence le solipsisme, son imperméabilité empêche le partage et la communauté des sensations, au vu des différences infinies entre les relations. En revanche, il évacue le problème du dualisme idéaliste, car la corrélation entre agent et patient implique une intentionnalité en vertu de laquelle le sujet connaît nécessairement l'objet, plutôt que sa simple image ou sa représentation, sans qu'aucun n'existe dans un monde résolument séparé.

> Quant à moi, je suis juge (κριτής), d'après Protagoras, de ce qui est pour moi comme c'est (τῶν τε ὄντων ἐμοί ὡς ἔστι), de ce qui n'est pas comme ce n'est pas (καὶ τῶν μὴ ὄντων ὡς οὐκ ἔστιν ; 160 c 8-9).

1. *Théét.*, 160 b-c. Ce passage use abondamment de la première personne du singulier afin d'insister sur la propriété de la sensation (pas moins de huit occurrences en 160 c 4-9).

Ce passage martèle le lien entre l'homme-mesure et le relativisme des délicats qui vient d'être exposé. La mesure porte sur *ce qui est pour celui à qui cela est, tel que c'est*. Elle implique un objet déterminé et tout objet implique une mesure – la détermination émargeant au verbe être. Le senti, le mesuré, est senti pour le sentant seulement, le mesurant, tel qu'il sent, pour personne d'autre et d'aucune autre façon. Or l'homme-mesure devient désormais homme-juge. Que produit ce changement de métaphore ? Pour la langue ordinaire, juger signifie imposer une décision en vertu du pouvoir du juge. Et la répétition de la première personne limite l'extension de ce pouvoir au seul sujet du jugement : le juge juge pour lui seul, tout comme l'homme mesure pour lui-même. Mais, alors que jusqu'ici la mesure était rendue en termes de passivité, sans requérir ni expertise ni maîtrise car elle appartenait au propre individuel, parler de juge rend une nature active au pouvoir métrique. Par opposition à un acte de mesure spontané et immédiat, la métaphore juridique introduit l'idée de puissance délibérative au sens où, bien qu'il décide en fonction de critères propres, le juge appuie sa décision sur une évaluation de l'ensemble des données en présence (interrogatoires, témoignages, plaidoyers). Cela étant posé, la notion de juge n'implique historiquement aucune forme d'expertise : les juges des tribunaux athéniens n'avaient aucune formation juridique particulière, mais ils étaient tirés au sort parmi tous les citoyens. Aussi la métaphore évoque-t-elle uniquement une capacité à délibérer devant l'objet, en fonction de son être propre. Par conséquent, le jugement relève davantage de la διάνοια que de l'αἴσθησις, de la pensée (délibérative) que de la sensation.

> Comment donc, sans être sujet au faux (ἀψευδὴς) et sans échouer par la pensée (τῇ διανοίᾳ) à propos de ce qui est ou de ce qui devient, ne pourrais-je pas être savant (ἐπιστήμων) sur les choses dont j'ai la sensation (αἰσθητής, 160 d 1-3) ?

La διάνοια a ici pour fonction d'évaluer ce qui provient de la sensation. Or, si la vérité de la sensation est conditionnée par la pensée, disparaît alors l'efficacité de l'apparition résultant de son immédiateté. Pourquoi dès lors mêler la pensée à la vérité de la sensation, alors que c'est la sensation qui a permis jusqu'à présent de valider la pensée, du moins l'opinion ? Aussi longtemps que l'opinion résulte de la sensation et en préserve l'immédiateté, la pensée évite en effet le faux. Pas encore définie comme le dialogue intérieur de l'âme (ce mouvement réflexif qui s'interroge et se répond, 189 e-190 a), la pensée désigne *a minima* l'activité de l'âme qui traite les opinions une fois dissipée l'impression sensible. Si l'opinion fixe la sensation dans l'âme, la pensée a pour rôle de confronter toute nouvelle sensation aux sensations antérieures qui participent à l'état général de l'individu. Sa réflexion consiste à agencer les sensations passées aux sensations présentes, toutes correctes, à les trier, à les ordonner. En tant que mouvement d'association qui participe du mouvement général, elle désigne la composante cumulative qui collationne les sensations, modifiant la disposition de l'individu et influençant la formation des sensations postérieures. Or, parce qu'elle traite de matériaux vrais et résulte du mode d'apparition de la sensation et de l'opinion, la pensée ne peut qu'être une activité véridique dont les associations sont nécessairement vraies : en son sein, seuls peuvent se rencontrer les éléments qui se répondent. Sa vérité est donc le corrélat de l'efficacité universelle de la sensation dont elle procède.

Par conséquent, la métaphore juridique impose un mode de savoir particulier – quittant la sphère de la science pour celle des tribunaux, de la persuasion et de la vraisemblance. Littéralement, le juge rend un arrêt, met fin aux fluctuations. Il prend la mesure entre deux positions, un discours plus faible et un discours plus fort, et tranche en faveur du plus efficace. Sans être plus vrai, l'un possède plus de poids. Autrement dit, le juge adopte une échelle d'oscillation qui fonctionne *par rapport à* (le préférable, le plus vraisemblable ou le plus utile), une échelle de mesure relative intégralement fondée sur l'expérience, qui n'en appelle pas à une référence immuable mais de laquelle résulte, pour lui, la possibilité de juger. Grâce à la délibération, l'idée de juge nuance la mesure, au sens où le jugement dépend de l'histoire individuelle. La mesure imposait la commensuration et la correspondance, tout en excluant implicitement ce qui excédait la perception et l'opinion. Mais parler de *juge* d'une part accentue le rôle de l'opinion et de la mémoire, d'autre part impose une décision et initiative émanant de l'individu, là où la mesure pouvait laisser songer à une valeur intrinsèque des choses. Le juge trouve – donne – la vérité de la situation, non pas la vérité en soi mais celle qu'il appréhende au moyen des témoignages reçus. En conclusion, parler de juge met un terme au mythe d'une chose qui existerait par elle-même en deçà du perçu, dont il faudrait s'approcher par une forme de connaissance différente de la saisie immédiate dans le phénomène. En clair, le juge ruine l'idée de juste mesure.

Pour Socrate, juger c'est séparer les enfantements vrais des vains (150 b). Ce pouvoir critique (supériorité de la maïeutique sur l'obstétrique) distingue le vrai du faux, et non le meilleur du pire. Dans le cadre protagoréen en revanche, il est impossible d'évaluer l'opinion d'autrui : le pouvoir critique de chacun est limité à soi-même. Ériger l'individu en juge revient à lui attribuer une autorité dans un domaine de compétence uniquement constitué de l'ensemble des manifestations qui le concernent, mais ne concernent que lui [1]. Sans être cathartique, ce pouvoir demeure cependant discriminant, car chacun maîtrise l'évaluation de ses propres sensations. Aussi, comme la métaphore juridique paraît contredire l'équivalence universelle des états, Protagoras devra rétablir une échelle de valeur, fondée sur le plus et le moins contre l'échelle socratique du vrai et du faux, afin d'asseoir le rôle du sophiste dans sa capacité à améliorer les dispositions de ses auditeurs.

Dans le *Sophiste*, l'Étranger associe aussi mesure et faculté discriminante : le laid s'identifie au disproportionné, auquel la mesure fait défaut (ἀμετρία) et que caractérise la difformité (δυσειδές), alors que le beau coïncide avec la proportion (συμμετρία). En tant que puissance cathartique, la diacritique doit donc restaurer la mesure où elle manque, du fait que distinction et mesure (proportion) sont des notions voisines (228 a-d). Le *Théétète* ne dit cependant rien de tel : avant d'être la cause d'autre chose, la mesure est réduite à une faculté discriminante qui fait le départ entre ce qui est pour chacun comme c'est et ce qui n'est pas pour lui comme ce n'est pas. À quoi cependant correspond ce tri, si l'individu ne mesure que les choses qui lui sont conformes et corrélatives ? Selon ses déterminations propres, chacun est susceptible de s'accorder à certaines, tandis que d'autres lui sont exclues. Il sépare entre ce qui est *pour lui* et ce qui ne l'est pas.

La mesure de *ce qui est pour moi* ou de *ce qui n'est pas pour moi* désigne le domaine relatif à l'homme qui mesure, l'ensemble des choses qui le concernent ou pas. *Comme c'est* et *comme ce n'est pas* renvoient aux propriétés qu'il prête aux choses en fonction de son être propre, les qualités qu'elles reçoivent ou non – sachant qu'elles peuvent en recevoir d'autres de la part d'autres hommes qu'il n'est pas. Autrement dit, *ne pas être pour un homme donné* n'empêche en rien la chose d'exister indépendamment de lui. En revanche, cela ôte à ce dernier toute prétention ou autorité sur ce qu'elle peut être. L'homme n'est pas la mesure de choses qui lui préexistent telles quelles : il ne vient pas *a posteriori prendre la mesure* d'entités déjà

1. *Théét.*, 161 d 3-4 : μήτε τὸ ἄλλου πάθος ἄλλος βέλτιον διακρινεῖ. Rendre chacun juge nie jusqu'à la possibilité de la compétence diacritique prêtée au sophiste dans le *Sophiste* (226 d). La purification s'avère impossible, puisque personne ne peut estimer une affection meilleure.

constituées et dotées d'une qualité propre. Au contraire, il fixe la mesure en vertu de critères propres et exclusifs. Si des agrégats chosiques existent dans le monde avant la rencontre avec l'homme, ils n'ont au préalable aucune vraie détermination. Ils existent à titre d'êtres indéterminés susceptibles d'intégrer un certain type de relation determinante. Platon ne présente donc pas la théorie de Protagoras comme une ontologie où la mesure par l'homme ferait exister les choses *simpliciter*. Il en fait une description du monde en termes de mouvement qui justifie le changement survenant à chaque manifestation de la mesure et à chaque introduction d'une détermination (ontologique).

Premiers constats

À la suite de cet exposé doctrinal, Platon enchaîne avec une série d'attaques, revenant non sans ironie sur le principe de la maïeutique. « Le propos issu de la sagesse d'autrui, le saisir et l'accueillir avec mesure (μετρίως) »[1]. Si la mesure est science, Socrate admet uniquement être savant dans la capacité à envisager *avec mesure* ce que disent les autres. Μετρίως qualifie l'attitude face à la vérité et au savoir : d'une part modérer l'engouement envers la nouveauté, d'autre part prendre la mesure de la thèse et non l'accepter inconditionnellement, enfin éviter d'assimiler la vérité d'autrui sans la soumettre à l'examen. Ce rapport à la vérité implique d'écarter le mythe du savoir immédiat, puisqu'il rétablit une forme de contrôle sur le savoir d'autrui. La méthode socratique s'inscrit donc en faux par rapport à la mesure protagoréenne, au sens où elle nie la validité universelle des opinions. Ce point n'est pourtant pas une objection contre Protagoras, car ne pas admettre la thèse d'autrui n'implique pas nécessairement de lui nier toute forme de vérité. Sujette au refus *de l'un*, elle peut subir l'examen sans perdre sa valeur, du moins aux yeux *de l'autre*. S'esquisse un conflit entre deux conceptions de la mesure, qui s'ancre dans deux interprétations du rapport entre mesure et vérité. D'un côté, Socrate refuse l'immédiateté du savoir et l'équivalence des opinions : si recevoir une thèse *avec mesure* signifie ne pas lui attribuer d'emblée de vérité mais la mettre à l'épreuve, cela suppose une vérité établie en guise de mesure et de référence. De l'autre, Protagoras défend une mesure où,

1. *Théét.*, 161 b 4-5. Cf. *Théét.*, 150 b-151 d. Selon P. Natorp, Platon parodie des objections formulées par certains contemporains (Antisthène), objections qu'il jugeait purement verbales (*Platon's Ideenlehre. Eine Einführung in den Idealismus*, Leipzig, Dürr, 1903, p. 107-108).

loin que tout se vaille nécessairement, tout se situe sur un pied d'égalité quant à la vérité.

> Quant à ce qui me concerne, moi et mon art maïeutique, je tairai combien nous le rendons ridicule, ainsi, à mon avis, que toute l'activité dialectique (σύμπασα ἡ τοῦ διαλέγεσθαι πραγματεία). Livrer à l'examen (τὸ ἐπισκοπεῖν) ou entreprendre de réfuter (ἐπιχειρεῖν ἐλέγχειν) les apparitions et les opinions les uns des autres, si elles sont correctes pour chacun, n'est-ce pas en effet un long et bruyant bavardage (φλυαρία), si est vraie la *Vérité* de Protagoras et si ce n'est pas par jeu qu'elle a été prononcée depuis le sanctuaire de son livre (161 e 4-162 a 3) ?

L'hypothèse protagoréenne d'une mesure valide pour chacun rend vaines par principe la maïeutique et la dialectique. En d'autres termes, le relativisme met la légitimité de la philosophie en question. Pourquoi encore douter de l'opinion de son interlocuteur si elle est d'emblée avérée ? Rendre une place à la philosophie suppose donc, devant la relativité de la vérité, de définir un critère pour évaluer les opinions et phénomènes d'autrui. Cette exigence s'impose non seulement à la philosophie, mais à toute pratique fondée sur le dialogue et l'examen, car le débat et l'expertise disparaissent avec la possibilité de la réfutation. La mesure doit se dédoubler et recevoir une forme de valeur ajoutée : mesure universelle, accordée à tout homme, qui s'applique aux opinions et aux sensations ; mesure spécifique, apanage du philosophe et du sophiste, qui trie les opinions. Tant pour l'un que pour l'autre, le διαλέγεσθαι recouvrera sa possibilité, son utilité et sa fonction, à la seule condition de restaurer un critère. Mais au critère de la vérité, le sophiste préférera une échelle de valeur.

UNE ANTICIPATION : LE *CRATYLE*

L'assimilation entre δοκεῖν et φαίνεσθαι se retrouve dans le *Cratyle*, alors que Socrate cherche à établir la nécessité de distinguer entre l'apparaître et l'être de la chose. Ce point est l'occasion d'examiner le propos de Protagoras.

> Allons Hermogène, voyons s'il te paraît en aller ainsi des êtres (τὰ ὄντα) : leur être (ἡ οὐσία) te paraît-il (φαίνεται) propre à chacun, comme Protagoras le soutenait quand il affirmait que « l'homme est la mesure de toutes choses », c'est-à-dire que telles les choses m'apparaissent (φαίνηται), telles elles sont pour moi, tandis que telles elles t'apparaissent, telles elles sont pour toi ? Ou bien te semblent-elles (δοκεῖ) posséder une certaine stabilité de leur être (τινα βεβαιότητα τῆς οὐσίας ; 385 e 4-386 a 4) ?

L'οὐσία ne désigne pas *ce qui est essentiel*, nécessaire, permanent, qui résiste à la variation eidétique (à moins d'admettre une essence de l'individu), pas plus que l'*existence* relative à chacun, conférée par un phénomène que rien n'excède – elle décrirait alors une ontologie solipsiste où l'apparaître ferait exister. Οὐσία désigne la *réalité*, la *nature*, le fait que la chose soit telle qu'elle est ou possède telle qualité, son mode d'être[1]. La question est de savoir si les choses ont un *être tel* qui résulte d'une attribution individuelle ou bien une *essence* qui transcende ces variations. Que choisir entre *essentialisme* et *relativisme* ? L'expérience et l'opinion posent qu'il existe des hommes mauvais ou honnêtes[2]. Or ces qualités relèvent-elles du jugement des individus ou bien ont-elles une réalité propre ? Le mode d'être relatif résulte d'un acte thétique qui peut revêtir deux formes. Soit il renvoie à un acte dénominatif, où chacun attribue un nom sans affecter la réalité (raisonnable à l'honnête, déraisonnable au mauvais). Soit il décrit un jugement qui lie une expérience à une valeur. Les qualités viendraient alors de l'individu auteur de leur attribution. Dès lors, y a-t-il relativisme au sens faible ou strict ?

L'opposition entre raisonnable (φρόνιμος) et déraisonnable (ἄφρων) soulève le problème suivant : si φρόνιμος évoque une capacité à produire la réalité vraie et bonne dans un domaine, discerner le φρονιμώτερος τῇ ἀληθείᾳ, c'est chercher l'individu capable d'atteindre au mieux cette perfection. Or la vérité universelle des phénomènes avancée dans l'hypothèse de Protagoras rend vaine ce type de hiérarchisation, car elle vide la vérité de toute fonction discriminante. Si l'être s'identifie à sa manifestation, erreur et déraison viennent à disparaître. La raison finit par s'étendre à tout le monde si chacun accède à la vérité phénoménale[3]. La prétention égale de chacun au vrai nécessite donc un autre critère pour rétablir une échelle de gradation. Or toute hiérarchie repose sur la réalité de ses critères. Les déterminations se réfèrent-elles dès lors à des états prédéfinis, où seule leur attribution obéit au relativisme ? Si raison et déraison possédaient un être stable auquel chacun se référait, leur existence invaliderait la thèse protagoréenne, car des catégories prédéfinies ruineraient la mesure individuelle et plaideraient pour la *fermeté de l'être*.

1. Ce que confirment la paraphrase et la mention des corrélatifs de qualité οἷα… τοιαῦτα.

2. *Crat.*, 386 a 8-b 2 : « Eh bien, t'es-tu déjà laissé porter à croire (δοκεῖν σοί) qu'il n'y a pas du tout d'homme mauvais ? — Non, par Zeus, mais j'en ai souvent fait les frais. » Puis *Crat.*, 386 b 9-11 : « Comment donc poses-tu cela ? Est-ce de la façon suivante : les hommes tout à fait honnêtes sont raisonnables, les hommes tout à fait déraisonnables sont mauvais ? »

3. *Crat.*, 386 c-d ; cf. *Théét.*, 171 a-e.

Le relativisme se limiterait ainsi à être une attribution (c'est-à-dire une dénomination) conditionnée par des critères fixés *a priori*.

Platon compare cette thèse à celle d'Euthydème, qui nie la stabilité et résout les variations individuelles : « tout est toujours de la même manière pour tout le monde[1]. » La détermination commune et simultanée n'implique pas l'existence d'une détermination en soi. La relativité des phénomènes ne disparaît pas avec le nombre, mais elle aboutit à un principe des indiscernables où toute différence essentielle est abolie. Entre l'universalisme et l'individualisme, la nuance porte moins sur l'apparaître que sur son sujet. Euthydème substitue à la singularité des actes doxiques la pluralité et la simultanéité des points de vue. S'opposent donc deux conceptions du monde, l'une où l'individu accède seulement à ses propres phénomènes, séparés des autres, l'autre où règne la confusion des perspectives. La première repose sur la dissemblance généralisée des représentations, là où la seconde privilégie la ressemblance universelle par une oblitération des nuances individuelles. Mais le problème est le même : elles réduisent et identifient l'être au phénomène. Aussi, contre la relativité doxique de Protagoras et la corrélation de l'οὐσία au phénomène, Platon prouve-t-il l'existence stable, καθ' αὑτά, des choses, le lien à leur propre οὐσία (387 a) ; contre Euthydème, il établit qu'elles ne sont ni indistinctes ni tirées au gré des représentations (386 d-e). Si Protagoras et Euthydème se distinguent l'un de l'autre par une opposition entre individu et universel, ils commettent pourtant la même erreur aux yeux de Platon : attribuer aux auteurs des conventions – aux sujets de la manifestation – et pas aux réalités elles-mêmes la fondation de l'οὐσία. Clamant que tout se vaut, ils échouent du même coup au test de l'intersubjectivité.

Le *Cratyle* n'associe pas Protagoras et Héraclite, relativisme et mobilisme. Les variations internes du sujet n'impliquent pas celles de l'objet phénoménal, car la différence relative ne nécessite pas de changement indépendant de nous. En outre, le *Cratyle* ne réduit pas Protagoras au sensualisme. Quoiqu'il soit lié à l'expérience vécue, l'apparaître concerne directement le champ de l'opinion, qui est la résultante immédiate du phénomène. Enfin, *être mesure* ne signifie pas seulement saisir une chose en fonction du crible phénoménal des déterminations internes et subjectives, mais aussi lui imprimer un être relatif, lui procurer une οὐσία. L'apparaître entraîne une absence d'unité et de stabilité immanentes : par soi, la chose n'est rien, mais elle est tout entière *pour* celui à qui elle

1. *Crat.*, 386 d 4 : πᾶσι πάντα ὁμοίως εἶναι ἅμα καὶ ἀεί.

apparaît. L'initiative du savoir ne provient ni de la chose, au sens où elle serait active et l'individu réceptif, ni de la commensuration et de la corrélation entre deux pôles. L'homme agit sur la chose et lui fournit une configuration propre. Pensé comme sujet, l'individu ne prend pas acte d'un état de la chose, il la *fait être*. Mesurer un être, c'est lui imposer des déterminations, le faire être tel qu'il est pour celui qui le mesure. Bref, le relativisme n'a nul besoin du mobilisme, du sensualisme ni des délicats pour soulever une difficulté. Le traitement séparé que lui réserve le *Cratyle* souligne la facticité du montage orchestré dans le *Théétète*, qui vise moins l'identification erronée entre être et apparaître que la fondation (absurde) de la science sans principe ni référence stables.

Si l'exposé du *Cratyle* reste superficiel quant à Protagoras, il en ressort que ce dernier professe une doctrine de la mesure fondée sur l'immédiateté du savoir et liée à l'apparaître, où les choses se caractérisent par leur indétermination *per se*, plutôt que par une possible omnidétermination. Ce refus marque sans doute la nuance entre Euthydème et Protagoras : pour le premier, l'objet est à la fois lui-même et son contraire, alors que, pour le second, il n'est ni l'un ni l'autre.

Critère et mesure

Une conception analogue du savoir comme immédiat autorise l'association entre homme-mesure, sensualisme et mobilisme : l'immédiateté de la sensibilité sans intervention de la pensée, exempte de fausseté ; l'immédiateté de la mesure sans intermédiaire entre l'homme et la chose ; l'immédiateté dans le mouvement permanent où la saisie fixe, en un moment, un instantané de la chose. Pourquoi soutenir l'immédiateté du savoir et la vérité universelle des phénomènes ? Parce que cela permet de soutenir toutes les positions, puisque chacune apparaît vraie et évite l'accusation de vacuité du discours. Étendre à tous l'infaillibilité abolit les références, parce qu'une vérité seulement individuelle ôte toute prétention à l'autorité en une matière et libère l'accès au savoir. L'universalité du vrai efface les différences traditionnelles et le savoir n'est plus le résultat d'un privilège. De même que réduire l'être à l'apparaître dissipe tout arrière-monde, l'immédiateté du savoir participe au processus de démocratisation. Si elle empêche les conflits d'opinions où l'une s'imposerait comme la seule vraie, elle contraint à souligner les circonstances où l'une voit sa valeur augmentée. La victoire revient alors au plus fort, plutôt qu'à celui qui connaîtrait le vrai et saurait atteindre la référence. L'extension de la vérité à tous restitue aux hommes la maîtrise sur un savoir qui leur échappait tout le temps qu'il restait prisonnier d'un point de vue divin.

Comment donc se passe cette confrontation aux autres (mesures)? Forme de l'apparaître qui rompt l'indétermination inhérente à la matière du phénomène, la mesure n'équivaut pas à un principe transcendantal fondé sur des catégories *a priori* communes aux individus – auquel cas le phénomène serait identique pour tous. Elle ouvre à des différences infinies, qui n'affectent pas pourtant sa vérité. D'une part, la sensation et l'opinion du faux s'avèrent impossibles, parce que *ce qui est* s'identifie à *ce qui est vrai*. D'autre part, si l'opinion ne naît jamais hors ou différemment d'un affect, sa formation demeure le résultat de la passivité et dépend de l'état de l'âme : le bien-portant a des opinions saines, le malade des opinions malades, vu que la propriété des sensations implique celle des opinions (167 a-b). Or, si la passivité produit un instantané de la situation, l'opinion a une durée qui, bien que déterminée, excède l'instant : la mesure présente est la seule valable tant qu'aucune autre impression ne vient la contester (167 c). La mesure est ainsi un présent qui se prolonge aussi longtemps qu'aucun obstacle n'interdit son maintien. Comment dès lors une mesure en vient-elle à remplacer une autre, si ce n'est pas une affaire de vérité? Les différences que génèrent les variations individuelles se situent en réalité sur le plan de l'axiologie (166 e-167 a). Face à une même situation, l'expérience atteste en effet de la variété des réactions, plus ou moins adaptées, de la part des individus. Celles-ci reposent donc sur un autre type d'échelle, qui oscille entre le plus et le moins – loin de la logique aléthique et binaire. D'après Protagoras, le savant en est le référent, lui-même instable, qui évalue la meilleure direction et procédure pour modifier la disposition actuelle[1]. De ce fait, il introduit une règle inédite de variation entre les déterminations, une échelle axiologique où le savant devient le seul juge parce qu'il détient la faculté de distinguer, dans la confusion des états vrais, le meilleur et le préférable. Cette mesure ne se fonde pas toutefois sur une autre forme de compréhension : un état apparaît meilleur au savant en vertu de ce qu'il est, de ce qu'il a acquis et sait déjà. Elle ne suppose pas la restauration d'une référence stable, étant donné que cette mesure *de second degré* fonctionne sur un mode

1. En modifiant l'état de l'âme de son interlocuteur, le sophiste produit un φάντασμα, qui ne désigne pas la représentation issue de la sensation en fonction de l'état original, mais l'image élaborée par l'intervention extérieure de l'opinion du sophiste (167 b). Cette image n'est pas spontanée, mais elle résulte d'un façonnement ou d'une intervention externe sur la disposition innée. Le sophiste modifie les conditions de la φαντασία et produit de nouveaux φαντάσματα.

semblable à la première, sa supériorité résultant simplement d'une certaine expertise.

Or certains savoirs, telle la géométrie ou l'astronomie, ne reposent-ils pas sur une expertise qui excède la φαντασία, du moins la sensation (169 a) ? Le savant n'y détient-il pas une supériorité réelle et reconnue ? Subsiste-t-il des différences entre individus en ces matières ou chacun est-il jugé *autosuffisant* ? Autrement dit, la mesure offre-t-elle l'autarcie épistémologique, l'αὐτάρκεια εἰς φρόνησιν ? Rare chez Platon, l'αὐτάρκεια est une notion ambiguë dont l'absence cause les maux, la présence évite les peines. L'αὐτάρκεια εἰς φρόνησιν consisterait à avoir *a priori* une compétence universelle dans tout domaine du savoir, à ne dépendre de personne en matière de connaissance (169 d ; déjà 161 c). Or, d'après Platon, l'autarcie est un attribut divin : seul le monde, les dieux et le sage (qui participe de la divinité) sont autarciques [1]. À cet égard, l'homme de Protagoras, puisqu'il n'est pas dieu, ne devrait pas prétendre, *a priori*, à l'autosuffisance. Dès lors, si l'autosuffisance épistémologique est un bien, il faut vérifier si elle est accessible à tout homme, du seul fait d'être homme, ou si elle l'est uniquement à quelques experts en vertu d'un quelconque privilège.

L'autarcie que vise la mesure pose plusieurs problèmes puisque, d'une part, personne ne peut taxer autrui d'erreur et, d'autre part, chacun peut manifester un désaccord avec lui (170 c-d). L'opinion (δόξα) apparaît comme le résultat d'un jugement (κρίσις), une opinion sur l'opinion d'autrui, et reçoit du même coup la possibilité d'être fausse à certains égards. Ce jugement produit un redoublement réflexif et une évaluation des opinions : si, dans la sensation, juger c'est décréter passivement en fonction de déterminations subjectives à propos de l'apparaître, proférer une opinion ouvre cette dernière au jugement extérieur. Deux instances susceptibles de rendre un arrêt différent deviennent juges d'une même opinion. L'intersubjectivité crée donc un problème majeur pour Protagoras – du moins si les différences de jugement portent sur la vérité des opinions –, parce qu'il doit concilier vérité universelle et évaluation d'opinions d'autrui. Si Protagoras levait la difficulté au moyen d'une expertise fondée sur des niveaux de savoir (166 d), l'idée d'un apprentissage nécessaire rétablit une distinction entre sage et profane (171 c-d), au sens où elle restaure, contre l'immédiateté du savoir, une hiérarchie pour les domaines qui reposent sur la compétence et excluent l'équivalence des opinions sous l'angle de la vérité. La compétence implique en effet son

1. *Rép.*, II, 369 b ; III, 387 d ; *Pol.*, 271 d ; *Phil.*, 67 a ; *Tim.*, 33 d et 68 e.

corrélat, l'ignorance : la première s'identifie à la pensée vraie, la seconde à une opinion fausse (170 b). Et, dans une optique platonicienne, la vérité ne peut se résoudre à être une affaire de valeur et de préférence : le premier venu ne peut se mesurer au plus grand savant. Vrai et faux nécessitent d'apprendre à les distinguer, en se dotant d'une connaissance qui mène à l'un plutôt qu'à l'autre.

Or un domaine valide la thèse protagoréenne sur la mesure, la sensation, dont personne ne peut contester la vérité de la manifestation. Sa propriété est en effet indisputable, car elle ne requiert aucun apprentissage spécifique et aboutit à une vérité inébranlable. Sur ce point, la thèse de Protagoras reste irréfutable (171 d-e). Cependant, le sensible ne couvre qu'un nombre limité de phénomènes, et non leur ensemble. Y a-t-il dès lors d'autres champs d'application ?

> En matière de politique, le beau et le laid, le juste et l'injuste, le pieux et l'impie sont tels que chaque Cité les croit et les pose par décret, pour elle-même[1].

D'autres objets résultent d'un apparaître : loin d'avoir une réalité propre, les déterminations éthiques, politiques, esthétiques ressortissent au contexte culturel et aux conventions sociopolitiques. Elles sont ainsi pour les cités l'analogue des qualités sensibles pour les individus. Comme ces dernières, elles connaissent des variations continuelles (172 b). Les mesurer signifie arrêter leur fluctuation, leur décreter une qualité ou leur attribuer un être corrélatif au contexte. Loin de résulter d'une connaissance, ce décret relève de l'ordre du *sembler* (δοκεῖν). La thèse de Protagoras s'étend dès lors à ces objets conventionnels, qui s'imposent aux cités aussi longtemps qu'ils y ont cours : sans avoir de valeur *a priori*, ils constituent des réalités historiques et contingentes, fonction d'une croyance qui est temporellement donnée et sujette à un apparaître immédiat, étant donné que la convention s'assimile à un apparaître collectif[2]. Dans la mesure où la réalité politique est sujette à une contingence et à une évolution permanentes analogues à celles qui affectent les individus, les décrets y possèdent seulement une valeur relative aux auteurs qu'ils engagent. Mais leur vérité est tout aussi incontestable. Dès lors, puisque le modèle d'application au niveau des individus se projette au niveau du groupe, ce dernier s'identifie en quelque sorte à un individu.

1. *Théét.*, 172 a 1-3. Seul D. Sedley insiste sur les implications philosophiques de ce passage pour comprendre l'unité du *Théétète* (*The Midwife*, *op. cit.*, p. 64-65).

2. *Théét.*, 172 b, 177 c-d. Sur la nécessité d'adapter les lois aux situations, *Pol.*, 293 e-297 b.

Pour le convaincre, le conseiller l'envisage dans son unité et s'adresse à lui comme à un individu, plutôt qu'il ne s'adresse à une multiplicité d'individualités éparses. Il produit ainsi une opinion générale analogue à l'impression individuelle (172 a). Dans ces termes, étendre au groupe la théorie individualiste entraîne seulement un changement numérique dans la constitution du phénomène. Par conséquent, il n'existe plus ni justice ni piété en soi, car ces matières obéissent à la logique comparée du pire et du meilleur, sans aucune évaluation précise[1]. Plutôt qu'une politique scientifique, dialectique, Protagoras propose un pragmatisme qui prend pour seul critère le contexte actuel, et non la valeur intrinsèque de la décision – aucun décret ne sera apprécié indépendamment de ses conditions d'énonciation.

Si la mesure de Protagoras demeure valide dans la limite des domaines qui échappent à la compétence et relèvent de l'apparaître (172 b), comment en tracer les contours ou bien, au contraire, fixer la nécessité d'une compétence, quand la différence ne correspond pas tout simplement à une opposition entre l'opinion et la sensation? La distinction opère entre ce qui relève du donné et ce qui relève de la recherche d'un bien pour soi. Le donné dépend des conditions d'apparition. Il est relatif à son récepteur, tout comme un décret s'applique à ses seuls auteurs sur un intervalle de temps limité. L'utile ressortit à une autre catégorie, puisque le poursuivre consiste à viser la manifestation d'un *bien pour soi* (177 d). Si tout le monde peut se former spontanément une opinion sur l'utile et le nuisible, rien en revanche ne justifie que tous possèdent une compétence innée pour améliorer adéquatement une disposition. Dans ces termes, Protagoras et Platon s'accordent pour définir l'expert comme l'individu apte à statuer sur un bien matériel, celui qui est capable de juger la qualité d'un acte : le médecin sait à la fois reconnaître et produire le bien pour le corps (la santé). Ils se séparent toutefois sur le critère de l'utile, la mesure et la raison pour lesquelles il est un bien[2].

1. La *digression* vise directement ce point (175 b-d).

2. Ce point est analysé au chapitre II. 3. Dans la *Métaphysique* (I 1, 1053 a 31-b 3), Aristote admet sans difficulté le modèle protagoréen pour la science, parce qu'il fonde la connaissance sur un principe de corrélation. Si rien n'est mesuré en dehors de l'homme, au sens où il est impossible de parler de science (de mesure) indépendante du sujet connaissant (mesurant), il faut évacuer l'idéal d'une connaissance de la chose en dehors du sujet. Dans ces conditions, la thèse de Protagoras cesse d'être troublante, puisqu'elle revient à soutenir que l'homme sait ou sent. Protagoras exprime seulement l'idée que le rapport à la connaissance est bien un rapport humain. L'homme-mesure ne fait que décrire le mode de la relation générique aux choses.

Si la théorie de Protagoras repose sur une *compétence substitutive*, un art de modifier un avis eu égard à ce qui est jugé meilleur, le rôle de l'expert y consiste à fournir une *disposition utile*, à l'individu ou à la cité (167 c). Elle met en place une échelle purement conventionnelle et relative. Où se situe dès lors son critère, d'où provient sa connaissance et vers où s'oriente-t-elle? Quand la cité pose des décrets utiles à elle-même, et non utiles en soi, elle ne suit aucun code préétabli mais agit en fonction de critères propres inhérents à sa situation (178 d). Loin de se fonder sur une raison externe, elle anticipe sur la base de sa condition actuelle les conséquences futures de sa décision présente. Si l'utilité tient à la disposition (ou à la législation) qui procure des bienfaits plus nombreux et plus élevés, elle ne peut s'évaluer en dehors de la situation actuelle. Tout bienfait est impossible à séparer de son utilité au sein d'un contexte donné : la santé ne s'avère utile que s'il est préférable de guérir pour le malade, comme pour la cité, c'est-à-dire si la guérison lui apportera davantage de bénéfices. De même, dans l'action, l'expert décide pour l'avenir en fonction du présent et des conséquences présentes de ses actions passées. Il engage ainsi une disposition future d'après le présent, en vue de son amélioration. Il juge l'utilité d'un objet à partir de son passé et de ce qu'il en sait déjà d'expérience, plutôt qu'il n'a la connaissance « scientifique » de ce que celui-ci pourrait effectivement donner.

Pour Platon, la compétence ne s'articule pas seulement autour d'une capacité technique, mais elle requiert une connaissance de ce qui est réellement meilleur et qui repose sur une échelle de valeur fondée sur la vérité[1]. La loi juste et utile doit manifester le bien, plutôt qu'un mieux pour la cité dans ce contexte-ci, car le bien ne se limite pas à être un nom apposé en fonction des circonstances, mais il sert de critère à la législation. Le bien, réel et non apparent, implique dès lors une connaissance de sa nature. Associé au bien, l'utile est un invariant du point de vue de ses conséquences : il est utile *par nature*, parce qu'il relève d'un bien lui-même invariable par rapport à la situation. Il paraît possible de vérifier si une situation entraîne un bien, non seulement si elle produit un effet bénéfique mais aussi si ce bénéfice est réel, c'est-à-dire s'il est lui-même un bien. Or cet examen requiert une échelle de valeur communément reconnue et inscrite dans la nature de la chose. Aussi, posséder une compétence

1. *Théét.*, 172 a 5-b 1 : ἐν δὲ τῷ συμφέροντα ἑαυτῇ ἢ μὴ συμφέροντα τίθεσθαι, ἐνταῦθ', εἴπερ που, αὖ ὁμολογήσει σύμβουλόν τε συμβούλου διαφέρειν καὶ πόλεως δόξαν ἑτέραν ἑτέρας πρὸς ἀλήθειαν, καὶ οὐκ ἂν πάνυ τολμήσειε φῆσαι, ἃ ἂν θῆται πόλις συμφέροντα οἰηθεῖσα αὑτῇ.

dans ces domaines, c'est atteindre l'invariant par rapport auquel il faut mesurer une disposition ou une situation. Même si celles-ci évoluent, l'utile est ce au vu de quoi rectifier et réorienter une disposition dégradée. L'expertise véritable possède donc la connaissance des conséquences futures d'une action. Sera expert l'homme capable de dépasser les limites de la situation, afin de prévoir le résultat futur d'une décision présente en vertu d'une connaissance de l'objet débarrassée de sa seule apparence, c'est-à-dire de juger du futur non en fonction de l'impression présente ni d'expériences passées, mais de la nature même de l'objet, qui sera éprouvée dans l'expérience future. Juger sur l'avenir implique donc de pouvoir se détacher de la présence phénoménale grâce à une connaissance de la réalité de son objet.

Tant pour Protagoras que pour Platon, l'expertise ne consiste pas seulement à décréter ou à mesurer une situation, mais à porter un jugement réflexif sur une mesure ou sur ses conséquences. L'expert se distingue du profane en ce qu'il ne considère pas seulement la situation immédiate, mais également le résultat futur découlant du décret présent. S'ils estiment tous deux nécessaire d'instaurer une mesure réflexive, ils se séparent dès lors sur le rôle à lui attribuer, puisque l'un postule l'existence d'un référent, l'autre s'assimile à ce référent :

> « Mesure de toutes choses est l'homme », à ce que vous dites, Protagoras, du blanc, du lourd, du léger, de tout ce qui est de ce type : portant leur *critère* en lui-même (ἔχων γὰρ τὸ κριτήριον ἐν αὑτῷ) et estimant qu'elles sont telles qu'il les subit, il estime qu'elles sont vraies, pour lui, et existantes (178 b 3-7).

Si cette ultime formulation a orienté l'interprétation postérieure, elle nécessite deux remarques préalables. En premier lieu, κριτήριον est un néologisme forgé par Platon et désigne, étymologiquement, le lieu du jugement[1]. Or le terme a été souvent compris dans le sens d'*instrument de mesure*, de *critère* ou de *standard* d'évaluation – sens technique développé par les philosophes hellénistiques. Il ne paraît pourtant pas incongru de l'interpréter littéralement, en se replaçant dans le double contexte du lecteur, qui a dû le saisir en fonction d'une part des éléments linguistiques à sa disposition, d'autre part du passage où il vient d'être question des décrets pris par la Cité en matière de justice. Par métonymie, le lieu où se rendent les jugements désigne l'entité qui détient l'autorité. Situer en l'homme le siège du jugement revient donc à le délivrer vis-à-vis

1. Selon la signification du suffixe -τήριον, tel que dans δικαστήριον ou βουλευτήριον. Voir T. van Berkel, « Made to Measure », art. cit., p. 44.

de toute autorité, car lui seul sert de référence. En second lieu, Platon ne pose pas une équivalence stricte entre la mesure et le critère puisque, si l'homme *est* mesure, il *possède* le critère en lui-même. Dès lors, si le critère correspond à une propriété immanente, il ne s'identifie pas à l'homme : être mesure appartient à sa définition, avoir en soi le critère des déterminations relève de l'explication de sa définition, c'est-à-dire du développement du principe de cette mesure. Si l'hypothèse de Protagoras évacue tout référent transcendant, parler de *critère* confirme l'absence de détermination en dehors de la relation de mesure – pour des choses restreintes ici aux sensibles (178 b). Par leur action, celles-ci induisent une croyance sur leur réalité et leur nature qui résulte de critères immanents à l'individu affecté. L'évaluation des sensibles résulte donc de ce que ce dernier possède en lui-même. Autrement dit, ce n'est plus la science qui fournit le critère de la mesure, mais c'est l'individu qui fournit le critère de la science, le lieu de sa production. De cette façon, l'idée d'une science de la mesure, qui recourt à un étalon, est rendue définitivement vaine par l'immanence du κριτήριον.

En conclusion, contre les aspirations qu'il prête à Protagoras, le *Théétète* vise à prouver la nécessité d'un référent pour la mesure – *relatif*, d'abord, en fonction duquel opérer une modification et évaluer des états en vue de leur changement; *absolu*, ensuite, qui impose de rétablir des valeurs et une certaine conception du bien. Car, sans système de référence, l'idée même de science de la mesure tend à s'évanouir. À cet égard, Protagoras soulève de nombreuses questions. Situer en l'homme le principe de la mesure et identifier l'instrument au sujet de la mesure revient à supprimer l'idée d'un être des choses, d'une valeur intrinsèque que la mesure révélerait. Dans ce cas, au contraire, tout se réduit à de l'apparaître, car la mesure de la chose s'épuise dans ce que l'homme en perçoit. Une telle mesure personnalise le monde, condamnée à être incontestable, voire incommunicable. Néanmoins, parce qu'il refuse que la mesure constitue nécessairement un acte quantitatif, Protagoras donne naissance à une mesure adaptée à son sujet, c'est-à-dire au principe d'une juste mesure, d'après laquelle le meilleur ne sera plus une affaire de quantité, mais répondra à la recherche d'un bien (ou d'un mieux) pour l'individu. Reste à saisir ce qu'il cache sous le nom de juste et d'utile.

CHAPITRE IV

LE *POLITIQUE* OU L'INSTITUTION D'UNE SCIENCE DE LA MESURE

DISCOURS ET PLAISIRS

Le *Protagoras* envisage une science de la mesure qui évalue l'excès et le défaut, *quantifie* relativement les plaisirs et soutient un principe d'action visant à leur maximalisation. Or obéir à une logique strictement comparative empêche cette science d'atteindre la certitude quant à ses choix, car elle ne détermine pas la valeur intrinsèque de l'action future mais sa valeur comparée, sans savoir si elle poursuit le bien. Accompagner l'hédonisme populaire d'une technique mène donc à un amoralisme pragmatique qui vise à encadrer des décisions aléatoires. Mais cette métrétique reste confinée à un domaine qui échappe à la juste mesure, car il demeure relatif à l'individu et à la situation.

Conduire un entretien dialectique suppose aussi une mesure, car des réponses inadaptées risquent de rompre l'échange. Qui doit cependant juger la mesure des discours ? Jouer de la brachylogie et de la macrologie sert en effet l'évitement et la dissimulation, à dérober un propos et à confondre un adversaire sous le flot de vraisemblances (334 d-335 a). Protagoras illustre d'ailleurs un tel talent lorsqu'il dresse une liste d'exemples de la relativité du bénéfique et du nuisible, pour fuir habilement la question de Socrate (333 e-334 c) [1]. Il poursuit une exigence moins fixée par l'objet que par le discours même, en tant qu'instrument de persuasion dont la

1. En général, les commentateurs retiennent uniquement l'aspect ironique de ce passage, et seule M. Dixsaut souligne son importance dans la genèse du διαλέγεσθαι : l'évaluation de la longueur des discours s'y avère cruciale (*Métamorphoses de la dialectique dans les dialogues de Platon*, Paris, Vrin, 2001, p. 19-21).

mesure résulte du contexte communicationnel. En ce sens, respecter une quantité de discours convenable (ὅσα δεῖ), c'est adopter la longueur qui guidera l'interlocuteur là où on le souhaite. Cette mesure du discours s'avère relative à l'auteur *et* à l'auditeur, les critères en sont arbitraires, subjectifs et indépendants de l'objet traité, puisque les propos doivent surtout s'adapter à la situation. La compétence rhétorique se fonde donc sur la capacité à estimer les facultés d'un interlocuteur, afin d'adapter le discours pour susciter l'agrément et se soustraire aux exigences que l'autre chercherait à imposer car, dans une joute oratoire, la victoire s'obtient au prix d'un refus de collaborer ou de se soumettre aux règles d'autrui. Protagoras n'accepte de juste mesure du discours que relative, fournie par la situation, celle qu'il convient d'imposer à l'adversaire plutôt que de subir sa contrainte extérieure. Mesurer un discours consiste à s'en assurer la maîtrise dans un contexte d'énonciation, plutôt qu'à viser la longueur convenable qui serait imposée par l'objet en dehors des personnes qui le traitent ou le reçoivent, ou à établir un critère invariable pour évaluer les discours et étapes nécessaires à la pensée qui veut atteindre son but[1].

Si le *Protagoras* n'associe pas explicitement mesure et λόγος, le *Politique* le fait (283 b-285 c). Après avoir formulé l'idée d'une science de la mesure sans en définir les modalités, Platon cherche ici une règle pour trier l'excès et le défaut, afin de récompenser les entretiens, savoir s'ils n'ont fait preuve ni de trop de longueur ni de trop de brièveté[2]. Instituer la métrétique vise donc au premier chef la mesure des entretiens dialectiques, dans le but d'évaluer la nécessité de leurs détours et l'opportunité de leurs divisions pour atteindre le caractère visé. Elle doit établir la mesure adéquate des dialogues et définir les étapes qu'impose le sujet, afin notamment d'écarter les faux-fuyants et de contraindre

1. Dans le *Théétète*, la longueur des discours, du moins des dialogues philosophiques, reste opportune si elle répond à la nécessité qu'impose l'objet : les participants au dialogue doivent prendre le temps, passer par les étapes nécessaires et s'accommoder de la longueur, si l'objet le requiert, car les discours demeurent à leur service (172 d). Ni la clepsydre ni l'auditoire ne contraignent le philosophe, parce qu'il est le seul à être véritablement libre (173 b; 175 d-e). Sur la nécessité de se fonder sur l'objet, *Gorg.*, 449 b-450 c, mais aussi *Prot.*, 312 d-e.

2. On retrouve une expression similaire au *Protagoras* (βραχύτερα […] ἢ δεῖ, 334 d 6-7) : τὰ μακρότερα τοῦ δέοντος […] καὶ τἀναντία (*Pol.*, 283 c 5), ne pas faire de plus longs échanges qu'il ne convient. Dans la réplique suivante, l'Étranger mentionne la *longueur* et la *brièveté*, l'*excès* et le *défaut* (283 c 11-d 1). De cette façon, Platon annonce qu'il étend la portée de la métrétique et renoue avec les deux arguments du *Protagoras*, sur le plaisir et sur le discours. La science de la mesure doit posséder une extension plus vaste que le seul dialogue.

au respect de limites convenables. La métrétique se présente de prime abord comme une science évaluative *a posteriori* utile comme critère qui sépare la joute éristique du dialogue philosophique. Or, si sa recherche entend énoncer une règle pour un art particulier - la dialectique -, les conclusions en seront étendues à l'ensemble des arts qui recourent à des formes de mesure.

LES DEUX MÉTRÉTIQUES

Il existe deux façons de mesurer, auxquelles correspondent deux parties de la métrétique : soit mesurer deux choses relativement, soit mesurer par rapport à un *tertium quid* (la juste mesure qui détermine la valeur)

> — soit conformément à la communication mutuelle de la grandeur et de la petitesse,
> — soit conformément à l'essence contraignante de la génération.
> τὸ μὲν κατὰ τὴν πρὸς ἄλληλα μεγέθους καὶ σμικρότητος κοινωνίαν, τὸ δὲ κατὰ τὴν τῆς γενέσεως ἀναγκαίαν οὐσίαν (283 d 7-9).

La première branche de la division concerne la communication entre la grandeur et la petitesse, qui ne désignent pas le Grand et le Petit en soi, mais le grand et le petit dans les choses en devenir. Leur κοινωνία ne signifie pas leur participation réciproque car leur contrariété les empêche de partager un caractère commun - bien qu'elles participent à un même genre -, mais plutôt une mise en relation qui produit une affinité et ouvre un axe pour la mesure[1]. Cette mesure consiste donc à situer, relativement et *a posteriori*, des éléments préexistants qui s'opposent au sein d'un continuum entre deux extrêmes. Ce genre de la mesure englobe les grandeurs indéterminées, qui résultent d'une comparaison mutuelle (plus grand et plus petit, plus et moins nombreux) et dont le mode d'être s'avère nécessairement relatif, car grand et petit se saisissent seulement dans un rapport réciproque, jouant en permanence et mutuellement le double rôle de mesuré et de mesurant. Jamais une telle mesure ne livre la valeur intrinsèque de son objet, mais uniquement celle qu'il reçoit au sein de la relation. Enfin, parce qu'il est intimement lié à tout ce qui relève du plus et du moins, ce premier genre de mesure s'avère fondamentalement quantitatif. Il inclut tous les arts qui mesurent le nombre et les grandeurs par rapport à leur contraire, des arts qui en un sens évoquent les

1. Dans le *Sophiste*, la κοινωνία désigne la communauté des Formes qui les situe l'une par rapport à l'autre puisque, sans se ressembler, elles peuvent être comparées (251 e-252 d).

mathématiques (284 e-285 a). Or il ne s'agit pas de mathématiques pures, puisque la métrétique s'applique aux γιγνόμενα plutôt qu'aux nombres comme tels. Dans le *Politique*, Platon parle des mathématiques appliquées, telles que l'architecture et la construction navale, qui utilisent des étalons, c'est-à-dire des mesures normées et des grandeurs relatives érigées en référence, plutôt que des modèles théoriques. Ces arts n'ont ni exactitude ni justesse intrinsèque[1].

Or, pour subsister, les arts ne doivent pas seulement se référer aux rapports de grandeur entre éléments qu'ils agencent, mais aussi à la nature de leur produit. Construire une maison ne se réduit pas à comparer des longueurs car, pour bâtir, l'architecte doit savoir ce qu'est la maison. Refuser de se reporter à un modèle ou à une mesure étrangère à la réciprocité du plus et du moins risque de mener les arts à disparaître (284 a). Aussi la seconde espèce de métrétique mesure-t-elle « selon l'οὐσιά contraignante de la génération ». Cette mesure reportée au bien-mesuré révèle l'existence d'une juste mesure qui ne confère plus seulement une fonction *quantitative et comparative* – qui la cantonne dans un statut d'étalon –, *mais aussi axiologique*. Comparer à la genèse du bien-mesuré donne une valeur, en fonction de l'excès ou du défaut, aux objets soumis aux contraintes de la génération, notamment à la production technique (283 e; 284 c-d). La métrétique s'érige en une science évaluative plus que quantitative, qui juge de la qualité des choses qui viennent à être. Dès lors, si tout objet technique possède une réalité, il s'avère tantôt inférieur tantôt excessif à la nature de l'objet bien produit. Le bon artisan veille donc à la mesure pour produire, grâce à elle, des objets beaux et bons, parce qu'il respecte la quantité adéquate pour l'objet (284 a-b). La juste mesure se révèle la condition nécessaire à l'existence des arts au sens où, sans elle, aucun produit ne pourra être reconnu comme l'étant correctement :

> Ne faut-il pas à présent forcer le plus et le moins à devenir commensurables non seulement l'un par rapport à l'autre, mais encore par rapport à la genèse du bien-mesuré (πρὸς τὴν τοῦ μετρίου γένεσιν) ? Car il n'est pas possible, ni pour le politique ni pour quiconque possède une compétence pratique d'exister de manière incontestée, si cela n'a pas fait l'objet d'un accord (284 b 9-c 4).

1. M. Lane affirme à tort que la seconde métrétique se distingue de la première du fait de recourir à des *standards* (*Method and Politics in Plato's "Statesman"*, Cambridge, Cambridge University Press, 1998, p. 126-128). L'étalon demeure en effet une grandeur comparée, un plus grand ou un plus petit auquel a simplement été reconnu une valeur d'usage.

Si l'expertise de l'artisan implique de connaître la juste mesure et de savoir lui comparer les produits, la juste mesure ne se réduit pas à une entité stable et séparée, puisqu'elle rend possible la production d'objets calibrés en fonction de critères requis par l'art et fondés sur un modèle. Juste mesure et arts possèdent une existence corrélative, vu que la première fait exister les produits techniques, les seconds causent la participation des objets à la juste mesure et la manifestent dans les produits (284 d). Dans leur activité, les arts veillent à la juste mesure : plutôt que de se contenter de mesurer après-coup leur produit et de le comparer au bien-mesuré, ils visent à le réaliser en respectant la règle de la juste mesure. Afin de produire une mesure adéquate, l'art véritable consiste à faire venir une chose à l'existence et participer à la Forme éponyme. Il commence par observer la Forme intelligible de l'objet qu'il doit produire, avant de l'inscrire dans le sensible en recourant aux meilleurs matériaux possibles, aux matériaux adaptés et utiles (308 c), et de les assembler selon la règle de la juste mesure. Sans être jamais elle-même mesurée, la juste mesure est ce à l'aune de quoi évaluer si les œuvres ont été produites par l'art, si elles sont bonnes et belles. Et tous les arts s'accordent sur ce point : ils produisent nécessairement le bien-mesuré, c'est-à-dire réalisent l'inscription de la juste mesure dans les objets. Autrement dit, l'art authentique produit un objet conformément à sa Forme et matérialise du même coup le bien-mesuré en fonction duquel d'autres produits pourront ensuite être évalués[1]. Dans ces circonstances, confronter le grand et le petit au bien-mesuré consiste, pour la métrétique, à évaluer une production artistique, sa beauté et sa bonté, sa mesure convenable et adaptée, bref l'inscription juste dans le sensible de la Forme participée. En conclusion, l'artisan fait advenir la juste mesure non pas au sens où il la produirait en fonction de critères qui lui appartiendraient en propre, mais parce qu'il se réfère à un modèle ultimement ancré dans la Forme.

La préservation des arts passe par la contrainte du rapport au bien-mesuré – contrainte comparable à celle de l'existence du non-être qu'a

1. Stanley Rosen affirme à tort que la juste mesure est seulement donnée par le τέλος de la production : la juste mesure du vêtement serait la personne qui le portera, voire le code moral imposant de ne pas se promener nu (*Le* Politique *de Platon. Tisser la cité*, Paris, Vrin, 2004, p. 171-172). Cette lecture ne rend pas compte du caractère essentiel de l'art – être une *genèse du bien mesuré* –, puisqu'un τέλος donné ne peut jamais subir de production ni de génération. Le bien mesuré ne relève donc pas uniquement de la conformité de l'objet à son utilisation, mais aussi aux critères de sa production requis par les Formes auxquelles il participe.

mise en lumière l'enquête sur le sophiste (284 b-c). Celle-ci soumet la pensée à un dilemme qui en souligne la nécessité : soit résoudre la difficulté et sortir de l'impasse, soit se priver d'une solution et rester dans l'aporie de la non-distinction (de l'illusion dans le cas du sophiste, des rivaux prétendus dans le cas du politique). Dès lors, si la définition de la métrétique survient comme une digression du *Politique*, elle s'avère bien nécessaire à l'établissement de tout art et de toute science. Définir le sophiste implique de délimiter le non-être et de lui reconnaître une existence différente du non-être absolu (le contraire de l'être), sur le mode de l'altérité, car le sophiste apparaît comme un producteur de simulacres dont l'art relève de l'illusion et de la capacité à produire des opinions fausses dans les âmes[1]. De la même façon, vu que la politique n'appartient pas aux arts humains de production d'images mais de réalités (266 c-d), sa définition implique la tâche considérable de fixer le critère entre productions réelle et illusoire – deux plans ontologiques sans commune mesure. Autrement dit, si prouver l'existence du non-être permet de définir l'illusion et son art tout en préservant l'existence du λόγος, introduire la juste mesure doit séparer production inadéquate et production authentique, fournir le critère pour distinguer l'artifice de l'artefact, la maison du peintre de celle de l'architecte. En vertu de la distinction entre les productions réelles et les résultats factices, la juste mesure assure la sauvegarde des arts[2].

Comme le *Sophiste*, le *Politique* compare les productions artistiques humaine et divine : tout comme la production divine cause la génération d'objets naturels, il existe un art humain de la production qui se sert des œuvres divines pour ses propres réalisations (*Soph.*, 265 c-e). La figure démiurgique illustre la genèse de la participation, rendant compte de la participation des artefacts sensibles à leur paradigme intelligible[3]. Tout comme le démiurge divin façonne les animaux, les plantes et les êtres inanimés grâce à une raison et à une science divines, l'artisan doit connaître l'objet à produire et l'inscrire dans les matériaux à sa disposition. En parallèle au divin qui produit le monde – qui réalise l'inscription des Formes dans le sensible –, le bon artisan respecte la mesure qui convient à son objet et qui résulte d'une science humaine quasi-divine. Si le *Sophiste* a rendu raison de l'existence du non-être (notamment

1. *Soph.*, 234 b; 240 d; 241 d; 257 d-e.

2. H. Joly, *Le Renversement platonicien. Logos, épistémè, polis*, Paris, Vrin, 2001, p. 268.

3. Comme l'a bien noté S. Delcomminette, *L'Inventivité dialectique dans le* Politique *de Platon*, Bruxelles, Ousia, 2000, p. 264-266.

dans son origine humaine), en se fondant sur le modèle de la production divine il aide à comprendre comment l'art inscrit la juste mesure dans les œuvres humaines. À sa suite, le *Politique* distingue deux formes rivales de l'art : l'une, authentique, qui crée en vertu d'une connaissance les objets tels qu'ils doivent être; l'autre, factice, qui tente de produire les objets en fonction de ce qu'elle croit être le modèle. La métrétique constitue donc la clef pour séparer l'artisan de ses rivaux, c'est-à-dire de tous ceux qui prétendent détenir un art mais font seulement ce qu'il croient être l'activité du technicien (280 d-281 d), parce qu'ils ne savent, au sens plein, ni comment ni quel modèle inscrire dans le devenir.

Enfin, viser le bien-mesuré poursuit une finalité épistémologique, puisqu'il permet de découvrir l'*exactitude en soi* (αὐτὸ τἀκριβές), dont la connaissance conditionne la production de la juste mesure par la science. Dans la *République*, Platon lie exactitude et mesure dans le cadre d'une recherche sur la valeur des vertus (VI, 504 b-e). Plutôt que de se contenter des résultats immédiats, celle-ci implique d'emprunter un long chemin, qui requiert mesure parfaite et précision (ἀκρίβεια), mais contribue également au développement intellectuel. Ces objets nécessitent en effet une démonstration achevée et juste, dont la mesure ne reste pas en défaut par rapport à l'être mais s'accompagne de la complétude et puise sa détermination dans l'objet de l'enquête dialectique. La mesure apparaît dès lors comme la juste longueur de tout parcours intellectuel, et la plus exacte provient de la connaissance de ce qu'il y a de plus exact et de plus pur : le Bien (504 e-505 a). Or l'exactitude en soi ne se trouve pas dans le sensible, caractérisé par son instabilité et son imprécision. Dès lors, chercher le plus exact, l'exact en soi, c'est aussi chercher la forme la plus élevée de connaissance, supérieure aux mathématiques pures : la dialectique. Et, à l'inverse, chercher la connaissance la plus haute et ses règles de fonctionnement, c'est chercher comment atteindre ce principe le plus exact, qui conditionne toute connaissance. Bref, l'exact en soi ne désigne pas un principe ontologique mais épistémologique, servant de τέλος à toute enquête dialectique[1]. En conclusion, c'est paradoxalement en se rapportant à un rapport qui se réfère ultimement au Bien que nous atteindrons l'exactitude en soi (*Pol.*, 284 c-d).

1. Contre les thèses de l'École de Tübingen (voir la reconstruction de R. Ferber, « Für eine propädeutische Lektüre des *Politicus* », dans *Reading the* Statesman, Ch. J. Rowe (ed.), Sankt Augustin, Academia, 1995, p. 66-72).

UNE MESURE CONVENABLE

Se référer au bien-mesuré empêche la métrétique de se résumer à comparer des grandeurs, vu qu'attribuer des déterminations quantitatives à un objet (trois pouces, deux pieds) revient à rapporter un plus grand à un plus petit. Le bien-mesuré, au contraire, revêt plusieurs figures en fonction desquelles la métrétique évalue les objets de l'art : « le convenable, l'opportun, le requis et tout ce qui a élu domicile à mi-chemin des extrêmes (284 e 6-8) ». Pour dresser la liste de ses manifestations, Platon emprunte à la sophistique ses termes techniques afin d'en transcender la valeur circonstancielle. Toutefois, reconstruire leur signification s'avère une tâche délicate, en raison du manque de textes et des témoignages critiques de rhéteurs postérieurs [1].

L'*opportun* (καιρός) désigne le moment adéquat pour réussir une action [2]. Il rompt l'homogénéité du temps par l'introduction d'un instant qualitativement différencié. En ce sens général, il implique de s'adapter aux circonstances et de déterminer le moment opportun pour agir et décider, s'avérant en cela essentiel à l'action politique. En un sens rhétorique, il renvoie à la faculté d'improviser, de marquer les temps forts et d'accentuer les contrastes, afin d'infléchir la position de l'auditoire et d'emporter la victoire. Il s'identifie à une notion relative, dont le seul critère est l'expérience et l'usage de l'orateur [3].

Le *convenable* (πρέπον) relève des valeurs, des attentes et des usages au sein d'un groupe. Il tient sa limite du contexte sociopolitique ou intersubjectif, et il désigne l'attention à l'usage, la capacité d'adapter son attitude à son vis-à-vis afin de lui fournir une réponse adéquate [4]. Il résulte des circonstances historiques au sein desquelles un système de valeurs se met progressivement en place et impose un comportement déterminé. À

1. Protagoras parle de la καιροῦ δύναμις en A 1 DK. Gorgias définit δέον et πρέπον dans son *Epitaphios logos* (B 6 DK). Denys d'Halicarnasse lui attribue une réflexion sur le καιρός, qu'il accompagne du jugement suivant : « À ce jour, aucun rhéteur ni aucun philosophe n'a défini l'art du temps, pas même celui qui, le premier, a entrepris d'écrire sur ce sujet, Gorgias » (*De comp. verb.*, XII, 6 = B 13 DK). Enfin, un passage d'Isocrate contient tous ces termes, dans leur acception rhétorique : *Philippe (V)*, 24-26.

2. Sur le καιρός chez les sophistes et Platon, A. Tordesillas, « L'Instance temporelle dans l'argumentation de la première et de la seconde sophistique : la notion de *kairos* », *Le Plaisir de parler*, Paris, Minuit, 1986, p. 31-61 ; M. Trédé, *Kairos. L'à-propos et l'occasion*, Paris, Klincksieck, 1992, p. 247-253 et 288-294.

3. Comme le souligne M.-P. Noël, « *Kairos* sophistique et mises en forme du *logos* chez Gorgias », *Revue de philologie, de littérature et d'histoire anciennes* 72, 1998 (2), p. 242.

4. Dans l'*Epitaphios logos*, Gorgias déclare que les héros étaient « bien disposés envers ce qui convient (εὐόργετοι πρὸς τὸ πρέπον ; B 6.20 DK) ».

cet égard, il appartient au registre de la beauté, mais d'une beauté relative, contextuelle, de l'ordre du semblable ou du même. Au sens rhétorique, il consiste autant à adapter l'expression au sujet, par l'harmonisation des parties du discours, qu'à s'adresser d'une façon convenable à son interlocuteur, afin de rencontrer son caractère et ses attentes[1].

Le *requis* (δέον) relève de l'indispensable ou du nécessaire, dans la mesure où il ressortit à la finalité. Il désigne *ce qu'il faut (faire ou dire) eu égard à un résultat souhaité*. Dans un cadre rhétorique, il fixe la longueur requise pour le λόγος, dont le locuteur trouve le critère en lui-même car il sait s'adapter à son public[2]. Il concerne donc le moment où il faut se taire et celui où il est bon de continuer à parler, en vue de réaliser la fin visée devant un auditoire donné[3]. De cette façon, le λόγος sert d'instrument au triomphe et non à la recherche du vrai.

Enfin, le *milieu* (μέσον) évoque ici la position de médiation nécessaire entre deux parties, telle que l'assument des ambassadeurs – rôle que les sophistes ont bien souvent joué[4]. Il désigne le lieu intermédiaire où chacun consent à entendre l'autre et à restreindre son hostilité le temps de la négociation. Dans le contexte rhétorique, il revient à chercher un *milieu* entre des interlocuteurs, afin de rendre possible la communication et le dialogue. Par exemple, pour renouer le dialogue entre Protagoras et Socrate, Hippias recommande de couper *par le milieu* (εἰς τὸ μέσον) entre brachylogie et macrologie[5].

Si Platon emprunte aux sophistes des concepts dont il estime qu'ils ont perçu la pertinence pour la théorie de l'art, il leur apporte cependant une signification nouvelle, afin de fonder autrement les τέχναι. Selon lui, le bien-mesuré tel que le conçoit le sophiste relève de la première métrétique car, sans juste mesure, ce dernier fonde sa connaissance sur sa propre expérience et fixe le critère métrique en fonction de l'usage, de conditions contingentes à l'intérieur desquelles il faut adopter une position relative. Sa référence oscille entre le plus et le moins, aussi longtemps que l'individu décide du point d'équilibre, nécessairement éphémère. Platon pose au contraire que les arts doivent se fonder sur la seconde métrétique, relative au bien-mesuré, qui s'appuie tant sur une connaissance de l'objet, que

1. Voir Isocrate, *Contre les Sophistes*, 13, 3 : τῶν καιρῶν καὶ τοῦ πρεπόντως καὶ τοῦ καινῶς ἔχειν μετέσχωσιν. *Contre Soph.*, 16 ; *Sur l'échange*, 11 ; Aristote, *Topiques*, V, 135 a 12-14.

2. Dans le *Protagoras*, le sophiste demande à Socrate qui doit fixer la limite des répliques : ἐμοί, σοί (334 d).

3. Gorgias, B 6.15-16 DK : τὸ δέον ἐν τῷ δέοντι καὶ λέγειν καῖ σιγῶν καὶ ποιεῖν.

4. Gorgias, A 4 et 7 DK ; Platon, *Hip. maj.*, 282 b.

5. *Protagoras*, 338 a. Voir aussi Isocrate, *Panathénaïque*, 113.

de l'opportun, du convenable, du requis et du milieu, auxquels doivent se conformer actes et paroles. Toutes ces déterminations constituent les variations de la juste mesure, ses divers modes d'adaptation aux γιγνόμενα.

Le καιρός véhicule la nuance temporelle : pour l'art, la connaissance de la finalité de son objet permet de déterminer le moment opportun pour prendre une décision. Par exemple, la politique, parce qu'elle seule connaît la finalité de la cité, sait s'il faut ordonner aux sciences auxiliaires d'agir et en quel sens (305 d).

Le πρέπον considère ce à quoi on (s')adapte et il renvoie à l'adéquation des éléments, à l'harmonie entre le tout et les parties d'une œuvre. S'agissant de la rhétorique, la connaissance des types d'âme permet au bon orateur d'adapter la mesure de son discours à la nature psychique de son interlocuteur. Il détient la capacité d'instiller en chacune l'opinion droite qui en restaure l'ordre (τάξις) et l'harmonie (κόσμησις; *Gorg.*, 504 d)[1].

Enfin, δέον signifie l'obligatoire. Dans le *Phédon* (99 c) et le *Cratyle* (418 e), Platon le définit comme une marque du Bien, ce qui lie et qui est requis dans le λόγος, de la même façon que, dans la *République* (VII, 517 c), le Bien dispense la cohésion, parce que sa vision garantit la vérité : il apparaît comme la cause de ce qui convient à l'étude dialectique d'un objet donné. D'après le *Politique*, la mesure du discours doit être imposée par le sujet de l'enquête, *qui requiert* un temps et un nombre déterminé d'étapes pour atteindre l'ἰδέα visée (283 c). Ce que requiert le λόγος relève donc de son objectif de vérité, et pas seulement de l'harmonie et de la longueur de ses parties.

Nécessité de la métrétique

L'affinité de la métrétique avec les arts producteurs achève l'interrogation autour du rôle du sophiste. Si la digression qui lui est dévolue offre un parallèle avec le détour requis par le non-être dans le *Sophiste*, cette analogie s'étend aux modes de production. La métrétique vise à évincer définitivement la production sophistique d'illusions par l'énoncé de critères utiles à la production de réalités. Autrement dit,

1. Sur l'harmonie des parties du discours, *Phdr.*, 264 c et 268 d. Le *Sophiste* suggère que le πρέπον du discours dialectique vise moins l'οὐσία que *l'acquisition de la capacité de sa mise en lumière*, par le parcours des similitudes et des différences entre arts parents (227 a-b). Dans l'*Hippias majeur*, Socrate l'emploie à plusieurs reprises pour désigner l'adaptation de l'œuvre à sa fonction (291 b; 293 e-294 d).

définir un art qui vise à normer la production vise à contrecarrer les effets de la production de simulacres. Établir une science de la mesure sert à fonder légitimement les arts et, par conséquent, à distinguer les arts authentiques de leurs contrefaçons – tout comme circonscrire le non-être aide à discriminer entre le réel et l'imitation. Néanmoins, au-delà des objets façonnés, il reste à en étendre le champ aux plaisirs et aux peines.

L'analogie entre les enquêtes relatives à la métrétique et au non-être résulte aussi du lien entre le non-être et la Forme de l'autre. L'Autre constitue la Forme de la relation, ce qui permet de considérer deux êtres relativement l'un à l'autre. Par conséquent, sa découverte constitue un préalable nécessaire à la mise sur pied de l'art de la mesure. Il ressort en effet de l'étude des deux métrétiques que la mesure résulte toujours d'un *rapport avec un terme de comparaison*, qu'il soit un contraire ou le bien-mesuré : tout mesurer est un *mesurer par rapport à* [1]. La métrétique consiste dès lors en un art de la mise en relation et en communication (κοινωνία) entre un objet d'une part et, de l'autre, le terme servant de référence à ce qu'il s'agit de faire communiquer. Cela implique que la relation de mesure maintienne un écart entre l'objet mesuré et sa référence, l'art métrétique ayant pour rôle d'évaluer la teneur de la relation d'altérité – s'il s'agit de différences ou de dissemblances, d'identités ou de ressemblances. Du reste, l'analogie entre les digressions est-elle philosophiquement tenable ? Si la preuve de l'existence du non-être dans le *Sophiste* s'avère incontournable, dans la mesure où elle ne requiert pas de souscrire à l'hypothèse des Formes, la définition de la métrétique n'impose-t-elle pas d'admettre un modèle transcendant, extérieur à l'oscillation qu'impose le sensible ? En fait, « contraindre la juste mesure à exister » revient à manifester dans la sensible sa connaissance de l'objet, c'est-à-dire autant à le bien produire qu'à le produire dans les conditions adéquates – eu égard à la temporalité, à la nécessité et à la convention.

Si la mesure procède nécessairement *par rapport à* quelque chose – le grand par rapport au petit, un objet quelconque par rapport au bien-mesuré –, la notion de référent (*ce par rapport à quoi*) s'avère essentielle à sa définition. Mesurer, c'est fondamentalement *mettre en relation et comparer un objet à un référent*. Or, si la première métrétique produit un résultat toujours relatif, prisonnier de l'indétermination de l'excès et du défaut, la seconde évalue précisément l'écart au bien-mesuré. Leur

1. Il n'y a donc pas lieu de parler de « mesure absolue », comme le fait Castoriadis, puisque la mesure relative au bien-mesuré demeure une mesure πρός (*Sur le* Politique *de Platon*, Paris, Seuil, 1999, p. 110).

similitude en tant qu'espèces de la mesure ne signifie donc pas leur identité, étant donné qu'elles obéissent à des logiques distinctes. Mais au lieu de constater cette différence, la plupart des gens ramènent la seconde à la première, parce qu'ils conçoivent leur ressemblance comme une identité (285 a). Il existe pourtant bien deux espèces de la métrétique, *et deux seulement* : pour la première, tout est affaire de quantité, de grandeur, de longueur; pour la seconde, qui doit dépasser la métrétique vulgaire, seul vaut le critère de la juste mesure. Autrement dit, la véritable science de la mesure, la plus exacte, n'est pas d'ordre quantitatif. Elle est relative au bien-mesuré[1]. Or, d'un point de vue dialectique, la juste mesure est le moyen de vérifier la validité de ces divisions, la capacité de produire des différences et des identités réelles, sans les confondre avec de simples dissemblances ou ressemblances, ni se laisser abuser par la communauté qu'institue le langage ordinaire. Elle doit aider à repérer les distinctions et les rassemblements bien formés, à établir leur nécessité pour la définition. De cette façon, dans le dialogue, elle empêche de recourir à une division inadéquate pour prendre la tangente, qui consisterait par exemple à énumérer un ensemble de biens relatifs au lieu de définir l'unité du bien ou d'en identifier les espèces.

L'enquête sur la juste mesure et ses manifestations pose de ce fait la question de l'inventivité. Comme objet d'étude et comme capacité à évaluer le *logos*, elle s'avère un instrument utile pour devenir meilleur dialecticien, en ce qu'elle aide à cheminer à travers le *logos* et témoigne d'un esprit de découverte (286 c-287 a). Contrairement au *logos* sophistique, technique, le critère de la juste mesure dans l'ordre dialectique ne réside ni dans le *logos* lui-même ni dans son destinataire, mais dans la conjonction de l'objet et du destinataire, dans la faculté à améliorer celui-ci, autant par la connaissance de l'objet que par l'acquisition de la méthode qui y mène. Le *logos* dialectique, qui participe du convenable, de l'opportun, du requis, ne vise pas à arracher la victoire mais bien plutôt à rendre le destinataire meilleur (dialecticien). Dès lors, en tant que science des

1. J.-F. Mattéi lit dans ce découpage une métrétique du Même et une métrétique de l'Autre (*L'Étranger et le Simulacre. Essai sur la fondation de l'ontologie platonicienne*, Paris, P.U.F., 1983, p. 225-227). La distinction paraît cependant absurde puisque, si toute mesure implique le fait d'*être mesuré par rapport à* (μετρεῖσθαι πρός, 284 d), la métrétique est nécessairement fondée sur l'Autre. Or, s'il affirme que la première métrétique est celle du Même, c'est parce que « tout est symétrique, neutralisé sous la coupe répétitive du *Même* ». Il faut pourtant noter que celle-ci n'œuvre pas en fonction du Même, parce qu'elle le confond avec le semblable (comme elle confond l'Autre avec le dissemblable).

hommes libres (*Soph.*, 253 b-254 b), la dialectique n'est pas l'application d'un ensemble de techniques et d'automatismes. Elle s'illustre par sa capacité d'inventivité. En cela, Platon dépasse les sophistes en matière d'improvisation, dans la mesure où il attribue une liberté totale à la dialectique et ne la contraint aucunement par un ensemble de règles et de techniques utiles à la production de discours. Ainsi, selon lui, improviser, être inventif ne se réduit pas simplement à assembler des opinions admises dans un contexte donné et pour un public déterminé, selon des modèles réputés pour leur efficacité et soumis à une logique du plaisir qui vise à séduire l'auditoire et à emporter la victoire. Cela signifie au contraire laisser la pensée s'exprimer librement, sans le carcan qu'imposent les catégories, les noms et les attentes ordinaires, afin de produire ses propres catégories, ses propres noms et (se) rendre meilleur dialecticien.

En conclusion, le *Politique* formule la détermination générique de la mesure et de la métrétique. Sous cet angle, il s'inscrit en faux par rapport à Protagoras et aux aspirations que Platon lui attribue dans le *Protagoras*, où toute la métrétique était reconduite à une comparaison entre des quantités, et dans le *Théétète*, où la théorie de l'art relevait de l'apparence et de la relativité. Platon en retient l'idée, pourtant, que même la mesure rapportée à un référent normé reste relative. À sa suite, il refuse également de se contenter d'une mesure de premier ordre, dont la comparaison produit des quantités auxquelles se réduisent toutes les différences, et il instaure une seconde mesure, propriété d'un individu supérieur – le savant (le sophiste) pour Protagoras, le dialecticien pour Platon. Or, quoique Protagoras reconnaisse cette seconde mesure, déjà d'ordre qualitatif (ou axiologique) et non quantitatif, cette dernière accentue sa relativité selon Platon, étant donné qu'*elle obéit à un critère de l'utile que fixe l'expert en fonction de sa propre expérience*. La seconde métrétique devrait plutôt se modeler sur la connaissance de l'objet.

Dans le *Politique*, distinguer deux espèces de métrétique conduit à formuler un critère pour évaluer les objets – la juste mesure qui se décline en convenable, opportun et requis. Dans ces conditions, il existe une mesure qui ne s'avère pas seulement quantitative ou comparative, c'est-à-dire qui ne se réduit pas à fournir une valeur comparée et relative aux termes qu'elle mesure, mais qui se réfère à des critères externes pour déterminer la valeur réelle de son objet, à l'égard de la juste mesure. En ce sens, cette science de la mesure apparaît offrir le critère pour tous les arts et elle conduit à élaborer une nouvelle théorie de l'art, qui échappe au relativisme et distingue, dans toutes les formes de production technique, entre les artefacts et les artifices. Son critère ne résulte plus d'un étalon, grandeur irrémédiablement relative, mais de la conjonction entre production de l'objet et conditions de son utilisation. La mesure ne s'adapte plus seulement à l'individu ou à un référent pris dans une situation donnée. Elle concilie la connaissance (de la définition) de l'objet et les circonstances de sa réalisation. En d'autres termes, ce n'est plus l'homme qui définit la mesure, mais la chose elle-même dans un contexte donné.

CHAPITRE V

LA MESURE ET LE BIEN

UNE DÉFINITION DE LA MESURE

Tandis que les Dialogues précédents ont davantage souligné les enjeux de la notion de mesure, le *Philèbe* en formule la définition platonicienne et expose la théorie au moyen de laquelle juger la métrétique sophistique. Parce qu'il prend le plaisir pour objet, il renoue directement avec la problématique du *Protagoras*, et parce qu'il pose la question du sensible, il se rattache également au *Théétète*. Enfin, il revient sur l'idée d'une science de la mesure, qui insiste sur le principe d'une juste mesure, en rapport avec le Bien, de sorte que la juste mesure devient la condition de la beauté et de la bonté dans les choses.

Dans le *Philèbe*, l'étude du plaisir et de l'intellect conduit à identifier quatre principes (l'illimité, la limite, le mélange et sa cause, 23 c-e), dont l'élucidation conduit à définir la mesure. En effet, auquel d'entre eux la mesure appartient-elle ? Le premier principe, l'illimité (ἄπειρον, l'indéfini), enveloppe tout d'abord le plus et le moins, qui résistent à la limite et créent une oscillation perpétuelle dont l'achèvement conduirait à leur propre disparition (24 b). Ils rendent même *inconcevable* l'imposition d'une limite, tant il s'avère impossible d'identifier à *quelque chose* cette forme de l'indéfini. L'excès et le défaut, l'illimité, se situent par nature dans l'*à-côté*, en deçà ou au-delà, se dérobant à toute saisie et à toute situation précise[1]. Dans ce genre entrent les comparatifs : dire une chose *plus* chaude n'établit

1. Dans les termes du *Parménide* (165 a-b), la détermination est toujours en retard : chaque fois, la limite est précédée par un nouveau commencement (de même pour la fin et le milieu).

aucun rapport bien quantifié ni ne fixe de température[1]. Ensuite viennent les intensifs (σφόδρα, ἠρέμα) et les comparatifs absolus (trop, λίαν), qui désignent des quantités nécessairement insaisissables et inquantifiables du fait de demeurer à distance de la limite et de se borner à produire une vague idée de quantité, prisonnière du plus et du moins. Ils expriment un excès par rapport à une valeur adéquate non précisée et se réfèrent implicitement à la juste mesure qu'ils empêchent d'appréhender. Dès lors, il existe plusieurs façons d'être et de dire l'indéterminé, qui peuvent être rassemblées sous un genre un et recouvrir toutes les situations envisagées dans le *Théétète* et dans le *Protagoras*. De façon générique, l'ἄπειρον désigne ce qui exclut de produire une quantité déterminée (ποσόν) ou une juste mesure (μέτριον, 24 c 3-7 ; voir 24 e-25 a). Ces espèces se caractérisent par une fuite de notions insaisissables, sur lesquelles l'intelligence qui les vise rebondit sans cesse. Entre le plus chaud et le plus froid, le plus et le moins, existe une contrariété qui interdit de les définir, sinon l'un par rapport à l'autre comme ce que l'autre n'est pas. L'un ne donne pas l'autre avec précision, pas plus que ce qu'ils sont l'un par rapport à l'autre. L'indéfini se trouve pris dans une dynamique de contrariété, sans la stabilité d'un départ et d'une arrivée.

En deuxième lieu, le genre de la limite (πέρας) rassemble les déterminations, tout ce qui rompt avec les oscillations permanentes de l'illimité :

> Ce qui n'admet pas ces caractères mais accepte plutôt tous leurs contraires, d'abord l'égal et l'égalité, et après l'égal le double et tout ce qui se comporte comme un nombre envers un nombre, ou une mesure envers une mesure, tout cela n'agirions-nous pas bien en le rapportant à la limite (25 a 6-b 2) ?

Cette caractérisation par défaut se double d'une définition qui rassemble les formes de la limite sous l'unité d'un genre : « Celui de l'égal et du double, tout ce qui stoppe la différence réciproque des contraires et les rend commensurables et harmonieux en y introduisant le nombre (25 d 11-e 2). » La limite est le moyen de saisir les contraires, ainsi que de définir leur rapport et de sortir de la logique d'exclusion réciproque. À l'indétermination du plus et du moins, du plus et du moins nombreux,

1. L'exemple de Platon est d'autant plus intéressant que les Grecs ne connaissaient pas de système métrique pour les températures. Or, sans thermomètre ni procédé analogue, la chaleur ne laisse aucune prise à la quantification et appartient nécessairement à l'indéterminé. Évident par soi, l'exemple ne crée pas l'illusion d'atteindre une quantification précise (à la différence du plus grand et du plus lourd, pour lesquels les hommes ont institué des systèmes métriques).

qui restent dans un rapport d'inégalité à soi comme à l'autre, elle substitue le double et l'égal, qui définissent des termes contraires par leur inclusion réciproque. Elle impose une définition *relative* (x πρὸς y), au sens où elle produit des termes dotés d'une limite à l'intérieur d'un système de référence donné, qui les situe réciproquement (25 a-b). Il ne s'agit pas encore d'un nombre comme tel, mais de nombres dans des relations mutuelles : un nombre apparaît comme le double d'un autre au sein de la relation qui les unit. Pour cette raison, la limite manifeste la relation déterminée qui survient entre deux termes, au lieu de la relation indéterminée qui a cours dans l'illimité.

Si le monde, en tant qu'il se caractérise comme un devenir, est de l'ordre de l'indéterminé, il existe du moins deux manières de s'y rapporter : soit prolonger l'indétermination qui le traverse en répétant, au moyen d'un langage imprécis et évasif, les états d'excès et de défaut par lesquels il passe ; soit introduire, par le discours et la pensée des modes de limitation, de précision, pour le comprendre. En ce sens, la limite s'avère logiquement postérieure à l'illimité et est limite de l'illimité. Elle n'est même limite *que* de l'illimité, puisqu'elle suppose de mettre un terme au mouvement d'indétermination (26 a). Limite et illimité apparaissent plutôt comme des modes de rapport aux choses, et pas simplement ces choses elles-mêmes, car quantifier, imposer une limite à l'illimité, ne produit pas à son tour une limite, mais un mélange de limite et d'illimité où se manifestent les proportions (σύμμετρα) et les harmonies (σύμφωνα, 25 e 1). Aussi le troisième genre, le mixte (μεικτόν), recouvre-t-il les réalités ainsi produites, auxquelles appartiennent des propriétés telles que la commensurabilité et la consonnance.

Tandis que l'excès entraîne démesure et laideur, la limite introduit la beauté dans le mélange, parce qu'elle produit une communauté (κοινωνία) entre des termes n'entretenant au préalable aucun rapport (26 b-c). Par son intervention, il devient possible de concevoir une relation entre le plus et le moins, parce qu'ils deviennent proportionnés : tout en restant opposés, ils entrent dans une forme de communication réciproque, dont les termes sont rendus compatibles et se co-impliquent, tout en s'imposant une limitation réciproque[1]. Pour cette raison, la limite achève les termes

1. Cette κοινωνία paraît différente de la communauté du grand et du petit dans le *Politique*, qui correspondait à la possibilité de les rapporter l'un à l'autre sur un axe (283 d). Platon parle ici de la juste combinaison des parties (ἡ τούτων ὀρθὴ κοινωνία, 25 e), juste *et* exacte. G. Van Riel parle de *moyen terme* entre le plus et le moins, mais il semble qu'il s'agisse plutôt d'un terme *juste*, extérieur à l'opposition du plus et du moins (*Pleasure and the Good Life. Plato, Aristotle, & the Neoplatonists*, Leiden-Boston-Köln, Brill, 2000, p. 43).

dans lesquels elle se manifeste, du fait de rendre leur rapport mesuré (ἔμμετρον) et proportionné (σύμμετρον, 26 a ; voir *Rép.* 504 c-e). La limite rend commensurables des éléments extérieurs les uns par rapport aux autres, autant qu'elle équilibre et harmonise les parties du corps ou d'une chose. Elle introduit par exemple de la mesure dans les chaleurs et les intempéries, un équilibre qui engendre les saisons et, du même coup, les bienfaits naturels (26 a). Non seulement elle met un terme au mouvement permanent d'oscillation, mais elle l'inscrit dans un rapport qui lui confère beauté et mesure. Dès lors, produire la mesure dans l'illimité, et la beauté qui en résulte, est une fonction essentielle de la limite, en ce qu'elle permet d'achever ce qui demeurait indéfini. Inhérente à la nature du mélange, la mesure revêt donc deux formes. D'une part, ἔμμετρον désigne le fait de posséder la mesure, de porter en soi la marque de la limite et d'échapper à la dynamique de l'excès et du défaut par une sorte de modération. D'autre part, σύμμετρον qualifie la communauté qui s'instaure entre des termes contraires, au sein du mélange, et qui lui confère ses proportions[1]. En résumé, la mesure apparaît à la fois comme une question de détermination et de relation.

En tant que mode du πέρας, la mesure peut recevoir la définition suivante : mesurer, c'est imposer une limite à de l'illimité pour l'intégrer à un système de références. Toute mesure obtient ainsi sa valeur en fonction d'un terme contre-mesuré, qui lui sert de critère[2]. Mesurer impose d'instaurer une relation, puisque toute mesure s'effectue *par rapport à quelque chose d'autre* (cf. *Pol.*, 284 d 5 : μετρεῖσθαι πρός) – en quoi la thèse de l'homme-mesure du *Théétète* ne paraît pas contrevenir à la définition de la mesure, puisque la rencontre entre sensible et sentant révèle toujours un couple *commensuré* de termes dotés uniquement d'une existence et d'une référence réciproques (*Théét.*, 156 d). Toutefois, contre le *Théétète*, le *Philèbe* envisage autrement le rapport entre des mesures ou des nombres, parce qu'il vise à arracher le sujet qui mesure ou dénombre au résultat de la mesure ou du dénombrement. Au départ, il existe seulement une quantité indéterminée que la limite fixe comme

1. Si M. Bontempi conclut à raison qu'ἔμμετρον et σύμμετρον sont les caractères distinctifs du mélange, elle interprète, à tort, l'ἔμμετρον comme une *juste mesure* (*L'icona e la città. Il lessico della misura nei dialoghi di Platone*, Milano, Vita & Pensiero, 2009, p. 152-155). Il ne s'agit encore à ce stade que d'opposer ce qui est mesuré à ce qui est dépourvu de mesure, sans déjà introduire de critère axiologique pour distinguer entre les formes possibles de la mesure.

2. *Phil.*, 25 a 8-b 1 : « le nombre par rapport au nombre, la mesure par rapport à la mesure ».

un nombre par rapport à un autre et, par extension, par rapport à la suite des nombres. Dès ce moment, le nombre devient une quantité définie, capable d'entrer dans une relation déterminée avec d'autres nombres. La limite fait exister les nombres, en tant qu'ils sont pris dans la série des entiers et entre lesquels peuvent s'établir des relations. Il en va de même des mesures, pour lesquelles le parallèle avec les nombres contribue à souligner la valeur quantitative. Au départ, à nouveau, il y a une grandeur indéterminée, à laquelle la mesure apporte une limite. Elle produit ainsi une grandeur déterminée par un rapport chiffré à l'égard d'une valeur étalon, une mesure de référence destinée à évaluer la grandeur d'autres mesures, elle-même quantité déterminée mais instaurée de manière intersubjective. Mesurer signifie donc reporter autant de fois que nécessaire la mesure établie, décréter la valeur d'une mesure en se référant à une autre déjà instituée.

Platon définit le mélange comme « une venue à l'être à partir des mesures fabriquées au moyen de la limite »[1]. Qu'il résulte de l'ajonction d'une limite à un illimité ne signifie pas que la limite s'ajoute à l'illimité, mais que l'une altère l'autre afin de produire un être dont les composantes ontologiques diffèrent de l'être-tel respectif de la limite et de l'illimité. Le mélange est un être en devenir stabilisé par l'intervention d'une limite, par opposition au devenir incessant de l'illimité en tant que tel. Loin du mobilisme où tout passe et rien ne demeure, le plan du mélange, des objets sensibles, possède la stabilité que confèrent la limite, les nombres et les mesures. Tandis que, dans le *Théétète*, chaque mesure entretient le devenir dans la constitution des choses, la mesure, en tant que signe de la limite, devient ici ce qui procure la permanence aux objets du monde.

La mesure possède un statut ambigu puisque, d'une part, elle constitue en tant que limite un principe lui-même déjà déterminé de limitation de l'illimité, et, d'autre part, elle se manifeste seulement dans le mélange[2]. En d'autres termes, elle est à la fois cause et résultat de la limitation. En tant que manifestation de la limite, la mesure est en effet, d'une part, la forme de la mesure, le pur moment du mélange, c'est-à-dire la limite intervenant dans la production du mélange, et, d'autre part, elle désigne la quantité mesurée, c'est-à-dire la mesure se trouvant dans le mélange.

1. *Phil.*, 26 d 8-9 : γένεσιν εἰς οὐσίαν ἐκ τῶν μετὰ τοῦ πέρατος ἀπειργασμένων μέτρων. Sur l'expression γένεσιν εἰς οὐσίαν, lire S. Delcomminette, *Le* Philèbe *de Platon. Introduction à l'agathologie platonicienne*, Leiden-Boston, Brill, 2006, p. 243-245.

2. Comme le souligne F. Kausch, « Le Privilège ontologique de la limite au sein des quatre genres du *Philèbe* », dans *La Fêlure du plaisir. Études sur le* Philèbe *de Platon : 1. Commentaires*, M. Dixsaut (dir.), Paris, Vrin, 1999, p. 162-163.

Cette distinction nécessaire entre deux modalités de la mesure correspond à la différence entre la mesure conçue en tant qu'acte qui manifeste l'essence de la limite et la mesure en tant que résultat de cet acte, qui résulte d'un report de l'unité définie sur la quantité indéterminée. Pour le Protagoras du *Théétète*, ces deux moments semblent se confondre, au sens où il identifie l'acte de la mesure avec son instrument et avec son résultat. L'homme paraît en effet être l'unique pôle de référence, d'origine et de conservation des mesures, étant donné que rien de mesuré n'a d'existence en dehors de lui.

Dans le *Théétète*, les qualités de l'objet sensible naissent de sa rencontre avec le sujet de la sensation. Le vent devient chaud ou froid en fonction de l'homme avec qui il entre en relation et qui le mesure. Or, bien qu'elle impose dans le phénomène une limite à de l'illimité, cette limitation entraîne l'apparition d'un nouvel ἄπειρον, parce que l'échelle de valeur mise en place demeure relative à celui qui l'instaure. En d'autres termes, le monde relativiste lié au protagoréisme ne semble pas manifester de commune mesure, mais il est un monde illimité que rien ne fixe, en fait non partageable, et qui ne connaît pas de véritable limite. Il produit une forme d'indétermination des mondes propres, qu'aucune limite ne permet de rassembler ni de comparer, dès lors qu'aucun ne partage la limite de l'autre. De plus, la définition protagoréenne du savoir introduit davantage encore d'illimité, car elle refuse d'instaurer un critère stable, un principe de limitation qui mesurerait tous les mondes individuels. Elle recourt plutôt à un principe du meilleur : « J'appelle savant celui même qui, à l'un d'entre nous à qui les choses apparaissent et sont mauvaises, les fait apparaître et être bonnes, en opérant un changement (*Théét.*, 166 d 5-7). » Ce changement, Protagoras le conçoit comme le passage d'un état pire à un meilleur. De cette façon, il privilégie une échelle fondée sur le plus et le moins, le pire et le meilleur, dont la finalité serait de faire advenir de la limite à partir d'une indétermination. Le cas de la médecine aide à comprendre l'opposition entre ces deux conceptions de la mesure et du mélange. Dans le *Philèbe*, assigner la limite procure la santé au corps, par la neutralisation de l'opposition entre les contraires, tandis que la maladie résulte d'un désordre corporel conçu comme une *indétermination* entre ses parties (25 e-26 a). La santé apparaît comme un équilibre et une mesure entre parties du corps. Et le médecin agit en vue d'atteindre cette détermination du mélange. À l'inverse, en faisant passer d'un état pire à un état meilleur, le médecin de Protagoras se contenterait de troquer un illimité contre un autre, sans jamais vraiment viser à rétablir la santé ni à mettre fin à la maladie. En améliorant l'état du patient, en dehors de la possibilité de définir cette amélioration avec précision, c'est-à-dire sans donner la définition de la santé, il le maintient dans une dynamique d'opposition entre un état supérieur et un état inférieur, plutôt qu'il ne vise un équilibre déterminé. Autrement dit, loin de produire la limite, la mesure protagoréenne réintroduirait de l'ἄπειρον là où il faudrait le résorber, puisque le principe de la détermination en vue duquel agit le médecin, la disposition meilleure, paraît lui-même trop peu déterminé, voire reste d'une certaine manière indéterminé. Bref, l'opposition se joue entre une limitation (une mesure) en fonction d'un principe déterminé, qui aboutit à un mélange bien déterminé, et une limitation en fonction d'un principe qui demeure indéterminé, qui engendre un mélange lui-même indéterminé.

Dès lors, pour entraver cette seconde forme d'activité, qui oscille sans cesse entre le pire et le meilleur, il convient de fixer un limite, que Platon situe dans la mesure juste. Pour ce faire, il insiste sur la fonction fondamentale de la limite, à savoir rendre les différentes positions commensurables et leur imposer un ordre invariable selon les individus. Cette solution permet de distinguer entre de bons et de mauvais mélanges, voire entre des mélanges authentiques et ce qui en a seulement l'apparence. Par exemple, loin d'être un mélange pire ou moins vrai, la maladie n'est tout simplement pas un mélange, puisque tout mélange suppose mesure et équilibre. Par conséquent, Platon renvoie à l'ἄπειρον tous les mauvais mélanges et ne garde que les mélanges véritables, les bons mélanges : soigner ne consiste pas à améliorer l'état d'un patient en passant d'un mélange pire à un meilleur, mais à faire advenir en lui un mélange authentique, la santé.

Reste à comprendre le rôle du dernier genre, la cause (αἰτία), dans l'existence des bons mélanges et la production de la mesure. « Vois s'il ne te semble pas nécessaire que tout ce qui vient à l'être vienne à l'être sous l'effet d'une cause (διά τινα αἰτίαν, 26 e 2-4). » Sur ce point, l'argument et le lexique de Platon sont clairs : la cause est avant tout productrice[1]. Si ἄπειρον et πέρας relèvent d'un rapport aux choses grâce auquel nous les qualifions, une relation d'ordre logique à l'égard du monde, il faut postuler un quatrième genre pour faire advenir ces mélanges que sont les réalités sensibles. Pour cette raison, les trois autres genres sont à l'égard de la cause dans un rapport de dépendance et de postériorité, vu qu'ils sont

1. *Phil.*, 27 a 5 : τὸ ποιοῦν; 27 b 1 : τὸ δημιουροῦν; 27 b 9 : ἡ τῆς μείξεως αἰτία καὶ γενέσεως.

identifiés à ce qui sert la cause en vue de sa production (τὸ δουλεῦον εἰς γένεσιν αἰτίᾳ, 27 a 8-9), tandis que la cause, en tant qu'origine du processus productif, les précède toujours par nature (τὸ ποιοῦν ἀεὶ κατὰ φύσιν, 27 a 5-6). À quel type d'action cette cause préside-t-elle toutefois ? Platon la présente comme une cause démiurgique qui fait exister les mélanges. Or tout démiurge agit afin de manifester la bonté dans le mélange qu'il achève[1]. La cause introduit donc dans l'illimité l'ordre qui confère au mélange la beauté tirée de l'harmonie, de la mesure et de la proportion. Différente de la limite en ce qu'elle apparaît comme le principe qui fait être cette dernière dans le mélange, la cause s'avère donc à la fois efficiente et finale, dans la mesure où elle fait advenir ce mélange en visant son ordonnancement parfait – son intelligibilité. Il ressort de la distinction que la théorie protagoréenne de la mesure confond les quatre fonctions, au sens où la cause provient du même terme que les trois autres genres. L'homme-mesure se présente en effet comme la seule origine des objets phénoménaux, sans faire intervenir ni bonté ni beauté dans le mélange qu'il produit. Pour cette raison, la mesure selon Protagoras ne produit de mélange qu'en vue d'elle-même, c'est-à-dire sans prendre pour fin de faire advenir une limite déterminée.

De l'analyse des genres, il résulte que le plaisir obéit à la dynamique du *plus* et s'avère infini en nombre comme en degré[2]. Il constitue donc nécessairement un idéal de vie sans mélange qui, par nature, s'oppose au principe même d'un calcul hédoniste, à tout le moins si celui-ci vise à introduire de la limite au sein d'un flux continu. L'idée d'une mesure des plaisirs paraît contradictoire, étant donné qu'elle impliquerait une altération de la nature de son objet : choisir, au terme d'une comparaison, entre deux plaisirs en fonction de leur quantité et de leur nature supposerait de les rapporter l'un à l'autre et de les empêcher de fuir continuellement la comparaison dans l'opposition entre le plus et le moins. Mais la nature respective du plaisir et de la mesure interdit qu'ils coexistent ailleurs que dans la vie mixte, et tout hédonisme conséquent doit admettre de se définir comme un idéal de vie mixte, où le plaisir assume la part supérieure du mélange.

1. *Gorg.*, 503 d-504 a ; *Tim.*, 28 a-b. Sur le statut démiurgique de la cause, M.-F. Hazebroucq, « La Cause du mixte. *Philèbe* 26 e-28 c », dans *La Fêlure du plaisir*, *op. cit.*, 1999, p. 182-186.

2. *Phil.*, 27 e 8-9 : ἄπειρον ἐτύγχανε πεφυκὸς καὶ πλήθει καὶ τῷ μᾶλλον. Cette réplique est attribuée à Philèbe, qui revient seulement dans la discussion pour garantir l'infinité du plaisir : c'est cette illimitation qui lui confère son caractère de bien absolu (πᾶν ἀγαθόν).

Comment mesurer les plaisirs

Après avoir admis que le plaisir et la peine relèvent de l'ἄπειρον, se pose la question du moyen d'en juger et de départager des choses indéterminées (41 d). Autrement dit, à quelles conditions un calcul hédoniste serait-il possible ? Tout d'abord, comme le pose le *Protagoras*, cette méthode scientifique doit affronter un problème inhérent à la sensation : les effets de perspective qui altèrent les dimensions de l'objet perçu (41 e-42 a). Dans le cas du plaisir et de la peine, la perspective ne résulte pas uniquement de l'éloignement propre au phénomène de désir, qui tend par nature vers un objet à distance, mais aussi de la comparaison qui s'opère entre la peine et le plaisir, que leur appartenance à l'ἄπειρον rend intrinsèquement insaisissables[1]. Ni la confrontation réciproque ni l'éloignement ne donneront jamais la connaissance de leur valeur réelle, car ils seront toujours en excès ou en défaut. Bien plus, la comparaison réciproque fausse le jeu, parce qu'elle accentue le caractère apparent de chacun en sorte que le plaisir devienne plus plaisant, la peine plus pénible – une valeur que la proximité ou la distance peuvent encore modifier. Dès lors, pour atteindre la réalité d'un plaisir (τὸ ὄν), il faudrait pouvoir en retrancher ce qui relève de la mise en perspective, l'apparent (τὸ φαίνομενον, 42 b).

1. S. Delcomminette (*Le* Philèbe *de Platon*, *op. cit.*, p. 401-402) prend position contre cette interprétation (J.C.B. Gosling et C.C.W. Taylor, *Greeks on Pleasure*, *op. cit.*, p. 444-445 ; H.-G. Gadamer, *L'Éthique dialectique de Platon. Interprétation phénoménologique du* Philèbe, Arles, Acte Sud, 1994, p. 259-261), car il comprend que les effets de perspective naissent de la comparaison réciproque et du fait que plaisir et peine appartiennent à l'ἄπειρον. Selon lui, l'exposé sur le désir qui précède empêche d'envisager un rabattement de la distance spatiale sur la distance temporelle, car « Socrate a fortement insisté sur la *co-présence* du plaisir désiré et de la douleur ou du plaisir du corps lorsqu'il y a désir ». Cet argument ne tient toutefois pas compte des mots du texte, où Socrate pose que διὰ τὸ πόρρωθέν τε καὶ ἐγγύθεν ἑκάστοτε μεταβαλλόμεναι θεωρεῖσθαι (42 b) : difficile d'affirmer plus explicitement l'influence de la proximité et de l'éloignement sur l'évaluation, les deux adverbes s'appliquant tant à l'espace qu'au temps. Si la comparaison se fait au présent, la distance des objets influence la valeur que nous leur attribuons. Ce facteur influe dès lors sur l'appréciation relative des plaisirs et des peines, même si la comparaison réciproque, due à la nature même du plaisir, paraît être la cause principale des apparences trompeuses. C'est précisément parce que les plaisirs sont des ἄπειρα que la distance a une influence : loin d'être propre, leur valeur est toujours en excès ou en défaut. Ainsi la joie anticipée sera d'autant plus grande que la douleur présente sera élevée. En cela, le passage parallèle du *Protagoras* (qui confronte le plaisir immédiat, τὸ παραχρῆμα ἡδύ, et le plaisir différé, 356 a) ne constitue ni une objection ni un argument, dans la mesure où il repose sur l'idée qu'il serait possible de peser le plaisir et la peine, à savoir d'en calculer la valeur relative. Il s'agit plutôt ici d'une étape plus avancée du raisonnement.

Dans le *Protagoras*, un argument semblable servait à introduire la question de la science de la mesure (356 d). Dans le *Philèbe*, il engage une interrogation sur la notion de faux plaisirs (ψευδεῖς ἡδοναί), ceux qui reçoivent une réjouissance impropre à la réalité et dont l'anticipation sera nécessairement déçue (40 b). La déception incite à chercher le moyen de distinguer entre les plaisirs apparents (φαινομένας), ceux qui naissent seulement du désir et de l'attente, et les plaisirs réels (οὔσας, 42 c). Dans cette situation, l'âme forme de fausses δόξαι à propos des sensations et fait disparaître la vérité, car elle cultive du plaisir, comme de toute autre sensation, une opinion équivalent à un apparaître, qui peut être biaisé par la distance et les illusions corrélées (41 e-42 a). En effet, l'absence du plaisir futur, ajoutée à la douleur présente que crée l'attente de la réplétion du manque (35 a-e), entraîne la formation d'un désir en fonction du souvenir conservé d'un plaisir passé. Dès lors, si le désir naît de l'expérience d'un manque à combler, d'une douleur, le plaisir futur paraît d'autant plus grand que la douleur présente se fait vive. Dans ce cas, l'âme anticipe le futur, sans autre compétence que le souvenir passé. Or ce procédé conduit à surévaluer le plaisir futur, parce qu'il en efface les aspects négatifs en fonction du souvenir d'un plaisir antérieur et, ce faisant, il condamne à une déception liée à l'impossibilité de combler l'attente, puisque le plaisir aura été idéalisé. C'est bien le contraste entre ces deux états présents (la douleur) ou présentifiés (le plaisir dans le désir) qui est à la source des illusions de l'âme et entraîne une douleur accentuée par l'attente (35 e-36 b). Bref, l'apparence qui entoure le plaisir, le plaisir illusoire naît de la dynamique d'opposition entre le plus et le moins qui caractérise l'ἄπειρον et qui revêt dans ce cas-ci les formes suivantes : distance contre proximité, douleur *versus* plaisir, ou simple différence de degré.

Par conséquent, juger correctement du plaisir futur, c'est-à-dire imposer une limite qui achève son oscillation et son apparence, suppose de corriger l'opinion forgée lors de l'apparition d'un désir de plaisir (un plaisir attendu), qui conjugue un apparaître et le souvenir d'un plaisir passé puisque, loin d'être une sensation pure, ce plaisir est toujours accompagné d'une opinion. En matière d'évaluation des plaisirs, le jugement doit commencer par dissiper l'opinion fausse qui surgit à l'apparition d'un plaisir. Sans porter directement sur le plaisir, puisque celui-ci est incontestable à titre de ressenti et d'expérience, le jugement doit débarrasser le plaisir escompté, le désir du plaisir, de la fausse δόξα forgée à son sujet. Cette compétence, que le *Protagoras* attribue à la science métrétique (357 a), constitue le moyen de retrancher la partie apparente du plaisir par la mise au jour de son irréalité (42 c)[1]. Elle doit dissocier le réel de l'apparent, trier dans le plaisir entre ce qui est vrai et ce qui est illusion formée dans le désir. Il en résulte que la métrétique est éminemment une science relative à l'apparaître, dont la fonction consiste à distinguer entre un apparaître synonyme d'apparence et un apparaître correspondant à la réalité. Elle n'implique pas encore une juste mesure, mais une mesure juste de la quantité. Cette compétence hédoniste devra dès lors mesurer en composant avec les souvenirs, puisque l'apparence dépend notamment de l'anticipation fondée sur la mémoire, et juger l'avenir depuis le présent au vu du passé, sans subir les aberrations que suscitent les relations réciproques entre ces moments[2]. Elle devra se départir de l'illusion que produit la présentification d'un plaisir absent ou éloigné.

Quelles seraient les limites d'une telle métrétique? Socrate invoque l'avis des sages, selon qui « tout coule toujours sens dessus dessous » (43 a 2-3). L'image du flux permet d'établir un parallèle entre les thèses du *Théétète* et du *Philèbe*, au sens où les domaine des plaisirs et des phénomènes relèvent de l'ἄπειρον[3]. Cette situation commune permet de relever un problème lié à l'institution d'une science de la mesure, qui tient moins à son objet qu'à sa forme. D'un côté, le *Théétète* examine s'il est possible d'évaluer l'indéfini phénoménal, de comparer ce qui ne se laisse jamais totalement cerner ni déterminer du fait de son caractère individuel et relatif. D'un autre côté, le *Philèbe* interroge le rapport entre l'objet à mesurer et ce qui en serait la mesure exacte, en quoi il renoue davantage avec le propos du *Protagoras* et revient à une conception évaluative de la mesure. Après avoir dissipé l'illusion, le jugement doit livrer la quantité réelle de plaisirs comparés dans le but d'aider à choisir le plus grand plaisir. Or, dans le *Théétète*, Protagoras bannit le concept d'une mesure exacte ou, plutôt, il la généralise à tous les hommes. Même dans un état troublé, les phénomènes n'en restent pas moins vrais pour l'individu auquel ils se manifestent (le malade ne se trompe pas plus que le bien-portant). La perspective constitue en quelque sorte le mode d'être du phénomène, puisque changer de disposition provoque l'apparition d'un autre phénomène et d'une autre perspective, pas sa suppression. Dans de

1. Le *Politique* définit la κριτικὴ τέχνη comme la science théorique des différences qui vise à juger correctement de son objet (259 e-260 c). S'il possède une fonction critique, l'art de la mesure doit d'abord dresser les différences entre peines et plaisirs, afin de juger droitement.

2. L'idée de contexte vient problématiser le κριτής de façon analogue au *Théétète* (160 c) : le juge ne juge jamais hors de tout contexte, mais en fonction de son expérience antérieure.

3. Comme dans le *Théétète* (156 b), les plaisirs sont considérés comme des sensations.

telles conditions, Protagoras choisit d'attribuer au savant une supériorité, dans la capacité à reconnaître la perspective préférable. Autrement dit, là où le *Philèbe* cherche le moyen de se libérer des troubles de l'illusion et, d'une certaine façon, de dépasser l'ἄπειρον qui caractérise le plaisir, le Protagoras du *Théétète* choisit de s'en accommoder et de maintenir une certaine indétermination de la valeur du phénomène. Mais la détermination individuelle de l'ἄπειρον laisse indéterminé le rapport entre deux déterminations par des individus distincts, puisqu'elles s'inscrivent dans une relation caractérisée par le plus et le moins. À supprimer l'idée d'une mesure exacte et à refuser la possibilité d'atteindre la valeur de la chose, Protagoras ne s'empêcherait-il de maximaliser son action, de révéler et de manifester ce en vertu de quoi le meilleur serait réellement meilleur ?

Une place privilégiée

Après avoir achevé l'examen des plaisirs, Platon en vient à l'intellect (νοῦς) et aux sciences, qui sont une de ses formes. Il les range dans le quatrième genre, celui de la cause [1]. Une science, telle la métrétique, cause en effet l'introduction d'une limite dans les choses. Mais quelle valeur faut-il lui attribuer ? Parmi les sciences, certaines s'avèrent plus précises et tendre davantage à la vérité, ce qui conduit Platon à établir une division et à dresser une classification dont il ressort deux façons d'être une science de la mesure (55 b-57 d).

Au sein de la connaissance liée aux différents objets d'apprentissage (περὶ τὰ μαθήματα), Platon opère une première division entre la partie démiurgique (τὸ δημιουργικόν), qui englobe les connaissances obéissant à une finalité pratique directe, professionnelle, et la partie didactique (τὸ περὶ παιδείαν καὶ τροφήν), qui concerne l'ensemble des connaissances acquises en vue de la culture et de l'éducation (55 d 1-3) [2]. Ensuite, à l'intérieur cette fois des disciplines manuelles (ἐν ταῖς χειροτεχνικαῖς), Platon opère une division semblable et distingue des formes plus impures (τὰ ἀκαθορτότερα) d'autres plus pures, dans la mesure où elles relèvent davantage de la connaissance et de la science. Ces deux premières divisions reposent en réalité sur une autre, qui reste implicite, de la science dans son ensemble en disciplines théoriques et disciplines pratiques. Puis dans

1. Pris comme hypothèse en 28 e-29 a, le lien entre science (intellect) et cause est acquis en 30 c-e, puis en 30 e-31 a.

2. Une distinction du même type apparaît en *Prot.*, 311 d-312 b.

chacun de ces deux sous-ensembles[1], Platon invite à séparer ceux qui commandent (αἱ ἡγεμονικαί) parce qu'ils possèdent une valeur supérieure résultant de la présence en eux de la science du nombre, de la mesure et de la pesée (55 d-e). Cette première phase de la division aboutit au schéma suivant :

	Sciences théoriques	**Arts pratiques**
Hégémoniques **αἱ ἡγεμονικαι**	Éducatif et culturel τὸ περὶ παιδείαν καὶ τροφήν	Les plus purs (plus proches de la science) τὰ καθαρώτατα
Sans nom particulier	Professionnel τὸ δημιουργικόν	Les plus impurs (moins proches de la science) τὰ ἀκαθαρτότερα

Cette taxinomie associe le degré de pureté des arts à la précision qui résulte de leur usage de la mesure[2]. Ainsi, parmi les arts manuels, certains recourent uniquement à l'expérience et à la pratique, les arts stochastiques qui se fondent sur le hasard, les sensations et les vraisemblances, au sens où ils obéissent à des conjectures et puisent leur efficacité d'un entraînement patient (τὰς αἰσθήσεις καταμελετῶν ἐμπειρίᾳ καί τινι τριβῇ ; 55 e 5-6). Cette espèce inclut l'aulétique, la musique dans son ensemble, la médecine, l'agriculture, le pilotage et la stratégie – un ensemble de pratiques fondées sur la répétition de gestes et l'acquisition de compétences d'origine empirique[3]. Ainsi, les performances musicales relèvent moins d'une *science* que d'une *expérimentation* de la mesure, d'un entraînement à souffler des sons et à produire des harmonies, de même que l'accordage d'un instrument requiert d'acquérir une oreille plus que les rapports numériques entre les cordes (56 a 5-6). En ce sens, la musique est une forme de chasse donnée à un objet en mouvement qui atteint des mesures à la stabilité réduite. S'il s'agit d'un art, il sera cependant fondé sur des conjectures, plutôt que sur la connaissance d'un objet stable et permanent. Platon envisage donc moins la musique comme

1. Platon dit ἑκάστων αὐτῶν (55 d 10), ne renvoyant pas seulement à sa dernière division, mais *à chacune des deux qui précèdent*.

2. Pour une comparaison entre cette classification des sciences et la Ligne de la *République*, E. Benitez, « La Classification des sciences (*Philèbe*, 55 c-59 d) », dans *La Fêlure du Plaisir*, *op. cit.*, p. 356-364. Cet auteur identifie à tort δημιουργικόν et χειροτεχνικαί (p. 348).

3. Le traité hippocratique de l'*Ancienne Médecine* (9, 3) attribue une valeur stochastique à la recherche de la mesure à laquelle se livre le médecin, car il ne peut fixer de règle *a priori*, en raison des variations qui affectent les individus.

une *science des harmonies*, des rapports chiffrés, que la dimension empirique de la musique, la part de performance [1]. Supérieure à l'espèce stochastique, l'espèce des arts de la construction utilise davantage d'instrument de mesure, ce qui lui confère une plus grande précision (règle, tour, compas, cordeau et équerre, 56 b). Entre ces espèces, la différence tient à un exercice fondé soit sur des instruments établis qui accroissent leur précision, soit sur des vraisemblances empiriquement formées [2]. Davantage liées à l'opinion (qu'elle provienne de l'expérience ou des conventions passées entre les hommes pour imposer un étalon, la convention manifestant plus de mesure parce qu'elle relève d'une expérience collective et partagée, plutôt qu'individuelle), elles possèdent une référence instable en raison de la nature de leurs objets (59 a-b). Elles se trouvent incapables d'atteindre « la plus exacte vérité » (59 a 11-b 1), parce qu'elles visent une nature qui toujours devient, deviendra et devint, sans jamais demeurer identique.

Si le nombre et la mesure procurent aux arts leur exactitude, il existe deux façons de s'y reporter, l'une vulgaire (τῶν πολλῶν), l'autre philosophique (τῶν φιλοσοφούντων), qui correspondent non pas à deux façons d'utiliser les mêmes objets à des fins distinctes, mais à deux utilisations analogues d'objets différents (56 c-d). En d'autres termes, ces deux types de savoir n'utilisent ni les mêmes nombres ni les mêmes mesures. La science vulgaire prend pour identiques des unités non réellement identifiables, de sorte qu'elle rassemble et dénombre des quantités hétérogènes, des groupes formés d'entités distinctes, sans tenir compte de leurs propriétés respectives : par exemple, le général compte ses troupes et les compare à celles de l'adversaire sans examiner la différence qualitative entre les soldats qui composent son armée. À l'inverse, la science philosophique s'occupe des nombres comme tels et des séries qu'ils composent, à l'intérieur desquelles ne survient aucune nuance

1. Contre A. Balansard qui, estimant que Platon traite ici de la musique comme discipline mathématique, soutient à tort que ce passage du *Philèbe* inverse la hiérarchie introduite dans la *République* (III, 522 b 4-5), en plaçant la *technè* du charpentier plus haut que la musique (*Technè dans les Dialogues de Platon. L'empreinte de la sophistique*, Sankt Augustin, Academia, 2000, p. 115).

2. Dans l'*Alcibiade* (126 c-d), il est question des sciences, arithmétique et métrétique, non dans leur forme théorique, mais en tant qu'elles font que *les cités et les individus s'accordent entre eux* sur les nombres et sur les longueurs. Ce sont les sciences pratiques qui fournissent cet accord indispensable, pas les sciences théoriques. Il s'agit en effet de mesurer des unités et de comparer des grandeurs différentes à des fins commerciales ou productives, et non en vue de l'étude des nombres pour elle-même. Ces sciences sont donc nécessaires aux cités, même si ces dernières n'y recourent que dans leur dimension pratique.

qualitative. Par conséquent, les objets de ces sciences diffèrent non pas par leur degré de précision, mais par leur nature : la science vulgaire s'occupe des nombres dans les sensibles, la science philosophique des nombres pour eux-mêmes et dans leurs rapports réciproques. Aussi la différence entre les sciences vulgaires (ou appliquées) et les sciences philosophiques (ou théoriques) n'est-elle pas seulement de degré, mais de nature [1].

> La science du calcul (λογιστική) et celle de la mesure (μετρητική), du point de vue de l'architecture ou pour le commerce, par rapport à la géométrie et aux calculs savants du point de vue de la philosophie, est-ce que nous devons poser chacune comme étant une seule ou double (56 e 7-57 a 2) ?

De même qu'il existe des sciences appliquées du calcul (le commerce) et de la mesure (l'architecture), il existe des sciences théoriques de la mesure (la géométrie) et du nombre (l'arithmétique, 57 d). Celui qui philosophe ne s'occupe pas de la mesure de tel ou tel objet, mais étudie les rapports réciproques entre les mesures : l'arithmétique philosophique se démarque de l'arithmétique vulgaire, en ce qu'elle pose l'indifférence des unités qu'elle dénombre; le géomètre (le métréticien philosophe) ne se fie pas à des instruments de mesure sensibles, à l'origine de possibles aberrations, mais il considère des unités qui ne subissent aucune variation dues au devenir et qui ne causent pas de modification dans la constitution des grandeurs et des mesures. Qu'elle soit sensible ou intellectuelle, la mesure vise donc à délimiter des quantités, bien que la nature et l'exactitude des mélanges qu'elle produit varie avec ses objets, sensibles ou intelligibles.

Manifestement, la mesure appartient à toute forme de savoir, mais sa qualité dépend de l'objet sur quoi elle porte et de la précision inhérente à son institution – selon qu'elle résulte de conjectures, de l'observation naturelle, de conventions, ou bien qu'elle prend pour objets les mesures et les nombres en tant que tels. Il en ressort deux axes pour définir la science de la mesure : la nature des objets (sensibles et intelligibles) et le mode d'attribution de la mesure (conjecture ou instrument). Or ce second axe doit encore être appliqué aux objets non sensibles. Toutefois, franchir cette dernière étape implique de comprendre les limites et le fonctionnement des autres formes de mesure. En 56 a 3-7, Platon paraît attribuer au terme *mesure* deux sens différents au sein d'une même phrase :

1. La différence ne tient pas au degré d'exactitude, mais à la nature de l'exactitude obtenue, dès lors que ces sciences ont affaire à des objets distincts, voir M. Dixsaut, *Métamorphoses de la dialectique*, *op. cit.*, p. 320.

> Tout d'abord, l'art de la flûte en est plein, semble-t-il, pour produire l'harmonie d'un accord non par la mesure (μέτρῳ), mais par la conjecture de l'habitude (μελέτης στοχασμῷ), tout comme la musique dans son ensemble, qui chasse la mesure (τὸ μέτρον) de chaque corde vibrant par la conjecture (τῷ στοχάζεσθαι), si bien qu'elle contient un important mélange d'imprécision et peu de certitude.

Μέτρον s'oppose d'abord à la conjecture (στοχασμός) et signifie alors une mesure établie en vertu de laquelle il serait possible d'atteindre l'harmonie des sons. Ensuite, μέτρον désigne ce à quoi tendent les instrumentistes pour obtenir la juste tension des cordes. Pour le dire autrement, dans la première acception, *mesure* signifie le critère à l'aune duquel évaluer; dans la seconde, elle désigne la juste quantité à atteindre. Dans un cas comme dans l'autre, μέτρον désigne la juste mesure qui donne leur beauté aux arts stochastiques mais qu'ils atteignent au gré du hasard – une juste mesure elle-même faite de conjectures et seulement acquise avec l'expérience. Quant aux formes appliquées de la mathématique, la mesure y est liée à l'utilisation d'instruments issus tant d'une observation de la nature que de compétences techniques : l'architecte emprunte ses instruments de mesure à la nature mais doit également connaître les principes de stabilité et de résistance des matériaux[1]. Malgré la valeur et l'efficacité des mesures que ces arts utilisent, celles-ci restent d'origine sensible et sont susceptibles de changer[2]. Dès lors, en dépit de leur différence de précision, ces types de science résultent d'une théorie similaire de la mesure, où la bonne mesure est donnée par l'objet et en fait ressortir le bien propre (qu'il s'agisse de beauté ou de solidité). Seuls diffèrent le mode d'acquisition et le moyen d'atteindre la mesure. Pour les objets sensibles, la mesure désigne donc la quantité juste que l'expert vise pour obtenir un bon résultat : la tension des cordes de la lyre, la quantité de souffle utile pour obtenir de l'*aulos* les sons voulus, la taille des colonnes ajustées à la structure de la bâtiment. Et en dehors de l'expérience, aucun critère ne justifie ces résultats : la maison résiste, la lyre sonne. Aussi la supériorité d'une science philosophante de la mesure doit-elle provenir du recours à une autre forme de critères, marquée par un plus haut degré de précision (57 b).

1. D'après Jamblique, l'observation de la surface de l'eau aurait donné le cordeau (στάθμη), la lumière la règle (κανών) et les rayons du soleil le tour (τόρνος); *Protreptique*, 10, 19-24.

2. Les unités de mesure variaient d'une Cité à l'autre, car il n'y avait pas d'étalon « grec ».

La division en sciences appliquées et sciences théoriques paraît correspondre à la division initiale en sciences démiurgiques et sciences éducatives (55 d). Or faut-il considérer que seules les premières appartiennent au genre de la cause, qui produit les mélanges, alors que les secondes ne seraient causes de rien, étant donné que seules les sciences démiurgiques paraissent réaliser un produit ? Ce serait manquer la façon dont les sciences dites philosophiques introduisent de la limite dans l'illimité. En étudiant les mesures et les nombres, les mathématiques théoriques définissent chaque nombre au sein de la série et chaque mesure dans l'échelle des grandeurs, rendant compte *d'une manière déterminée* des rapports entre deux nombres et entre deux mesures, sans se contenter du plus et du moins (56 e-57 a). En cela, elles causent la production d'une détermination et s'avèrent supérieures en précision (ἀκριβείᾳ) et en vérité (ἀληθείᾳ) dans leur usage des nombres et des mesures (57 d 1-2) [1]. Dès lors, être science signifie pour toutes les espèces d'être cause de la détermination d'un objet, la différence entre sciences pratiques ou théoriques étant que les premières s'épuisent dans le processus de production de l'objet, là où les secondes visent au développement individuel et à la connaissance de la vérité [2]. Ces dernières ne se limitent pas à produire l'objet, mais elles le déterminent au sein d'une série ou d'un ensemble, en dehors de son application immédiate : elles sont causes de la définition des rapports que l'objet entretient avec d'autres analogues – causes d'intelligibilité.

Que le *Philèbe* lie la mesure à des quantités n'empêche pas de le comparer au *Théétète* et à l'homme-mesure. En tant que la science de la mesure appartient au genre de la cause, elle produit un objet, c'est-à-dire fait exister le mixte à partir d'un *apeiron*. De la même façon, si l'homme-mesure fait exister l'objet de son apparaître tel qu'il lui apparaît, cette mesure cause l'introduction d'une limite dans le champ indéfini de la matière phénoménale : elle produit un mixte, le fait exister tel qu'il est, mais pas à partir de rien. Que la mesure envisagée dans le *Théétète* ne porte pas sur des quantités ne constitue donc pas un obstacle pour la juger au regard

1. *Contra* E. Benitez (« La Classification des sciences », art. cit., p. 355), qui exclut les mathématiques philosophiques et la dialectique du genre de la cause, en allant jusqu'à nier que la seconde constitue un art, donc qu'elle puisse rien produire.

2. Pour une division analogue, *Pol.*, 258 d 4-e 2 : « — L'arithmétique, et certains autres arts qui lui sont apparentés, étant privés de tout rapport aux actions, ne nous apportent-ils donc pas seulement la connaissance ? — C'est bien le cas. — Par contre, les arts qui ont un rapport au charpentage et à l'ensemble des activités manuelles détiennent la science qui est, pour ainsi dire, naturellement inhérente aux actions qu'ils accomplissent, et concourent à produire les choses corporelles qui naissent de ces actions alors qu'elles n'existaient pas auparavant. »

de la théorie du *Philèbe* au sens où le concept d'*apeiron* abolit la distinction entre objets de la qualité et de la quantité. Une science protagoréenne de la mesure se classerait au niveau le plus bas de la hiérarchie proposée dans le *Philèbe*, parmi ces arts que la foule nomme arts sans qu'ils n'en soient vraiment (ἃς πολλοὶ τέχναι ἐπονομάζουσι; 55 e 7-56 a 1). En effet, d'une part elle porte sur des objets sensibles, d'autre part sa mesure résulte de l'expérience. Elle se révèle une pure conjecture, où la force de l'expert tient à l'habitude et à l'observation plutôt qu'à une connaissance de la nature de l'objet qu'il manipule. L'art selon Protagoras ne donnerait pas encore le moyen d'atteindre le bon état de l'objet, celui qui lui convient et auquel doit tendre le savant. En définitive, si pour lui tout apparaît vrai, il n'entre peut-être même pas dans la forme d'art la plus basse puisqu'il ne fait droit à aucune précision (là où les arts conjecturaux en ont le degré minimal). En les rabattant sur le modèle de l'homme-mesure, Protagoras abolirait la possibilité de classer les sciences d'une quelconque manière.

L'opposition entre Protagoras et Platon s'accentue encore avec la division des sciences philosophantes. Le *Philèbe* distingue les sciences philosophiques de la mesure et du nombre de la puissance de dialoguer (ἡ τοῦ διαλέγεσθαι δύναμις), la dialectique (57 e 6-7). Tandis que, pour Protagoras, l'homme-mesure se trouve au fondement de toute connaissance, le dialoguer n'étant qu'un instrument de son application (*Théét.*, 167 e), le *Philèbe* place la dialectique au sommet de la hiérarchie des sciences, au-delà même des sciences arithmétiques et métrétiques envisagées du point de vue philosophique, parce qu'elle seule porte sur l'être, qui est réellement et demeure toujours complètement identique par nature[1]. Elle offre à l'intellect le plus haut lieu de sa manifestation, car elle possède la pureté la plus grande et la précision la plus élevée, du fait de ne pas être un art de l'opinion (59 a). Sa supériorité ne provient pas de son utilité matérielle, mais de sa précision et de sa capacité à atteindre la vérité (58 c). D'une certaine façon, elle s'avère la plus utile en soi, et

1. *Phil.*, 58 a 2-3 : τὴν γὰρ περὶ τὸ ὂν καὶ τὸ ὄντως καὶ τὸ κατὰ ταὐτὸνἀεὶ πεφυκὸς πάντως. Protarque objecte à Socrate que Gorgias prétend que la rhétorique emporte la première place, parce qu'elle offre le plus de services et de bienfaits aux hommes (58 a-b). Sans le contester, Socrate reconnaît l'utilité de la rhétorique pour les hommes, à défaut d'atteindre le plus haut degré de précision dans ses objets, comme le peut la dialectique (58 c-d). Ce passage offre une analogie avec la *République* (la dialectique impose sa supériorité aux mathématiques) et avec le *Gorgias* (la dialectique dispute son rang à la rhétorique). Le *Phèdre* avait d'ailleurs institué la possibilité d'une bonne rhétorique (269 d-270 c) et le *Politique* souligné sa nécessité comme science auxiliaire du politique (304 d : ce passage renouvelle l'assimilation entre rhétorique et art de persuader, la seconde expression étant la seule présente dans le *Philèbe*).

non pour les hommes. Où se situe donc l'écart entre la dialectique et les mathématiques philosophiques, autrement dit comment diviser le genre des sciences philosophantes ? Dans la *République*, la dialectique supplante les mathématiques car elle ne prend pas des hypothèses pour principes ni ne se fonde sur des images (VI, 510 b-511 b). Mais le *Philèbe* les distingue par un autre critère : la dialectique prend pour objet ce qui se tient toujours identique et dans le même état, ce qui est le plus sans mélange (περὶ τὰ ἀεὶ κατὰ τὰ αὐτὰ ὡσαύτως ἀμεικτότατα ἔχοντα, 59 c 3-4). Elle est la science la plus pure parce que ses objets précèdent la production des mélanges : ils ne possèdent aucune forme d'indétermination mais sont tout entiers identiques à eux-mêmes. La dialectique établit les rapports que les réalités les plus pures entretiennent réciproquement. Elle manifeste en outre la puissance de désirer le vrai qui habite notre âme par nature, un privilège que le *Philèbe* ne reconnaît pas aux mathématiques (58 d). Cette aspiration au vrai qui la caractérise en propre ne la conduit pas seulement à étudier les mesures et les nombres en eux-mêmes, mais à viser la connaissance des mesures et des valeurs justes[1]. Quant aux mathématiques, elles constituent des sciences formelles qui conservent une forme d'indétermination car, si elles imposent une limite qui fait exister les nombres et les mesures, elles demeurent indéterminées du point de vue de la juste mesure, parce qu'elles ne suffisent pas à la manifester. Or seule la juste mesure abolit définitivement l'excès et le défaut – donc toute trace d'ἄπειρον. En conclusion, si dans le *Politique* la juste mesure conditionne l'existence de la dialectique ainsi que de tous les arts, de la même façon dans le *Philèbe* la dialectique tire sa supériorité de ce qu'elle seule vise ce qui conditionne toutes les autres sciences.

Le *Philèbe* distingue quatre formes de mesure, dont réulte le critère permettant de classer et hiérarchiser les savoirs. Premièrement, la mesure stochastique mesure au hasard et conserve une large part d'indétermination, car les arts qui la visent relèvent d'un critère empirique et de l'habitude. Deuxièmement, les sciences pratiques, dont la métrétique appliquée, recourent à des instruments qui donne la mesure de leurs produits, supprimant en partie l'indétermination par le recours à des instruments de mesure institués par convention. Toutefois, elles produisent des quantités et mesures portant sur des objets variables et changeants, raison pour laquelle elles conservent une large part d'indétermination. Troisièmement, les sciences mathématiques, dont la métrétique philosophique, s'occupent des mesures et des nombres comme tels – des

1. Voir S. Delcomminette, *Le* Philèbe *de Platon*, *op. cit.*, p. 531-533.

unités en tant qu'unités, des mesures en tant que mesures plutôt que de leurs particularités sensibles. Pourtant, si elles raisonnent sur les nombres et les mesures, elles maintiennent un certain degré d'indétermination du fait de ne jamais pouvoir établir la juste mesure donnée par les choses. C'est en effet le privilège de la quatrième et plus haute science de la hiérarchie, la puissance dialectique, qui supprime définitivement excès et défaut en rendant vaines les comparaisons quantitatives entre les termes qu'elle définit et en accédant à la juste mesure déterminée par le vrai auquel elle aspire.

Ces quatre modes de la mesure se distinguent également par leurs rapports respectifs au même et à l'autre. La mesure stochastique use seulement de l'autre, ou plutôt du semblable et du dissemblable, étant donné que ces arts atteignent leur mesure uniquement par la recherche d'une similitude avec une expérience antérieure réussie dont il s'agit de reproduire les conditions de réalisation. Tout son rendu par son art de la musique diffère du précédent et le musicien vise à répéter une harmonie réalisée précédemment. En d'autres termes, le devenir et la dissemblance affectent tant l'objet à produire (le son de la lyre) que le critère de la mesure (l'oreille exercée du musicien, qui évolue en permanence). Les savoirs appliqués, ensuite, recourent à une forme d'identité dans l'instrument de mesure, qu'ils confrontent à des objets en devenir caractérisés par leur dissemblance. Toutefois, l'instrument de mesure demeure lui-même un objet en devenir dont l'identité relative est compensée par une dissemblance issue de l'arbitrarité et de la relativité de son institution. Pour leur part, les mathématiques philosophiques recourent à une forme d'identité, l'unité, qui sert de mesure par son report sur les autres quantités de la série et établit entre elles des rapports d'altérité. À ce stade, l'identité et l'altérité se détachent du semblable et du dissemblable. Enfin, la dialectique atteint la forme suprême d'identité, la juste mesure dans l'identité pure de soi à soi. Elle reçoit également pour tâche première de séparer le même de l'autre et, à l'inverse, de les rassembler. Instituer le même et l'autre, autant que leurs relations, procure à la dialectique sa supériorité, quand les autres arts se contentent, au mieux, de les utiliser. Toutes ces sciences obéissent donc à un principe de hiérarchisation dont les degrés correspondent à leur niveau d'accès au même et à l'autre, ainsi qu'à leur prise de distance par rapport au semblable et au dissemblable. Et puisqu'elle s'établit dans le degré inférieur des sciences, le niveau stochastique, la métrétique de type protagoréenne apparaît entièrement caractérisée par le recours au semblable et au dissemblable, plutôt qu'au même et à l'autre.

Ces quatre formes de mesure trouvent enfin leur différence dans le référent en fonction duquel elles existent. Dans la mesure stochastique, bien que le critère semble donné par l'objet, en réalité seul l'individu rendu expert par la pratique est juge et la mesure demeure entièrement relative à son sujet. L'art de la lyre, par exemple, cherche le son adéquat par l'accordage convenable de l'instrument sanctionné par l'oreille du musicien. Dans les sciences appliquées en revanche, la mesure provient d'un instrument, un critère posé de façon intersubjective au moyen d'une convention passée entre les hommes. Cette mesure vise en effet à rassembler tous les objets d'un même domaine sous une règle commune. Dans les sciences philosophiques, la mesure est donnée par la relation qu'entretient l'objet mesuré *à l'intérieur de* l'ensemble des objets auquel il appartient (la série des nombres, l'ordre des mesures). La mesure résulte donc de la série des objets eux-mêmes, envisagés dans leur relation réciproque – une mesure relative, au sens où elle se fonde sur la relation qu'entretiennent entre eux ses objets. Enfin, le critère de la mesure de l'objet dialectique est conféré par l'objet lui-même, qui contient en lui sa juste mesure. La dialectique vise à produire la connaissance de cette juste mesure *grâce aux* relations que cet être entretient avec les autres. La graduation de cette échelle de référence va donc d'une identité du sujet de la mesure lui-même à une identité à soi de l'objet mesuré.

Dans cette taxinomie du *Philèbe*, où ranger l'idéal de science présenté par le Protagoras du *Théétète*? L'homme-mesure place la mesure tout entière du côté de l'individu, du sujet mesurant, ce que souligne le recours à la figure du savant. Sans jamais pouvoir atteindre de juste mesure, l'expert peut au mieux améliorer la mesure d'autrui. De plus, classer la médecine et l'agriculture dans les sciences que le *Philèbe* juge inférieures conforte la position de Protagoras puisque, dans de tels domaines, le succès demeure nécessairement limité par l'expérience de l'individu qui les pratique[1]. En revanche, Platon place la mesure la plus précise et la plus vraie dans l'objet lui-même, car seul l'objet se confère à lui-même une juste mesure. Pour cette raison, la mesure doit rester dans ce qui est parfaitement stable et permanent, domaine qui échappe aux sciences inférieures impliquant une forme plus importante de devenir. En définitive, si mesurer est toujours un acte de mise en relation (mesurer par rapport à), la mesure la plus exacte sera pour Platon la mesure intrinsèque, immanente, celle donnée par la référence à ce que la chose devrait être en elle-même. En conclusion, la gradation qu'il introduit entre les mesures vise à réduire, autant que faire

1. Comparer *Phil.*, 56 b, et *Théét.*, 167 a-b.

se peut, l'écart entre le référent et le référé, la juste mesure représentant l'écart minimal entre la chose et elle-même, l'écart le plus élevé étant donné par une mesure de type protagoréen, entre un sujet et un objet extrinsèques par nature.

La juste mesure, la symétrie et le bien

Déterminer la meilleure vie ne passe pas uniquement par la définition du bien, mais par un classement des vies possibles et une évaluation de leurs propriétés. Tout d'abord, la privation d'intelligence, de science, de mémoire, d'opinion qui caractérise par nature la vie de plaisir rend impossible jusqu'à la conscience, au souvenir et à l'anticipation du plaisir. Une telle vie est condamnée à la présence pure, telle que la vit l'huître, ce qui lui ôte toute prétention à l'*autosuffisance*. Il faut lui ajouter une part d'intelligence pour la rendre digne d'être vécue (21 a-d). Quant à la vie intellectuelle, elle n'est ni *désirable* ni *parfaite*, car elle condamne l'individu à une vie sans réjouissance aucune, sans le moindre plaisir (21 c-22 a). Aussi la vie mixte paraît-elle supérieure, parce qu'elle évite les écueils des deux précédentes, étant à la fois *autosuffisante* et *désirable*. Sans s'identifier à ce qui est le plus pur par soi (l'être comme objet de la science dialectique), la vie mixte s'avère préférable pour les hommes. Au terme de son enquête, le *Philèbe* revient donc logiquement sur la constitution de ce mixte. Or resurgit à cette occasion la question de la mesure, qui va servir de critère pour évaluer la vie bonne. Liée à la cause, la mesure maintient en effet l'homogénéité du composé (64 e) : par leur présence, la mesure et la nature proportionnée (ἡ σύμμετρος φύσις) distinguent le composé véritable du mélange confus (ἄκρατος συμπεφυρμένη ἀληθῶς) – ce qui n'a du composé que l'apparence.

> À présent, la puissance du bien (ἡ τοῦ ἀγαθοῦ δύναμις) s'est réfugiée, devant nous, dans la nature du beau (εἰς τὴν τοῦ καλοῦ φύσιν) ; car la juste mesure (μετριότης) et la proportion (συμμετρία) se trouvent être partout beauté et, j'imagine, excellence (64 e 5-7).

Seule la puissance du Bien peut se manifester dans les mixtes – et non le Bien comme tel –, sous la forme de la mesure, de la vérité et de la beauté. Autrement dit, la mesure est l'un des indices de la présence du Bien dans les mélanges, un critère essentiel pour en établir la valeur. La mesure fait en effet exister le mixte comme un mélange authentique, se maintenant en lui et lui conférant la beauté et l'excellence du fait que sa présence marque le retrait de l'indétermination. Être mesuré, en ce sens, signifie moins recevoir une quantité établie en fonction d'un étalon qu'avoir en soi une forme de détermination qui par soi exprime la beauté, une mesure qui est un signe de la réalisation achevée de la fonction propre. Or la pleine détermination s'atteint seulement à la condition de conformer le mélange au modèle, c'est-à-dire non pas de le comparer à un modèle par rapport auquel il apparaîtra toujours en excès ou en défaut, comme dans le cas d'une mesure par rapport à un étalon, mais de réaliser la mesure qui lui est propre et lui convient, au sens où elle remplit parfaitement la fonction, sa juste mesure (μετριότης) [1].

La mesure prend aussi la forme de l'harmonie des parties et de la proportion (συμμετρία). La beauté du mélange tient à un équilibre lié non pas à une *égale* répartition des éléments, mais à une répartition *équitable* selon leurs exigences propres, c'est-à-dire leur juste mesure respective [2]. La proportion vise à ramener les parties à une mesure commune et à les rendre comparables. Elle ne se limite pas à rendre possible la comparaison, la mesure réciproque, mais elle implique de chercher la juste mesure pour chaque partie du composé, la mesure adéquate où chacun contribue à la beauté du tout. La *symétrie*, c'est donc la juste mesure envisagée du point de vue des parties, quand chaque composant reçoit de la juste mesure qui convient au tout la mesure qui lui convient pour entrer en harmonie avec les autres. Autrement dit, μετριότης et συμμετρία renvoient à deux façons d'envisager le composé : en tant qu'unité ou en tant que totalité. Leur présence s'avère nécessaire pour attribuer la bonté et la beauté au mélange, l'harmonie de ses parties, car tout mélange n'existe qu'à la condition d'avoir une unité formée par un rapport bien déterminé entre ses parties.

Pour être bonne, la vie mixte doit manifester les trois caractères du Bien : la mesure, la vérité et la beauté (64 e-65 a). Reste à établir laquelle des deux autres, de la vie de plaisir ou de la vie intellectuelle, a la plus grande parenté avec elle (65 b). L'intellect paraît d'emblée plus proche de la *vérité*, puisqu'à défaut de lui être identique, il est ce qu'il y a de plus semblable (ὁμοιότατον) et de plus vrai (ἀληθέστατον, 65 d 2), tandis que le plaisir exclut la vérité tant il s'avère souvent faux et trompeur (65 c-d). De même, rien n'est plus *mesuré* que l'intellect et la science (συμμετρώτερον), en tant qu'ils causent l'introduction d'une limite dont la mesure est le

1. Une table de deux mètres de haut n'est pas belle, car personne ne peut y travailler ou y manger.

2. En accord avec A. de la Taille, « Aux Portes du Bien (64 a 7-65 a 6 et l'interprétation de Gadamer) », dans *La Fêlure du plaisir*, *op. cit.*, p. 376-377.

signe ; et rien n'est plus démesuré que le plaisir (ἀμετρώτερον), dont la nature indéterminée manifeste toujours l'excès ou le défaut (65 d). Enfin, il est inconcevable que l'intelligence soit laide, sous quelque aspect, tandis que notre propre spectacle rappelle sans cesse combien les plaisirs sont grotesques et honteux au point de nous inciter à échapper non seulement au regard d'autrui, mais également à la lumière du jour (65 e-66 a).

Ce classement et cette opposition mêlent en réalité deux sens de la mesure : la *modération* (l'absence d'excès) et la *mesure* proprement dite (la détermination). Outre sa fonction de détermination, la mesure conserve une connotation éthique, souvenir du μηδὲν ἄγαν, en vertu de laquelle la vie mixte constituerait un idéal d'équilibre renouant avec la morale traditionnelle (à laquelle s'ajoutent la vérité et la beauté). À cet égard, une corrélation s'établit entre les trois manifestations du Bien. Si la vérité est la condition de possibilité épistémologico-ontologique du mélange, la beauté sa dimension morale, la mesure se situe dans l'entre-deux, puisqu'elle est à la fois belle et bonne, bien proportionnée et modérée, réelle et vraie. Ce rôle nodal réapparaît au cœur de la distribution de prix, lorsque Platon classe les manifestations du Bien et les formes possibles de mélange (66 a-d) [1] :

> Mais le premier [bien] trouve son siège propre quelque part du côté de la mesure (μέτρον), du bien-mesuré (τὸ μέτριον), de l'opportun (τὸ καίριον) et de tout ce qu'il faut juger tel (66 a 6-8) [2].
> Le second se situe du côté du proportionné (τὸ σύμμετρον), du beau (καλόν), de l'achevé (τέλεον), du suffisant (ἱκανόν) et de tout ce qui est de cette génération (66 b 1-3).

Platon dédouble la mesure, d'une part en mesure et bien-mesuré, d'autre part en proportion et beauté. Il inclut aussi des thèmes nouveaux, présentés jusque là comme des caractéristiques du bien (20 d, 22 b), dont la liste n'est pas exhaustive et qu'il assortit aux trois ἰδέαι du Bien. Or

1. *Phil.*, 66 a-d : ce n'est pas le Bien qui est hiérarchisé, mais les formes sous lesquelles il se présente. De plus, la hiérarchie n'est pas ontologique, puisque les manifestations du Bien sont considérées comme des biens que nous cherchons à posséder (Platon emploie le terme κτῆμα pour qualifier le plaisir qui s'intègre à cette échelle) : l'homme ne poursuit pas le Bien comme tel, mais il cherche à acquérir tel plaisir, tel objet mesuré ou telle belle chose. Nous sommes donc là au fondement d'une axiologie des biens et des dispositions de l'âme qu'ils entraînent.

2. Le texte des manuscrits étant manifestement corrompu, cette traduction se fonde sur la conjecture de B. Vancamp (« New Light on an Old Crux : Plato, *Philebus*, 65 a 8 », *Classical Quarterly* 52, p. 388-390) : τὴν ἴδιον [sc. ἕδραν]ἱδρῦσθαι : τὴν ἀίδιονἡρῆσθαι BTY.

la mesure apparaît en premier, parce qu'elle constitue la marque de la limite dans le composé, autrement dit l'arrêt de l'indétermination. Elle occupe la plus haute marche du classement, parce qu'elle offre une forme de stabilité aux objets par nature condamnés au devenir et parce qu'elle ordonne au mieux la vie mixte en un mélange bien formé. En revanche, dans la théorie protagoréenne, la mesure n'entraîne jamais de véritable arrêt ni de détermination définitive. Le mixte reste sujet à un degré élevé d'oscillation. Autrement dit, le mode de la mesure que propose Protagoras confère seulement une stabilité apparente ou provisoire. Cependant, pour recevoir ce premier prix, la mesure doit faire droit à une stabilité et à une détermination réelles, afin de constituer une vie totalement dépourvue d'excès – de sorte que sa composante éthique rejoigne sa composante ontologique.

La mesure apparaît ensuite sous la forme du bien-mesuré et de l'opportun, qui lui sont également associés dans le *Politique* (284 e)[1]. Platon n'ajoute rien à leur sujet, mais leur simple mention précise la nature de la mesure en introduisant la dimension de juste mesure. La mesure la plus achevée est la juste mesure, celle qui éradique toute hésitation entre l'excès et le défaut, parce qu'elle fixe ce qui convient au moment et là où il convient. Toutefois, rien n'est dit sur l'origine de la juste mesure ni sur la découverte du moment opportun, ni même sur l'identité de ce qui entre dans cette catégorie.

Quant au deuxième prix, l'attribuer à la proportion n'a rien d'étonnant, étant donné que la συμμετρία est une sorte d'effet de la mesure, une manifestation qui lui est nécessairement postérieure[2]. La beauté et la symétrie résultent en effet de l'assemblage parfait des parties du mélange qui, à défaut d'être lui-même bien mesuré, a des parties proportionnées. Tout composé peut être d'une dimension inadéquate (trop grand, trop petit), bien que ses parties respectent les propriétés d'échelle et de proportion. En revanche, l'inverse est impossible, dans la mesure où le bien-mesuré comme tout doit l'être nécessairement aussi dans ses parties. La proportion implique donc une unité moindre du composé que la juste mesure, puisqu'elle entraîne une forme inférieure de détermination. Bref,

1. Platon n'emploie pas ici le substantif ὁ καιρός mais l'adjectif substantivé τὸ καίριον.

2. Il ne faut pas confondre la proportion envisagée comme lieu de la manifestation du Bien avec celle qu'emploient les artistes dans le seul but de produire des images (φαντάσματα) par un jeu sur la perspective et les proportions (*Soph.*, 235 d-236 a). Il ne s'agit pas non plus de la proportion employée par les relativistes du *Théétète*, qui désigne l'adéquation de deux réalités pouvant entrer en contact et engendrer une perception (156 d).

si la proportion et la beauté sont des caractéristiques essentielles à tout mélange, la juste mesure confère au mélange une certaine supériorité [1].

POUR UNE SCIENCE DE LA MESURE

Dans le *Philèbe*, la mesure s'avère aussi éminemment présente que difficile à cerner tant elle recouvre d'acceptions et d'applications. Tout d'abord, elle existe à l'exclusion de l'ἄπειρον et chasse celui-ci là où elle se manifeste. Au contraire, la mesure relève de prime abord du πέρας, en tant que *marque de la limite*, ce dont la présence supprime les variations de l'indéterminé. Mais mesurer désigne ensuite *l'acte d'introduire la mesure dans l'indéterminé* – sens qui ressort de la hiérarchie des sciences, où la mesure joue un rôle essentiel. La mesure cause l'introduction d'une limite dans l'illimité et le fait exister en tant que mélange, puisque aucun mixte n'existe sans mesure. De plus, la mesure est une *propriété* du mélange : ἔμμετρον et σύμμετρον qualifient les mixtes qui manifestent les caractéristiques de la mesure ; μετρον et μετριότης désignent les propriétés qui leur correspondent. Enfin, en tant que *juste mesure*, la mesure fournit au mixte sa forme parfaite, pour la raison qu'elle supprime toute forme d'hésitation entre le plus et le moins, qu'elle achève définitivement l'oscillation de l'indéterminé. En d'autres termes, la juste mesure qualifie la limite dans sa trace la plus élevée. En résumé, le *Philèbe* établit qu'à travers ses différentes formes, la mesure est nécessaire à l'existence des réalités (sensibles).

Quel est son apport à la théorie de la métrétique, en regard du *Protagoras* et du *Politique* ? Dans le *Philèbe*, la métrétique ne reçoit qu'un sens restreint. Loin d'englober toutes les formes de mesure au sens large, elle désigne seulement les sciences qui au sens strict usent de mesures (celles qui établissent une quantité). Dans le *Protagoras* en revanche, la métrétique doit pourvoir le calcul hédoniste d'une certaine consistance, optimiser et rendre efficace le choix entre plusieurs plaisirs,

1. D'après Hackforth (*Plato's Examination of Pleasure. A Translation of the* Philebus, *with Introduction and Commentary*, Cambridge, Cambridge University Press, 1945, p. 138), la différence entre les deux premières places tient au fait que la mesure s'applique aux parties, là où la proportion s'applique au tout (c'est-à-dire à la vie bonne dans son unité). Cette position revient cependant à considérer que, pour Platon, la partie serait supérieure au tout. Pour Harte (« Quel prix pour la vérité ? *Philèbe*, 64 a7-68 d 3 », dans *La Fêlure du plaisir*, *op. cit.*, p. 397), qui la condamne, la différence entre les deux premiers prix serait que les premiers désignent « les agents de la limite, ceux qui possèdent la quantité voulue au moment voulu », tandis que les seconds vont « aux aspects qui en découlent pour le tout mixte ». Son explication présente toutefois le premier moins comme un agent que comme un produit.

en invoquant tant des considérations quantitatives que qualitatives. Or le *Philèbe* paraît compromettre *ab ovo* l'idée d'une métrétique des plaisirs, vu que le plaisir relève de l'ἄπειρον et, comme tel, exclut la limite, dont la mesure est un signe. Dans la hiérarchie des sciences, la métrétique hédoniste occuperait au mieux la place la plus basse, celle d'une science stochastique fondée sur une expérience acquise des plaisirs et soumise à un principe de comparaison : telle action engendre tel plaisir qui paraît, comparé à tel autre, plus ou moins grand. Il s'avère cependant impossible sur cette base de quantifier le plaisir futur avec précision. D'une part, il faudrait le juger en fonction des plaisirs passés alors que rien ne garantit l'identité de nature et de degré de leur réjouissance. D'autre part, cette évaluation impliquerait de chiffrer les rapports entre deux plaisirs. Or, s'il paraît possible de déclarer un plaisir plus grand qu'un autre, une affirmation de ce type devient délicate à poser avec certitude lorsqu'il s'agit de considérer les conséquences d'une décision présente, qui ne se résume pas à comparer deux plaisirs isolés, mais plutôt deux sommes de plaisirs et de peines qui, par leurs dimensions et toutes leurs inconnues, s'avèrent incommensurables. Dès lors, si le *Philèbe* et le *Protagoras* se rejoignent sur l'idée de la nécessité d'une science pour dissiper les illusions qui entourent les plaisirs et les peines, ils diffèrent par le fait que, dans le *Protagoras*, la science projetée devrait déterminer la valeur exacte de chaque plaisir, alors que, pour le *Philèbe*, cette valeur ne pourra jamais être atteinte et ses instruments de mesure semblent même inimaginables. Tout au plus, cette métrétique parviendrait-elle à comparer grossièrement des plaisirs et des peines, tâche par elle-même fugace, sinon futile, en raison de la nature non déterminable du plaisir. Elle aboutirait seulement à des approximations et à des vraisemblances, peu dignes de porter le nom de science.

Dans le *Philèbe*, l'espèce de sciences auxquelles appartient la métrétique (au sens restreint) causent la production de leur objet, par l'introduction d'une limite dans de l'indéterminé, d'où elles puisent un degré de précision plus élevé que la conjecture. En ce sens si, dans le *Protagoras*, l'art de la mesure reçoit le rôle de dissiper la puissance de l'apparence, il devrait disposer d'instruments lui évitant d'être sujet à des oscillations ou à des imprécisions. Or l'expert dans ce domaine n'aurait pour lui que l'expérience, jamais la certitude d'un savoir objectif. Par conséquent, une métrétique des plaisirs est par principe une tâche conjecturale et hasardeuse. Aussi, quand il propose à Protagoras de fonder un calcul hédoniste, Socrate le range-t-il nécessairement au plus bas échelon de la connaissance, qui donne l'illusion d'un art fiable mais qui est par définition condamné à demeurer seulement probable. Bref, il s'agit tout au plus d'une parodie d'art de la mesure. De la confrontation entre ces Dialogues, il ressort deux manières de pratiquer les sciences : l'une philosophique, qui connaît la juste mesure et la transmet autant que possible aux arts inférieurs, l'autre fondée sur l'expertise, qui part du degré le plus fondamental de l'expérience et espère atteindre la juste mesure.

Enfin, si l'éthique technique du *Protagoras* paraissait en quelque sorte infra-morale, au sens où elle évitait la question du bien pour lui substituer une forme de calcul, le *Philèbe* juge la mesure une composante essentielle de l'éthique, en ce qu'elle manifeste un des caractères du Bien au sein de la vie mixte, celle qui doit et vaut d'être vécue. La mesure désigne en quelque sorte un signe extérieur ou une garantie que la vie en question répond à l'idéal du Bien. En conclusion, pour être vraiment morale, la vie doit dépasser l'hédonisme (qui est par essence ancré dans l'ἄπειρον) et manifester la mesure (qui est à la fois détermination et modération). Le *Philèbe* rend dès lors explicite le lien entre la mesure et le Bien, dépassant en cela l'hédonisme aporétique du *Protagoras*.

Le *Politique* distingue également deux espèces de la métrétique. La première, inférieure, mesure par une comparaison réciproque des contraires. La seconde, supérieure, mesure en référence au bien-mesuré, au convenable, à l'opportun, au milieu (283 d-e). Introduire la juste mesure élimine la relation dynamique entre des quantités et dégage la valeur intrinsèque de chacune. Or, dans le *Philèbe*, les deux espèces de métrétique, appliquée ou théorique, désigne des sciences parmi d'autres, celles relatives à la mesure (à côté de la géométrie et de l'arithmétique, 56 e-57 a). La distinction du *Politique* emprunte donc un autre chemin. Les deux Dialogues soulèvent cependant la question de la juste mesure et de la supériorité de la science qui la prend pour objet. Si introduire un étalon de mesure permet d'évaluer deux quantités l'une par rapport à l'autre, mais aussi de les rapporter à une mesure commune, ce type d'instruments manque pourtant de rectitude, en regard du seul étalon véritable : la juste mesure. Autrement dit, pour transposer au *Philèbe* la division du *Politique*, la métrétique appliquée est une métrétique inférieure qui se contente de rapporter des quantités l'une à l'autre, puisque le type d'étalon auquel elle recourt correspond seulement à une *quantité empirique instituée en référence commune*, sans être encore une juste mesure. En ce sens, l'étalon reste prisonnier d'une opposition entre des quantités, des excès ou des défauts, sans atteindre la valeur intrinsèque de l'objet. Du reste, la métrétique théorique ne s'identifie pas davantage à la métrétique supérieure, car elle ne vise pas non plus la juste mesure mais établit des rapports à l'intérieur de séries. Tout au plus constitue-t-elle le prélude à une connaissance de la juste mesure, sans être encore cette science. Poser l'idée d'une science métrétique ne suffit pas à lui attribuer comme objet la juste mesure, et la typologie du *Philèbe* distingue à tout le moins trois formes ou trois échelons au sein de la métrétique inférieure du *Politique*. En définitive, seule la dialectique du *Philèbe* semble s'identifier à la métrétique supérieure du *Politique*, car elle seule envisage la relation des termes à eux-mêmes, dans leur être et leur identité [1]. Elle seule achève pleinement la limite et supprime l'indétermination, parce quelle ne réfère plus l'objet à autre chose qu'à lui-même pour en fixer la valeur.

Dans les deux Dialogues, la juste mesure correspond à la marque de l'être dans le sensible, de l'idée du Bien dans le mixte dit le *Philèbe*. La mesure paraît donc exercer la fonction d'établir un lien entre le sensible et l'intelligible. Aussi la métrétique véritable est-elle la science qui, forte de la connaissance du Bien, en produit la manifestation la plus achevée, la juste mesure. Parce qu'elle repose sur une recherche du Bien, cette science sert de guide à la vie la meilleure qui, loin de reposer sur un simple calcul d'intérêts, obéit à la connaissance de la juste mesure des choses et s'élève au-dessus des variations innombrables, qualitatives et quantitatives, parce qu'elle vise à reproduire la juste mesure dans la réalité en devenir, à faire advenir le Bien dans tous nos actes et toutes nos productions. En conclusion, la mesure que met en avant Platon vise à restaurer un ordre commun possédant pour seule origine et seule fin le Bien lui-même, là où la mesure qui est prêtée à Protagoras, dans le *Protagoras* et le *Théétète*, se révèle une cause de dispersion et d'individualité. Car aussi longtemps qu'elle reste le résultat d'une activité strictement pragmatique et issue de l'expérience, la mesure s'avère bien incapable de justifier ses choix auxquels il manque un *telos* véritable, se limitant à viser l'utile ou l'agréable, des objectifs fondés en l'individu et liant ce dernier uniquement à lui-même.

1. En accord avec S. Delcomminette, « La Juste Mesure. Étude sur les rapports entre le *Politique* et le *Philèbe* », *Les Études philosophiques*, 2005 (3), p. 357-358.

CHAPITRE VI

LA MESURE DU DIVIN

LA MESURE COMME PRINCIPE DE LÉGISLATION

La notion de mesure traverse les *Lois*, tant elle se révèle un principe utile pour élaborer la bonne constitution[1]. Rapidement s'impose l'idée que la mesure, au sens d'une juste mesure, rend bonne toute décision ou toute action au sein de la Cité, car elle garantit la stabilité de cette dernière autant que l'équilibre interne des individus. Dès lors, le rôle du législateur consiste à établir, pour tout élément de la Cité, la mesure qui lui convient.

Étant donné que, d'après le *Philèbe*, le plaisir est ontologiquement réfractaire à la mesure et, *a fortiori*, à la juste mesure, la question se pose au législateur de la valeur à lui accorder au sein de la Cité. Le bannir ou l'encourager se révèlent des solutions inefficaces, par défaut ou par excès, qui mènent soit à l'austérité de la constitution rigoriste, soit à la débauche de la constitution hédoniste (I, 635 c-d). S'il est mesuré (ἔμμετρον), le plaisir peut être bénéfique à l'éducation, parce qu'il permet d'éprouver la résistance des citoyens et d'adopter les lois conséquentes (I, 649 d-e). L'exemple du vin illustre parfaitement ce genre d'épreuve, pour la raison que son pouvoir désinhibant permet de révéler le degré de maîtrise de soi – le courage et la crainte. Une tendance à l'excès traduit un manque de maîtrise et de modération. Dans ce cas, la juste mesure, celle à inscrire dans la loi, tient à la limite que chaque citoyen peut garder avant de basculer dans l'excès. Ce type de mesure ne concerne pas seulement l'éducation individuelle, mais il doit aussi orienter l'organisation générale

1. Les *Lois* contiennent pratiquement autant d'occurrences des termes de la famille de la mesure (ἄμετρος, ἔμμετρος, μέτριος, σύμμετρος) que tous les autres dialogues réunis. Pour une recension et une traduction, M. Bontempi, *L'icona e la città*, *op. cit.*, p. 356-368.

de la Cité. À cette échelle, la production vinicole doit être la plus mesurée (ἐμμετρότατα) et la plus restreinte possible (ὀλίγιστα), tant afin d'éviter le manque que l'excès (II, 674 b-c). Autrement dit, ordonner la Cité, c'est adapter la production de vignes à la résistance constatée des citoyens. La tâche du législateur consiste donc à imposer une juste mesure au plaisir, non pas une limite ontologique, mais une *modération* : s'il est impossible d'attribuer une mesure précise au plaisir individuel, il est en revanche possible à un niveau politique de contenir l'accès à ses conditions de réalisation. Cet exemple illustre le rôle d'équilibre et de coordination que la mesure exerce dans la législation à l'égard des différents éléments de la Cité, de la production à l'éducation, jusque dans la situation géographique [1]. En d'autres termes, la mesure aide à déterminer les meilleures conditions pour instituer les cités.

Si, dans la Cité, le pouvoir et les relations entre citoyens reposent tout entiers sur la notion de *bien-mesuré* (μέτριον), d'où provient cette juste mesure que le législateur doit imposer : les hommes la puisent-ils en eux-mêmes ou bien leur échoit-elle de l'extérieur ? La tendance naturelle des hommes, en particulier des plus jeunes, obéit au désir de se rendre maître des autres, avant de devenir maître de soi, et de sortir de leurs limites pour empiéter sur celles des autres – tendance que Platon appelle πλεονεξία [2]. Le choix des nomothètes doit dès lors s'effectuer parmi les individus vieux et sages, ceux davantage susceptibles de modération et enclins à agir avec mesure. Or la légitimité et la mesure des lois ne peuvent se réduire à cette sélection, pourtant indispensable, du fait de la défiance ordinaire des hommes à l'encontre de leurs semblables, conséquence de la πλεονεξία. Il faut plutôt postuler une intervention divine qui seule apporte la juste mesure aux lois, car seul le dieu indique « quel pouvoir devait et doit se maintenir le plus » [3]. L'importance de la fonction n'implique pas que l'intervention soit permanente, ni même récurrente. En réalité, elle doit venir *à l'origine*. La figure divine assure en effet à la loi un respect indisputé et l'inscrit ainsi dans la durée, parce qu'elle confère par elle-même à la législation, et à la mesure qu'elle impose, une origine qui

1. Le début du livre IV décrit le meilleur environnement possible pour implanter la cité : un équilibre entre plaines et forêts, montagnes et mers.

2. *Lois*, IX, 875 b-c. Platon désigne par ὕβρις le fait de sortir de la place impartie, l'écueil de celui qui dépasse la mesure (παρεὶς τὸ μέτριον; III, 691 c 2) et commet une injustice à l'égard d'un concitoyen (ἐκυβρίζοντα, ὕβρεως ἀδικίαν; 691 c 3-4).

3. *Lois*, III, 692 b 6-7. L'Athénien prend ici pour modèle la Constitution de Sparte, à laquelle une intervention divine a conféré plus de mesure, en équilibrant notamment le pouvoir royal.

dépasse les individus. Résulter d'un agent divin, extérieur, autorise ainsi le travail législatif, modère la tendance à un pouvoir trop grand en le subordonnant à une autorité supérieure et dispense un modèle qui transcende les circonstances pour tendre vers un idéal (693 b-c). Aussi les hommes doivent-ils se modeler sur le dieu, dès lors que la législation est réputée provenir de son intervention et non des aspirations des individus. La juste mesure apparaît donc comme l'empreinte du divin dans la réalité humaine, attribuant à chacun et à chaque chose la place qui lui convient dans la Cité, celle qui vient d'un ordre conçu comme supérieur.

Le parallèle que Platon dresse alors entre les constitutions athénienne et perse illustre les dérèglements qui affectent les cités qui s'éloignent de la mesure (III, 694 a-701 c). Si chacune connaissait au départ un équilibre entre les tendances à la liberté et à la servitude (τὸ μέτριον δουλείας τε καὶ ἐλευθερίας; 694 a 3-4), chacune a versé dans l'excès, l'une de liberté l'autre de servitude, et a subi une dégénérescence de son unité et de son équilibre. Ainsi le pouvoir affranchi de la mesure (qu'il soit libertaire et démocratique, autoritaire et tyrannique) se révèle inférieur à celui qui garde la juste mesure (τῆς μέτριον ἐχούσης ἀρχῆς; 698 b 1). Cependant, la cause de leur décadence ne tient pas à leur principe fondateur, la liberté ou la servitude car, si la juste mesure s'y trouve, aucune ne tend à dévier. Mais si la tendance naturelle de ces régimes devient excessive et démesurée, elle entraîne leur perte : dès que les citoyens outrepassent la place qui leur échoit – quand tout le monde se croit savant en toute matière ou quand le pouvoir est concentré entre des mains inaptes, le régime périclite à cause de l'émancipation à l'égard des repères et de la défiance face à l'autorité symbolique : les citoyens ne respectent plus la loi à laquelle ils doivent pourtant leur liberté, les tyrans basculent dans la folie de tout posséder et de tout contrôler (701 a). À l'inverse, la mesure d'un régime se produit quand chacun connaît sa place et ne souhaite rien d'autre que l'occuper. Par conséquent, l'échec de la démocratie athénienne tient à ce que certains prétendent y exercer tous les rôles, y éprouver pleinement leur liberté et ne plus suivre aucune autre forme de souveraineté que la leur.

À l'inverse, la prospérité (εὐπραγία) survient dans n'importe quel régime ou situation, à la seule condition de viser la mesure optimale (μετριότης), celle qui correspond le mieux à sa réalité, qu'il s'agisse de consommation de vin ou d'état de la démocratie[1]. La mesure ne désigne pas simplement ici un juste milieu. Elle est la limite adéquate qui évite de basculer dans l'excès parce qu'elle est adaptée à son objet (698 a). Or,

1. *Lois*, III, 701 e. En accord avec H. Joly, *Le Renversement platonicien*, *op. cit.*, p. 366-367.

si les lois sont édictées par les hommes, elles dépendent principalement des circonstances qu'imposent la nature et les événements[1]. Dès lors, aucune législation ne peut vraiment être libre de dieu : si les événements surviennent aux hommes de l'extérieur, le divin est ce qui dans cet extérieur sert de principe à la mesure des normes imposées, étant donné que les hommes ne peuvent parvenir à la juste mesure sans aller chercher hors d'eux-mêmes. Si la divinité dirige tout ce qui arrive dans le monde, à plus forte raison faut-il que, de façon générale, les actions humaines se conforment à cette mesure divine[2].

Un retour masqué

La dernière référence à Protagoras dans les Dialogues se trouve dans les *Lois*, qui livrent en quelque sorte le fin mot de la réfutation. Elle a pour cadre l'énoncé de la première loi de la Cité des Magnètes et la réflexion sur la meilleure façon de l'adresser aux citoyens pour les encourager à la respecter (*Lois*, IX, 716 c-d). En ce sens, ce passage présente une analogie formelle indéniable avec le *dictum* de Protagoras, puisqu'il survient aussi à l'*incipit* d'un discours, en l'occurrence de la Constitution. Une telle localisation lui confère une importance particulière, dans la mesure où les premiers mots visent à attirer l'attention du lecteur, autant qu'à déterminer l'orientation et la signification générale du propos[3] :

> Quelle est l'activité qui plaît et s'accorde à dieu ? Il n'y en a qu'une seule, qui est même d'expression ancienne, à savoir que le semblable sera cher au semblable, s'il est bien mesuré (ὄντι μετρίῳ), tandis que les choses démesurées (ἄμετρα) ne sont amies ni réciproquement ni avec les mesurées (τοῖς ἐμμέτροις). *Or le dieu serait pour nous, au plus haut point* (μάλιστα), *la mesure de toutes choses, bien plus qu'un homme, comme on le prétend.* Celui qui se fera plein de bienveillance à l'égard d'un tel être, de toutes ses forces, deviendra nécessairement lui même un tel être, et suivant cette formule, celui d'entre nous qui est modéré sera cher au dieu, car il lui est semblable, tandis que l'immodéré en est dissemblable, différent et injuste. Et il en va du reste selon la même formule (716 c 1-d 4).

1. Cet ancrage empirique se vérifie lorsqu'il faut établir un critère pour la fortune (V, 744 e-745 a) ou la répartition des biens (VIII, 846 c). Cf. *Pol.*, 295 c-d.

2. *Lois*, IV, 709 b 7-8 : Ὡς θεὸς μὲν πάντα, καὶ μετὰ θεοῦ τύχη καὶ καιρός, τἀν θρώπινα διακυβερνῶσισύμπαντα. L'art sert alors son détenteur pour parer la situation présente.

3. Comme le souligne M. Corradi, « Protagoras dans son contexte », art. cit., p. 16-19. Cf. *Théét.*, 161 c. Sur la finalité des Préambules des *Lois* : L. Brisson, « Les Préambules dans les *Lois* », dans *Lectures de Platon*, Paris, Vrin, 2000, p. 261-262.

Ce texte sonne comme une invocation de la protection divine et une incitation à suivre le modèle divin. Sa place accentue en outre l'importance de la référence adoptée, l'homme pour Protagoras, le dieu pour les *Lois*. Le contraste révèle que Protagoras s'était affranchi des auspices divins, invoquant pour seule protection ou modèle l'homme lui-même. Aussi l'ancrage anthropologique de son traité se doublait-il d'une connotation éthique, d'après laquelle l'homme serait pour lui-même la seule norme de comportement. Les *Lois* semblent donc se situer dans un registre interprétatif différent du *Théétète*, visant davantage à examiner ce qui suscite l'adhésion des citoyens à la Constitution. Platon envisagerait-il à présent les implications morales de la position de Protagoras ?

Selon l'adage ancien qui régit l'action, le semblable s'accorde au semblable, le modéré au modéré[1]. Le législateur encourage donc les Magnètes à se rendre semblables à dieu et à adopter un comportement modéré, parce qu'il est le seul à obéir au principe de similitude. La mesure (μέτρον) est ici liée à la modération (ἔμμετρα) et s'oppose à la démesure (ἄμετρα), qui désigne l'indétermination qui empêche toute forme d'accord et de proportion, parce qu'elle ne possède aucune limite propre mais se situe dans un régime d'excès. Deux attitudes démesurées (ἄμετρα) ne peuvent coexister, l'une trop courageuse, l'autre trop réfléchie, du fait que leur caractère excessif interdit de leur trouver un point de convergence, et cela bien que le courage et la réflexion puissent s'entendre s'ils sont mesurés (ἔμμετρα)[2]. Dire le dieu mesure des choses, c'est donc le poser comme l'être le plus mesuré (ἔμμετρος), à la mesure duquel l'homme doit se conformer au lieu de se prendre soi-même pour référence. Il impose une norme de comportement, parce qu'il est le principe de détermination de tout comportement légitime. Là où, dans le *Théétète*, μέτρον renvoie au phénomène et à une connaissance sans détermination extérieure, la mesure des *Lois* vise à restaurer un étalon divin du comportement humain. Le dieu est le principe absolument déterminé qui fixe la norme de l'action. Référent stable, il rétablit un pôle moral qui transcende les individus et situe l'origine de la norme au-delà de toute institution humaine, à l'inverse du relativisme protagoréen. Il est en effet ce troisième terme permettant d'atteindre, dans les relations humaines, l'accord entre individus. En résumé, si dire l'homme mesure de toutes choses confère à

1. Cet adage se trouve dans le *Phèdre* (234 c) et le *Banquet* (dans le discours d'Aristophane, 192 b), ainsi que sous sa forme contraire au début du discours d'Eryximaque (186 b).

2. Ce point rappelle l'opposition des parties de la vertu à la fin du *Politique* (305 e-308 b).

ces dernières une existence de l'ordre de l'apparaître seulement, recourir au dieu impose au contraire un centre de référence et rétablit un fondement stable et commun pour évaluer l'action.

Ce texte est donc une ultime réfutation de Protagoras. Aux yeux de Platon, sa formule possède manifestement une portée morale, au sens où elle entraîne la dissolution des valeurs de référence, privant l'homme de tout modèle extérieur. Au lieu de s'inscrire dans le sillage du sophiste, Platon entend donc rétablir un ordre moral où la mesure de l'humain n'est pas dans l'homme lui-même, mais dans un critère transcendant que son origine divine rend incontestable.

L'ASSIMILATION À DIEU

Contre Protagoras, Platon réaffirme la dépendance de l'homme à l'égard d'un ordre qui le transcende [1]. Dans le *Théétète*, au vu de l'approche épistémologique, le relativisme moral s'ancrait dans une conception du monde et du savoir fondée sur l'individu. La thèse de Protagoras aboutissait ainsi à autonomiser les valeurs et les normes humaines, qui devenaient le produit des décisions humaines, sans référence nécessaire à un ordre extérieur. Toutes les valeurs et normes instituées dans les cités s'accompagnaient de l'idée qu'aucune opinion ou phénomène de l'une n'était plus vraie que celle de l'autre, parce que le seul critère valide était celui du mieux, censément lié aux circonstances. Dans ce texte, Platon apportait trois objections : logique (l'existence du faux), morale (l'assimlation à dieu) et épistémologique (l'argument du pronostic) [2].

Dans le *Théétète*, l'objection à caractère moral adressée au relativisme surgit après qu'il a été convenu que ce dernier conserve une certaine validité au niveau politique (172 a-c), alors qu'il reste à montrer qu'il connaît des limites analogues aux autres domaines. La critique n'affronte pas directement Protagoras mais se présente sous la forme d'une digression où Socrate caricature ses contemporains par l'opposition entre deux modes de vie [3] : l'un philosophique, divin et le plus heureux qui

1. Pour G. Marcos de Pinotti, une telle lecture résulte de la tendance des *Lois* à subordonner l'humain au divin (« Homme-mesure *versus* dieu-mesure : traces de la polémique avec Protagoras dans les *Lois* IV », dans *Plato's* Laws : *From Theory into Practice*, S. Scolnicov et L. Brisson (ed.), Sankt Augustin, Academia, 2003, p. 121).

2. La première et la troisième objections sont étudiées dans la deuxième partie de ce livre.

3. *Théét.*, 172 c-177 c. La Digression illustre le principe de la σχολή, moteur de la bonne application du λόγος : elle interrompt la marche suivie de l'argumentation (M. Dixsaut, *Le*

soit – celui des hommes qui aspirent à la connaissance –, l'autre vulgaire, sans dieu et plein de malheur – celui des hommes qui courent après les honneurs, les magistratures et les richesses (176 e-177 a). Autrement dit, Socrate confronte un idéal de vie libre (175 d-176 a) à une vie où l'homme s'asservit à ses propres appétits, plaidant pour une fin personnelle (sa liberté) tout en restant conditionné par le jugement des autres (172 d-173 a). La Digression oppose ainsi la vie conforme à des valeurs instituées eu égard au divin et la vie régie par des normes d'institution humaine qui, loin de légitimer l'autonomie et d'assumer cette liberté, se soumet elle-même à des règles qui la maintiennent captive. À cet égard, posséder en soi le principe de la mesure utile pour instituer les normes ne garantit pas la liberté, à la différence d'une mesure transcendante, non soumise au contrôle et à la mesure des autres individus, une mesure qui soit parfaitement *extérieure à tout individu*.

D'un côté, le philosophe étudie les réalités et use de loisir pour atteindre la vérité de son sujet, sans soumettre ni sa liberté à l'écoulement inéluctable de la clepsydre, ni ses discours aux limites que voudrait lui imposer son adversaire (172 e-173 a). Il envisage son objet pour lui-même, emprunte le chemin adéquat et prend le temps nécessaire, car il est maître du discours qu'il quitte seulement lorsque bon lui semble, c'est-à-dire une fois atteinte la vérité (173 c). La liberté de la parole et de la pensée philosophique prend donc pour seule contrainte de voir l'enquête aboutir. De l'autre côté, l'orateur paraît l'esclave du tribunal, qui décide de l'issue de son discours et l'entoure de balises à ne pas franchir – une forme de nécessité qui interdit de mener le discours là où il le souhaite (172 e-173 a). L'opposition rappelle la question soulevée dans le *Protagoras* (334 d-e) et le *Politique* (283 c-d) à propos du critère pour décider de la longueur du *logos* – les interlocuteurs ou le discours même. La métrétique était alors instituée pour imposer une juste mesure aux discours, grâce à la connaissance du convenable : la longueur du discours dépendait non pas de l'auteur, mais de l'objet poursuivi. Dans les termes du *Théétète*, la métrétique ne revient-elle pas à asservir l'auteur à son propre discours, puisqu'elle en fixe la longueur ? En réalité, être esclave en matière de discours signifie plutôt obéir à des contraintes imposées par autrui et poursuivre une fin

Naturel philosophe, *op. cit.*, p. 300-301). Qu'il s'agisse d'une digression n'empêche pas son propos de résulter de la section précédente et il ne faut pas y voir un appendice rhétorique « qui nous éloigne trop du sujet initial » (pour citer J. McDowell, *Plato's Theaetetus*, *op. cit.*, p. 174), comme l'a bien montré E.N. Lee, « "Hoist with his Own Petard" : Ironic and Comic Elements in Plato's Critique of Protagoras (*Tht.* 161-171) », dans *Exegesis and Argument*, E.N. Lee *et al.*, Assen, Van Gorcum, 1973, p. 254-255.

extérieure au discours, située dans l'agrément de l'auditoire : l'orateur ne peut ni s'arrêter ni poursuivre comme il le souhaite, ni disposer du temps et des détours à son gré, mais il doit viser la victoire et adopter pour cela une mesure du discours fixée par les circonstances. Dès lors, au regard de cette quête de la victoire dans la discussion, à laquelle il soumet son usage du *logos* (réduit au statut d'instrument), il se révèle servile, non libre, puisqu'il s'en remet entièrement à autrui pour juger de l'issue de son discours et il soumet son salut personnel au succès de ses paroles. Bien qu'il croie détenir sa mesure en lui-même, au sens où il recourrait aux artifices rhétoriques pour orienter le jugement de son public et déterminer le choix de ses propos, pour cette même raison son critère s'avère lui être ultimement imposé par les autres, puisque ceux-ci jugent et mesurent en définitive l'adéquation de son propos à leurs attentes. Que les manœuvres rhétoriques adaptent le discours à l'auditoire ou bien l'auditoire au discours, elles servent ici seulement à ce que le discours plaise. À l'inverse, un usage philosophique du *logos* consiste à respecter uniquement les contraintes internes de l'objet du discours, c'est-à-dire à emprunter *tous* les développements nécessaires à l'examen de l'objet. De ce point de vue, il n'est pas contradictoire de poursuivre la juste mesure des discours et de se présenter comme leur maître, puisque seul est maître celui qui ne subordonne pas son discours à des attentes ou à des contraintes qui lui sont étrangères.

Dans la Digression, la juste mesure du *logos* philosophique est donnée par des objets tels que la recherche de l'essence et des puissances de l'homme (174 b), l'examen de la justice et de l'injustice pour elles-mêmes, le moyen de parvenir à l'une et d'éviter l'autre (175 c) – objets qui échappent aux querelles ordinaires. Ainsi le philosophe propose à l'homme une autre mesure à laquelle s'assimiler – là où l'orateur ne lui renvoie d'autre modèle que lui-même. Ce type d'enquête révèle en effet que la justice ne se réduit pas à une convention passée entre les hommes qui aurait cours seulement dans telle Cité, ou que la conduite de la vie ne résulte pas d'un calcul d'intérêt ni de la poursuite de ce que prêche la foule (176 b). Cette position permet de renvoyer dos à dos les thèses du *Protagoras* sur le calcul hédoniste et du *Théétète* sur l'homme-mesure. Pour la plupart des gens, la conduite morale consiste à évaluer les torts réciproques, à déterminer qui peut avoir une emprise sur l'autre et qui doit se soumettre à la décision collective. La justice n'a alors aucune définition propre, qui renverrait à ce qu'est la justice, et ne relève pas à proprement parler de l'éthique, mais elle se réduit à un équilibre entre des torts réciproques où chacun s'érige en mesure, sans obéir à une mesure commune (τί ἐγὼ σὲ ἀδικῶ ἢ σὺ ἐμέ; 175 c 1-2). Dans cette vision protagoréenne du monde telle que l'illustre la Digression, la justice s'identifie à une forme de servitude où chacun est soumis au jugement d'autrui. Les normes et les valeurs politiques ne tiennent alors au mieux qu'à un calcul utilitariste destiné à protéger le plus grand nombre de la plus grande quantité de torts, sans jamais garantir par un critère extérieur qu'il s'agisse du meilleur choix ni que plusieurs individus ne risquent d'être lésés par de telles décisions.

L'idéal philosophique ne se réduit pas à passer pour juste et bon aux yeux de ses concitoyens ni à faire triompher sa propre cause par ses discours et ses actes (176 b), mais à rechercher ce qu'est la justice et à quel modèle se conformer pour être réellement bon. La seule issue qui s'offre à celui qu'on nomme philosophe tient à « une assimilation à dieu dans la mesure du possible »[1]. Car la justice véritable ne s'atteint pas dans le respect d'une convention passée simplement au sein de la Cité. Elle implique de prendre dieu pour modèle, parce qu'il n'y a rien en lui d'injuste et qu'il est donc la seule mesure valable des actions justes (176 b-c). La transcendance de ce critère à la fois garantit sa stabilité, étant donné qu'il ne dépend pas des circonstances mais échappe à la dynamique d'opposition des actes contraires (justes et injustes), et offre un objet de connaissance qui procure l'excellence véritable, au sens où elle est le moyen d'échapper aux changements qui affectent le monde et engendrent le mal. Aussi longtemps que l'homme se fie à une justice qui lui ressemble, il reste prisonnier d'un schéma caractérisé par l'intérêt personnel et par une justice à quoi se mêle inévitablement l'injustice, en fonction des points de vue et circonstances. À cet égard, la Digression encourage l'homme à s'assimiler au divin, à devenir juste et saint, tant en vue de pratiquer l'excellence que d'accéder à la connaissance véritable. Elle écarte de cette façon la thèse de Protagoras sans se placer sur le plan de la réfutation logique, car elle se livre à une opposition de principe à principe par laquelle elle démontre que la seule option pour atteindre la liberté véritable est celle qu'elle-même propose[2]. Platon réintroduit la connaissance de ce qu'est la chose et l'établit en référence, en mesure utile pour régler sa connaissance et son comportement. Sans soutenir que le divin produit la justice, il pose que sa nature s'identifie à elle et sert pour cette raison de seule référence à l'action juste.

1. *Théét.*, 176 a 9-b 1 : Φυγὴ δὲ ὁμοίωσις θεῷ κατὰ τὸ δυνατόν.

2. Le recours à cette réponse indirecte peut s'expliquer, comme le pense F.M. Cornford (*Plato's Theory of Knowledge*, *op. cit.*, p. 83), par le fait qu'une plus longue démonstration aurait exigé de reprendre l'ensemble des arguments de la *République* relatifs aux Idées.

À l'opposé, Protagoras évacue le divin du débat et interdit explicitement de prendre son existence en considération[1]. Cette volonté s'inscrit dans le contexte phénoménaliste, qui exclut de se soucier du dieu s'il sort du champ phénoménal. Sans écarter le concept de divin, Protagoras refuse plutôt de poser la question de son existence et évacue du même coup, par postulat, une mesure qui transcende le champ empirique et dépasse les limites propres à l'individu. Contrairement au philosophe qui ignore même ignorer le chemin de l'agora (173 e), le sophiste nie la possibilité d'atteindre la connaissance de la réalité divine parce qu'elle excède les facultés humaines. La question de savoir si le divin pourrait détenir ce point de vue de référence sur les choses s'avère même complètement dénuée de sens, puisque la définition de la mesure correspond à celle du phénomène : si le dieu est mesure, il l'est au même titre que l'homme, au sens où il ne mesure que ce qui lui est relatif et le concerne lui – et lui seul. Encourager à s'assimiler à une mesure divine n'a pas plus de sens que d'encourager à s'assimiler à soi-même.

En résumé, la première partie du *Théétète* s'ouvre avec une enquête sur la connaissance et aboutit au constat que seuls certains objets pourraient répondre aux conditions imposées par l'homme-mesure, par exemple la justice (172 a-b). Ensuite, après avoir opposé vie en quête de renommée et vie en quête de savoir, la Digression soulève la question de la justice et impose l'idée du modèle divin pour accéder à la connaissance de ce qui est juste et parvenir à une conduite elle-même juste (176 b-d). S'assimiler à dieu, c'est devenir juste et pieux, c'est-à-dire connaître ce que sont le juste et le pieux – tels que dieu les connaît, lui qui n'est que justice et piété[2] –, s'élever à une connaissance de l'excellence et de la vérité analogue à la sienne. D'une certaine façon, la Digression tire les conséquences morales de la doctrine de Protagoras et les oppose à la vie philosophique[3].

1. *Théét.*, 162 d 7-e 1 : « Nobles enfants et vieillards, siégeant de conserve vous haranguez la foule, mêlant au débat jusqu'aux dieux, que moi j'écarte de mes discours et de mes écrits, pour ne prétendre à leur sujet ni qu'ils sont ni qu'ils ne sont pas. »

2. *Théét.*, 176 b 1-2 : « L'assimilation, c'est devenir juste et pieux avec intelligence (μετὰ φρονέσεως) ». Sur le sens de la *phronèsis* dans son association à la vertu, M. Dixsaut, « De quoi les philosophes sont-ils amoureux ? Sur la *phronèsis* dans les Dialogues de Platon », dans *Platon et la question de la pensée*, *op. cit.*, p. 95-97 : la *phronèsis* purifie la vertu en ce sens qu'elle permet au vertueux d'exercer la vertu grâce à la connaissance de ce qu'est la vertu.

3. En accord avec Barker, « The Digression in the *Theaetetus* », *Journal of the History of Philosophy* 14, 1976, p. 462 (suivi par Chappell, *Reading Plato's* Theaetetus, *op. cit.*, p. 127). Il n'est pas possible d'accorder à cet auteur que cette justification de la vie philosophique soit une justification populaire, rhétorique. Elle est au contraire du ressort même de la dialectique, en tant que science des hommes libres qui prennent le temps de mener l'enquête à terme.

En revanche, les *Lois* ne s'ancrent pas dans le problème de la connaissance et du relativisme des valeurs, mais dans la recherche du moyen de fonder l'unité de la Cité en incitant ses membres à adopter un comportement donné. S'y trouvent cependant confrontés deux types de disposition. D'un côté, l'homme en quête d'honneurs et de richesses tend à devenir maître d'autrui, alors qu'il se montre incapable de se contrôler lui-même. Il se prend pour seul critère et seul maître, mais court à sa perte parce qu'il reste vide de dieu (ἔρημος θεοῦ ; 716 b 1). D'un autre côté, l'homme doit plutôt pratiquer l'excellence car, en vertu de l'affinité entre semblables, il s'assimilera ainsi à la divinité qui, comme dans le *Théétète*, se caractérise par son excellence – plutôt que de s'entourer d'individus traversés par les mêmes désirs (nécessairement incompatibles) d'honneurs et de richesses. Devenir divin, c'est avant tout observer la même conduite que le dieu. Or rien ne fait état ici d'une intelligence de ce que sont les vertus, et les *Lois* donnent plutôt une série de recettes, de pratiques conformes à la divinité, pour atteindre cet état moralement supérieur. Elles proposent une vision moins intellectualiste de cette ὁμοίωσις θεῷ, qui ne prône pas un modèle de la connaissance divine mais incite à l'orthopraxie (le sacrifice, la prière et les offrandes, 716 d). Elles ne voient pas dans l'assimilation au divin un moyen d'encourager les hommes à la philosophie contre les vicissitudes de la vie des orateurs. Elles recommandent aux hommes ordinaires de vivre la vie la plus droite possible, non pas par la connaissance de ce qu'est la mesure de référence, mais par l'adoption de règles de comportement qui soient modelées sur elle.

Reste à voir pourquoi les êtres démesurés ne peuvent être mutuellement amis. Du fait d'être privés de mesure, ils n'atteignent jamais l'ordre et observent un comportement excessif. Leurs natures demeurent incommensurables, incapables de s'entendre, parce que l'une cherche sans cesse à dépasser l'autre : mues par une tendance irrépressible à déborder, elles n'atteignent jamais de détermination commune. Le démesuré n'est jamais ami du démesuré, parce que toute forme de similitude s'avère impossible par nature, l'un aspirant à avoir ou à être plus que l'autre. Ces considérations d'ordre anthropologique révèlent le lien étroit entre la modération et la mesure telle que la théorise le *Philèbe* : être mesuré et être modéré impliquent tous deux d'adopter un comportement arrêté, qui n'oscille pas perpétuellement entre excès et défaut du fait d'aspirer à vouloir davantage, mais qui reçoit une détermination d'un certain ordre. Dès lors, dans un cadre moral, la juste mesure que recommandent les *Lois* renvoie à un comportement constant, sans débordement, dont la bonté résulte de la mesure qu'il manifeste.

Une mesure pour quel dieu ?

À l'origine de l'ordre du monde, le dieu du *Timée* fait exister les choses en y introduisant de la proportion (συμμετρία), tant par rapport à elles-mêmes que par rapport aux autres car la présence des éléments, insuffisante par elle-même pour les relier et les nommer, requiert une autre détermination[1]. En d'autres termes, il introduit de l'ordre et des mesures entre les éléments, afin qu'ils se distinguent les uns des autres et forment les choses. Comme les *Lois*, le *Timée* associe donc la mesure au divin : le dieu est la puissance qui ordonne et confère une existence déterminée. Il est la forme suprême de la mesure, en ce qu'il en injecte toutes les manifestations dans l'univers, intelligible et sensible (par délégation dans le cas de celui-ci)[2]. En tant que premier principe d'ordre, il incarne au plus haut degré la puissance démiurgique inhérente à l'art : sa mesure repose nécessairement sur la connaissance de la juste mesure, de la mesure propre, originaire et primordiale qu'il inscrit dans les choses[3]. Dans le *Timée*, le démiurge installe la proportion dans l'univers, faisant que toutes les choses s'accordent et s'harmonisent afin de réaliser l'équilibre physique. En ce sens, il est la cause ultime de la mesure.

Or, quand les *Lois* recommandent de s'assimiler au dieu, est-ce au regard de sa fonction démiurgique, selon laquelle il introduirait la mesure dans les choses, ou d'un comportement proprement divin auquel les actions humaines devraient se conformer ? Dans la perspective épistémologique du *Théétète*, le dieu serait un modèle eu égard à sa capacité de connaître la justice et l'injustice, au sens où il donnerait la référence pour accéder à leur juste mesure. Il s'agit de savoir que dieu est tout entier juste et s'identifie pleinement à la justice. Il ne fait donc pas exister les choses telles qu'elles sont du fait de les connaître – comme le ferait la mesure par l'homme. Il entretient plutôt avec la justice un rapport de condition nécessaire de leur être connaissable : en tant que modèle, il permet d'accéder à la connaissance de ce qu'est la justice, et connaître ce qu'est la justice permet de s'assimiler à dieu. La nature même de dieu fait exister la justice telle qu'elle est pour nous, c'est-à-dire telle qu'elle sert de modèle à toute connaissance véritable de ce qu'est le juste. Par conséquent, toute connaissance de la justice qui se veut authentique devra se modeler

1. Voir *Tim.*, 69 b 3-5 : avant l'ordonnancement divin, tout était sans rapport ni mesure ; et 53 a 7-8. *Cf.* L. Brisson, *Le Même et l'Autre*, *op. cit.*, p. 472-473.

2. *Tim.*, 39 b, 47 d, 53 a, 62 d, 73 c, 87 c-e.

3. Cette puissance rappelle la τέχνη supérieure et divine qu'évoque la dernière définition du *Sophiste* (265 d-266 a).

sur le divin. Bref, la réalité de dieu sert de modèle de justice, tandis que la connaissance de la réalité de dieu sert de mesure pour devenir le plus juste possible[1]. En revanche, les *Lois* ne font intervenir aucune considération d'ordre épistémologique, puisque le dieu y est seulement envisagé comme l'étalon auquel conformer son comportement pour être le plus juste et le plus tempérant possible. Le dieu n'est pas mesure au sens où il fixerait la juste mesure et serait la condition de possibilité de la mesure (ou de la connaissance de la mesure) de toutes choses. Il représente plutôt le modèle de conformité à la justice, par assimilation auquel nous autres hommes devenons justes également. Dans les *Lois*, le dieu n'est pas *la* mesure universelle ni le principe de la mesure, mais il est ce qui est le plus mesure des choses (μάλιστα, 716 c 3), leur meilleur principe de référence. Ainsi les *Lois* évacuent la dimension épistémologique de la mesure pour se concentrer sur sa dimension politique et morale.

Dans les *Lois*, à travers la répétition du fragment de Protagoras, les choses mesurées désignent les actions, les définitions des vertus et les intentions au sein des cités. Avec la mesure divine, Platon met au jour un critère d'ordre pratique – là où Protagoras voyait dans la mesure humaine une justification de la fonction du sophiste. Or, par le biais de la Digression, en même temps qu'il rétablit une mesure transcendante à laquelle les hommes doivent se conformer, Platon tisse le lien entre le Protagoras moraliste du *Protagoras* et le Protagoras scientifique du *Théétète*, restituant du même coup à la thèse de l'homme-mesure la direction qu'elle devait avoir à l'origine, à savoir être au principe d'une théorie de l'action (au-delà d'une théorie de la connaissance) : la mesure humaine doit être conçue comme le principe de toute action. En outre, entre l'égard pour la justice prôné dans le mythe du *Protagoras* (323 b-c), qui insiste sur le respect des dieux et des coutumes sacrificielles (322 a), et ce passage des *Lois*, l'écart se situe moins dans les faits, puisque de part et d'autre, les hommes font ce qui plaît aux dieux, que dans les attitudes : les colons de Magnésie à qui s'adresse le discours devront vraiment reproduire le modèle divin, là où les citoyens de la Cité protagoréenne s'acquitteront de leur devoir en se contentant de donner l'illusion de la justice et du respect à l'égard des dieux, par les gestes autant que par les lois qu'ils posent – tout ce dont ils sont dits avoir la mesure.

1. *Contra* Gerd Van Riel, *Plato's Gods*, Ashgate, Farnham, 2013, p. 22-24, qui ne tient pas compte de la différence de contexte entre ces Dialogues.

FONCTION DE LA MESURE

Les *Lois* ne se limitent pas à énoncer le principe théorique duquel tirer la juste mesure. Elles définissent ce qu'est cette dernière avec minutie[1]. La formulation de toute loi particulière vise ainsi à établir les mesures dans chaque domaine de la vie quotidienne, ainsi qu'à fixer les règles pour les respecter au fil du temps. Les législateurs devront parfois tenir compte des circonstances pour adapter les mesures adoptées, car la loi n'a pas pour seule fonction de définir un cadre, mais elle doit produire ce qui, pour chaque chose, constituera sa bonne mesure, dans autant de situations que possible[2]. La loi doit faire en sorte que tout soit mesuré et s'accorde[3]. La mesure devra s'imposer à tous et à tout, car rien à l'intérieur de la Cité et en rapport avec ses occupants ne devra demeurer sans mesure (μεδὴν ἄμετρον, 746 e 6). En d'autres termes, pour prolonger la comparaison, tandis que le Protagoras du *Théétète* revendique la priorité de la mesure sur la loi, puisque le sophiste prétend instituer le critère du juste à partir de sa propre mesure de l'utile et faire apparaître comme juste à la Cité ce qui semble bon à lui-même (*Théét.*, 167 c), dans les *Lois* en revanche, Platon insiste sur la priorité de la loi sur la mesure, puisque ce n'est pas la mesure qui impose la loi mais la loi qui fixe la mesure, ce en fonction de quoi toute situation doit se régler.

L'opposition concerne en réalité deux conceptions de la mesure, plus qu'elle ne traduit une différence de priorité entre loi et mesure. Dans le cas du *Théétète*, la mesure désigne le critère, dont l'origine se situe dans l'individu et que la loi doit transcrire, sans nécessairement viser l'équilibre ou la proportion, la mesure. Dans les *Lois*, les lois visent à instaurer la mesure en ce second sens, en prenant cette fois le dieu pour critère : il est cette mesure parfaite dont l'équilibre pourra traverser toutes les composantes de la constitution. En ce sens, la loi impose la mesure, en visant à refléter la mesure divine : elle assume un rôle de transition entre la mesure divine et la vie politique. Entre le Protagoras du *Théétète* et les *Lois*, la différence tient donc moins à un problème de priorité logique entre loi et mesure, puisque de part et d'autre la loi reflète une mesure et assume un rôle de véhicule, qu'à la finalité visée par la loi : tendre à un équilibre dont l'origine offre ou non la garantie de la stabilité et de la vérité. Le problème demeure celui de l'origine, dès lors que la volonté

1. *Lois*, 719 e 4 : τί τὸ μέτριον καὶ ὁπόσον ῥητέον.

2. Voir *Pol.*, 295 c-297 b.

3. *Lois*, 746 e 2-3 : πάντα ταῦτα ἔμμετρά τε καὶ ἀλλήλοις σύμφωνα δεῖ τόν γε νόμον τάττειν.

d'évacuer la figure du (modèle) divin revient à envisager la cité comme un lieu des possibles laissé complètement ouvert aux individus pour instituer des normes.

Dans les *Lois*, le principe législatif que constitue la mesure apparaît comme la recherche du meilleur possible pour la Cité. Il repose sur une référence à quoi s'articulent toutes les réalisations au sein de la Cité et à laquelle les législateurs ont pour tâche de veiller. Cette mesure prend d'abord la forme d'une quantité de référence (pour la fortune ou les terrains), un étalon qui doit éviter les écarts trop importants entre citoyens et garantir ainsi la cohésion politique : la mesure fixe l'unité pour évaluer la richesse et le cadre au sein duquel les citoyens doivent demeurer afin d'éviter les disparités. À nouveau, la juste mesure n'apparaît pas comme un juste milieu entre deux extrêmes, mais comme la référence fixée pour conserver au mieux l'équilibre par l'imposition de rapports mathématiques entre les composantes politiques. Ensuite, la juste mesure concerne le comportement que doivent observer les citoyens, puisque les magistrats auront pour fonction de « tenir la mesure des désirs » des concitoyens (836 a 6). D'une certaine manière, Platon renoue avec l'idéal grec de la modération enseigné par la tradition. Mais au lieu de répéter le principe vague du μεδὴν ἄγαν et de laisser en quelque sorte la libre appréciation de la norme contre l'excès, il cherche à fixer avec précision la juste mesure. Édicter une loi, c'est en effet tracer un cadre pour l'action, tout en gardant à l'esprit le critère de l'assimilation au paradigme divin. Ce modèle régit toute entreprise au sein de la Cité, car la constitution doit poser à chaque fois comme but à la loi de poursuivre ce qu'il y a de plus beau et de plus vrai[1]. Bref, la mesure apparaît comme le critère qui concilie les dimensions morales et organisationnelles, la conduite de l'individu et l'ordonnancement technique de la Cité. En conclusion, les *Lois* envisagent la mesure dans le cadre d'une théorie appliquée dont l'objectif est de maintenir l'homogénéité du groupe politique en veillant en chaque instant à son équilibre, et ce en tenant compte des conditions contingentes. La juste mesure que la Cité trouvera ne tiendra pas uniquement à une connaissance théorétique, mais à l'application dans le sensible d'un modèle qui transcende les variations.

1. *Lois*, 746 b-c. Ce passage mentionne deux des trois manifestations du Bien énumérées par Socrate dans le *Philèbe* (65 a-b). Il manque toutefois la mesure (ou la proportion), qui apparaît dans la section suivante (puisque c'est la fonction des lois de définir le système métrique et monétaire, 746 e).

ESQUISSE D'UNE THÉORIE DE LA MESURE

La notion de mesure occupe une place importante dans les Dialogues et offre une entrée pour saisir les enjeux et les suites du débat que Platon entretient avec Protagoras. En premier lieu, il s'agit du terme de la doctrine de Protagoras sur lequel Platon porte l'accent, au point d'en éclipser les autres dimensions et de la réduire à une seule expression : l'homme-mesure. Cela étant, la prégnance que Platon reconnaît à ce concept, en le poussant jusqu'à ses conséquences les plus lointaines, tend à réconcilier l'ensemble des éléments de la thèse protagoréenne. Il permet en effet de ramener l'ensemble des questions morales et rhétoriques à un principe unique, que fonde la mesure.

En second lieu, la trajectoire que suit le concept de mesure dans les Dialogues invite à reconsidérer l'ensemble du parcours. Partant dans le *Protagoras* d'une interrogation sur la conduite morale et sur l'utilité de la métrétique pour orienter les décisions, le fonctionnement de cette méthode reste toutefois en suspens, tout comme son rapport au bien moral. Par sa forme de calcul, elle apparaît comme une technique empirique relative aux plaisirs qui ne confère aucun fondement moral à l'action. La mesure fait ensuite l'objet d'une enquête épistémologique, en tant qu'esquisse du relativisme dans le *Théétète* et en tant que recherche de la juste mesure, nécessaire au fonctionnement des arts, dans le *Politique*. Ces deux dialogues interrogent le fondement de la connaissance de la mesure, qui apparaît d'emblée comme la manifestation de l'objet pour lequel il importe de trouver le rapport adéquat. La mesure se présente bien comme un concept épistémologique majeur, à cette seule différence que le *Théétète* la situe dans l'individu, alors que le *Politique* invoque une référence extérieure. Enfin, la notion de mesure revient dans les *Lois*, à propos de la définition de l'action morale par excellence, grâce à l'élaboration préalable du concept de juste mesure. Ce tournant est amorcé dans le *Philèbe*, qui fait de la mesure une des manifestations supérieures du Bien :

la mesure est ce par quoi le Bien rejaillit à travers toutes les formes d'art et dont la connaissance conditionne la véritable pratique technique. Elle est la référence qui conditionne la perfection de toutes les productions techniques. En revanche, la science du *Théétète* ne repose sur aucun fondement établi, ce qui lui ôte toute permanence et universalité – c'est-à-dire sa qualité de science selon Platon. Et si la mesure doit aussi servir d'assise à l'action morale, c'est seulement en tant que le divin constitue l'étalon auquel l'homme est encouragé à se conformer.

Ce parcours révèle deux conceptions distinctes de la mesure. Du *Protagoras* au *Théétète*, la mesure s'avère nécessairement changeante, parce qu'elle prend son critère dans l'individu. La supériorité de l'un vis-à-vis de l'autre relève alors non pas de la connaissance d'un principe dispensateur de juste mesure, mais de l'expérience acquise avec le temps, qui s'est muée en compétence technique. Cette théorie de la mesure vise dès lors à la possibilité du savoir immédiat, où rien n'interférerait dans la relation entre l'individu et la chose qu'il mesure : à proprement parler, il n'y aurait plus de juste mesure, mais seulement une mesure meilleure, d'autres pires. À l'opposé, Platon refuse l'authenticité d'une telle mesure, à tout le moins dans ces conditions, c'est-à-dire capable d'être un principe pour la connaissance. Selon lui, la fonction première de la mesure est de supprimer l'indétermination en imposant une détermination la plus ferme possible – fonction que ne remplit pas une mesure dont l'origine et la référence demeurent dans l'individu, étant donné que ce type de mesure n'implique aucun terme apte à fixer définitivement l'oscillation et la dynamique d'opposition à l'intérieur desquelles une réalité est prise, en raison de la nature nécessairement changeante de l'individu.

Lorsqu'il évoque Protagoras dans le *Cratyle* et le *Théétète*, Platon lui prête un phénoménalisme qui lie à l'apparaître des affirmations relatives à son être-tel[1]. Il opère ainsi un déplacement par rapport à l'usage de la mesure, puisqu'il élude le problème de la quantité pour entrer dans des considérations de l'ordre de la qualité. Comprise comme un arrêt de l'oscillation entre le plus et le moins, entre des quantités indéterminées dans leur opposition, la mesure finit par s'identifier à sa composante qualitative : la quantité de chaleur perçue dans le vent définit la qualité que l'individu lui donne. Platon retient l'idée d'inspiration protagoréenne d'une mesure non strictement quantitative qui définit le mode d'être de ce à quoi elle se rapporte. Il en repense néanmoins les conditions de

1. Ce qu'il exprime notamment en recourant aux corrélatifs de qualité οἷα et τοιαῦτα, plutôt qu'aux corrélatifs de quantité (*Crat.*, 386 c; *Théét.*, 152 a).

possibilité : fonder la mesure dans l'individu, tout comme se limiter à la fonction quantificative de la mesure, c'est s'interdire de fixer un critère capable de déterminer définitivement l'illimité, à savoir la juste mesure, qui ne se restreint pas à constater la quantité d'une chose ou la qualité que lui attribue en propre un individu, mais qui établit ce qu'elle doit être – ce qui arrache résolument la mesure au champ strictement quantitatif et introduit une dimension axiologique qui, seule, permet de quitter la dynamique d'opposition entre plus et moins[1]. Mais ce geste suppose d'admettre un critère transcendant, qu'il s'agisse d'un modèle éthique ou d'une référence épistémologique. Platon trouve donc dans la mesure qu'il emprunte à Protagoras un concept efficace pour penser la détermination du singulier. Il restait à définir les modalités pour éviter de s'enfermer dans une logique idiosyncrasique.

Poser l'homme en mesure de toutes choses soulève la question de la référence et des implications d'un critère strictement humain pour évaluer la vérité. D'une façon plus radicale encore, dire l'homme mesure des choses revient à envisager l'absence de référence en dehors des individus, ou du moins à juger inaccessible une telle référence. Protagoras jugerait qu'il n'y a rien à quoi l'homme puisse se référer en dehors de lui-même. À lire le *Théétète*, vivre dans un monde de type protagoréen, ce serait se priver de certitudes au profit d'une hiérarchie empirique incapable d'arrimer la science à un socle incontestable. Aussi les corrélats du relativisme conduisent-ils à se demander comment concilier la possibilité de déterminations épistémiques individuelles avec une évaluation qui ne serait pas seulement réciproque. Protagoras adresse donc une question fondamentale au platonisme, et à la philosophie dans son ensemble : est-il acceptable, sur le plan philosophique, de vivre dans un monde dénué de critères *stables* d'évaluation ?

Dans l'examen de la thèse protagoréenne, Platon n'envisage pas l'hypothèse selon laquelle les individus posséderaient des connaissances *a priori* capables de garantir l'universalité des déterminations subjectives, du moins de postuler une mesure partagée dont le principe et la validité transcenderaient les individus. Or, à condition de ne pas limiter la mesure humaine aux particularités de l'individu, une solution de ce type pourrait

1. La tradition littéraire emploie parfois μέτρον pour désigner la juste mesure, dans le sens de la plénitude de la quantité : la mesure d'une réalité correspondant à sa quantité limite, l'âge paroxystique ou le moment d'en sortir, la forme adéquate du vers poétique. Dans l'optique de Platon, ce sens échoue encore, d'une part, à établir la référence qui justifie cette mesure (le critère de sa détermination), d'autre part, à expliquer la fonction existentielle de la mesure.

s'accorder avec la théorie protagoréenne. Qu'il existe entre les individus des différences de degré (plus ou moins chaud) plutôt que de vérité concernant les déterminations qu'ils imposent suppose au moins de leur reconnaître le partage de certaines catégories pour découper le réel. Même si, dans leur mise en œuvre, celles-ci causent des différences qualitatives, elles semblent opérer, chez chacun, sur un mode similaire et entraîner des résultats comparables (sans égard ici pour les altérations de nature pathologique). Pour tout homme, le vent apparaît plus ou moins chaud et s'inscrit dans un *continuum* généralement identifiable, plutôt qu'il n'apparaît subitement *rouge* à l'un, table à l'autre. Autrement dit, dans sa lecture phénoménaliste et perspectiviste, Platon attribue à Protagoras ce fond minimal qui permet aux hommes de partager un monde commun et de le rendre habitable à un niveau intersubjectif. Ce partage de catégories se retrouve d'ailleurs d'une certaine manière, nous le verrons, dans le mythe du *Protagoras*, où le sophiste raconte le don de la justice et de la honte à l'ensemble des hommes, sans exception, pour rendre possible la vie politique. Dès lors, la différence entre Platon et Protagoras ne se situe pas dans l'analyse du fonctionnement de la mesure (son rôle de détermination), ni dans le partage de catégories pour la rendre opérante à un niveau intersubjectif, mais dans les moyens d'évaluer les mesures produites.

Platon établit une séparation nette entre les termes de la mesure : le mesurant, le mesuré, l'acte et le critère de la mesure, qui souligne la nécessité de l'altérité de la référence. L'examen de la théorie protagoréenne révèle en effet que refuser l'altérité radicale entre l'homme et la chose conduit à inféoder la seconde au premier, à créer une dépendance du mesuré vis-à-vis du mesurant qui le fait être tel qu'il est. Or cet asservissement s'étend aux individus mesurants eux-mêmes, puisque la valeur de leur mesure, bien que leur vérité soit incontestable, se voit soumise au jugement (la mesure) d'autrui. Il n'existe dans ce cadre aucun critère pour confronter les points de vue sur une même chose et la diversité des mesures se transforme en une opposition dont l'enjeu est d'imposer la supériorité d'une mesure sur une autre, grâce et au nom d'une capacité acquise avec l'expérience. Par conséquent, pour un esprit platonicien, placer la référence (le critère) de la mesure dans le sujet conduit à assujettir la pensée et à entraver sa liberté au sens où, d'une part, elle s'attèle en permanence à imposer aux autres la supériorité de sa mesure, plutôt qu'à viser uniquement la connaissance du vrai, et où, d'autre part, elle subit l'évaluation et l'influence d'autrui, qui contraint sa progression. Dans cette optique, au lieu d'être un facteur de démocratisation ou de libération du savoir, sinon du fait d'être un facteur de démocratisation, placer la vérité de la chose dans l'individu engendre une lutte constante en contradiction directe avec le maintien de la liberté de la pensée. Pour Platon, sauver la liberté de la pensée implique dès lors d'extérioriser la vérité de la chose à toute forme de mesure individuelle et de la soumettre à une règle de mesure commune.

La mesure la plus exacte se produira dans l'identité de la chose à elle-même, car le meilleur critère pour évaluer la chose est son devoir-être. Si Platon tient de Protagoras l'idée que la mesure impose la détermination, il conçoit que celle-ci doit en priorité faire exister la chose telle qu'elle doit être, car seule la chose contient d'elle-même la vérité. Se passer de l'être de la chose et du devoir-être auquel devrait se référer toute mesure conduit à un problème analogue, vis-à-vis de la liberté, à celui qu'entraîne une mesure totalement individuelle. En premier lieu, cette situation condamne la mesure à demeurer instable et à osciller sans cesse entre le plus et le moins, parce qu'elle n'atteint jamais la limite véritable qui devrait lui être impartie. Or une pensée qui se sait condamnée à ne jamais atteindre de stabilité pour son objet ne peut pas se concevoir comme libre, si à chaque instant les acquis de son raisonnement peuvent être remis en question, parce que les choses qu'elle vise ne possèdent aucune stabilité et interdisent de jamais atteindre la vérité la plus exacte (*Phil.*, 59 a-b). La liberté de la pensée requiert de garantir la possibilité d'un développement qui ne soit pas sans cesse entravé par la mise en cause d'étapes antérieures, parce que de nouveaux critères émanant de la chose viendraient annuler la validité des précédents. Elle est au contraire libre de reprendre la recherche à nouveaux frais, d'emprunter un autre chemin, non pas du fait de se heurter à la fuite ou au dogmatisme d'un individu, ni même à la versatilité d'une chose qui se déroberait, mais simplement parce que l'enquête le réclame. En second lieu, au regard de l'intersubjectivité, seule une mesure imposée par la chose même paraît à Platon rendre possible un savoir commun, c'est-à-dire conférer aux individus un accès à un savoir identique. Ce constat n'implique pas de penser la mesure et ce savoir comme le privilège de choses en soi et séparées – sinon surviendraient nécessairement les objections du *Parménide* (133 b-134 c; 134 d-135 c; *Soph.* 248 a-e) : toute connaissance, toute participation, mais aussi toute mesure deviendraient impossibles. La mesure et la connaissance de la chose impliquent en effet d'adopter un point de vue et de suivre un chemin pour y accéder – sur ce point, Platon paraît conserver une trace de protagoréisme, contre une théorie de la chose en soi. Toutefois, s'il ne nie pas l'idée d'un point de vue ou d'une perspective nécessaire pour saisir la chose, il refuse que l'être de celle-ci s'épuise dans ce point de vue, au sens où aucun autre chemin ne permettrait d'atteindre la mesure de la même chose, dans une vérité qui ne serait plus seulement celle de la relation qui unit l'individu à la chose, mais qui serait celle de la chose elle-même. En d'autres termes, Platon refuse de privilégier la vérité de la relation entre l'homme et la chose par rapport à la vérité de la chose : la relation est vraie parce qu'elle atteint la chose dans sa vérité, et non l'inverse – la chose est vraie parce que la relation l'est, comme le pose le relativisme du *Théétète*. C'est, selon Platon, à cette seule condition que peut exister une vérité en droit partageable à propos des choses.

Seul le couple de l'identité et de la différence – identité du mesuré, altérité du mesurant – garantit la liberté de la pensée, car il n'assujettit aucun des termes, ni le mesuré aux mesurants, ni les mesurants entre eux. Selon Platon, la théorie de Protagoras n'offre ni d'identité de la chose ni d'altérité par rapport à l'homme qui la mesure, car ces deux pôles se définissent réciproquement. Or, puisque tout acte de mesure implique une mise en relation (*mesurer par rapport à*), l'écart le moins grand entre la chose à mesurer et sa bonne mesure ne peut résider que dans le rapport de la chose à elle-même. Comme il ressort de la taxinomie des sciences du *Philèbe*, plus cet écart s'accroît, c'est-à-dire plus la responsabilité de la mesure appartient à l'individu, plus la mesure manque de précision. Dans ces conditions, *le sommet* de la mesure se situe dans le mode de relation qui révèle l'identité de la chose avec elle-même. En dehors de cet idéal et de cette mesure optimale, les mesures individuelles atteindront seulement des similitudes entre elles, puisque rien ne garantira l'identité du résultat pour la mesure d'une même chose par des personnes différentes (ou pour une même personne à des moments différents), les individus étant par nature sujets au changement. Dans la lecture platonicienne, la mesure protagoréenne manque pour cette raison la vérité, tout autant qu'elle est incapable de réellement comparer les mesures individuelles. La seule apparence de comparaison qu'elle entretient résulte de la croyance en la possibilité d'un savoir immédiat, qui livrerait directement la chose comme telle à l'individu. Mais, d'une part, cette position néglige les médiations nécessaires qu'impose toute sorte de relation cognitive (tant les propriétés individuelles que les perspectives adoptées), ou plutôt considère que ces médiations produisent une relation particulière où la chose se livre comme telle à l'individu ; d'autre part, cette aspiration entraîne la disparition de la vérité, puisqu'elle supprime le partage de références communes et se réduit à l'apparition des déterminations personnelles, contingentes et non partageables, car sujettes à des différences de degré inhérentes aux individus.

Enfin, ce débat révèle deux conceptions du monde. Refuser que la chose elle-même contienne des déterminations définitives et clôture ainsi le débat revient pour Protagoras à concevoir un monde de dispute, où il ne peut exister de vérité ultime sur les choses, mais où la place de l'incertitude et de la polémique reste ouverte. À l'inverse, Platon propose un monde non conflictuel dans son principe où la chose garantit l'accès à la vérité, au sens où il existe dans sa connaissance un moyen de résoudre les conflits par la reconduction à une vérité commune et incontestable. Afin de préserver la validité de la science et de la connaissance, il adopte le principe d'une juste mesure, plutôt que de voir disparaître la stabilité de la connaissance dans des débats interminables. À la validité que garantissent *en fait* à chacun les conditions individuelles du phénomène, il préfère une vérité *en droit* universellement commune, parce qu'attachée à la chose même, pour la raison qu'elle seule semble garantir l'universalité de toute vérité.

En conclusion, Platon retient de Protagoras l'idée que toute science consiste à produire une mesure, parce que ce principe trouve des répercussions dans l'idée de modèle. La juste mesure ne se résume pas à être un principe de cognoscibilité mais possède des implications pratiques. Dans les *Lois*, par exemple, la mesure est le modèle sur lequel conformer le comportement, autrement dit elle délimite les attitudes dont la loi impose le respect. Ainsi la norme consiste à inscrire le modèle, la juste mesure, dans le devenir, tout comme dans le *Politique* elle est ce à quoi doit tendre toute production de l'art. Postuler l'existence d'un principe vrai partageable par tous, c'est éviter la mise en cause systématique des mesures qu'il permet d'instituer – là où la mesure de Protagoras ouvre à la possibilité d'une mise en question permanente. Platon refuse de convenir que l'homme, en tant qu'individu, soit mesure parce qu'il n'accepte pas de se passer de la vérité, du moins d'une vérité stable qui transcende d'une certaine façon les individus qui y accèdent. Se confronter à la thèse protagoréenne de la mesure lui permet de faire émerger une hypothèse philosophiquement féconde, dont divers aspects restent à explorer.

Deuxième partie

SOPHIA, DÉMOCRATIE ET CONTRADICTION

Par sa fonction, le sophiste doit s'orienter dans des domaines que lui conteste le philosophe : la παιδεία et la σοφία. Protagoras adopte des positions contraires à celles de Platon, qui résultent de son statut de sophiste. Aussi entreprend-il une légitimation de la démocratie qui, à en croire Platon, s'ancre dans des questions pratiques liées à la politique et à l'éducation pour s'étendre à des considérations d'ordre épistémologique, dont la théorie de la mesure offre une illustration. Or ce double mouvement d'extension et de justification amène avec lui plusieurs apories, pour lesquelles la recherche d'une issue constitue le ressort même de sa pensée : loin de les nier, Protagoras tâche plutôt de se les approprier.

Y a-t-il des professeurs de vertu ?

La première difficulté à laquelle Platon soumet Protagoras touche à l'utilité politique du sophiste. Le *Protagoras* a pour enjeu initial de définir le sophiste – une question adressée au jeune Hippocrate, qui désire suivre l'enseignement de Protagoras (311 d), puis à Protagoras lui-même (318 a), qui s'attribue d'enseigner ce que Socrate nomme la πολιτικὴ τέχνη (319 a) ou l'ἀρετή (328 a-b; 329 b). Or, aux yeux de Socrate, la réponse paraît problématique, car elle prête au sophiste d'enseigner une compétence qui semble pourtant ne pas devoir s'enseigner – ce dont la démocratie athénienne offre la preuve. À l'assemblée en effet, en matière de savoir technique, les Athéniens n'écoutent que l'expert reconnu, tandis qu'en matière de politique générale, chacun a un droit égal à la parole. Par conséquent, le fonctionnement de la Cité rend *de facto* vaine la prétention du sophiste, vu qu'il revient à nier l'existence d'experts en art politique, par opposition à ce qui se passe dans les autres arts (319 b-d)[1]. Le sophiste semble donc revendiquer un enseignement dans un domaine où pourtant chacun est jugé compétent, ce qui paraît bien absurde et inutile. Renverser l'objection s'avère donc indispensable à Protagoras s'il souhaite maintenir le bien-fondé de sa fonction.

Cette objection confronte la position de Protagoras à une difficulté interne. Exercer son activité comme il l'entend, comme un professeur itinérant, implique d'une part d'enseigner dans des cités où l'éducation ne relève pas de la Cité et où chacun peut accéder *en droit* à l'éducation qu'il souhaite[2]; d'autre part, de s'adresser à des individus qui peuvent prendre part à la vie politique et exercer leur rôle de citoyen. Or la démocratie est le régime qui garantit au mieux ces deux conditions et permet dès lors l'activité du sophiste[3]. La démocratie rend donc à la fois possible et contestable la profession de Protagoras (ἐπάγγελμα, 319 a 6). Cela étant, l'objection de Socrate ouvre déjà la porte à une solution car, dans l'hypothèse où tout le monde détient la compétence politique, les décisions de l'assemblée ne sont plus seulement régies par l'art, mais elles reposent sur la préférence[4]. Elle laisse donc au sophiste de se présenter comme l'expert capable d'infléchir cette préférence ou d'en enseigner le moyen. Or, au lieu d'emprunter ce chemin bien évident, Protagoras va choisir de rendre sa position plus délicate encore, en empruntant dans le mythe la voie de la condition de possibilité : en tant que régime, la démocratie ne requiert aucune compétence particulière. Ou plutôt, octroyer cette compétence à tout citoyen est la seule justification possible du bon fonctionnement de la démocratie.

Platon ajoute une seconde objection, qui résulte des preuves empiriques de l'impossibilité d'enseigner la vertu : même les plus grands hommes que

1. Il s'agit d'un argument rhétorique qui recourt à la vraisemblance de la situation. D'une part, Socrate présuppose que les Athéniens ont raison d'agir comme ils le font – une opinion loin d'être platonicienne. D'autre part, il implique que la situation athénienne soit bien telle que Socrate l'affirme, c'est-à-dire que les Athéniens obéissent scrupuleusement à cette règle rationnelle parce qu'ils estiment devoir être réservés aux experts les objets relatifs à des arts issus d'un apprentissage.

2. Le sophiste ne parvient pas à prendre pied dans des cités telle que Sparte : *Prot.*, 342 b-d. Voir *Hip. Maj.*, 283 b-286 c.

3. On le voit d'emblée, à la différence de Platon, Protagoras ne cherche pas à rompre avec le système politique en place, mais il s'établit sur les bases de ce dernier – point de désaccord profond entre les deux auteurs : alors que le philosophe platonicien ne peut évoluer dans les régimes déjà institués et doit en imposer un nouveau, le sophiste s'ancre dans un cadre établi et il s'emploie à le justifier de façon rationnelle.

4. Ce point est relevé par Taylor, *Plato : Protagoras*, *op. cit.*, p. 73, qui ne constate pourtant pas qu'il s'agit là d'une porte laissée ouverte au sophiste.

la Cité ait connus, tel Périclès, se sont montrés incapables de transmettre à leurs fils ou pupilles leurs compétences et vertus (319 e-320 b)[1]. Sur quelle base Protagoras peut-il donc penser que la vertu s'enseigne? Si elles contiennent toutes les deux une certaine dose d'ironie - du fait d'attribuer la sagesse aux Athéniens d'une part, à Périclès de l'autre -, ces objections s'avèrent logiquement incompatibles, puisque la première doute de l'existence d'une compétence politique, tandis que la seconde l'attribue à des hommes tels que Périclès[2]. Le dialogue se présente donc sous la forme d'une alternative dont il incombe au sophiste de développer un terme pour le rendre plus vraisemblable, de renforcer une position, la sienne, qui au départ paraît plus faible, en affirmant d'une part que ce qu'il enseigne est bien un art, d'autre part que cet art peut s'enseigner.

Le sophiste à l'épreuve de la connaissance

Dans le *Théétète*, l'identification de la thèse protagoréenne et du sensualisme soulève une contradiction *in terminis* à l'encontre de la maîtrise revendiquée par le sophiste, dont le corollaire est de menacer aussi la philosophie. D'une part, fonder la science sur la sensation, c'est l'étendre à l'ensemble du règne animal, qui se caractérise par le sentir. L'homme ne serait pas plus mesure que le cochon ou le cynocéphale. D'autre part, envisagée comme un relativisme individuel, et non spécifique, la thèse rend tous les hommes égaux face à la science car, si la sensation ou la mesure de chacun est vraie, personne ne peut se prétendre plus savant qu'un autre. Le rôle de professeur revendiqué par le sophiste paraît bien inutile du fait de l'équivalence universelle en matière de connaissance. Son expertise et le salaire qu'il réclame perdent toute forme de justification (161 d-e). En corollaire, l'innéisme de la mesure et de la sensation éradique la possibilité de mener un dialogue, ou une réfutation, et d'aboutir ensemble à une quelconque vérité - une critique directe à l'endroit de la pratique du διαλέγεσθαι dans son ensemble, et de la maïeutique en particulier.

1. Il s'agit là encore d'une objection rhétorique, fondée sur la réputation d'Alcibiade. Voir Stokes, *Plato's Socratic Conversations*, *op. cit.*, p. 206.

2. Ce point est noté par O. Kulesz, *Antilogía final. La crítica platónica al antropometrismo de Protágoras*, Buenos Aires, Nicolás Bourbaki, 2006, p. 128-129. Cette argumentation de forme cumulative et conditionnelle, dont la combinaison même repose sur le vraisemblable, est caractéristique des arguments des sophistes : la politique n'est pas une compétence; quand bien même elle en serait une, elle ne semble pas s'enseigner.

Visant aussi bien le sophiste que le philosophe, cette triple objection est plus radicale encore que celle du *Protagoras* car elle ne se contente plus d'attribuer à chacun la capacité de posséder et d'enseigner une certaine connaissance, la vertu politique, mais elle rend chacun principe de la science et de la vérité. Si, dans le *Protagoras*, la compétence semblait déjà partagée *par tous les citoyens*, dans le *Théétète* elle tend à s'universaliser davantage encore. Postuler l'extension de la science à tout un chacun soumet donc le sophiste à la contradiction. Or, à bien y regarder, Protagoras assume volontiers la difficulté, dans le but de présenter la sophistique comme un art de la contradiction, qui accepte une position plus fragile et la renforce au moyen des contrastes. La solution consistera avant tout à contester la méthode utilisée par Socrate.

Aussi cette deuxième partie est-elle consacrée à examiner dans quelle mesure et pour quelles raisons Protagoras entend fonder un tel art de la contradiction. À cette fin, elle analyse le dialogue de Platon avec Protagoras autour de quelques enjeux fondamentaux pour sa pensée, dans le but d'interroger les conséquences de l'option protagoréenne et de montrer comment elle aboutit à une conception alternative du monde, de la Cité et du savoir, articulée au projet démocratique.

CHAPITRE PREMIER

LE SOPHISTE DEVANT LA CONTRADICTION

La mise en scène de Platon place Protagoras dans une position manifestement contradictoire, du moins inconfortable. Dans leur succession, ses affirmations paraissent discréditer la légitimité de son rôle et rendre inutile sa présence au sein de la Cité, qu'il s'agisse d'éducation politique ou d'enseignement du savoir. Pour cette raison, le sophiste doit sans cesse justifier sa fonction car, rattrapé par les implications de sa thèse, il est continuellement contraint de soutenir son rôle de professeur, de légitimer ses prétentions didactiques ou de redéfinir la notion même de savoir. Mais pourquoi Platon représente-t-il un Protagoras en butte à la contradiction, qui relève surtout de l'opposition entre le cœur de sa doctrine et son statut de professeur ? Sans doute veut-il souligner un objectif fondamental du sophiste, à savoir insister sur l'originalité de sa position et justifier la raison de son ignorance ordinaire par la foule. Par conséquent, élucider les stratégies de contradiction mises en œuvre par Platon devrait révéler les moyens utilisés par Protagoras pour établir les fondements de sa doctrine.

Pour lever les contradictions, Protagoras rompt avec le mode dialogique et situe son argumentation sur un autre plan, ouvrant la voie à une réflexion sur la façon de mener un entretien philosophique et de traiter la thèse d'un adversaire. D'une certaine façon, il s'agit de démontrer que, si ces contradictions se révèlent inhérentes à sa position, elles n'en constituent pourtant pas une faiblesse.

DÉMOCRATISER LA DISCUSSION

Dans le *Protagoras*, Protagoras répond à l'impossibilité d'enseigner la vertu par un μῦθος (320 c-324 d), puis par un λόγος (324 d-328 d) : le premier expose sa position (μῦθον λέγων ἐπιδείξω), le second en examine le détail (λόγῳ διεξέλθω, 320 c). Chacun vise à lever la contradiction que le sophiste doit assumer.

Le mythe : une histoire proche de la réalité

Pour amorcer la démonstration, Protagoras choisit le μῦθος car il s'adresse à un public jeune (320 c). Il commence par raconter l'imprévoyance d'Épiméthée dans la répartition des facultés entre les espèces et son oubli des hommes. Puis il décrit l'état dans lequel ceux-ci, pourtant pourvus des τέχναι par Prométhée, ne parviennent pas à résister aux animaux en raison de leur incapacité à s'unir et à préserver les cités sans s'infliger de torts réciproques (322 a-b). Enfin, il rapporte que Zeus donne αἰδώς et δίκη *à tous les hommes*, *via* Hermès, afin de compenser le manque de πολιτικὴ τέχνη – alors que les autres τέχναι faisaient l'objet d'une répartition sélective, parce qu'il n'était pas nécessaire à la survie de l'espèce que tous les possèdent toutes (322 c-d). Pour conclure le récit, Protagoras mentionne la loi édictée par Zeus, à savoir que soient mis à mort les citoyens incapables de justice et de honte [1]. En conclusion, la partie purement narrative du mythe décrit le cadre qui légitime la participation à la démocratie, apportant « un fondement théorique à la démocratie directe »– le premier de l'histoire de la pensée [2]. Mais pourquoi recourir au mythe ?

Avec celui d'Aristophane dans le *Banquet*, le mythe de Protagoras est le seul à ne pas être l'œuvre du protagoniste mais d'un interlocuteur de Socrate. C'est aussi le premier raconté par Platon, qui reprendra et retravaillera le mythème de la genèse politique. Ce faisant, il amorce la réflexion platonicienne sur l'usage du mythe [3]. Mais comment se situe-t-il par rapport à la tradition ? Dans la mesure où Protagoras se revendique d'une généalogie qui remonte à Homère, Hésiode et Orphée, il justifie implicitement le recours au mythe en l'inscrivant dans la ligne directe de l'épopée (316 d-e). Prolonger la tradition l'autorise à en reprendre les instruments et les images, mais aussi à les adapter à son époque et à son propos. Mais il présente aussi le mythe comme un moment d'égarement,

1. *Prot.*, 322 d 4-5 : καὶ νόμον γε θὲς παρ' ἐμοῦ τὸν μὴ δυνάμενοναἰδοῦς καὶ δίκης μετέχειν κτείνειν ὡς νόσον πόλεως.

2. Selon les mots de G.B. Kerferd, *Le Mouvement sophistique*, *op. cit.*, p. 211. La thèse a aussi inspiré F. Lasserre, « Hérodote et Protagoras : le débat sur les constitutions », *Museum Helveticum* 33, 1976, p. 76.

3. K. Reinhardt qualifie ce mythe de « travestissement » par rapport au mythe platonicien (*Les Mythes de Platon*, Paris, Gallimard, 2007, p. 51). Or, si travestir, c'est imiter, qu'est-ce que ce mythe pourrait imiter lorsque le modèle n'a pas encore été montré ?

de détente, qui, interrompant le processus d'interrogation pour plaider en faveur de la possibilité d'enseigner la vertu, s'adresse à l'auditeur comme à un enfant (320 c) [1]. Dès lors, cette justification de la démocratie prend en même temps pour but de légitimer le rôle du sophiste, tout comme le récit d'Ulysse aux Phéaciens dans l'*Odyssée* illustre, par le procédé de mise en abîme, la fonction et la pratique de l'aède.

Que dire de l'authenticité du mythe ? Protagoras n'est vraisemblablement pas l'auteur de la version que contient le *Protagoras*, et ce passage n'en est pas une longue citation [2]. Platon compose plus certainement, à partir des éléments glanés dans les œuvres du sophiste, un récit cohérent, peu ou prou fidèle à l'original [3]. Ce mythe est dès lors la rencontre entre une méthode et une idée de Protagoras, telles que Platon en conçoit les implications. Or le *Protagoras* ne laisse aucune ambiguïté sur la finalité

1. S. Delcomminette (*L'Inventivité dialectique*, *op. cit.*, p. 163-169) note que, dans le cas du *Politique*, la fonction ludique s'intègre à la finalité générale du Dialogue, invitant à maintenir une distance à l'égard d'enseignements que le lecteur serait tenté d'objectiver.

2. Une citation littérale d'une telle longueur serait exceptionnelle dans les Dialogues, avec en parallèle la citation de Simonide (338 e-347 a ; pour sa reconstitution : G. Cerri, « Il canto di Simoni nel *Protagora* di Platone », dans *Il* Protagora *di Platone : struttura e problematiche*, G. Casertano (ed.), Napoli, Loffredo, 2004, p. 476-477 ; R. Scodel, « Literary Interpretation in Plato's *Protagoras* », *Ancient Philosophy* 6, 1986, p. 28-29). Toutefois, alors que le poème est entrecoupé d'explications de Socrate et Protagoras, donc d'interventions de Platon, le mythe est une longue prise de parole ininterrompue du sophiste. L'édition de Diels et Kranz l'intègre d'ailleurs aux imitations plutôt qu'aux fragments (C 1 DK).

3. Diogène Laërce attribue à Protagoras un traité Περὶ τῆς ἐν ἀρχῇ καταστάσεως (*Vies*, IX, 55 = 80 A 1 DK). W.K.C. Guthrie (*Les Sophistes*, Paris, Payot, 1976, p. 72) souligne qu'il ne contenait pas de récit cosmologique, étant donné que Protagoras porte l'accent sur l'humanité, son développement et sa fonction. Quant à M. Untersteiner (*Les Sophistes 1*, *op. cit.*, p. 32-33), s'il reconnaît la paternité protagoréenne du mythe, il sépare en revanche le mythe du récit *Sur l'État originel de l'homme*, intégrant le second aux *Antilogies*, le premier à la *Vérité*. En l'absence d'indice relatif au second, il est toutefois difficile de soutenir, comme cet auteur le fait à partir du fait que καταστάσεως ne semble pas correspondre à l'état de l'homme dans le mythe (pour quelle raison ?), que ces propos aient eu des finalités distinctes, puisque le mythe porte sur l'état originel de l'homme et sur l'institution des cités. A. Capizzi (*Protagora*, *op. cit.*, p. 279-281) affirme que le mythe ne doit rien à Protagoras, sinon l'imitation du ton solennel. Avec L. Brisson (« Le Mythe de Protagoras. Essai d'analyse structurale », *Quaderni urbinati di cultura classica* 20, 1975 (1), p. 7, n. 2), on peut objecter : « Ce mythe présente, sous une forme condensée, une pensée dont il y a tout lieu de croire qu'elle est celle de Protagoras, et qui s'oppose radicalement à l'ébauche de la doctrine éthique et politique de Platon, dont on trouve un premier achèvement dans la *République*. » Sans approfondir la polémique sur la composition du mythe et sur l'authenticité de ses doctrines, il paraît plus intéressant de s'interroger ici sur la perception et la présentation de ce texte *par Platon*, c'est-à-dire sur la manière dont il conçoit le protagoréisme dans le mythe. L'analyse qui suit adopte une position intermédiaire entre scepticisme et optimisme, en interrogeant la signification de ce texte *pour Platon lisant et interprétant Protagoras.*

qu'il lui prête : rendre raison d'une situation historique en la traitant sur un mode extratemporel afin de répondre à l'objection soulevée par Socrate. Le mythe ne survient pas pour imposer une théorie à la réalité, mais pour fournir une explication *anhistorique* d'une situation *actuelle*[1], car il permet de déployer dans le temps une réalité historique – par exemple l'instauration du régime démocratique. *Anhistorique* ne renvoie pas à une abstraction temporelle qui s'articulerait à des objets éternels. Le terme qualifie le récit doté de sa propre temporalité et situé aux premiers moments de l'Histoire, *quasi* en dehors, à ce moment reculé où l'homme côtoie encore le divin mais qui n'est pas un moment de l'Histoire réelle. Ainsi le *Protagoras* ne vise pas à définir le meilleur régime possible, obéissant à des conditions idéales, mais plutôt à expliquer sur un mode narratif pourquoi la démocratie peut (doit) s'imposer comme forme politique[2].

Le mythe fournit une justification atemporelle à une réalité historique. Or, au lieu d'aller à l'encontre de l'opinion ordinaire pour établir une notion adéquate, le mythe de Protagoras reproduit une réalité similaire à la réalité actuelle[3]. Il sert plutôt un objectif de légitimation que d'institution, étant donné qu'il ne vise pas à instaurer un nouvel ordre, ni même à réglementer un ordre actuel. Il légitime la démocratie en montrant pourquoi elle existe, mais aussi pour quelle raison elle doit se prolonger. En recourant au mode du *comme si*, Protagoras se place sur le plan de la description d'un être à préserver, et non de l'exploration d'un devoir-être à produire. Par l'exposé de ses conditions de possibilité et de ses origines, il théorise le monde tel qu'il est, la réalité historique de la démocratie athénienne. Comme dans le *Théétète*, où il s'appuie sur l'indubitabilité du phénomène pour fonder le relativisme, il part d'un état de fait et montre pourquoi il doit subsister. Là où Platon insiste sur la nécessité d'un nouvel ordre politique, Protagoras part du monde tel qu'il est, sans tendre à le changer radicalement mais en admettant la possibilité de

1. La situation diffère grandement de celle du *Politique* (268 e-274 d), où le mythe survient parce que la définition ordinaire du politique présente plusieurs ambiguïtés et qu'il faut tenter de l'approcher au moyen d'une autre conception de la politique et de l'homme royal (268 c).

2. K. Thein quant à lui (« Teleology and Myth in the *Protagoras* », dans *Plato's* Protagoras, A. Havlícek et F. Karfik (éd.), Prague, Oikoumenè, 2003, p. 60-62) lit le mythe sur un mode historique, prenant au sérieux les références chronologiques (notamment la postériorité des cités aux origines de l'humanité). Prenant à la lettre le contenu du mythe, cette lecture réduit à rien l'intérêt de recourir à un μῦθος plutôt qu'à un λόγος.

3. Contre la pratique de Platon qui, dans le *Politique* par exemple, décrit le politique comme pasteur divin afin de contester cette définition (*Pol.*, 275 b-c).

certains aménagements. Il participe au combat de la démocratie naissante, lui fournissant une justification et une inscription dans la durée, quand Platon prône une révolution politique. Or une révolution implique de souscrire à un *principe d'altérité* entre le mythe et la réalité historique, au sens où le lecteur doit prendre conscience de la différence entre son opinion et la situation présente à laquelle elle se rapporte d'une part, la réalité véritable atteinte dans le mythe de l'autre. Autrement dit, pour Platon, le mythe repose en première instance sur une altérité qui sépare le présent de ce qu'il devrait être ou de ce qu'il faudrait penser, alors que, pour Protagoras, le mythe insiste sur la similitude entre temps présent et temps mythique. Sans pour autant viser à l'*identité* (puisque l'histoire du mythe, renvoyée à un passé éloigné, n'a pas besoin d'être pensée comme un moment réel dans l'histoire humaine), il insiste sur la *continuité* entre mythe et réalité : la conclusion du mythe doit entraîner des retombées immédiates dans un présent similaire. Par un jeu dans le registre de la similitude, Protagoras entend prouver que l'état actuel doit être défendu, parce qu'il est le meilleur.

Première étape dans la chronologie de la mythologie platonicienne, le mythe du *Protagoras* annnonce un trait essentiel de sa méthodologie : le récit mythique a une dimension fondatrice et sert de lieu d'expérimentation des conditions de possibilité d'une réalité prise dans le devenir. Du fait de s'arracher au temps historique, il permet de penser ce qui reste par nature pris dans le changement et de réfléchir à la relation entre l'invariable et le changeant. Grâce à la liberté qui caractérise la fiction, le mythe présente un espace de réflexion sur la nécessité de certains éléments pour la vie humaine. Il autorise cependant deux attitudes à son égard : considérer la fiction comme le prolongement de la réalité (et vice-versa) ou recourir à la fiction afin de constater l'inadéquation du réel [1].

Du reste, pourquoi le mythe du *Protagoras* est-il suivi d'un λόγος ? Le mythe paraît manquer d'autonomie puisque, d'une part, il requiert son explication dans un discours, d'autre part il ne suffit pas pour répondre aux points soulevés par la question de Socrate. En réalité, Protagoras n'oppose pas λόγος et μῦθος, puisque le second prend le relais du premier sans opérer de rupture. De plus, l'alternative laissée initialement à ses auditeurs traduit la relative indifférence entre ces deux modes et laisse

1. Sur ce point, le *Politique* se démarque du *Protagoras*, puisqu'il s'y agit d'évoquer ce que devrait être la bonne forme du politique et d'en donner une illustration. Pour une comparaison entre les deux mythes, M. Narcy, « La Critique de Socrate par l'Étranger dans le *Politique* », dans *Reading the* Statesman, *op. cit.*, p. 227-230 et p. 234.

entendre que l'un et l'autre peuvent traiter de réalités similaires, avec des résultats similaires (320 c). En d'autres termes, cette alternative révèle, pour Protagoras, la complémentarité du concept et de la métaphore qui y supplée lorsque celui-ci ne suffit pas. En revanche, du point de vue de Platon, elle fait ressortir leurs défauts respectifs – du moins dans leur application protagoréenne. D'un côté, le mythe ne s'arrache pas complètement à la réalité présente, vu qu'il tente d'expliquer un état de fait sans le désir réel de le modifier. L'anhistorique reste historique en ce qu'il prend pour fondement – et pour objectif – l'Histoire présente. Parce qu'il manque l'altérité radicale et insiste sur la similitude entre la situation décrite dans le mythe et la situation actuelle, le mythe de Protagoras manquerait, aux yeux de Platon, la possibilité d'un discours vraiment atemporel. De l'autre côté, le λόγος consécutif ne s'affranchit pas suffisamment du mythe, car il reste prisonnier d'un récit sur les mêmes réalités en devenir. Il ne vise pas une vérité immuable mais reste ancré dans la situation à peine justifiée. Or, pour Protagoras, la différence entre mythe et discours paraît ténue puisque, μῦθος tout aussi bien que λόγος, son discours naît d'une volonté de légitimer la démocratie, où le sophiste trouve sa place : l'un comme l'autre justifient le rôle du sophiste. Quant à l'utilité du mythe, celui-ci l'épuise dans la volonté de dire la nécessité pour l'homme de la vertu politique, absente par nature chez les animaux, qu'il serait plus difficile de souligner par un λόγος. D'où ce constat : l'homme décrit par Protagoras est à la fois proche (par sa condition) et éloigné (par la fiction) de l'Athénien à qui le mythe s'adresse. Dès lors, comment Protagoras se sert-il du mythe pour rendre compte de l'efficacité de la démocratie ?

La meilleure manière d'asseoir l'idée qu'en démocratie, tout citoyen participe en droit à la vertu politique, c'est d'en faire un don divin lié à la nature humaine, offert à chacun : chacun ayant part au lot divin, il peut ainsi s'exprimer sur les sujets de politique générale. Protagoras situe son récit au niveau des conditions de possibilité de la démocratie. Puisque les arts ne suffisent pas à la survie de l'humanité (politique), c'est-à-dire puisque les arts ne suffisent pas à préserver la démocratie parce que les décisions politiques ne se limitent pas à des problèmes techniques (321 d-322 b), Protagoras ajoute une condition, renversant l'objection de Socrate fondée sur l'idée de se plier à l'autorité des experts. Il ne revendique pas de former des élites politiques mais bien des citoyens (πολῖται, 319 a), et son art politique apparaît moins comme un art de dirigeants que de citoyens actifs. Pour cette raison, il axe le mythe sur le naturel démocratique, attribuant comme condition à la démocratie le don par Zeus de la justice et de la honte, réparties entre tous les hommes par Hermès.

Cette origine divine marque αἰδώς et δίκη du sceau de l'immortalité. Elle leur confère une dimension éternelle qui les distingue des contingences humaines[1]. Dans le mythe, l'éternité et l'universalité doivent être tenues pour formelles, au sens où elles désignent la caractéristique partagée par tout homme, non naturelle mais déjà acquise par tout un chacun. Vu qu'elles surviennent pour combler le manque qui caractérise les hommes à l'état prépolitique, marqué par l'échec des tentatives de regroupement, elles relèvent de schèmes politiques fondamentaux, qui serviront à se conformer aux normes proclamées, historiques et relatives. Justice et honte constituent les conditions de survie de l'humanité, au sens où elles permettent le lien politique. Ensemble, elles forment une disposition pour intégrer et produire des normes politiques, sans déjà être ces codes de lois. Elles ont le statut de normes fondamentales pour instituer les règles politiques. Aussi le mythe n'instaure-t-il pas une science politique constituée, ce qui contraindrait les profanes à se soumettre aux experts. Il justifie l'état de la démocratie par une description apriorique de l'humanité à un stade antérieur au moment historique.

La dimension *a priori* du mythe se traduit dans la signification à conférer aux règles qu'il introduit. Αἰδώς et δίκη constituent les conditions de possibilité de la Cité, ce qui permettra aux hommes de vivre ensemble et de développer des intérêts communs. La première, αἰδώς, se définit comme une capacité de *respect* de soi et des autres, en vertu de l'intériorisation d'un sentiment de *honte* dû à la pression sociale extérieure[2]. Elle recouvre ce qui touche à l'image que chacun a de lui-même, qui passe par l'intégration du regard d'autrui[3]. La seconde, δίκη, correspond à la capacité à instituer des normes et à s'y conformer. Elle concerne l'acquisition, mais aussi la formulation des règles relatives au

1. L. Brisson souligne que, dès l'*incipit* (320 c 8-d 1), le mythe oppose le monde des dieux à celui des hommes, l'immortel au mortel (« Sur le mythe Protagoras : le mythe de Protagoras et la question des vertus », dans *Lectures de Platon*, *op. cit.*, p. 114).

2. Comme le constate l'*Euthyphron* (12 b-c), l'αἰδώς s'accompagne toujours d'une forme de crainte (δέος) – de la mauvaise réputation –, car elle en est une partie (*Charm.*, 160 e-161 a ; *Rép.*, V, 465 a ; *Lois*, I, 647 a ; II, 671 d, où αἰδώς est liée à δίκη ; III, 699 c). Il est intéressant de relever que, pour Platon, la nature démocratique est justement celle où αἰδώς a pratiquement disparu de l'âme (*Rép.*, VIII, 560 a).

3. Ma définition d'αἰδώς rejoint celle de S. Geragotis, « Justice et Pudeur chez Protagoras », *Revue de philosophie ancienne* 13, 1995, p. 194. Le dialogue d'ouverture entre Hippocrate et Socrate en offre d'ailleurs une illustration, quand celui-ci rougit à l'idée que Socrate et la Cité puissent penser qu'il veut devenir sophiste (312 a et 315 a). Cette profession ne convient pas à quelqu'un de son rang, parce qu'elle implique de soumettre ses services à quelqu'un d'autre (contre rémunération), ce qui n'est pas à une activité d'homme libre. Hippocrate manifeste de la honte et exprime en rougissant qu'il a intégré les

respect d'autrui et à l'interdiction des nuisances réciproques[1]. Ensemble, honte et justice ont pour fonction d'introduire « l'ordre des cités et les liens d'amitié », l'une servant à instaurer des relations entre individus, l'autre à les observer[2]. Elles décrivent les deux formes de rapport à l'autre, à savoir le comportement que chacun adopte à l'égard d'autrui et le regard qu'il jette sur lui-même parce qu'il a assimilé cette présence extérieure. Par conséquent, en ce qu'il appartient par principe à tout un chacun, ce double don divin permet de former et de maintenir des cités. Quant à l'édit de Zeus, qui frappe de mort celui qui se montre incapable d'y participer, il souligne leur caractère de condition nécessaire de la vie politique.

Αἰδώς et δίκη servent de cadre aux règles politiques plus qu'elles ne décrivent un ordre préétabli, transmis par les dieux aux hommes et marqué par un contenu donné. Elles jouent un rôle *quasi* cognitif dans l'élaboration des règles sociales, au sens où elles servent à l'homme à établir correctement ses valeurs *en fonction* des conditions historiques où il apparaît. En ce sens, αἰδώς et δίκη désignent les conditions qui rendent possibles l'institution et l'évolution des normes politiques et sociales : en vertu de sa capacité de Honte et de Justice, tout citoyen peut faire valoir son avis à tout instant de l'histoire de la Cité et modifier la norme établie, dès lors qu'aucun contenu ne le détermine *a priori*. Dans ces termes, Protagoras apporte une justification transcendantale au juspositivisme, au sens où il ne pose pas en l'homme un contenu donné, mais bien des capacités à accueillir la norme existante et à l'agrémenter d'autres. Aussi conçoit-il le rôle du sophiste comme l'enseignement d'une capacité pratique, l'εὐβουλία, dénuée de tout contenu figé, éthique ou politique : il ne se soucie pas du contenu de la vertu politique, mais il établit pour quelle raison elle est au fondement de la Cité et de la démocratie.

codes sociaux. Pour une analyse centrée sur la honte, voir M. Gomes de Pina, « L'arrossire corridendo di Ippocrate », dans *Il* Protagora *di Platone*, *op. cit.*, p. 60-64. Sur sa signification dans la tradition grecque et chez Platon, voir E.R. Dodds, *Les Grecs et l'irrationnel*, Paris, Champ-Flammarion, 1977, p. 28-29 et, plus récemment, F. Ildefonse, *Platon : Protagoras*, Paris, GF-Flammarion, 1997, p. 231-238; J. Rudhardt, « Quelques remarques sur la notion d'*aidôs* », dans *Kêpoi. De la religion à la philosophie*, V. Pirenne et É. Delruelle (éd.), Liège, Kernos, 2001, p. 1-21. L'interprétation philosophique en termes de condition de possibilité ne s'oppose pas aux interprétations plus traditionnelles qui cherchent à comprendre αἰδώς et δίκη à partir de la tradition littéraire. Les résultats de ces dernières aident même à approcher le sens philosophique de ces concepts.

1. Sur δίκη dans la tradition littéraire et sa reprise chez Protagoras, voir V.A. Rodgers, « Some Thoughts on δικη », *The Classical Quarterly* 21, 1971, p. 289-301 : la δίκη constitue dans la tradition la connaissance de la place et des honneurs qui reviennent de droit à chacun.

2. *Prot.*, 322 c 3 : πόλεων κόσμοι τε καὶ δεσμοὶ φιλίας συναγωγοί.

Si le sophiste enseigne l'εὐβουλία (318 e 5), il postule une capacité à assimiler son enseignement. Par un raisonnement en termes de condition de possibilité, le mythe pallie la difficulté que Protagoras doit affronter, envisageant l'objection de Socrate sur l'enseignabilité de la vertu non pas du point de vue de l'objet à apprendre, mais du sujet qui apprend [1]. Que Zeus répartisse entre tous la double capacité signifie que *tous y ont part en puissance* – ce qui implique encore de les développer par l'enseignement et l'apprentissage, parce que posséder une faculté *a priori* ne rend les individus ni achevés ni égaux, dès lors que sa présence ne supprime les différences ni de nature ni d'éducation. Αἰδώς et δίκη ne sont pas encore la πολιτικὴ τέχνη, mais elles en sont les conditions de possibilité [2] : avant le don, les hommes sont incapables de vivre ensemble, parce qu'il leur manque ce schème (cognitif) indispensable, les normes fondamentales pour la politique [3].

1. Cette interprétation montre à quelle condition la théorie protagoréenne de la Cité et de l'enseignement est possible, c'est-à-dire quelles implications il y a, sur le plan des facultés, à penser que la vertu s'enseigne. L'interprétation concurrente, de G.B. Kerferd (« Protagoras'Doctrine of Justice and Virtue in the *Protagoras* of Plato », *Journal of Hellenic Studies* 73, 1953, p. 42-45; repris dans *Le Mouvement sophistique, op. cit.*, p. 209-212) soutient que Zeus institue la norme fondamentale énonçant que personne n'est en droit exclu de l'apprentissage d'αἰδώς et δίκη. Si cette interprétation en termes de philosophie du droit répond à l'analogie avec les arts, qui serait à l'origine d'une norme accessoire (tous ne doivent pas maîtriser tous les arts), elle ne rend pas compte de l'échec initial de l'humanité pourvue des techniques. S'il constate un déficit, Kerferd ne dit pas de quoi. Voyant dans le λόγος une répétition du μῦθος, il manque l'importance de développer les facultés accordées par Zeus. Or la fin du mythe dit : ἔτι δὴ λοιπὴ ἀπορία ἐστίν (324 d 2). S'il reste une difficulté, cela implique que le discours ne se contente pas de reproduire les conclusions du mythe, à moins qu'il ne veuille pas la résoudre.

2. *Prot.*, 322 c : Hermès demande à Zeus « si elles doivent être réparties comme les arts » (πότερον ὡς αἱ νενέμηνται), à savoir qu'un médecin suffit à plusieurs patients. Hermès ne demande pas s'il doit procéder « à la manière des *autres* arts » (traduction de Croiset), mais « de la même façon que pour les arts » – traduction qui n'implique pas qu'il s'agisse déjà d'un art. Sur ce point de traduction, B. Manuwald, *Platon. Protagoras, op. cit.*, p. 197-198.

3. Dans son *Contre Platon. Pour défendre la République*, Ælius Aristide interprète ce texte de façon similaire, en insistant sur la fonction logique d'αἰδώς et de δίκη. D'après le mythe, dès qu'il reçoit les arts, l'homme se met rapidement à *articuler* des sons et des mots (322 a 6 : φωνὴν καὶ ὀνόματα ταχὺ διηρθρώσατο τῇ τέχνῃ). À ce stade, il n'est pas question de λόγος : si articuler des mots aboutit au mieux à une phrase, il ne s'agit pas encore du modèle achevé de la parole. Bref, bien que les hommes acquièrent rapidement l'usage de la parole, le λόγος en tant que propos construit continue à leur faire défaut. D'après Ælius Aristide, l'entrée du δεσμός et du κόσμος politiques (322 c) survient avec la rhétorique. Il réécrit ainsi le mythe en substituant ῥητορική à δίκη et αἰδώς, parce que le langage requiert la compétence productive d'associations de mots et d'idées pour atteindre son plus haut niveau, celui qui maintient unie la Cité. En ce sens, justice et honte constituent une allégorie

La métaphore du don qui caractérise l'origine d'αἰδώς et de δίκη souligne à la fois la nécessité de cette qualité pour créer les liens politiques et son manque naturel, tant chez l'homme que chez l'animal. Le don manifeste la pleine utilité de l'objet reçu : si, dans son isolement, l'homme apparaît faible par rapport aux bêtes sauvages et à leurs dispositions physiques, sa force lui provient du don des *technai* d'une part, de celui de la justice et de la honte de l'autre, qui permettent d'inverser la situation et, grâce à l'organisation en cités, de passer du statut de victime à celui de prédateur. La métaphore explique ensuite les disparités dans la possession des arts et de la politique, puisque certains peuvent être plus doués que d'autres. Enfin, l'idée d'un don et le renvoi à une origine externe soulignent le besoin d'une médiation et justifient le rôle du sophiste au sein de la Cité. À travers l'éducation, ce dernier poursuit ce rôle d'agent extérieur, nécessaire pour développer une compétence. Il se présente comme le partenaire divin du citoyen, qui reprend le flambeau transmis par Zeus et développe la part divine en lui. Si le mythe dote l'homme de facultés politiques, il insiste surtout sur leur caractère inchoatif et sur la nécessité d'une intervention extérieure pour les actualiser.

Pour et par la Cité

Dans la mesure où, en prêtant à chacun la capacité de nourrir et d'enseigner la vertu politique, Protagoras fragilise sa propre position, le discours consécutif au mythe vient conforter le rôle du sophiste (322 d-324 d). La principale prémisse du raisonnement consiste à soutenir que la répartition universelle de la justice et de la honte n'implique pas d'être en tous points égale[1]. De la même façon qu'il y a bien de meilleurs techniciens, tous les hommes n'ont pas des dispositions égales

de la rhétorique : elles permettent d'ériger des Cités par l'édiction de lois, la formulation d'idées, leur défense devant le groupe et leur mise en discussion car, pour s'associer, les hommes doivent communiquer de manière complexe. Dans les termes d'Ælius Aristide, posséder la justice et le respect devient *avoir la capacité de produire un discours*. Transposées en rhétorique, αἰδώς et δίκη rendent possible le développement du discours, parce qu'elles permettent la juste association d'idées et incitent l'un à recevoir le discours de l'autre. Par le mythe, Protagoras démontrerait l'importance du λόγος pour la Cité et pour la pensée : sans la justice et la honte, la parole de l'homme, autant que son existence, resteraient isolées et sans complexité.

1. Le grec dit μετέχειν. *Prot.*, 322 d 1-2 : Ἐπι πάντας, ἔφη ὁ Ζεύς, καὶ πάντες μετεχόντων. Comme le souligne Kerferd (*Le Mouvement sophistique*, *op. cit.*, p. 210), rien ne dit que cette répartition, bien qu'universelle, fût équitable. Au contraire, la thèse que Protagoras développe dans la suite s'accorde davantage avec une forme de disparité.

à l'excellence. Et s'il fallait objecter que la disparité ne résultait pas de la nature mais de l'éducation, on pourrait répondre que, parmi les animaux, certains usent mieux de leurs défenses naturelles (les dons d'Épiméthée). Dès lors, la disparité entre les aptitudes individuelles à gérer les affaires, tant publiques que privées, prouve la légitimité du rôle du sophiste, du fait que certains individus sont dotés de meilleures capacités et peuvent ainsi améliorer les dispositions des autres.

À ce paradoxe, Protagoras en ajoute un autre, précisant que, pour le citoyen, simuler la justice suffit pour participer au jeu politique (323 b) – une affirmation qui semble contredire la répartition universelle de la justice, étant donné qu'elle suppose, voire autorise l'existence d'individus injustes ou, plutôt, prétendument justes. En réalité, feindre d'être juste implique déjà d'admettre le lien qui unit la Cité et d'y consentir d'une certaine façon. En d'autres termes, simuler la justice suppose en un sens d'avoir part à la justice et à la honte. Du reste, participer de la justice n'entraîne pas d'être infaillible. Il est seulement attendu de chacun de ne pas commettre d'injustice ni, surtout, de confesser son ignorance en matière de justice, car cela reviendrait à rompre l'accord fondateur de la politique et de la démocratie. Le défaut de certains prouve seulement que de la participation en droit à la justice ne résulte pas nécessairement une participation parfaite dans les faits, ce qui lève la contradiction entre le fait d'avoir la disposition politique et la possibilité de commettre des injustices[1]. Du reste, la présence d'un défaut est une prémisse nécessaire à l'idée d'une amélioration et justifie *a fortiori* le rôle du sophiste.

> Qu'ils ne pensent pas que [la vertu] existe naturellement (φύσει) ni spontanément (ἀπὸ τοῦ αὐτομάτου), mais qu'elle doive s'enseigner (διδακτόν) et survienne par l'entraînement (ἐξ ἐπιμελείας) chez qui elle survient, voilà ce qu'à présent je vais tenter de te démontrer (323 c 5-8).

1. On pourrait objecter que confesser son injustice est précisément un acte juste, alors que la dissimuler, c'est persévérer dans son erreur. Mais cette conception de la justice reflète un état moral de la société ni nécessaire ni universel. Elle provient d'une vision chrétienne du monde, dont une composante est l'aveu des fautes et le pardon. Dans la société que Protagoras décrit, être juste équivaut à ne pas rompre le pacte fondateur de la démocratie. En d'autres termes, sa société démocratique est en deçà du bien et du mal, et repose sur un critère formel : la Cité *se montre* qu'elle pratique la justice. Contre C. Kahn (« The Origins of the Social Contract Theory in the Fifth Century B.C. », dans *The Sophists and their Legacy*, G.B. Kerferd (ed.), Wiesbaden, Steiner, 1981, p. 106), qui lit dans le mythe l'établissement d'un système du bien et du mal, des termes qui n'apparaissent en réalité que bien plus tard dans le Dialogue.

La démocratie repose sur la conviction que chaque citoyen a des dispositions politiques à transformer en excellence, considérant que celle-ci peut s'enseigner. Protagoras justifie cette thèse par une référence au système de justice qui fonde la démocratie athénienne : à quoi servirait-il de punir les coupables, si ce n'était pour leur inculquer ce dont ils ont manqué ? Le principe d'application des peines témoigne donc de la croyance partagée en la possibilité d'améliorer les citoyens, la mort servant moins à réparer les injustices qu'à se débarrasser des cas incurables (324 a-c ; 325 a-b). Aussi Protagoras propose-t-il une interprétation méliorative et non répressive de la justice punitive : la peine ne rétribue pas la faute commise en vue de réprimander l'auteur et de lui infliger par esprit de vengeance un tort semblable à celui causé, mais d'améliorer et de détourner du vice le coupable auquel elle s'applique (ἀποτροπῆς γοῦν ἕνεκα κολάζει ; 324 b 5-6). Cette lecture du principe de justice démocratique constitue bien une prémisse essentielle pour soutenir que l'excellence politique résulte du soin, de l'exercice et de l'étude.

Or prendre appui sur le comportement de la foule pour démontrer sa position ne place-t-il pas à nouveau Protagoras dans une position délicate, contradictoire, puisque d'un côté il accorde du crédit à des opinions communes et, de l'autre, il discrédite l'attitude populaire sur d'autres points. « La foule, pour ainsi dire, ne s'aperçoit de rien, mais ce que ceux-ci [les dirigeants] proclament, elle le scande (ὑμνοῦσιν, 317 a 5-7). » Loin de valoriser et d'idéaliser un état de fait politique, Protagoras admet la propension des gens à répéter les paroles des gouvernants sans en percevoir les enjeux. Toutefois, cette attitude de défiance résulte moins d'une « hostilité »[1] à l'égard de la foule que d'un ancrage pour fonder l'activité du sophiste – puisque la tendance de la foule à suivre ses *leaders* lui offre une triple justification. Premièrement, elle rend compte de l'attrait que le sophiste est en mesure d'exercer s'il parvient à prouver sa supériorité en matière politique. Deuxièmement, si l'opinion populaire reflète le plus souvent un modèle, celui-ci provient des hommes politiques influents, et non de la foule. S'il y a hostilité de la part du sophiste, elle vise moins la foule elle-même que l'auteur de ses idées. En revanche, cette forme d'incapacité à se former une opinion par soi-même qui caractérise la foule et traduit une forme d'ignorance justifie le rôle du sophiste : la disparité entre la foule et ses dirigeants dans l'usage des capacités politiques légitime sa fonction dans la Cité. Troisièmement, que la foule suive naïvement ses

1. C'est le mot d'O. Kulesz (*Antilogía final*, *op. cit.*, p. 132), qui juge paradoxale la position que Platon attribue au sophiste.

meneurs n'empêche pas de tenir compte des opinions qu'elle véhicule. En effet, si en démocratie la foule est l'élément indispensable pour asseoir une force politique et si toutes les opinions doivent recevoir son aval pour avoir cours dans la Cité, toute action politique (ou didactique) doit prendre appui sur celles-ci, vu qu'elles assurent le lien politique. Bref, loin de tous les préjugés à l'encontre du sophiste, d'après lesquels ce dernier nourrit un intérêt à l'égard de l'ignorance de la foule, rien dans le mythe ni dans le discours de Protagoras ne trahit un tel cynisme vis-à-vis de la démocratie. Au contraire, dans la mesure où il attribue à chacun le droit d'accéder aux connaissances politiques, il revendique du même coup la possibilité d'élever le sens critique du δῆμος, plutôt que de le maintenir dans un état d'ignorance auquel rien ne le condamne par nature. Si Protagoras se montre dubitatif à l'égard de la foule, c'est peut-être moins par intérêt que par conviction politique. Athéniens, encore un effort si vous voulez être démocrates.

Quelle vision politique Protagoras déploie-t-il donc à travers le mythe ? D'une part, le don de la justice et de la honte émanant de Zeus garantit la possession de la capacité politique par tous les hommes et leur permet de participer au vivre ensemble. D'autre part, l'expérience révèle des différences entre les cités et des variations entre leurs lois, au point qu'une Cité peut juger juste ce qu'une autre juge injuste. Ces deux prémisses révèlent que, si le mythe explique les principes fondamentaux de la démocratie, en même temps qu'il constitue un discours sur ses conditions de possibilité, il n'est pas normatif, au sens où il ne développe pas d'argument relatif au contenu des principes juridiques et politiques. En d'autres termes, il dessine un espace politique ouvert à différentes formes de réalisation, qui autorise le sophiste à revendiquer de transmettre l'excellence politique dans plusieurs cités. En se situant sur le plan des dispositions premières, Protagoras ne prétend pas enseigner le bien et le mal tels que chaque Cité les conçoit, mais plutôt la façon de développer ces capacités politiques universellement réparties. Toutefois, en quoi peut consister un enseignement valable *dans toutes les cités* s'il n'y a *a priori* aucune connexion entre leurs systèmes juridiques ? À nouveau, parce qu'il se place au niveau des conditions de possibilité, Protagoras entend enseigner comment utiliser au mieux ces capacités politiques que chacun a par devers soi, c'est-à-dire non pas enseigner tel ou tel code de lois, mais comment contribuer à établir un code. Pour l'activité du sophiste, la définition du bon et du mauvais importe peu, car il se focalise sur les conditions de compréhension du lien politique qui se tisse au sein des cités. Aussi Protagoras refuse-t-il toute inscription naturelle des codes moraux et des normes politiques. Il reconnaît en revanche aux individus un droit égal à exercer leur art politique et un besoin de développer les capacités universelles. Sa conception de la politique n'en appelle pas à la morale mais à la pragmatique, se fondant sur un relativisme juridique [1].

Le mythe lève ainsi la première contradiction soulevée par Socrate au sujet de la fonction du sophiste – enseigner un objet qui apparemment ne s'enseigne pas. Si la justice punitive témoigne d'une opinion populaire selon laquelle les peines détournent du crime vers la vertu, elle constitue la meilleure justification de la fonction du sophiste : contribuer à l'éducation des citoyens désireux d'améliorer leurs compétences, l'exercice de leur rôle politique [2]. Or ce point implique à son tour une contradiction car il ne devrait pas y avoir d'inégalités entre des hommes pourtant dotés des mêmes capacités politiques. La disparité ne contrevient-elle pas à la dimension démocratique qui paraît résulter de la possession universelle des capacités politiques ? En réalité, la répartition n'implique pas l'équivalence : tout comme il existe des disparités dans la maîtrise des arts, tous ne possèdent pas la πολιτικὴ τέχνη au même degré. L'hypothèse de l'égalité politique *de droit* n'implique pas l'égalité *de fait* des dispositions naturelles et les différences entre les individus justifient l'intervention du sophiste dans ce contexte démocratique. Mais une nouvelle contradiction surgit : si la pensée politique et pédagogique de Protagoras traduit un égalitarisme démocratique, le caractère payant des leçons, que Platon souligne, contribue à accentuer les disparités naturelles en raison des inégalités de richesse : si les plus riches ne sont pas nécessairement plus doués, ils ont une chance plus élevée de recevoir une meilleure éducation (326 c). Un témoignage extérieur coupe cependant court à ce possible sous-entendu du texte et montre que Protagoras n'entretenait pas volontiers la disparité : s'il propose à Euathle de lui payer ses leçons par les fruits de sa première victoire au tribunal, il permet du même coup à un individu démuni de suivre ses cours, traduisant par là un désir d'éviter de s'adresser uniquement aux plus riches [3]. Par conséquent, Protagoras lève toutes les contradictions qui entourent sa position.

1. Comme le note aussi P. Coby : il n'y a pas du point de vue de Protagoras de bien qui transcenderait l'opinion de la Cité (*Socrates and the Sophistic Enlightenment*, *op. cit.*, p. 68). C'est la raison pour laquelle il ne réserve pas ses leçons à ceux que leur noblesse destine à être bons, mais enseigne à tous à devenir bons et nobles.

2. Comme le souligne M. Stokes, Protagoras n'adresse pas son discours sur la démocratie à l'assemblée, mais à un public formé par les hôtes de Callias, autrement dit à des sophistes et à des gens influents à Athènes (*Plato's Socratic Conversations*, *op. cit.*, p. 211). C'est peut-être pour cette raison qu'il mentionne la crédulité de la foule.

3. *Cf.* Protagoras, A 1 DK (= Diog. Laër., *Vies*, IX, 56).

La seconde objection de Socrate ressortissait au privilège attribué au sophiste, dans l'hypothèse où tout le monde posséderait la vertu : quelle utilité garderait l'enseignement du sophiste ? Protagoras répond à nouveau de façon paradoxale. Au lieu de se réserver la tâche d'enseigner l'excellence, il étend cette capacité à chacun : de même que chacun dispose de la capacité d'acquérir la vertu, chacun est en mesure de la transmettre. Cette thèse part du constat que l'apprentissage de l'excellence s'accomplit au long de l'existence, tout comme l'étude du λόγος. Au cours de leur vie, les hommes ne cessent d'améliorer en parallèle leur vertu et leur langue, dans la mesure où la transmission des codes linguistiques s'avère contemporaine de celles des codes moraux (325 c-326 e). Depuis l'apprentissage des premiers mots dans le giron familial, suivi par l'enseignement des lettres par le grammairien et des vers lyriques par le cithariste, jusqu'aux lois écrites de la Cité qui dessinent un cadre pour l'action, le langage est le véhicule par lequel le citoyen cultive son excellence tout en développant son λόγος[1]. Or de la longueur et de la continuité du processus il résulte que le grec, tout comme l'excellence, procède d'un apprentissage par tous et pour tous, où il est impossible d'identifier *le* maître. Cet enseignement permanent et généralisé conduit à développer les facultés cognitives que chacun a par nature et qui sont utiles tant au langage qu'à l'excellence politique[2]. Mais si la Cité s'enseigne ses codes de la même manière qu'elle perpétue sa langue, sur quelle base le sophiste parvient-il à se démarquer et à justifier ses prétentions ?

Répondre à cette question implique de résoudre cet autre paradoxe : si tout le monde possède la capacité d'enseigner la vertu, pourquoi les grands hommes ne parviennent-ils pas à transmettre leur savoir à leurs propres fils[3] ? Périclès a été incapable d'éduquer son pupille Alcibiade en homme de bien; de même, les fils de Polyclète ne sont rien par rapport à leur père (328 a-b). Sans nier l'évidence, Protagoras soutient que, si

1. En 312 a-b, l'enseignement du sophiste est rapproché de celui du pédotribe, du cithariste et du grammairien : le citoyen n'apprend pas ces arts pour en faire profession, mais en vue de se cultiver. Si au départ l'analogie est formelle, Protagoras en tire parti pour développer un parallèle de contenus : au sein de la Cité, tout enseignement est déjà enseignement de la vertu qui y a cours, quel qu'en soit le véhicule choisi.

2. *Prot.*, 326 e-327 a, 328 a : l'enseignement de la vertu est public (δημοσίᾳ) et privé (ἰδίᾳ).

3. Derrière cette objection, Platon souligne que, ce que d'aucuns nomment savoir à propos de Périclès, lui l'appelle conjecture : une compétence fondée sur l'habitude plutôt que sur une connaissance de la vertu. Contre ce que pense D. Scott (*Plato's Meno*, Cambridge, Cambridge University Press, 2006, p. 197-200), la critique des dirigeants de la démocratie est réelle, tout comme dans le *Ménon* (93 b-94 e) et le *Gorgias* (515 d-519 b).

tout citoyen est expert en art politique, il développe ses capacités avec plus ou moins de succès. Seuls certains se hissent à un degré légèrement supérieur. Ainsi le sophiste est l'expert abouti dans ce domaine, et il sert la Cité en diffusant ses connaissances contre rémunération[1]. Pour résoudre cette objection, Protagoras distingue donc entre savoir-faire et savoir théorique, compétence acquise et capacité de l'enseigner. Un homme politique aussi avisé que Périclès peut tout à fait posséder un savoir-faire dans son domaine sans pour autant connaître le moyen de le transmettre. Le sophiste en revanche connaît cet art et sait comment l'enseigner, parce qu'il développe à son propos une réflexion de second ordre. Par conséquent, bien qu'elles soient toutes deux une forme de l'excellence politique, la supériorité du sophiste se distingue de celle du stratège en ce que celui-ci conserve un rapport pratique à l'égard de cet art, alors que celui-là cultive une approche théorique vis-à-vis de ce savoir.

Pourquoi dans ce cas, pour démontrer sa connaissance, Protagoras ne répond-il pas simplement à la question « qu'est-ce que l'excellence » ? Parce que, de son point de vue, la réponse est du domaine de l'évidence : nul n'ignore ce qu'est la vertu, puisque chacun l'enseigne à ses concitoyens. La question n'appelle aucun approfondissement et la définition pourra être donnée par n'importe qui. Sur ce point, Protagoras se démarque nettement de Platon, étant donné qu'il part d'une connaissance acquise et partagée par la Cité, plutôt que de définir l'excellence en dehors de sa pratique et de ses conditions de réalisation. Mais cette position le confronte à une nouvelle difficulté : si l'excellence politique varie d'une Cité à l'autre, du moins si les valeurs et le contenu des lois diffèrent à travers les cités grecques, sur quelle base le sophiste prétend-il les enseigner partout, mieux que quiconque ? Parce que l'art politique ne suppose aucun contenu. Sa connaissance n'implique pas celle, pragmatique, de toutes les constitutions, mais seulement un savoir relatif aux compétences techniques qui rendent la politique possible.

En conclusion, la tendance de Protagoras à la contradiction tient à son désir de démontrer la nécessité de sa fonction au sein de la Cité en prenant appui sur l'opinion commune (*Rép.*, VI, 493 a). Loin de dénoncer les incohérences de cette dernière, il lui accorde du crédit en vertu du principe selon lequel l'opinion vaut tant que le groupe l'accepte (ainsi la loi est seulement le résultat d'un consensus obtenu par l'assemblée, dont la force

1. *Prot.*, 328 a 8-b 1 : ἀλλὰ κἂν εἰ ὀλίγον ἔστιν τις ὅστις διαφέρει ἡμῶν προβιβάσαι εἰς ἀρετήν, ἀγαπητόν. Taisant l'origine de son savoir et de cette différence, Protagoras insiste sur l'exigence à apprécier celui qui se démarque en matière d'excellence.

vient de ce que tout citoyen a les capacités de la comprendre, la promulguer et la respecter). Rien d'extérieur au consensus ne garantit la rectitude de l'opinion commune qui, pour cette raison, est toujours vraisemblable et potentiellement contradictoire. Penser la politique *telle qu'elle est*, c'est donc assumer la contradiction qui résulte de la situation effective de la cité, c'est-à-dire des opinions qu'elle véhicule. À cet égard, le mythe offre une justification théorique à la fois de la nécessité de la démocratie, au moyen de la distribution universelle des capacités politiques, et des disparités entre individus. Il s'appuie ainsi sur l'opinion et l'évidence, en dépit de la contradiction qu'elles entraînent. Or, à la différence de Platon pour qui ces contradictions internes à la démocratie justifient d'instituer un système politique sur un ordre nouveau (*Pol.*, 298 e-299 e), Protagoras assume la contradiction. Toutefois, la contradiction n'est pas celle du sophiste lui-même, mais bien celle de la contingence qui caractérise la politique réelle. Aussi est-elle susceptible d'être dépassée, du moins justifiée par les arguments qu'elle autorise en matière d'éducation et de rôle politique du sophiste[1]. Dès lors, en choisissant la démocratie, Protagoras accepte de plaider en faveur d'un état de fait, soumis à la contingence, et le caractère antilogique de son argumentation provient du devenir de cette réalité qu'il cherche à fonder.

Cette attitude explique l'objection que Platon formule dans la *République* : si le sophiste est indispensable à la bonne marche de la Cité, comment les hommes ont-ils réussi à se passer si longtemps de sa présence (600 c-e) ? Comment ont-il pu laisser filer Homère et Hésiode, manquer l'intérêt de leurs connaissances et ne pas acheter leurs enseignements à prix d'or, alors qu'ils y consentent pour ces nouveaux professeurs ? D'une certaine façon, la perspective de Protagoras dans le *Protagoras* contredit par anticipation la critique platonicienne. Dès le début, il soutient que le sophiste n'est pas un réformateur mais s'inscrit dans la continuité de la tradition qui remonte à Homère, Hésiode, Simonide, et qui court jusqu'à Hérodicos (316 d-317 a). Cette déclaration le conduit à assumer une (première) contradiction de principe : se présenter comme l'héritier de

1. L'accent sur ces points rappelle les fragments de la théorie protagoréenne de l'éducation (B 3; B 10; B 11 DK) : la nécessité d'apprendre et de s'entraîner dès l'enfance, la conjonction de la nature et de l'exercice, ainsi que la conjonction entre un apprentissage théorique et une finalité pratique. Tout se passe comme si Platon reproduisait les idées puisées chez Protagoras pour en tester la validité. Comme le note C.M.J. Sicking (« Plato' *Protagoras* : a "Battle of Wits"? » dans *Distant Companions*, Leiden – Boston, Brill, 1998, p. 186), le *Protagoras* n'est pas un pur exercice de style. Il repose sur un principe de charité herméneutique à l'endroit du sophiste, qui ouvre à une discussion sérieuse de ses arguments.

la tradition la plus antique tout en prétendant participer aux innovations politiques et culturelles les plus récentes. Une telle assertion paradoxale s'explique seulement par la volonté de ne pas rompre avec la culture ambiante ni de se substituer à l'enseignement de tous par tous [1]. Loin de placer le sophiste dans la subversion, cette généalogie permet d'exprimer la continuité tout autant que l'adaptation de l'enseignement à son époque : Protagoras ne remplace pas Homère, il complète son enseignement pour l'adapter à la démocratie [2]. De ce point de vue, il répond à une demande des dirigeants de la démocratie, tout comme Homère a pu aider les princes de son époque, car il ne croit pas en l'immortalité et l'intemporalité de la tradition, mais il est convaincu de la nécessité de modeler l'éducation au gré des circonstances et des changements de situation politique. Protagoras prône dès lors une théorie évolutionniste des conditions politiques et culturelles, en vertu de laquelle il est autorisé à se présenter officiellement comme un sophiste, moins pour dénoncer l'erreur de ses prédécesseurs que parce que les temps ont changé et permettent cette déclaration ouverte, voire la requièrent pour le progrès de la Cité [3].

Dès lors, tout comme l'artisan tient son métier aussi bien de son père que de la fréquentation des confrères de celui-ci (ὁμότεχνοι, 328 a), aucun apprentissage ne résulte d'un seul maître. Il provient de rencontres multiples avec un ensemble de personnes dotées d'un quelconque savoir. Dans ce concert d'enseignements, Protagoras considère le sophiste comme le professeur capable de parachever la formation politique et de combler les lacunes. Loin d'enseigner la morale, dont il laisse le soin aux cités, il se soucie seulement de développer des compétences techniques utiles pour s'adapter aux évolutions.

Comment contredire

Comme le *Protagoras*, le *Théétète* presse Protagoras à justifier sa prétention à la supériorité et le soumet à la contradiction, non plus sur le plan de l'éducation mais de la connaissance. Or, alors que le *Protagoras*

1. A.W.H. Adkins décrit cette profession de foi comme un écran de fumée dissimulant une intention de bouleverser la tradition (« Ἀρετή, Τέχνη, Democracy and Sophists : *Protagoras* 316b-328d », *Journal of Hellenic Studies* 93, 1973, p. 12). Mais l'audace de Protagoras n'est-elle pas plutôt de se présenter comme un nouvel Homère et de s'inscrire dans sa continuité ?

2. Ce passage témoigne d'ailleurs implicitement du mécénat et de la protection assurés par Périclès, comme le constate G.B. Kerferd, *Le Mouvement sophistique*, *op. cit.*, p. 58-65.

3. Comme le pense P. Coby, *Socrates and the Sophistic Enlightenment*, *op. cit.*, p. 39.

part de l'opinion commune pour souligner la contradiction entre la position théorique du sophiste et l'état de la démocratie athénienne, le *Théétète* vise directement la doctrine de Protagoras, du moins telle que Platon l'explicite. Dans la mesure où la première réponse de Protagoras est de dénoncer la méthode exégétique de Socrate pour examiner sa thèse, il faut donc commencer par se pencher sur la façon dont celui-ci formule de telles contradictions.

Une rhétorique de cochons

La première objection de Socrate prend un tour manifestement rhétorique :

> Je reste stupéfait par le début de son discours, parce qu'il n'a pas commencé sa *Vérité* en disant que « De toutes choses, la mesure est le cochon », « le babouin » ou quelque autre être plus étrange encore dans ceux doués de sensation, afin de nous parler dès le début sur un ton plein d'air et de mépris, en indiquant que, nous, nous l'admirions comme un dieu pour son savoir (ἐπὶ σοφίᾳ), alors que lui ne se trouvait être, pour la pensée (εἰς φρόνησιν), en rien meilleur qu'un têtard de grenouille, pour ne pas dire qu'un autre homme (161 c 3-d 2).

Le choix des animaux tourne la thèse en dérision plutôt que d'en éprouver la validité. D'une part, le porc et le babouin évoquent des animaux dégoûtants ou ridicules, au rang desquels personne n'admettra d'être ramené [1]. Chacun accepte plus volontiers d'être hissé au niveau des dieux – même si l'affirmation choque par sa mise en cause de la supériorité divine (162 c). La double comparaison vise clairement à heurter l'auditeur. D'autre part, que les animaux aient la sensation n'altère en rien la validité de la thèse de Protagoras, du moins si elle n'est pas limitée à la sensation mais s'étend aux opinions qui en résultent (161 d). Quoique doués de sensation, les animaux ne disposent pas en effet de la faculté de former des opinions [2]. En réponse, Protagoras dénonce le type d'argument employé par Socrate, plus persuasif que convaincant, mené sur le mode rhétorique

1. L'allusion aux cochons était, semble-t-il, proverbiale. Cf. *Lach.*, 196 d; *Rép.*, II, 372 d.

2. T. Chappell voit juste sur ce point, mais il a tort d'affirmer que l'absurdité de la thèse de Protagoras tient à l'impossibilité de justifier l'infériorité de la sensation des animaux (*Reading Plato's "Theaetetus"*, *op. cit.*, p. 90). Pourquoi Socrate douterait-il que certains animaux ont un sens plus affûté que l'homme, un fait noté par Homère à propos de la vue de l'aigle (*Iliade*, XVII, 675) ? L'argument ne concerne pas la qualité de la sensation, mais bien la possibilité de produire une différence entre l'homme et l'animal.

qui use du vraisemblable pour séduire l'auditoire[1]. Or une objection rhétorique ne révèle ni la validité ni l'absurdité d'une thèse, parce qu'elle évite de l'interroger : qu'une idée paraisse désagréable à la majorité ne suffit pas à en démontrer la fausseté.

> Nobles enfants et vieillards, siégeant de conserve vous haranguez (δημηγορεῖτε), en mêlant au débat (εἰς τὸ μέσον) les dieux que j'écarte de mes discours et écrits, pour ne dire à leur sujet ni qu'ils sont, ni qu'ils ne sont pas (162 d 5-e 2).

À bon droit, Protagoras reproche à Socrate de convoquer les dieux, lui qui les exclut de ses arguments. L'affirmation évoque un autre fragment de Protagoras, où il dit : « Au sujet des dieux, je ne peux savoir ni qu'ils sont, ni qu'ils ne sont pas, ni quels ils sont quant à leur aspect. Car beaucoup d'obstacles empêchent de le savoir : l'obscurité et la brièveté de la vie humaine (B 4 DK). » Par la voix de Protagoras, Platon associe les deux fragments dans une interprétation cohérente, recourant au premier pour déterminer le sens du second. Utilisé à bon escient, le procédé doit arracher l'argument au contexte rhétorique : au lieu de mêler à la critique des éléments extérieurs, de l'ordre du préjugé, dont la liaison n'est que vraisemblable, il consiste à expliquer une thèse propre à l'aide d'une autre. Cette méthode obéit à un postulat de cohésion de la pensée de l'auteur : interroger un auteur, c'est assumer qu'il a observé le sens de ses concepts et l'implication de ses propos. En l'occurrence, si l'homme-mesure a du sens, il doit être consistant avec l'énoncé portant sur les dieux. Puisqu'il a été admis que le phénomène fixe l'existence du sentant et du senti, il ne faut dire des dieux ni qu'ils existent ni qu'ils n'existent pas, ni comment ils sont ou ne sont pas, du fait qu'ils excèdent le champ phénoménal. Conformément à l'homme-mesure, Protagoras s'interdit dès lors de parler des dieux, car les présenter comme des mesures, voire les dire πάσσοφοι, c'est déjà les qualifier et en affirmer l'existence. La confrontation des textes permet par conséquent de fonder le scepticisme théologique sur des bases épistémologiques, en harmonie avec une conception du réel puisée dans un autre fragment. En revanche, la méthode rhétorique ne permet pas

1. *Théét.*, 162 d 3-4 : τῆς οὖν δημηγορίας ὀξέως ὑπακούεις καὶ πείθῃ. Là où Socrate l'accuse de parler pour la foule (δημούμενον, 161 e), Protagoras lui reproche de pratiquer l'éloquence publique (δημηγορεῖτε, 162 d 6), ce qui ressemble à une réponse d'orateur : le meilleur moyen de rejeter une accusation est de la retourner contre son auteur. Cette illustration du procédé sera suivie, dans l'Apologie, par le renvoi à la question des cochons : « Mais quand tu parles de porcs et de babouins, non seulement tu fais toi-même le cochon, mais encore tu persuades tes auditeurs d'agir pareillement à l'égard de mes traités ; ce n'est pas bien » (166 c 7-9).

de se prononcer sur la validité d'une thèse philosophique et n'a aucune légitimité herméneutique [1].

> Quant à la nécessité démonstrative (ἀπόδειξιν δὲ καὶ ἀνάγκην), il n'y en a goutte dans ce que vous dites, mais vous usez du vraisemblable (τῷ εἰκότι). D'ailleurs, si Théodore ou un autre géomètre voulait s'en servir pour faire de la géométrie, il ne vaudrait pas un sou. Considérez donc, Théodore et toi, si vous accepteriez des discours sur de si grands sujets qui recourent au langage persuasif (πιθανολογίᾳ) et à des vraisemblances (εἰκόσι; 162 e 3-163 a 1).

L'objection méthodologique consiste à accuser Socrate d'argumenter comme un authentique sophiste – c'est paradoxalement Protagoras qui émet le reproche. Or interpréter philosophiquement une thèse exige une méthode aussi rigoureuse que la géométrie, dont les prémisses vraies s'enchaînent par déduction logique, là où Socrate a utilisé des prémisses erronées et les a assemblées incorrectement à des fins éminemment discutables. Plaider pour la démonstration et la nécessité, c'est ramener Protagoras sur le terrain du dialogue et souligner implicitement que la teneur philosophique de sa doctrine se situe sur un autre plan que le sens commun (sur lequel évolue la rhétorique). Platon pose là un geste fort : arracher le sophiste à la place publique et le hisser à un niveau plus élevé de rigueur dans la pensée. En conclusion, l'intervention de Protagoras vise à éviter le manque de respect face à ses écrits, qui reçoivent ainsi une sorte de crédit philosophique, ainsi qu'à le lire sans user de persuasion et de vraisemblance.

Dans l'examen de l'homme-mesure, qu'implique-t-il d'employer la méthode géométrique évoquée par Protagoras? D'après la définition de Platon, effectuer un raisonnement géométrique, c'est déduire par des démonstrations successives les conséquences d'une hypothèse pour atteindre un but visé (*Rép.*, VI, 510 c-d). Transposée en principe herméneutique, la méthode reviendrait, dans ce contexte, à partir de l'hypothèse selon laquelle « l'homme est la mesure de toutes choses » pour en déduire toutes les conséquences possibles sans sortir du cadre. Chaque affirmation tirée de la formule devra s'enchaîner logiquement et nécessairement à la précédente. La méthode vise donc à écarter les opinions qui entraveraient la déduction d'arguments, ce qui implique d'entendre les questions posées, de les évaluer et d'y répondre sans introduire d'éléments extérieurs. Évoquer le cochon ou les dieux manque ainsi à

1. Dans le *Phèdre*, Socrate attribue à Tisias et Gorgias l'introduction du vraisemblable dans les arguments, ce qui en fait le *topos* rhétorique par excellence (267 a).

cette recommandation, car c'est recourir à une idée du sens commun qui maintient le raisonnement dans le vraisemblable, au lieu d'envisager la pensée sous-jacente et ses implications effectives. Interpréter une thèse philosophique sur un mode géométrique, ce serait dès lors en rechercher le lien originel, que Protagoras situe dans la nécessité et la démonstration [1].

Ce plaidoyer pour la méthode géométrique soulève une question au sujet de l'exégèse platonicienne, car il contredit un témoignage de la *Métaphysique* selon lequel Protagoras aurait composé une réfutation des géomètres :

> Cependant, l'astronomie ne pourrait pas s'occuper des grandeurs sensibles ni de notre ciel. En effet, ni les lignes sensibles ne sont telles que les décrit le géomètre – il n'y a rien d'aussi droit ni d'aussi courbe dans les sensibles, car le cercle ne touche pas la règle en un seul point, comme le disait Protagoras dans sa réfutation des géomètres (ὥσπερ Πρωταγόρας ἔλεγεν ἐλέγχων τοὺς γεωμέτρας) – ni les mouvements circulaires du ciel ne sont semblables à ceux au sujet desquels l'astronomie formule ses raisonnements (B 2, 998 a 1-4).

Si la brièveté du témoignage empêche de reconstituer le contenu de la réfutation [2], il en ressort néanmoins que Protagoras ne visait pas *la géométrie comme telle* mais plutôt *une pratique habituelle des géomètres*, qui construisent dans un pur exercice de pensée des objets en contradiction avec les phénomènes [3]. Contre la définition selon laquelle la tangente touche le cercle en un seul point, le dessin à partir duquel le géomètre raisonne indique que celle-ci le borde sur la longueur de l'arc. Une telle position semble cohérente avec les affirmations sur l'homme-mesure et sur les dieux : si aucune expérience ne révèle les propriétés des objets non phénoménaux, nous devons uniquement réfléchir sur ce qui nous apparaît. Il en résulte que les mathématiques doivent s'abstenir de raisonner à partir d'objets de pure pensée, séparés du sensible.

Or, quand Platon présente Théodore comme un partisan de Protagoras (162 a : φίλος ἀνήρ), en fait-il aussi un adepte de sa géométrie ? Le début du *Théétète* lui prête une preuve *par construction graphique* (ἔγραφε) grâce à laquelle il *montre* (ἀποφαίνων) quelques puissances irrationnelles (jusqu'à celle de dix-sept), sans poursuivre le raisonnement ni le généraliser : par

1. D'après le *Ménon*, ce lien assure la différence entre science et opinion droite (97 e-98 a).

2. Selon E. Schiappa (*Protagoras and* logos, *op. cit.*, p. 149), la brièveté s'expliquerait par le fait que le sujet devait être familier au lecteur d'Aristote.

3. En accord avec G.B. Kerferd, *Le Mouvement sophistique*, *op. cit.*, p. 168-169; et avec M. Untersteiner, *Les Sophistes 1*, *op. cit.*, 1993, p. 60-61.

cette construction d'exemples, il résoudrait selon lui le problème de l'incommensurabilité des puissances. C'est alors à Théétète d'achever la tâche laissée en suspens et de formuler la définition générale de la δύναμις (147 e-148 a) [1]. À lire ce texte, la géométrie de Théodore ne va pas au-delà des propriétés dont une construction graphique rend compte, puisqu'elle s'interrompt avant d'atteindre la méthode de preuve universelle. Elle ne s'occupe pas de raisonnements « verbaux et abstraits », dont Théodore admet s'être détourné au profit de la géométrie (165 a 2 : ἐκ τῶν ψιλῶν λόγων πρὸς τὴν γεωμετρίαν). En résumé, une telle méthode de preuve ne serait jamais purement discursive, détachant la parole du dessin, mais elle maintiendrait un lien entre la preuve graphique et l'explication. Dès lors, bien qu'il procède par démonstration pour formuler des énoncés apodictiques, ce type de géométrie corrobore d'une certaine façon la définition sensualiste (et phénoménaliste) de la science.

Mais ce modèle géométrique convient-il pour examiner une thèse de nature philosophique ? Il revient en effet à prouver la thèse de l'homme-mesure par une construction fondée sur l'expérience sensible – critère que rencontre l'objection tirée des langues étrangères (163 a-c) : si nous percevons les sons qu'émettent les Barbares, cependant nous n'en comprenons pas le sens. Un même phénomène entraîne ainsi une double situation de savoir et d'ignorance, où nous connaissons la nature sensible des sons perçus tout en ignorant leur signification (163 c-d). En cela, le modèle inductif aboutit à un résultat ambivalent qui entrave la poursuite de l'examen, dans la mesure où les situations vécues n'expriment ni la vérité ni l'erreur de l'hypothèse (la science est sensation), seulement son amphibologie. En conclusion, ce modèle géométrique s'avère inadéquat pour une interprétation philosophique et un autre procédé apparaît nécessaire [2].

La *République* définit une autre géométrie, qui raisonne à propos du carré lui-même, et non de son image. Elle n'en démontre pas les propriétés sur un mode graphique, mais bien discursif (VI, 510 d-511 a). Comme celle de Théodore, la géométrie de Platon procède avec nécessité, mais se démarque par sa définition du nécessaire. Si la première s'appuie sur

1. *Théét.*, 147 d. Sur le sens des termes en contexte mathématique, lire M. Burnyeat, « The Philosophical Sense of *Theaetetus'* Mathematics », *Isis* 69, 1978, p. 505, n. 57.

2. Socrate n'objecte rien à Théétète mais prend une autre voie. Aux adverbes ἄλλῃ (163 a 4, 6) et τῇδῃ (163 a 7), qui introduisaient l'examen par la méthode de Théodore, se substitue l'interrogatif πῇ, qui situe l'objection suivante (à propos de la mémoire) sur un autre mode (163 c 5-6 : ἀλλ' ὅρα δὴ καὶ τόδε ἄλλο προσιόν, καὶ σκόπει πῇ αὐτὸ διωσόμεθα) : avant d'examiner l'objection, il faut s'accorder sur la méthode à employer pour la repousser.

une preuve *empirique*, la géométrie de Platon prône un critère *logique* (l'enchaînement causal des déductions). Or, dans la *République*, la méthode géométrique présente une insuffisance, se situant au niveau de la pensée (διάνοια), entre intelligence (νοῦς) et opinion (δόξα, 511 d). Pour cette raison, les mathématiques n'occupent que le deuxième segment de la ligne (510 b). Cette infériorité par rapport à la dialectique résulte de ce que leurs démonstrations admettent des hypothèses pour principes, sans pouvoir remonter à l'anhypothétique (511 c-d) : elles n'interrogent pas les concepts mathématiques (le pair, les figures, les nombres), mais les admettent simplement. En outre, au sein des mathématiques, la géométrie a une dignité moindre que l'arithmétique, dans la mesure où ses raisonnements restent liés à l'image sensible. Transposé à l'examen d'une thèse philosophique, cet autre procédé géométrique revient donc à faire intervenir des notions – hypothétiques – dont le sens ne sera pas interrogé au cours de l'examen[1]. Mais le lecteur de la *République* sait bien que la méthode géométrique ne peut constituer le fin mot de l'interprétation philosophique.

L'examen géométrique du sensualisme reprend sur le mode discursif (163 d-164 b) : si la sensation permet de connaître une chose qui, en son absence, se transforme dans la mémoire grâce à un apprentissage, elle confronte l'individu à une situation ambivalente de savoir et d'ignorance puisque, sans désormais faire l'expérience directe de l'objet, il en garde la trace dans le souvenir. L'objection est géométrique (au second sens) en ce qu'elle soulève une contradiction entre des concepts liés à la thèse, l'apprentissage et la mémoire, sans les interroger. Ceux-ci sont considérés *a priori* comme des formes de savoir, bien que leur sens demeure inexploré *dans le cadre de la théorie sensualiste*. Or la signification ordinaire mène la thèse à l'aporie, car ces hypothèses qu'elle érige en principes la contredisent directement. L'objection emprunte une mauvaise direction parce qu'en vertu d'une précompréhension de la notion de mémoire comme résidu de l'objet absent, elle n'établit pas si le sens qu'elle attribue à ce concept s'accorde avec celui de la thèse en cours d'analyse (164 c). Elle n'interroge aucunement la signification de ces concepts *pour Théétète*, mais elle renverse la perspective de l'examen. Elle entend vérifier si la thèse rend compte du concept de mémoire *dans son acception courante*, et non si le sensualisme pose une autre définition. L'erreur ne provient pas de la thèse examinée mais de la méthode d'examen, vu que les objections attribuent implicitement aux deux notions d'apprentissage et de mémoire

1. Voir *Rép.*, VII, 537 b-c.

un sens habituel, dont l'origine reste non interrogée (cette pratique sera dénoncée par « Protagoras » dans l'Apologie, 168 b-c).

La méthode géométrique ne convient pas à l'interprétation philosophique, parce qu'elle se contente d'accords nominaux et aboutit à une chasse aux mots qui soulève des contradictions apparentes, verbales, sans correspondant logique. Elle ne prête aucune attention au sens des mots, ce qui caractérise l'attitude des ἀγωνισταί[1]. Pour illustrer les failles de cette méthode discursive, Platon recourt à un argument éristique visant à produire des conséquences pires en réponse à la question la plus redoutable (τὸ δεινότατον ἐρώτημα, 165 b 2) : « est-il possible que celui qui sait ne sache pas ce qu'il sait ? » (165 b 3-4). Il faut noter que trois éléments incitent d'emblée à discréditer l'objection pour son caractère éristique : la réplique précédente qui juge plus terribles (δεινότερα) les conclusions d'un examen de type agonistique (165 a 5), le fait qu'ailleurs le sophiste soit considéré comme le δεινός par excellence (qui manipule par le langage)[2] et le recours à un interlocuteur imaginaire. De plus, que l'auteur d'une telle objection « n'ait pas froid aux yeux » (ἀνέκπληκτος ἀνήρ, 165 b 9) fait songer au guerrier qui fonce sans hésiter dans la bataille, un homme au caractère martial qualifié de téméraire moins parce qu'il s'attaque à l'objection que parce qu'il s'emploie à la soulever. Enfin, la réplique qui précède le discours apologétique de Protagoras confirme que l'objection possède bien un caractère éristique, qui joue notamment sur une caricature du sophiste (165 d-e). Socrate y multiplie d'ailleurs les allusions à la lutte (πελταστικὸς ἀνὴρ ἐν λόγοις, ἐμβαλών, συνεποδίσθης, ψειρωσάμενός τε καὶ συνδήσας) et y fait allusion au salaire du sophiste (μισθοφόρος, ἐλύτρου χρημάτων), qui se voit défini comme un mercenaire en discours, seul capable de ce type d'objections[3].

Que dit l'argument ? Admettons que quelqu'un nous cache un œil. Dans cette situation, nous voyons le manteau avec l'œil libre mais pas avec l'œil couvert (165 b-c). Il nous arrive donc de voir et de ne pas voir et, de l'identification entre vision et savoir, il résulte que nous connaissons et en

1. *Théét.*, 165 a 6 : μὴ προσέχων τοῖς ῥήμασι τὸν νοῦν. Et 164 c 8-d 2 : Ἀντιλογικῶς ἐοίκαμεν πρὸς τὰς τῶν ὀνομάτων ὁμολογίας ἀνομολογησάμενοι καὶ τοιούτῳ τινὶ περιγενόμενοι τοῦ λόγου ἀγαπᾶν, καὶ οὐ φάσκοντες ἀγωνισταὶ ἀλλὰ φιλόσοφοι εἶναι λανθάνομεν ταὐτὰ ἐκείνοις τοῖς δεινοῖς ἀνδράσιν ποιοῦντες. Protagoras reprendra cette accusation dans son discours : τὸν δὲ λόγον αὖ μὴ τῷ ῥήματί μουδίωκε, ἀλλ' ὧδε ἔτι σαφέστερον μάθε τί λέγω (166 d 7-e 2).

2. Voir notamment *Prot.*, 312 d 7-e 3 ; 341 a 9 ; *Crat.*, 396 e 4 ; *Rép.*, IV, 426 c 5 ; VI, 488 d 2 ; *Soph.*, 230 a 8 ; 232 c 9.

3. Les commentateurs manquent cette réplique et ajoutent cette objection aux précédentes.

même temps ignorons une même chose. L'objection passe d'un emploi relatif des actes de perception (*voir avec un œil*, *ne pas voir avec l'autre*) à un usage absolu (*voir* ou *ne pas voir*), en supprimant les qualificatifs relatifs à la vision de l'objet[1]. Par l'omission du point de vue sous lequel une affirmation est posée, ce procédé éristique produit une contradiction cependant dénuée de la moindre valeur logique, parce qu'elle pose des situations qui affectent le même individu *mais sous des rapports distincts*[2]. Il offre ainsi un exemple typique de réfutation éristique qui tait la portée relative des expressions et illustre la chasse aux mots, qui réduit l'expression complexe à un seul terme, conduisant par la rupture logique à une dilution d'un sens originel dont elle ne s'occupe guère[3].

En conclusion, quel qu'en soit le mode (rhétorique, géométrique, éristique), ces objections recèlent un fond philosophique. Si l'immédiateté du savoir inscrit chacun dans un rapport incontestable à la chose, chacun devient maître de la vérité dans son monde propre. Au vu de la diversité des situations individuelles, une telle thèse ruine le sens collectif et la critique de la signification d'origine sensible, phénoménale. Pour être soutenable, interprétable, elle devra maintenir ouverte l'existence d'un monde où le sens demeure communicable. Toutefois, la thèse de Protagoras ne mène pas nécessairement à la dissolution totale du sens, puisque les individus conservent un rapport similaire au phénomène. Entre eux les différences sont de degré, et non de nature : le vent qui paraît chaud à l'un peut paraître froid à l'autre, pas rouge ni dur. Dans ces conditions, un principe pragmatique d'interférence demeure possible entre des mondes propres liés en quelque façon les uns aux l'autres. L'ultime solution sera d'offrir à Protagoras un ἐπίκουρος λόγος qui en rende raison, en prenant la parole en son nom et en évitant les erreurs précédentes (164 e, 165 d)[4]. À tout le moins, celles-ci auront servi à montrer que l'interprétation d'un

1. Comme l'a bien vu McDowell, *Plato . Theaetetus*, *op. cit.*, p. 161-164. Socrate néglige la réponse de Théétète (οὕτω γέ πως, 165 c 5) et prétexte qu'il ne l'a pas interrogé sur la manière (τὸ ὅπως, 165 c 7). L'omission des relatifs rappelle les pièges de l'*Euthydème* (293 b-d).

2. *Rép.*, IV, 436 e 7-437 a 1. Platon appelle κομψευόμενος (436 d 5) celui qui emploie ce type d'argument : il fait des subtilités mais ne contredit pas.

3. Aristote fait de ce procédé des éristiques le type de l'argument παρὰ τὴν λέξιν : τὸ ἁπλῶς ἢ μὴ ἁπλῶς ἀλλὰ πῇ ἢ ποὺ ἢ ποτὲ ἢ πρός τι λέγεσθαι (*Réf. Soph.*, 166 b 22-23). Les variantes du *Théétète* (165 d : savoir aigu et obtus, de près et de loin, intense et modéré) suggèrent que Platon avait déjà identifié ce procédé.

4. Comme le note M. Burnyeat, la section 163 e-165 e est « un modèle de démonstration de la façon dont il ne faut *pas* s'y prendre pour critiquer la thèse […] à savoir, en isolant la thèse des enjeux épistémologiques et métaphysiques auxquels elle a été rattachée jusqu'ici » (*Introduction au* Théétète, *op. cit.*, p. 39). Burnyeat reste toutefois évasif sur ce point.

texte ne doit pas prendre appui sur ses implications pour en dégager des contradictions. Elle doit plutôt s'interroger sur l'origine et les causes de ses affirmations. Résumée sous la forme du fragment, la thèse philosophique ne doit pas être conçue comme une pensée, mais comme la trace d'une pensée qui a abouti. Elle n'est jamais que l'expression figée d'une opinion formée au terme d'un questionnement. Aussi pour retrouver la pensée sous-jacente faut-il se mettre en quête de la question qui l'anime en décortiquant les concepts problématiques et contradictoires [1].

En quête de contradiction

Dans le *Protagoras*, définir le statut du sophiste entraîne ce dernier dans des contradictions, avant de le contraindre à prouver qu'il possède réellement les compétences qu'il revendique, sans plus alors chercher à le contredire mais à lui intenter un procès d'ignorance. Dans le *Théétète*, la même interrogation revient sur un mode plus subtil : la thèse de l'homme-mesure et le statut du sophiste en tant que savant peuvent-ils prétendre à la validité logique ? Dans les deux textes, Protagoras doit donc prouver la cohérence entre la profession et la doctrine qu'il assume [2]. Aussi, dans le *Théétète*, après l'intermède apologétique de Protagoras, Socrate revient-il à sa première objection, qu'il formule sur un mode acceptable philosophiquement : comment la thèse de Protagoras résout-elle la contradiction et comment peut-elle l'intégrer d'une certaine façon ?

Le premier argument, appelé généralement περιτροπή [3] parce qu'il consiste à retourner la thèse de l'homme-mesure contre elle-même, a retenu l'attention des commentateurs curieux d'en éprouver la validité logique (169 d-172 b) [4]. L'enjeu paraît important : Platon

1. C'est aussi en substance l'objet que H.-G. Gadamer attribue à la lecture des cosmologies ioniennes par Platon (« Platon et les Présocratiques [1964] », *Interroger les Grecs. Études sur les Présocratiques, Platon et Aristote*, Fides, Montréal, 2006, p. 153).

2. *Contra* E.N. Lee, pour qui le *Protagoras* diffère du *Théétète* en ce que l'un défend la profession du sophiste, l'autre sa doctrine (« Hoist with his Own Petard », art. cit., p. 233).

3. Dans le *Théétète*, l'expression n'est employée qu'en 209 e 1, après l'objection et sans lien avec elle. Elle qualifie alors une pétition de principe, quand la définition inclut le *definiendum* – loin de l'argument de Socrate contre Protagoras. Cette désignation de l'argument remonte en réalité à Sextus Empiricus (*Adv. Math.*, VII, 389). Mieux vaut dès lors parler pour Platon de l'argument « le plus raffiné » (κομψότατον, 171 a 6) – voire de l'auto-réfutation.

4. E. Husserl fut le premier à examiner cette réfutation du relativisme (*Recherches logiques I*, Paris, P.U.F., 1969, p. 128) : « Le contenu de telles affirmations dément ce qui, d'une façon générale, fait partie du sens ou du contenu de toute affirmation et qui, par là même, ne peut être censément dissocié d'aucune affirmation. » Au cours des dernières années, l'argument du *Théétète* a suscité l'emballement des interprètes, qui ont rivalisé d'ingéniosité

parvient-il à réfuter, pour la première fois, l'argument relativiste ou bien sa démonstration demeure-t-elle incomplète ? Un autre point passe plus souvent inaperçu : que Platon pense-t-il de son propre argument ? Ajoute-t-il deux objections, la Digression (172 c-177 c) et l'argument du pronostic (177 c-179 c), parce qu'il ne s'estime pas satisfait par la première, parce qu'il vise d'autres points ou bien encore parce qu'il juge que trois réfutations valent mieux qu'une pour montrer l'inconsistance extrême de la thèse protagoréenne ?

La réfutation vise les conséquences du phénoménalisme corrélatif à l'homme-mesure : « ce qui semble à chacun l'est aussi pour celui à qui il semble (170 a 3-4) ». L'association d'usage en grec entre *être* et *être vrai* mène Platon à soulever la question de la vérité. Il commence par résumer ce qui a conduit Protagoras à intervenir pour formuler une nouvelle définition de la σοφία (169 d) qui rétablit une hiérarchie dans le savoir en introduisant le statut d'expert et en supprimant *de facto* l'autarcie épistémologique. Pour compenser l'affirmation que « chacun se suffit quant au savoir », Protagoras a en effet édifié une échelle de l'utile afin de rétablir une distinction entre savant et ignorant [1]. Celle-ci restaure une place à l'altérité et à la dépendance en matière d'éducation, qui sont bien nécessaires au projet protagoréen. Or, en réaction à la logique axiologique et graduelle prônée par Protagoras, Platon rétablit une logique aléthique et pose une différence entre science et ignorance qui correspond à celle entre le vrai et le faux, *sur la base de l'usage ordinaire du langage*. Peut-on en effet soutenir que « personne n'estime qu'autrui est ignorant (ἀμαθῆ) et qu'il forme des opinions fausses (170 c 7-8) ? » S'ensuit l'objection suivante :

analytique et d'inventivité conceptuelle. Toutefois, la plupart de leurs questions proviennent des lectures de J. McDowell, *Plato : Theaetetus*, *op. cit.*, p. 168-172 ; et M. Burnyeat, « Protagoras and Self-Refutation in Later Greek Philosophy », *The Philosophical Review* 85, 1976, p. 172-195, et « Protagoras and Self-Refutation in Plato's *Theaetetus* », art. cit., p. 44-69. Pour l'histoire de l'argument et de ses interprétations : L. Castagnoli, *The Logic and History of the Self-Refutation Argument from Democritus to Augustine*, Cambridge, Cambridge University Press, 2010, p. 40-67.

1. *Théét.*, 169 d 5 : αὐτάρκη ἕκαστον εἰς φρόνησιν. Une idée similaire est déjà en 161 c, dans la première critique de Protagoras : l'homme ne serait pas supérieur aux grenouilles du point de vue de la faculté de savoir, vu que la sensation serait commune à toute forme de vivant. Par ailleurs, le mythe du *Protagoras* écartait aussi l'idée d'autarcie, car les hommes s'avéraient incapables de survivre isolés les uns des autres. L'autarcie n'est donc pas manifestement un thème de Protagoras, dont la doctrine suppose toujours une dépendance vis-à-vis d'autrui.

> Lorsque après avoir porté de ton côté un jugement (κρίνας), tu professes devant moi une opinion, admettons que cela soit vrai pour toi, suivant le raisonnement de Protagoras ; quant à nous autres, ne nous appartient-il pas d'être juges de ton propre jugement, ou jugerons-nous que tu te formes toujours des opinions vraies (ἀληθῆ δοξάζειν) ? Ou encore, des milliers de gens n'entrent-ils pas à chaque fois en conflit avec toi, se faisant une opinion contraire (ἀντιδοξάζοντες) et estimant que tu juges et penses faux (ψευδῆ κρίνειν τε καὶ οἴεσθαι, 170 d 4-9) ?

> Qu'en est-il pour Protagoras lui-même ? Si même lui ne croyait pas que l'homme est mesure, ni les gens qui ne le pensent pas non plus, n'est-il pas nécessaire que cette vérité qu'il a écrite n'existe pour personne ? Mais s'il le croyait alors que la multitude n'en convient pas, tu sais que, premièrement, plus sont nombreux ceux à qui « il ne semble pas » que ceux à qui « il semble », plus cela n'est pas plutôt que d'être (170 e 7-171 a 3).

Cette première partie de l'argument concerne le nombre des opposants à une opinion donnée, souvent supérieur à celui de ses partisans. De ce point de vue, Protagoras lui-même doit concéder que sa *Vérité* semble fausse à davantage de monde qu'elle ne semble vraie (171 a). Mais l'objection paraît problématique, du fait de recourir à l'argument du nombre. Ailleurs, Platon conteste en effet que l'abondance de témoins compense leur valeur de vérité : invoquer le nombre de témoins relève plutôt d'une argumentation à l'usage des tribunaux mais est sans valeur pour atteindre la vérité[1]. Platon retournerait ainsi un procédé rhétorique contre Protagoras – ce qui laisse planer le doute quant à la validité à ses yeux de sa propre démonstration. En outre, à considérer la reformulation de sa thèse dans l'Apologie, rien n'oblige Protagoras à céder au nombre, puisque l'avis contraire de la majorité n'empêche pas l'expert d'avoir une opinion meilleure, plus utile, grâce à ses connaissances. Par exemple, l'orateur est en mesure de modifier seul l'opinion de la Cité dans son ensemble (167 c). Aussi l'objection manque-t-elle son but, si elle prend précisément pour cible de nier la thèse de Protagoras sur la seule base du nombre d'avis contraires, sans tenir compte des différences entre les compétences individuelles.

Une lecture plus stimulante consiste à considérer que l'objection ne nie pas l'existence d'un principe hiérarchique entre les opinions individuelles, mais vise la nature de son critère et le moyen de l'établir[2].

1. Voir notamment *Criton*, 48 a ; *Gorg.*, 471 e-472 c.

2. C'est pourtant la lecture qu'en donnent J. McDowell, *Plato : Theaetetus*, *op. cit.*, p. 170 ; et D. Bostock, *Plato's Theaetetus*, *op. cit.*, p. 89.

Si la foule sert d'ordinaire à fonder les thèses du sophiste, une objection qui prend appui sur elle en tant que telle devrait soulever une difficulté réelle pour sa doctrine, dans la mesure où le nombre sert justement d'indice pour évaluer *a posteriori* l'efficacité (c'est-à-dire la validité) d'une opinion. Dès lors, plutôt que de contester la cohérence logique de la thèse de l'homme-mesure, l'objection vise l'une de ses prémisses, une base possible sur laquelle fonder la supériorité reconnue de l'expert. Si la foule refuse de se laisser convaincre par le postulat de l'homme-mesure et d'en reconnaître la vérité, soit il faut juger qu'elle est, en tant que nombre, un critère inefficace, soit la thèse est réfutée. Toutefois, même dans cette lecture, l'objection ne paraît pas décisive et il faut opter pour le premier membre de l'alternative pour le repenser. Le sophiste se démarque de la foule non pas par la vérité de ses propos, pas plus incontestable que celle de la foule, mais par leur utilité et par sa capacité à les rendre persuasifs. En d'autres termes, l'avis initial de la foule et la vérité de son opinion importent peu, pour autant que le sophiste parvienne à imposer la sienne en soulignant la supériorité de sa valeur. L'argument du nombre semble bien être inepte comme tel pour contrer la thèse (complète) de Protagoras. Il incite en revanche à examiner la force de sa persuasion.

À l'argument numérique succède une autre subtilité, qui implique le jugement de second ordre (*Théét.*, 171 a 6-c 7) :

> — Vient ensuite cet argument très subtil (κομψότατον) : la croyance (οἴησιν) sur sa propre croyance, formulée par ceux qui se forment une opinion contraire et en vertu de laquelle ils estiment qu'il se trompe, Protagoras concède, à mon avis, qu'elle est vraie, puisqu'il accorde que tout le monde se forme des opinions de ce qui est (τὰ ὄντα δοξάζειν ἅπαντας = des opinions vraies).
> — Tout à fait.
> — Donc il concèderait que la sienne est fausse (ψευδῆ), s'il admet qu'est vraie la croyance de ceux qui estiment que lui-même se trompe (ψεύδεσθαι).
> — Nécessairement.
> — Or les autres n'admettent pas pour eux-mêmes de se tromper.
> — Non, en effet.
> — Lui, en revanche, admet que cette dernière opinion aussi est vraie, d'après ce qu'il a écrit.
> — Apparemment.
> — De tous côtés, à commencer par Protagoras, il y aura donc une contestation (ἀμφισβητήσεται) ; ou, plutôt, il y aura accord de sa part lorsqu'il concède à celui qui soutient le contraire qu'il se forme une opinion vraie. Dès lors, Protagoras lui-même concèdera que ni un

chien ni le premier homme venu n'est mesure, pas même d'une seule chose, s'il ne l'a apprise (μέτρον εἶναι μηδὲ περὶ ἑνὸς οὗ ἂν μὴ μάθῃ)[1]. N'est-ce pas ?

— Si.

— Donc, dans la mesure où elle est contestée par tous, la *Vérité* de Protagoras ne sera vraie pour personne, ni pour quelqu'un d'autre ni pour lui-même.

Le raisonnement peut être formulé de la façon suivante. En vertu de sa thèse qui associe opinion et vérité, Protagoras doit admettre la vérité de toute opinion, notamment celle contraire à la sienne, sans pour autant contraindre quiconque à reconnaître la vérité de son opinion à lui. Or, du fait d'admettre l'opinion qui nie la vérité de l'homme-mesure, il accepte du même coup de reconnaître la fausseté de sa propre opinion. Par conséquent, si la doctrine ne paraît même plus vraie à son auteur, qui doit accepter le refus des autres, elle ne l'est plus pour personne et en est par là réfutée. L'argument suscite pourtant des réserves et la plupart des commentateurs notent un glissement logique d'un emploi relatif du verbe *être* et du qualificatif *vrai* (*être vrai pour quelqu'un*) à un emploi absolu (*être vrai*). L'enjeu est alors d'établir si l'omission des qualificatifs est accidentelle – due au manque de performance des outils logiques dont disposait Platon[2]. En chemin pour réfuter le relativisme, Platon aurait été rattrapé par la faiblesse de la logique à son époque et sa démonstration manquerait son but. Une lecture alternative, plus pernicieuse encore, consiste à juger délibéré l'oubli des termes relatifs, car il viserait à piéger l'interlocuteur. Platon recourrait dans ce cas à une manœuvre déloyale, fréquente dans l'*elenchos* socratique, dont il assumerait la conclusion bien qu'elle soit contestable d'un point de vue logique et dès lors contestée par les interprètes en raison de l'omission des relatifs[3]. Enfin, une dernière lecture, plus charitable, est d'accepter la validité de la réfutation, mais

1. Comme le note J. Maguire, rien n'annonce cette conclusion (« Plato — or Protagoras ? », *Phronesis* 18, 1973 (2), p. 134). Il faut remonter à 170 b, où Platon constate que la foule s'en remet à ceux qui se prétendent compétents et peuvent la sortir de la crise dans laquelle elle se trouve. Elle croit donc qu'il existe des individus supérieurs par leur savoir (cf. *Prot.*, 317 a) – conclusion réaffirmée en 183 b 9-c 1 (οὔπω συγχωροῦμεν αὐτῷ πάντ' ἄνδρα πάντων χρημάτων μέτρον εἶναι, ἂν μὴ φρόνιμός τις ᾖ).

2. C'est la position, peu charitable d'un point de vue herméneutique, de G. Vlastos, *Plato. Protagoras*, *op. cit.*, p. XIV-XV ; J. Maguire, « Plato - or Protagoras ? », art. cit., p. 136-137.

3. Cette possibilité est assumée par J. Newman, « The Recoil Argument », *Apeiron* 16, 1982 (1), p. 51-52 ; D. Bostock, *Plato's Theaetetus*, *op. cit.*, p. 89-90. F. Cornford, *Plato's Theory of Knowledge*, *op. cit.*, p. 80, parle d'argument *ad hominem* ; mais c'est moins la personne que Platon attaque que la thèse de Protagoras.

d'en restreindre la portée à la seule thèse de Protagoras[1]. Toutes ces interprétations se concentrent sur la forme logique de l'argument, qu'elles limitent au passage cité. Or ce n'est pas le dernier mot de l'épisode, mais il faut tenir compte de la réplique qui suit :

> S'il surgissait subitement ici même jusqu'aux épaules, il réfuterait problablement mes nombreux délires (πολλὰ ἂν ἐμέ τε ἐλέγξας ληροῦντα) avec ton accord (σὲ ὁμολογοῦντα), avant de se renfoncer et de s'enfuir au plus vite (171 d 1-3).

Que signifie l'éventuel retour de Protagoras, sa sortie éphémère de l'eau pour contester les délires de ses porte-parole ? En l'absence de son auteur, Platon doit se contenter d'examiner la thèse pour elle-même et dans ses conséquences, sans pouvoir puiser de nouveaux arguments à la source ni obtenir de garantie quant à la vérité des interprétations (169 e-170 a). S'il est permis de reprocher à l'examen son manque d'autorité pour saisir la pensée globale de l'auteur, sa validité paraît incontestable *pour la thèse étudiée* dans les limites de son énoncé, au sens où il déduit uniquement *tout ce qui en est déductible*, et rien de plus. Autrement dit, la force de l'analyse tient à la volonté de ne pas franchir les limites de la formule en y introduisant des éléments extérieurs, mais d'en comprendre la signification interne et la structure logique (169 e 8-170 a 1). Pour être complète, l'analyse du protagoréisme ne peut donc se contenter de la critique *logique* de l'argument, mais elle doit aussi inclure une critique *philosophique* relative à la liberté de la pensée (la Digression) et une critique *épistémologique* qui concerne la valeur de l'expertise (l'argument du pronostic). Or l'auto-réfutation reçoit essentiellement pour fin de restreindre la portée de la thèse de Protagoras et d'en cantonner la validité au domaine de la sensation, comme le laisse entendre la suite :

> Ne devons-nous pas aussi affirmer que chacun maintient surtout la thèse de la façon que nous avons esquissée, quand nous portions secours à Protagoras ? À savoir, la plupart des choses, c'est comme elles semblent à chacun qu'elles sont pour lui, chaudes, sèches, douces, tout ce qui est de ce type. Mais si, dans certains domaines on admet que l'un l'emporte sur

1. Comme E. Lee, « "Hoist with his Own Petard" », art. cit., p. 246-250 ; J. McDowell, *Plato : Theaetetus*, *op. cit.*, p. 170-171 ; et M. Burnyeat, « Protagoras and Self-Refutation in Later Greek Philosophy », art. cit., p. 53 (ces deux derniers émettent toutefois une réserve sur le résultat effectif de la réfutation) ; S. Waterlow, « Protagoras and Inconsistency : *Theaetetus* 171 a 6-c 7 », *Archiv für Geschichte der Philosophie* 59, 1977, p. 35-36 ; E.K. Emilsson, « Plato's Self-Refutation Argument in *Theaetetus* 171 a-c Revisited », *Phronesis* 39, 1994, p. 144-146. Pour une analyse de ces arguments, T. Chappell, « Reading the : *Theaetetus* 170c-171c », *Phronesis* 51, 2006 (2), p. 113-120.

> l'autre, dans le sain ou le malade, on consentira volontiers à dire que toute femmelette, tout gamin ou toute bête n'est pas apte à se soigner lui-même, en sachant ce qui est sain pour lui, mais que, là, l'un l'emporte sur l'autre, n'est-ce pas (171 d 9-e 8) ?

Ce constat reproduit la toute première objection (161 d-e), mais en des termes philosophiquement convenables. Avant de contester la définition de la σοφία dans l'Apologie, Platon renforce *logiquement* l'objection qui a mené Protagoras à défendre personnellement sa position. Il s'agit en quelque sorte d'un pendant philosophique à l'objection rhétorique adressée initialement à Protagoras.

« L'un est plus savant que l'autre, l'un est aussi plus ignorant (171 d 6-7) » : l'auto-réfutation conclut de façon analogue à l'Apologie, bien qu'aucun élément du développement ne mène vraiment à ce résultat, hormis le fait qu'un jugement de second ordre implique de pouvoir évaluer l'opinion d'autrui. Deux options se présentent face à ce résultat. Soit considérer, avec Burnyeat, que la conclusion est incompatible avec le relativisme et que Platon a alors réussi sa réfutation[1]. Si la position de Protagoras se résume à un relativisme naïf, où tout se vaut *stricto sensu*, alors la discussion est close, parce que Platon a démontré l'existence de la compétence comme une nécessité *de facto*. Soit considérer que la réfutation du relativisme est inconsistante et ne pas y voir le terme du débat avec Protagoras. Cette lecture suppose de ne pas faire de ce dernier un relativiste naïf mais de lui reconnaître un principe de hiérarchie[2]. Pour trancher, examinons l'argument de plus près. Il faut tout d'abord relever que, si la réfutation glisse subtilement du vrai relatif au vrai absolu, elle conclut également à la négation absolue du faux. Platon procède là à une réduction logique des implications du phénoménalisme attribué à Protagoras et tire des conclusions de portée universelle– à partir des affirmations et des opinions singulières – sur la nature du vrai et du faux. En clair, il suit implicitement le raisonnement suivant : la proposition « tout ce qui apparaît à quelqu'un est vrai pour lui » est formellement réduite à « tout ce qui apparaît à quelqu'un est vrai », puis, simplement, à « tout est vrai ». Ensuite, de cette conclusion, il déduit la contraposée « rien n'est faux, absolument », dans laquelle il voit la conséquence directe du phénoménalisme (ou relativisme). Le but de la réfutation consiste alors

1. M. Burnyeat considère ce point comme l'aboutissement « honteux » de la réfutation du relativisme (*Introdution au* Théétète, *op. cit.*, p. 47).

2. C'est ce à quoi tend U. Zilioli, *Protagoras and the Challenge of Relativism*, Aldershot – Burlington, Ashgate, 2007, p. 134-140.

à prouver l'existence du faux et à l'imposer au phénoménalisme. Or, dans ce cas, l'objection quitte le cadre strict du dialogue avec Protagoras, dans la mesure où, d'une part, aucun témoignage n'indique que celui-ci refusait l'existence du faux (relatif), et où, d'autre part, pas plus ici que dans l'Apologie, Platon ne lui prête explicitement cette position. Au contraire, il lui attribue une théorie de la vérité comprise comme infaillibilité de la relation individuelle, selon laquelle il devient impossible de parler d'opinion absolument fausse, puisqu'il n'y a d'opinion que *de ce qui est* (167 a 7-b 1). Dans ces termes, rien n'exclut *a priori* que ce qui est vrai pour quelqu'un puisse paraître faux à un autre, c'est-à-dire que quelqu'un puisse juger fausse l'opinion d'un autre (avoir pour lui une opinion vraie sur une autre opinion qu'il trouve fausse). Cependant, l'argument de Platon se présente comme la réfutation d'une théorie qui nie de façon absolue l'existence du faux et maintient une vérité universelle qui exclut tout jugement de second ordre impliquant le faux en quelque manière. Rien ne prouve cependant que ce soit la position reconnue de Protagoras.

Dans l'argument, Platon attribue à Protagoras la possibilité de nier l'opinion et de poser l'existence du faux, puisqu'il admet qu'une opinion puisse être vraie pour l'un, fausse pour l'autre. En d'autres termes, Protagoras rejette le principe de non-contradiction dans certaines limites, à savoir lorsque chaque proposition contient le qualificatif *pour quelqu'un*. Si, pour lui, la vérité est liée à l'individu, il accepte les énoncés contraires de deux personnes distinctes. Il ne soutient pas pour autant que le même à la fois affirme et nie une même chose *sous un même rapport*, mais plut que l'un affirme, l'autre nie la vérité d'une opinion, *sous des rapports différents* – l'un au premier degré (*x* pense que ceci est vrai), l'autre au second (*y* pense que l'opinion de *x* « ceci est vrai » est fausse). Deux énoncés de ce type diffèrent sous l'angle de la relation au sein de laquelle chacun s'inscrit respectivement. À cet égard, omettre les relatifs et passer à un emploi absolu des énoncés, c'est commettre un vice de forme évident de la réfutation, même pour un philosophe prétendument privé de toute logique formelle. En réalité, loin des subtilités déployées par les commentateurs, la solution de cette « faille logique » se trouve dans la question générale du dialogue[1]. Si, comme le conclut Platon, la thèse

1. Une solution économique pour éviter ce reproche est de souligner que chaque étape de la réfutation débute par « pour Protagoras » (τῷ Πρωταγόρᾳ, 170 c 2 ; αὐτῷ Πρωταγόρᾳ, 170 e 7) – une stratégie proposée par D. Sedley, *The Midwife of Platonism*, *op. cit.*, p. 60-61. Il faut alors restituer, contre la plupart des éditions modernes, la leçon de la famille β en 170 c 2, à la place du vocatif de TW, solution économique puisque la présence d'un vocatif à cet endroit n'est pas justifiée. Par ce facteur commun, tout énoncé s'inscrit dans le monde de

de l'homme-mesure, dans sa forme τὸ δοκοῦν ἑκάστῳ, nie l'existence du faux, dans la mesure où elle soutient que toute opinion est nécessairement vraie *pour celui à qui elle semble* (167 a 7-b 1), alors elle est confrontée à une difficulté insurmontable. Si Protagoras considère en effet que toute opinion est vraie, il arrive parfois qu'un individu ait une opinion contraire à la sienne et nie la vérité de l'homme-mesure, ou de toute autre opinion (170 d). L'existence d'opinions de second ordre implique la possibilité de contester la vérité d'une autre opinion, même si chacun éprouve des difficultés à accepter la vérité d'une opinion qui le contredit. Par conséquent, Protagoras doit reconnaître la possibilité du faux dans la formule « pour *y*, il est faux que ce que *x* affirme soit vrai, bien que ce soit vrai pour *x* ». Certes, ce faux demeure un faux relatif (*faux pour quelqu'un*), tout comme le vrai, et l'opinion de second ordre ne nie pas la première dans sa portée relative, mais absolue, au sens où ce n'est pas l'opinion d'autrui comme telle qui est niée, mais son contenu : *y* ne nie pas que *x* pense que *p* soit vrai, mais bien que *p* soit vrai *simpliciter*, quoi qu'en pense *x*. Nul ne peut nier que quelqu'un d'autre pense que le vent est chaud, mais il peut nier que le vent soit chaud, quoi qu'en dise l'autre. Or, arrivé à ce stade de la démonstration, l'utilité des termes relatifs disparaît, car il a suffi de faire accepter à Protagoras l'existence du faux, qu'il soit absolu ou relatif, pour contredire le principe de l'homme-mesure, tel du moins qu'il nie la possibilité de l'opinion fausse, parce que toute opinion est vraie pour son auteur[1].

Par cet argument, Platon contraint Protagoras à prendre position par rapport à la vérité, à tout le moins s'il admet un principe de hiérarchie entre individus et l'existence corrélative de jugements de second ordre. Il le soumet en effet à une contradiction inévitable : si toute opinion est vraie, même *pour quelqu'un*, rien n'autorise à en juger d'autres fausses; or, en l'absence du faux, personne ne peut contester, même pour lui-même, une quelconque opinion; par conséquent, rien ne justifie la différence de valeur entre les opinions des individus, du moins au point de vue de la vérité. La réfutation repose donc sur la nécessité du faux – en quoi elle ne diffère pas fondamentalement de la preuve de l'existence du non-être dans le *Sophiste*. Platon démontre ici l'impossibilité de nier l'existence du faux,

Protagoras et ne glisse jamais de niveau. Dans ce cas, la réfutation s'adresse à Protagoras et à son λόγος, envisageant sa thèse dans sa complexité – ce qui lui donne un tour *ad hominem*.

1. À la différence des solutions de M. Burnyeat (« Protagoras and Self-Refutation in Later Greek Philosophy », art. cit., p. 48) et de D. Sedley (*The Midwife of Platonism*, *op. cit.*, p. 57-59), cette interprétation ne fait pas intervenir la notion de *monde possible*, mais elle repose uniquement sur les conséquences de la thèse protagoréenne telle que la lit Platon.

c'est-à-dire du non-être au niveau du discours ou de l'opinion, sous peine d'être reconduit à des apories. En ce sens, Platon ne commet ni paralogisme ni manœuvre déloyale du fait de ramener Protagoras sur le terrain de la vérité, car son raisonnement concerne uniquement les implications de la thèse soutenant la vérité de l'apparaître et sa compatibilité avec une opposition entre le savant et l'ignorant – les deux prémisses sur lesquelles Protagoras fonde sa définition de la σοφία (166 d-167 b). Sa réfutation apparaît comme la conséquence de la thèse de l'expertise, plutôt qu'elle ne démontre la contradiction interne au relativisme, son auto-réfutation. Elle montre qu'il est contradictoire de tenir simultanément l'impossibilité du faux et la possibilité d'une hiérarchie du savoir, parce qu'il est impossible d'admettre l'existence du vrai, en quelque façon, tout en refusant le faux – si du moins on accepte les jugements de second ordre, nécessaires pour établir des différences de valeur entre les opinions. Le relativisme naïf est réfuté, pour lequel toute opinion est vraie pour quelqu'un, absolument, et le relativisme subtil de Protagoras doit accepter certaines conditions. Pour Platon, en matière d'opinion, une hiérarchie implique de restaurer le faux, c'est-à-dire la possibilité de l'erreur et de l'ignorance qui en témoigne. L'opposition entre celui qui sait et celui qui ne sait pas ne tient pas uniquement à une différence entre le pire et le meilleur, mais elle implique de distinguer entre le vrai et le faux : le savant sait pourquoi une autre opinion est fausse (ou inadéquate) et comment la rectifier (ou l'améliorer), ce qui implique de pouvoir dire que l'autre est, en un certain sens, dans l'erreur. Par conséquent, personne « n'est mesure d'une seule chose s'il ne l'a apprise » (171 c 2-3).

Reste à comprendre l'image, qui conclut la démonstration, d'un Protagoras en train de s'extirper du sol afin de contester l'objection et de formuler quelques arguments avant de s'enfuir, qui présente un caractère ironique évident (171 c-d). Son sens dépend de la seule échappatoire que la réfutation laisse à Protagoras[1]. Pour la plupart des interprètes, ce retour consiste à se réfugier derrière les termes relatifs : « Conclusion vraie pour

1. L'image suscite la controverse. D'après E. Lee (« "Hoist with his Own Petard" », art. cit., p. 254) qui s'inspire de *Mét.* Γ 4, 1006 a 13-15, elle évoque une plante, état auquel Protagoras est réduit tant qu'il recourt aux relatifs pour parler du vrai. Comme le notent M. Burnyeat (« Protagoras and Self-Refutation in Plato's *Theaetetus* », art. cit., p. 192, n. 23) et A. Ford (« Protagoras' Head : Interpreting Philosophic Arguments in *Theaetetus* », *American Journal of Philology* 115, 1994, p. 201), d'une part une plante ne peut ni s'enfuir ni réfuter, d'autre part Platon ne se réfère pas au lexique végétal. Pour G. Hussey (« Note on Plato's *Theaetetus* 171 D », *The Classical Review* 10, 1896 (3), p. 156), l'image renverrait à la grenouille de la première critique de Socrate (161 c) et à sa réponse par Protagoras (167 b). Si amusante soit-elle, l'image ne nous apprend donc pas grand-chose.

toi, fausse pour moi ! », et à relancer le débat *ad libitum*[1]. Son caractère manifestement avorté, au sens où Protagoras ne sort pas davantage que la nuque et file aussitôt, peut cependant s'interpréter dans la perspective de la pratique du dialogue. Si la réponse de Protagoras consiste à décocher rapidement quelques petites phrases, qui renverraient uniquement à la relativité de la vérité, au lieu de se livrer à une patiente analyse de l'objection, elle rend inutile toute forme de dialogue, comme le soulignait déjà la première objection (161 e-162 a). En revanche, un éventuel retour de Protagoras pourrait alimenter le dialogue, s'il consistait à avancer des arguments tenant compte de la réfutation sans nier les résultats acquis. Cette lecture alternative juge donc plus charitablement la réplique de Socrate, au sens où elle ne suppose pas d'emblée que Protagoras rejetterait par principe l'objection qui lui est adressée : Socrate aurait pu mal interpréter une thèse (l'homme-mesure) que Protagoras rectifierait. Pour le dire autrement, Platon évoquerait par là les limites de l'interprétation philosophique d'une thèse et soulignerait que celle-ci doit maintenir ouverte, du moins par principe, la liberté de la pensée susceptible de relancer le dialogue[2]. Un nouvel argument de Protagoras entraînerait un nouvel examen, sans pour autant négliger les acquis du précédent.

L'IMPOSSIBILITÉ DE CONTREDIRE

Dans l'*Euthydème*, Platon examine la thèse de l'impossibilité de contredire :

> Voilà en effet une thèse dont je m'étonne toujours, bien que je l'aie entendue de bien des gens et bien des fois. Les proches de Protagoras (οἱ ἀμφὶ Πρωταγόραν) en usaient abondamment (ἐχρῶντο αὐτῷ), et de plus anciens encore (οἱ ἔτι παλαιότεροι). Elle me semble toujours être facteur de surprise, qui renverse les autres comme elle-même (τούς τε ἄλλως ἀνατρέπων καὶ αὐτὸς αὑτόν). Je pense bien en apprendre la vérité de ta part. Du reste, n'est-il pas possible de dire des choses fausses (ψευδῆ λέγειν οὐκ ἔστιν; 286 b 8-c 6) ?

1. A.A. Long, « Refutation and Relativism in *Theaetetus* 161-171 », *Phronesis* 49, 2004, p. 39. Pour A. Ford (« Protagoras' Head », art. cit., p. 202-204), se limiter à la sortie de la tête fait écho à la notion de κεφάλαιον, la tête d'un livre, son intitulé. Protagoras viendrait répéter strictement ce qu'il soutient depuis le début et renvoyer au début de sa *Vérité*, à l'homme-mesure. Toutefois, sortir la tête seulement est après tout normal : c'est la seule partie du corps nécessaire pour dialoguer.

2. Pour McDowell (*Plato : Theaetetus*, *op. cit.*, p. 171), Platon signalerait là son manque de satisfaction face à sa réfutation, ce qui serait un cas singulier dans les Dialogues.

L'expression οἱ ἀμφὶ Πρωταγόραν désigne soit 1) les disciples de Protagoras ; 2) ceux qui se réclament de lui et prolongent sa pensée à partir de ses écrits[1] ; 3) ses contemporains, par opposition aux παλαιότεροι[2] ; 4) les sophistes au sens large, qui raisonnent à sa façon ; 5) les arguments de Protagoras[3]. Faut-il déduire que Protagoras serait à l'origine de l'argument sur l'impossibilité de contredire ? Le passage sur la contradiction s'articule comme suit (285 d-286 d). Dionysodore interroge Ctésippe sur la possibilité de contredire, à quoi ce dernier fournit une preuve empirique dans le fait même d'objecter (285 e). Dionysodore déplace la question et demande, plus précisément, s'il existe un λόγος pour chaque réalité (εἰσὶν ἑκάστῳ τῶν ὄντων λόγοι, 285 e 9) : si chacun use du λόγος adéquat de la chose, il est impossible de contredire, parce que soit deux personnes parlent du même objet et disent la même chose en se servant de son λόγος, soit l'un recourt au λόγος approprié, l'autre pas – celui-ci ne disant alors absolument rien (286 a). Ni l'une ni l'autre de ces situations n'entraîne de contradiction, puisque chacun exprime ce qui convient à la chose, pour autant qu'il s'exprime *vraiment* (286 b). C'est à ce stade que Socrate qualifie l'argument de fréquent, notamment *chez les protagoréens*, et qu'il le juge tout aussi surprenant que renversant, tant pour lui-même que pour les autres, dans la mesure où il conduit à l'impossibilité de dire faux (ψευδῆ λέγειν ; 286 c 6). D'où la conclusion : il n'existe pas plus d'opinion fausse ni d'ignorance que d'énoncé faux.

L'association entre Euthydème (ou Dionysodore, son double interchangeable) et Protagoras rappelle le parallèle du *Cratyle* entre homme-mesure de Protagoras et universalisme d'Euthydème (385 e-386 e). Socrate les présente en effet comme des thèses distinctes dont les résultats se révèlent identiques. D'après l'homme-mesure, personne n'est plus sensé quant à la vérité (τῇ ἀληθείᾳ φρονιμώτερος, 386 c 8-9), vu que tout ce qui semble à chacun est vrai pour lui. Cette conclusion est en quelque sorte la contraposée de celle du raisonnement de Dionysodore, à savoir qu'il est impossible de dire faux. L'argument du *Cratyle* s'ancre toutefois dans une interrogation d'ordre ontologique, qui examine si l'οὐσία des

1. Aristote attribue ainsi cet argument à Antisthène, *Mét* Δ 29, 1024 b 32. *Cf.* A. Brancacci, *Antisthène : le discours propre*, Paris, Vrin, 2005, p. 207-208.

2. Cette lecture est chronologiquement difficile : le récit de l'*Euthydème* est postérieur à la mort de Protagoras (vers 420 selon G.B. Kerferd, *Le Mouvement sophistique*, *op. cit.*, p. 102). Or Socrate souligne que ce n'est pas une mode devenue désuète avec la mort de son initiateur.

3. Cette lecture paraît toutefois difficile en raison de la lettre du texte, ἐχρῶντο αὐτῷ. Un raisonnement se servirait d'un autre, ce qui impliquerait que λόγος, sans être répété, renvoie à deux significations aussi distinctes que le tout et la partie, le raisonnement et l'argument.

êtres possède de la stabilité (αὐτῶν τινα βεβαιότητα τῆς οὐσίας; 386 a 3-4) ou si elle est propre à chacun (ἰδίᾳ αὐτῶν ἡ οὐσία εἶναι ἑκάστῳ; 385 e 5). L'*Euthydème* se place en revanche sur un plan logique : les deux sophistes nient la contradiction du fait de l'impossibilité de dire faux. Les deux approches ne s'excluent pas, et la thèse de l'*Euthydème* peut s'envisager comme la conséquence de l'ontologie présentée dans le *Cratyle*. Supprimer l'οὐσία stable entraîne de dissoudre tout critère absolu de vérité, du moins d'abolir la distinction entre le vrai et le faux, dès lors que tout devient vrai pour tout le monde et que le faux est impossible.

Le parallèle pose cependant un problème de chronologie, car une référence au *Cratyle* dans l'*Euthydème* impliquerait l'antériorité du premier sur le second. Or, si ces Dialogues semblent appartenir à la même période, rien ne permet d'affiner la chronologie relative[1]. Dès lors, si le *Cratyle* est la première occurrence chez Platon de l'homme-mesure, la référence à Protagoras dans l'*Euthydème* pourrait ne pas faire écho à ce passage précis, mais également au contexte plus large du *Protagoras*. Rien ne garantit donc que l'argument de l'*Euthydème* puisse être lu en fonction de l'homme-mesure, car il peut aussi viser les sophistes en général. Οἱ ἀμφὶ Πρωταγόραν ne désigneraient pas seulement les partisans directs de sa doctrine, mais tous ceux qui procèdent à sa manière et qui, tout comme lui, se proclament sophistes (*Prot.*, 317 b). Bref, l'*Euthydème* peut tout autant renvoyer au Protagoras du *Protagoras*, au pionnier d'un mouvement, qu'au Protagoras auteur d'une théorie phénoménaliste de la mesure.

Autre difficulté, l'argument imputé aux protagoréens porte-t-il sur l'existence d'un λόγος de chaque chose ou, plus largement, sur l'impossibilité de dire faux? Λόγος désigne ici soit un nom, la forme la plus convenable pour désigner une chose au point de vue lexical, soit un énoncé, une description de la chose dans sa réalité. La première option rappelle le *Cratyle* et la rectitude onomastique, alors que la seconde passe au plan logique du discours qui s'applique adéquatement à la chose (sa définition). Selon Dionysodore, « certains disent les choses comme elles sont », à savoir les hommes de bien[2]. À l'inverse, ceux qui n'utilisent pas les λόγοι appropriés ne parlent pas vraiment des choses mais émettent seulement des sons insensés, puisqu'il est impossible de dire les choses

1. Voir L. Brandwood, *A Word Index to Plato*, Leeds, Maney and Son ltd, 1976, p. 17. Sur la datation relative de l'*Euthydème*, du *Protagoras* et du *Théétète*, M. Narcy, *Le Philosophe et son double. Un commentaire de l'Euthydème de Platon*, Paris, Vrin 1984, p. 179-184.

2. *Euthyd.*, 284 c 9-d 1 : εἰσὶν γάρ τινες οἳ λέγουσι τὰ πράγματα ὡς ἔχει. Et *Euthyd.*, 284 d 4 : οἱ καλοί τε κἀγαθοί.

autrement qu'elles ne sont [1]. Dionysodore pose en outre la transitivité entre la qualité de l'énoncé et son contenu, dont résulte une relation de rectitude et d'immédiateté entre λόγος et πρᾶγμα : l'homme dit bien les bonnes choses (εὖ τἀγαθά), mal les mauvaises (τὰ κακά κακῶς; 284 d 3). Dans ces conditions, λόγος désigne moins le nom de la chose que tout ce qui peut en être énoncé, la manière de la dire et d'en parler. Dès lors, puisque chaque chose possède un seul λόγος, puisqu'il existe une seule façon d'en parler correctement, il devient impossible de contredire. L'argument rappelle le *Théétète*, où la rectitude de la sensation et de l'opinion provient d'une adéquation, non pas entre le mot et la chose, mais entre le sentant et le sensible (152 c, 157 a-b). Ces thèses partagent un même résultat, à savoir l'impossibilité d'interférer dans un rapport immédiat, caractérisé par la dimension incontestable de la relation d'immanence qu'il introduit, impossibilité qui empêche le faux et la contradiction d'exister. Toute intervention extérieure à la relation échouerait à lui objecter quoi que ce soit, en raison même de son extériorité. Par conséquent, la force de ces raisonnements sophistiques résiderait dans la démonstration de l'impossibilité de toute critique extrinsèque. Sont-ils néanmoins identiques ?

Le paralogisme formulé par Dionysodore consiste à refuser l'emploi impropre du λόγος de la chose et à soutenir que ne pas parler correctement, ne pas dire l'être, revient à ne rien dire (vu que parler, c'est agir et qu'aucune action ne peut relever d'un non-être) [2]. Or, puisque le λόγος de la chose existe sans varier avec celui qui l'énonce, le raisonnement postule l'existence d'une vérité indépendante des locuteurs, non relative, universelle, qui reste accessible à certains seulement. De ce point de vue, il paraît contrevenir à la thèse attribuée à Protagoras, d'après laquelle tout est vrai pour chacun car les choses s'identifient à leur apparaître, ce qui rend le faux impossible au niveau du phénomène et, par extension, interdit de contredire quiconque à ce propos. Dès lors, sans être imputable à Protagoras, l'argument de Dionysodore rejoint la doctrine de ce dernier dans son principe : l'impossibilité du faux. L'expression οἱ ἀμφὶ Πρωταγόραν semble donc désigner les sophistes en général et leur mode de pensée tel que Platon le conçoit.

L'idée que ce raisonnement renverse les autres en même temps que lui-même (286 c) fait d'ailleurs songer à l'argument subtil du *Théétète* (171 a).

1. Cet argument rappelle le début du *Cratyle*, quand Cratyle conteste à Hermogène son nom parce qu'il ne serait qu'un bruit inapproprié (383 b).

2. Ce lien entre parole et action rappelle *Crat.*, 386 e-387 d.

Un peu plus tôt, Socrate compare les deux sophistes aux plaisantins qui enlèvent un tabouret avant que quelqu'un ne s'y assoie et rient de sa chute (278 b). Transposée à notre contexte, la métaphore évoque un jeu logique destiné à ôter toute assise à sa victime, à la renverser en se posant comme irréfutable grâce à l'impossibilité de contredire, qui prive les autres arguments de prise pour fonder leurs objections. Cette situation aporétique contraint donc à attaquer l'argument sur son propre terrain et à constater qu'il se renverse lui-même, au sens où il lui est également impossible de renverser les autres, car cela reviendrait à les contredire (286 d-e) – une conclusion valable pour toute thèse posant l'impossibilité de contredire (interdire la contradiction, c'est s'empêcher de répliquer à des objections qui, en réalité, n'auraient pas raison d'être). Dans le cas de Dionysodore, une réponse possible consisterait à objecter que rien ne pourrait contredire sa thèse, car elle seule utiliserait le λόγος de la chose, tandis que les autres seraient seulement des bruits inappropriés. Mais si cette réponse écarte la possibilité de la contradiction entre des propositions, elle constitue déjà un acte de contredire, qui s'oppose à du non-être. Aussi Platon formule-t-il une objection cruciale à ce type de débat stérile : s'il est impossible de se tromper et si, dans les faits, personne ne peut se tromper, pourquoi les sophistes enseignent-ils (287 a) ? Semblable aux objections du *Protagoras* (320 b-c) et du *Théétète* (161 d-e), elle a raison de ses adversaires dans l'*Euthydème*, ce qui témoigne de leur infériorité par rapport à Protagoras, dans la mesure où ils sont incapables de défendre efficacement la profession du sophiste et se contentent d'accuser Socrate de radoter [1]. À la fois esquive et aveu d'ignorance, la réponse déçoit et manque de la rigueur qui caractérise l'Apologie de Protagoras (là où une solution simple aurait consisté à attribuer au sophiste d'enseigner ce λόγος de la chose).

En définitive, faut-il attribuer à Protagoras la thèse sur l'impossibilité de contredire ? Un passage du *Sophiste* nuance la position de Platon :

> — Quant à la dispute sur tous les arts et sur chacun en particulier, ce qu'il faut objecter à chaque praticien dans son domaine, il me paraît avoir été couché par écrit à l'intention de toute personne désireuse de l'apprendre.
> — Il me semble que tu veux parler des écrits de Protagoras sur la lutte et sur le reste des arts (Τὰ Πρωταγόρειά μοι φαίνῃ περί τε πάλης καὶ τῶν ἄλλων τεχνῶν εἰρηκέναι ; 232 d 5-e 1).

Située dans une discussion générale sur les pratiques des sophistes, en dehors de toute autre référence historique, cette allusion bibliographique

1. En accord avec M. Narcy, *Le Philosophe et son double*, *op. cit.*, p. 148-149.

nous apprend que Protagoras aurait rédigé des recueils d'arguments pour contrer un spécialiste dans son domaine[1]. À tout le moins estimait-il possible la contradiction – et son enseignement –, au point de la considérer comme un art (l'Étranger parle d'une ἀντιλογικὴ τέχνη; 232 c 3). Aussi, quoique le *Sophiste* juge l'omniscience, autant que son imitation, impossible pour l'homme et, par là, démontre l'impossibilité d'une compétence générale en matière de contradiction (233 a-b), même si l'art de la contradiction qu'enseigne Protagoras est avant tout un art de l'apparence et une apparence d'art, ces deux constats n'influent en rien sur le postulat assumé par le sophiste : il est possible de contredire, de disputer sur n'importe quel sujet avec n'importe quel spécialiste, au moyen d'un art. De deux choses l'une : soit Protagoras admettait la possibilité de contredire et n'aurait pas admis d'être lié à Dionysodore, soit il refusait la contradiction et enseignait également l'argument d'après lequel il est impossible de contredire. Le *Théétète* penche en faveur de la première solution quand, dans l'Apologie, Platon présente un Protagoras loin de subir naïvement l'auto-réfutation. À l'impossibilité de contredire, Protagoras préfère celle du faux (son seul lien avec Dionysodore), une thèse manifestement moins caduque (167 d). Contredire, c'est pour lui manifester des différences de valeur entre les sensations et opinions individuelles, afin d'en imposer d'autres meilleures. Si deux personnes posent des affirmations contraires, chacune doit pouvoir s'opposer à l'autre afin que la plus forte triomphe – sans quoi la tâche du sophiste s'avère impossible.

D'après le *Sophiste*, les sophistes, et Protagoras en particulier, se présentent comme des contradicteurs en toutes matières qui, du reste, prétendent enseigner cet art de la contradiction (232 c). Pour le dire dans les termes de l'Apologie de Protagoras dans le *Théétète*, à partir du moment où il existe une différence entre les dispositions individuelles et une échelle qui manifeste des degrés dans le meilleur, l'utile ou le persuasif, la contradiction garde sa légitimité : elle est la pratique qui permet d'améliorer la disposition d'un autre. Or, dans le *Sophiste*, Platon juge cette pratique de la contestation une apparence d'art, en raison de l'incapacité à tout connaître, c'est-à-dire à être dans le vrai en toute matière. Par conséquent, d'après Platon, tant que le sophiste contredit sans se fonder sur la différence entre le vrai et le faux, mais sur une autre échelle de valeur (illusoire), sa pratique de la contradiction ne peut jamais atteindre de résultat probant.

1. *Cf.* Diog. Laër., IX, 55.

CHAPITRE II

ÉDUQUER À LA POLITIQUE

À leur apparition au siècle de Périclès, les sophistes se présentent comme les nouveaux éducateurs de la Grèce[1]. L'évolution politique a en effet conduit à un système où davantage de citoyens sont susceptibles d'exercer des fonctions. Or une telle extension entraîne une révolution des mentalités, puisqu'elle ouvre à l'existence de la politique en tant qu'exercice du rôle de citoyen : aux régimes aristocratiques ou monarchiques où le pouvoir restait confié à une élite, la Cité démocratique oppose un modèle où tout citoyen participe *en droit* des conditions nécessaires à l'activité politique et reçoit *a priori* la capacité d'y contribuer. Ce changement devait entraîner des besoins en matière d'éducation et de savoir.

UN ENSEIGNEMENT PROTAGORÉEN EN BRIBES

Ce savoir nouveau destiné à un ordre nouveau impliquait aussi de justifier le statut de ces nouveaux professeurs. Par leur fonction, les sophistes sont conduits à réfléchir sur l'éducation, les modes d'acquisition et la transmission du savoir. Ainsi furent-ils les premiers à se poser la question : « Pourquoi des sophistes ? ». Protagoras devait y répondre dans son Μέγας λόγος, où il exposait ses thèses en matière d'éducation mais dont il ne subsiste que deux phrases :

> L'enseignement requiert de la nature et de l'exercice (φύσεως καὶ ἀσκήσως διδασκαλία δεῖται)

1. Sur le contexte et les différences par rapport à l'éducation traditionnelle, J. de Romilly, *Les Grands Sophistes dans l'Athènes de Périclès*, Paris, Éditions du Fallois, 1988, p. 21-91.

> Il faut commencer à apprendre dès l'enfance (ἀπὸ νεότητος δὲ ἀρξαμένους δεῖ μανθάνειν ; B 3 DK)

Il faut y ajouter deux autres fragments :

> Il disait que l'art sans la pratique et la pratique sans l'art ne valent rien (ἔλεγε μηδὴν εἶναι μήτε τέχνη ἄνευ μελέτης μήτε ἄνευ τέχνης ; B 10 DK)
> La culture n'émerge pas dans l'âme si on ne la pénètre pas en profondeur (B 11 DK)[1].

S'opposant à une tradition légitimant les différences de nature, Protagoras refuse que l'éducation résulte seulement du talent naturel et impose l'idée d'un mélange. Ce mixte justifie sa position, car si ses élèves ne pouvaient acquérir et utiliser les savoirs qu'il dispense, le sophiste serait inutile. Il va de pair avec une conception démocratique qui ne réserve pas l'éducation à une élite prétendument dotée d'aptitudes naturelles. Protagoras peut ainsi exercer son activité dans des cités où, comme à Athènes, les citoyens ont la liberté d'accéder à l'éducation. À cet égard, il formule une théorie pédagogique en harmonie avec ce qu'il conçoit comme le fondement de la démocratie : un accès pour tous, par l'éducation, au savoir. Il admet néamoins que l'apprentissage ne résorbe pas complètement les différences de nature. Un individu plus doué atteindra un niveau de maîtrise plus élevé. Pour cette raison, l'enseignement conjugue nature et entraînement – de sorte que le sophiste peut revendiquer une supériorité dans les deux domaines. Bref, la didactique de Protagoras répond tant à ses aspirations professionnelles qu'au contexte politique où il entend les mettre en œuvre.

Si l'éducation doit pénétrer l'âme au plus profond, elle doit commencer dès le plus jeune âge, au moment où l'âme est la plus malléable[2]. L'enseignement ne trouve d'ancrage solide que si l'âme reçoit dès le début la formation nécessaire à sa bonne disposition. Or, si l'éducation implique un si long parcours, celui-ci ne s'accorde pas vraiment avec l'image du sophiste professeur itinérant dispensant ses leçons çà et là. En réalité, une telle conception de l'éducation ne concerne pas uniquement la fonction du sophiste, mais l'éducation dans son ensemble. Le sophiste peut se concentrer sur la formation des jeunes gens aux portes de la vie publique, parce qu'il finalise un processus éducatif assuré par d'autres maîtres (pédagogue, grammatiste). Protagoras ne prétend pas se substituer à

1. Ce témoignage, tiré du Pseudo-Plutarque, *De l'exercice*, 178, 25, est cité et conservé dans le *Rheinisches Museum* 27, 1872, p. 526 ; « culture » rend le terme allemand *Bildung*, qui traduit vraisemblablement παιδεία.

2. Cf. *Ap.*, 18 b-c ; *Rép.*, II, 377 a-b.

l'éducation traditionnelle mais bien la clôturer et l'achever, afin de livrer aux jeunes gens les clefs de la Cité. Présenter le sophiste comme le nouveau maître de la Grèce, ce n'est pas nécessairement rompre radicalement avec l'ordre établi, mais apporter un supplément à la tradition qui réponde aux mutations sociales.

Enfin, Protagoras insiste pour conjuguer l'art (τέχνη) et l'exercice (μελέτη), c'est-à-dire pour réconcilier deux usages de l'art, l'un théorique l'autre pratique, et en montrer l'inséparabilité. La pratique ignorante ne vaut guère mieux que la connaissance passive, car la valeur de la τέχνη se mesure dans son exercice. Une fois cette conclusion transposée à son propre enseignement, ce dernier reçoit une finalité immédiate : loin de se limiter à être un professeur de culture générale, Protagoras enseigne des matières d'application directe au sein de la Cité et ses leçons sont destinées à être mises en pratique. De cette façon, il s'implique dans la vie politique et entend produire chez ses élèves une attitude analogue, dès lors qu'ils auront acquis chez lui les savoirs utiles à la vie civique. La philosophie protagoréenne de l'éducation s'articule donc à un vrai projet politique, celui de la démocratie, qui lui sert à la fois de principe et de fin, tant sur le plan théorique que pratique. La démocratie est le lieu où s'exerce l'activité du sophiste, celui dont il faut penser la légitimité; le régime qui implique une participation des citoyens, celui où il faut contribuer à permettre cette activité.

La reconstitution de ce tableau peut à présent être élargie par les témoignages de Platon. Dans le mythe et le discours du *Protagoras*, celui-ci attribue en effet à Protagoras des idées similaires, laissant l'impression de reproduire la pensée du sophiste. Ce chapitre étudie donc les questions que ce modèle pédagogique soulève pour Platon, la façon dont il le conçoit et les objections qu'il lui apporte.

LES EXPERTS : ATHÈNES

Dans le *Protagoras*, résoudre la contradiction relative à l'utilité politique du sophiste implique de comprendre la définition que le sophiste donne de lui-même et de la confronter aux opinions à son sujet. La toute première définition est énoncée par Hippocrate, le jeune homme qui brûle de suivre les leçons de Protagoras. Elle le présente comme un « savant en choses savantes (τοῦτον εἶναι τὸν τῶν σοφῶν ἐπιστήμονα ; 312 c 6) ». Cette formule, inepte, ne distingue pas le sophiste d'autres experts (le peintre, le médecin, l'architecte ou le cithariste), car elle ne précise pas la nature des choses savantes de sa compétence. L'incapacité d'Hippocrate à y parvenir traduit l'attitude générale des jeunes gens soucieux de fréquenter le sophiste : ils s'accordent pour voir en lui un être exceptionnel, sans pourtant connaître la raison de suivre ses leçons. Pour Platon, une aura magique entoure le sophiste et son savoir, qui lui confère un attrait inégalé mais dissimule derrière une image populaire la réalité de sa fonction.

Le sophiste et son image populaire : l'impression d'un savoir

Protagoras est présenté comme un grand savant (σοφώτατος, 309 d 2), ce qui à la fois justifie et compromet le dialogue. D'un côté, ce savoir affiché, d'un type nouveau dont il faut éprouver les limites, suscite l'intérêt et mérite un examen (cf. *Ap.*, 22 d). D'un autre côté, la supériorité manifeste, et l'écart qui pourrait en résulter, sont susceptibles d'entraver le dialogue. Qualifier le sophiste de savant, et Protagoras en particulier, implique donc d'examiner sa σοφία, son contenu et son fonctionnement, mais aussi de vérifier s'il parvient à répondre aux questions non résolues par le jeune Hippocrate. Premièrement, Protagoras possède-t-il la connaissance suffisante de son objet pour prouver que celui-ci doit s'enseigner (320 b-c) ? Il est à noter que Platon glisse là de la πολιτκὴ τέχνη, revendiquée par Protagoras (318 e-319 a), à l'ἀρετή (διδακτὸν εἶναι ἀρετήν; 320 b 5). Protagoras ne relève aucune différence, comme s'il considérait l'excellence politique d'un strict point de vue technique et non moral. En revanche, Platon quitte le champ de la technique pour celui de la morale, déplaçant le questionnement général. Le dialogue s'engage d'emblée sur des terrains séparés. Deuxièmement, Protagoras sait-il comment enseigner cette matière et quelle méthode convient pour *rendre savants* ses disciples (318 b-e) ? Troisièmement, sait-il en quoi cet enseignement bénéficie à son destinataire et, plus largement, à la Cité (313 a-e; 318 a) ? Parce qu'il rapporte un dialogue avec un savant au sujet des sophistes, le *Protagoras* interroge dès lors la signification du savoir, de la σοφία. La question générale en est : Protagoras peut-il prétendre détenir une science et en justifier l'existence ?

> Peut-être, Hippocrate, ne conçois-tu pas que l'apprentissage (μάθησιν) auprès de Protagoras sera pour toi du même type que celui que tu as reçu du grammatiste, du cithariste ou du pédotribe ? Tu as appris chacune de ces disciplines non pas en vue de l'art (ἐπὶ τέχνῃ), pour devenir un artisan (ὡς δημιουργὸς ἐσόμενος), mais pour ton éducation (ἐπὶ παιδείᾳ), comme il convient au particulier et à l'homme libre (ὡς τὸν ἰδιώτην καὶ τὸν ἐλεύτερον πρέπει ; 312 a 7-b 4).

La question distingue deux formes de l'enseignement sophistique, selon qu'il s'adresse à des étudiants désireux d'embrasser la profession ou à des particuliers soucieux d'enrichir leurs compétences politiques (316 b-c)[1]. Dans les Dialogues, une opposition similaire s'applique à la philosophie, lorsque l'interlocuteur veut distinguer une occupation de jeunesse bonne pour la formation de l'esprit et une habitude propre à Socrate de continuer à pratiquer la philosophie malgré un âge avancé[2]. Elle ne semble donc pas suffire à départager sophistique et philosophie. En réalité, la différence tient à la nature de l'activité : le sophiste est vu comme un δημιουργός, un professionnel rémunéré. Il se présente comme un artisan que des clients paient pour exécuter une tâche, elle-même inappropriée à un honnête citoyen[3]. La différence entre le sophiste et le philosophe reflète donc celle entre une activité lucrative qui promet l'ἀρετή contre un salaire et une activité gratuite où le bénéfice est laissé au savoir.

Aux yeux de Platon, les deux raisons de fréquenter le sophiste entraînent un même risque de corruption. Le fréquenter en amateur serait peut-être même pire pour la Cité, parce que plus insidieux : s'il est aisé d'identifier ou d'exclure des assemblées les sophistes professionnels, qui sont pour la plupart des étrangers, le citoyen qui en aurait suivi les leçons est en revanche susceptible de participer aux décisions politiques et de nuire à la Cité. Il faut à nouveau remarquer qu'une menace similaire plane sur la philosophie puisque, si les philosophes accomplis préfèrent s'exclure de la vie politique dont ils ignorent les lois et les coutumes[4], les jeunes gens confrontés prématurément à la philosophie (et à la dialectique) risquent d'en user à mauvais escient[5]. Aussi la question se pose-t-elle, tant au philosophe qu'au sophiste, de déterminer s'il est possible d'apprendre la σοφία sans (se) nuire.

1. Dans le chœur qui entoure Protagoras, Platon mentionne Antimoiros de Mendée, « le plus réputé des disciples de Protagoras », qui avait pour ambition de devenir sophiste (315 a 3-4). Comme le note A. Capra (*Ἀγὼν λόγων. Il* Protagora *di Platone tra eristica e commedia*, Milan, LED, 2001, p. 57), son absence de postériré témoigne, non sans ironie, du manque de succès de la formation offerte par Protagoras, du moins aux yeux de Platon.

2. *Gorg.*, 484 c-d; *Rép.*, VI, 487 c-d. *Cf.* Isocrate, *Panath.*, 27-28.

3. La raison en serait qu'elle inféode l'artisan, le sophiste en particulier, au salaire d'autrui. Voir G.B. Kerferd, *Le Mouvement sophistique*, *op. cit.*, p. 68-69.

4. Voir *Théét.*, 173 c-e; *Gorg.*, 484 d; *Euthyd.*, 306 a-b.

5. *Rép.*, VII, 539 b-c; *Soph.*, 251 b-c.

Dans ses deux formes, l'union du sophiste à son élève repose sur une relation plus pécuniaire qu'érotique[1]. Est-ce toutefois un frein à l'éducation, au sens où le sophiste ne se soucierait nullement de son élève, parce qu'il viserait le profit ? En réalité, il lui apporte un soin d'un autre type. En tant qu'étranger, le sophiste demeure dans une situation risquée et, comme le signale Protagoras, il s'entoure de précautions avant d'oser se présenter publiquement (316 e-317 b). Tout abus de sa part paraît donc exclu *a priori*, étant donné que ses élèves deviendront ses meilleurs protecteurs au sein de la Cité, une fois leur éducation achevée. Certes, cet objectif n'obéit pas de prime abord à une aspiration morale mais à un calcul d'intérêt, puisque prodiguer à des clients les enseignements demandés offre au sophiste le meilleur bouclier. Mieux ses élèves seront formés, mieux ils pourront prendre soin de lui et le protéger. On pourrait encore relever que le sophiste ne poursuit jamais que son propre intérêt, sa subsistance et son salut, en acceptant d'éduquer des jeunes gens contre rémunération. Son droit de refuser d'enseigner à certains élèves qui ne satisferaient pas ses attentes résulterait ainsi moins d'un forme d'élitisme, en vertu duquel le sophiste se réserverait aux plus doués, qu'il obéirait à une logique d'intérêt : choisir minutieusement ses disciples reviendrait à évaluer ceux dont l'éducation profitera davantage au maître – un principe qui s'accorde du reste avec la métrétique développée dans la suite. Cette explication rend compte à la fois de la prière d'Hippocrate à Socrate de l'introduire auprès de Protagoras (310 e) et du mode de règlement des honoraires adopté par celui-ci (328 b-c). Hippocrate sollicite Socrate parce qu'il connaît l'aisance de sa famille (310 a-c) et, à leur arrivée chez Callias, Socrate s'exécute en vantant aussi bien la fortune d'Hippocrate que ses qualités intellectuelles (316 b). Quant à Protagoras, en laissant à l'élève le choix de la rétribution (du montant comme du mode de paiement, à lui ou à la divinité), il passe d'une part pour un individu pieux et honnête, respectable, d'autre part il évite les risques : s'il ne doit rien, personne ne peut se plaindre. Dès lors si, dans la relation entre le sophiste et son élève, les deux parties poursuivent un objectif commun, la réussite personnelle, celui-ci ne relève manifestement pas d'un bien moral, mais seulement d'un succès matériel. Cette interprétation de l'enseignement du sophiste et de la relation à ses élèves, celle suggérée par Platon, est-elle cependant la seule possible ?

1. Contre ce point de vue platonicien, G.B. Kerferd (*Le Mouvement sophistique*, *op. cit.*, p. 74) souligne que le disciple trouvait un certain intérêt à faire partie de l'entourage d'un sophiste réputé. D'une part, celui-ci devait subvenir à ses besoins. D'autre part, les élèves évoluaient dans l'intimité du maître, au sein d'un groupe favorisant l'émulation intellectuelle.

Le sophiste et son image socratique : une affaire commerciale

Pour Hippocrate et la jeunesse qu'il incarne, le sophiste possède la capacité de rendre les gens habiles à parler, sans conséquence directe sur la Cité (312 d)[1]. En achevant son éducation, il permet simplement au particulier d'améliorer sa condition et d'être entendu à l'Assemblée. Pour Platon en revanche, cette vision du sophiste repose sur une définition circulaire – le sophiste sait rendre habile à parler sur ce qu'il sait : rendre habile à parler (312 e) – en vertu de laquelle il enseigne une compétence formelle et sans contenu, où le discours est son objet propre[2]. Comment Platon conçoit-il dès lors le rapport du sophiste à ce savoir ?

Socrate propose d'abord de voir dans le sophiste « un négociant (ἔμπορος) ou un détaillant (κάπηλος) de denrées dont l'âme se nourrit » (313 c 4-6). Cette définition fait du sophiste un professionnel tirant sa rémunération du commerce d'un produit à usage psychique, dont la nature n'est pas précisée. En cela, elle paraît bien incomplète : aussi longtemps que restent ininterrogées l'origine et la production des marchandises, rien ne différencie formellement le sophiste d'un autre commerçant du même domaine. De plus, la dictinction entre deux types de quantité, commerce de gros ou de détail, reste vague et ne semble pas fournir un critère essentiel. Enfin, la nature des marchandises n'est pas explorée, restant au stade de la publicité commun à toute sorte de marchand. Cette définition évoque du reste les troisième et quatrième définitions du *Sophiste* (224 d-225 a), tandis que la mise en scène d'un jeune homme de bonne famille empressé de se rendre auprès de Protagoras et de lui acheter à tout prix des leçons annonce la première définition, qui le décrit comme un chasseur de jeunes gens riches pour son profit (222 a-223 b)[3]. Quand Socrate nomme μαθήματα les nourritures psychiques que vend le sophiste (313 c 7), la précision rappelle également la deuxième définition du *Sophiste*, celle d'un négociant en sciences (223 b-224 d)[4]. Il en ressort que le *Protagoras*

1. L'avis d'Hippocrate contraste avec celui d'Anytos dans le *Ménon* (91 c-93 b), pour qui les sophistes corrompent clairement la Cité et la jeunesse.

2. C.C.W. Taylor juge l'objection de Socrate logiquement peu satisfaisante, parce qu'elle repose sur un seul exemple (*Plato. Protagoras*, *op. cit.*, p. 67). En réalité, Platon semble tenter de recadrer la question sur l'objet de l'enseignement du sophiste. Le cithariste enseigne la musique, donc rend capable de parler de ce sujet. De la même manière, que faut-il dire que Protagoras enseigne et sur quoi porte son discours ?

3. Dans le *Sophiste* (223 d), Platon distingue deux formes de négoce, selon que le marchand fabrique (αὐτοπωλική) ou non (μεταβλητική) ce qu'il vend.

4. Les deux dernières définitions du *Sophiste*, à savoir l'éristique mercenaire (225 a-226 a) et le réfutateur intéressé (226 a-231 c), ne sont pas explicitement formulées dans le *Protagoras*, mais il est possible d'en trouver les éléments.

dissimule le sophiste derrière une multiplicité d'apparences dont il y a lieu de penser qu'aucune ne livre la définition, pas plus que l'enseignement, la finalité ou la raison. Il envisage plutôt le rapport que le sophiste entretient avec la foule, dans le spectacle qu'il lui donne et le rôle qu'il y tient.

Or, si la transmission de savoirs par le sophiste est susceptible d'altérer l'âme, il convient de s'inquiéter de sa contribution à l'éducation (313 a-b). À cet égard, l'enjeu du *Protagoras* est de déterminer le contenu des produits dont l'âme se nourrit, c'est-à-dire d'évaluer la nature de ces savoirs et les implications de leur vente. Qu'ils vendent des denrées corporelles ou psychiques, les commerçants s'emploient davantage à emballer qu'à connaître leur marchandise : ils vantent leurs produits et suscitent un désir sans se soucier de leur impact, que seuls des spécialistes peuvent mesurer pour ainsi prémunir contre les risques causés par de tels négociants, malgré leur attrait (313 d-e). Mais si les experts capables d'évaluer les biens corporels sont faciles à identifier (médecin et pédotribe), ils sont moins aisément discernables dans le cas des biens psychiques et, à moins qu'il ne fût lui-même médecin de l'âme, le client achète souvent en toute ignorance (313 e). Or le risque encouru à fréquenter un sophiste s'avère d'autant plus élevé que les aliments psychiques qu'il vend sont inséparables de l'âme qui les reçoit (314 a-b). Une fois acquis, il devient impossible de les examiner de l'extérieur, tant ils font désormais partie intégrante de l'âme. Expert en éloge capable de susciter le désir d'un besoin nouveau (ὁ ἀεὶ ἐπιθυμῶν; 313 d 6), un nouvel enseignement, le sophiste apparaît comme le seul spécialiste apte à examiner ses marchandises. Il se présente à la fois comme le producteur de ses savoirs, leur marchand et leur évaluateur, une forme de *trust* commercial dans laquelle Socrate dénonce autant la conception mercantile du savoir que la situation de monopole du sophiste. Il reste donc à vérifier s'il existe une sorte de médecin capable de déterminer si un μάθημα est bon pour l'âme et s'il peut s'agir du sophiste lui-même (311 b-c). En résumé, si dans l'opinion populaire le sophiste enseigne une méthode sans objet, pour Socrate en revanche il enseigne des objets sans méthode pour les évaluer.

Cette définition du sophiste implique une vision de son savoir, des μαθήματα qu'il vend, comme un ensemble d'idées à emmagasiner telles des marchandises. Se dessine un rapport cumulatif à la connaissance, au regard duquel plus élevée sera la dépense allouée aux leçons, plus grande sera la quantité de savoirs reçue en contrepartie. De cette façon, le meilleur sophiste sera le meilleur négociant, celui qui vendra le plus de marchandises au prix le plus élevé. Ainsi, par son statut d'intermédiaire, le sophiste nourrirait un but de profit, visant à réaliser dans la transaction une plus-value issue de la différence entre le prix d'achat des savoirs (celui auquel il les a acquis) et leur prix de vente.

Éduquer la Cité

> En venant à moi, Hippocrate ne subira pas ce qu'il aurait subi en fréquentant un autre sophiste (ἅπερ ἂν ἔπαθεν ἄλλῳ τῳ συγγενόμενος τῶν σοφιστῶν). Car les autres causent du tort aux jeunes gens (οἱ μὲν γὰρ ἄλλοι λωβῶνται τοὺς νέους) : alors que ces derniers ont échappé aux arts, ils les y ramènent de force, pour leur enseigner le calcul, l'astronomie, la géométrie et la musique – en même temps, il jetait un regard vers Hippias –, tandis qu'en venant à moi, il n'apprendra rien en aucune autre matière que ce pour laquelle il est venu. Ce savoir, c'est le bon jugement dans les affaires privées (τὸ δὲ μάθημά ἐστιν εὐβουλία περὶ τῶν οἰκείων) – comment administrer au mieux sa maison – et dans les affaires de la Cité (καὶ περὶ τῶν τῆς πόλεως) – comment être le plus apte à gérer les affaires de la Cité en actes et en paroles (ὅπως τὰ τῆς πόλεως δυνατώτατος ἂν εἴη καὶ πράττειν καὶ λέγειν; 318 d 7-319 a 2).

Tel est l'engagement (ἐπάγγελμα) de Protagoras, qui se présente comme un éducateur (317 b) et revendique d'améliorer ses élèves au quotidien (318 a). Cet essai de définition ne spécifie pas la fonction éducative du sophiste, vu que toute personne qui dispense un enseignement contribue à améliorer son élève (318 b). À l'instar d'Hippocrate, Protagoras définit sa propre fonction par une forme vide qui manque la nature et le critère de l'amélioration à laquelle il s'engage. Il se démarque néanmoins des autres sophistes sur un double principe : il n'enseigne pas les sciences mais seulement ce que les jeunes gens attendent. Platon attribue donc à Protagoras un enseignement exceptionnel (en marge de ses connaissances théoriques dont les sources attestent en nombre), au sens où il ne se plie pas à un programme mais répond à la demande[1]. Loin de se fermer à tout enseignement théorique, il n'en fait pas un préalable à l'art politique car, dans une perspective pragmatique, il privilégie le lien entre le besoin et l'usage de la connaissance[2]. Cette pratique, qui pourrait passer pour une forme de soumission de la pensée à l'intérêt immédiat, paraît en réalité étendre le principe démocratique à l'enseignement même de Protagoras,

1. Protagoras s'est interrogé sur la géométrie (B 7 DK) et sur la grammaire (A 27, A 28 et A 29 DK), comme d'autres sophistes (Antiphon, B 13 DK; Prodicos, B 3 DK).

2. Cette approche s'accorde avec le fragment B 10 DK.

puisqu'elle préserve la liberté de l'élève jusque dans le choix de ses matières.

Cette double propriété de l'enseignement protagoréen illustre la diversité des pratiques, dans la mesure où les sophistes rassemblés chez Callias, s'ils suivent le même objectif de servir les ambitions politiques de leurs élèves, prônent des méthodes différentes. Un tel éclatement peut apparaître à Platon comme le reflet de l'ignorance profonde de l'objectif qu'ils se fixent car, s'ils connaissaient la vraie nature de leur objet – l'éducation politique –, ils ne divergeraient pas tant dans leurs méthodes et pratiques d'enseignement. Il éclaire en outre la manière dont Platon perçoit l'unité de ce mouvement : les sophistes ne partagent pas un ensemble de doctrines ou de principes, mais ils ont un seul trait commun, être des professeurs rémunérés, et ils suivent une même fin, leur intérêt personnel, qui passe par l'éducation de jeunes gens aptes à les aider à gagner en influence politique et à les protéger. En un mot, la divergence des pratiques témoigne du caractère illusoire de leur savoir [1].

L'ἐπάγγελμα de Protagoras précise la nature de son enseignement, puisqu'il lui attribue un objet et une fin : apprendre à devenir un bon citoyen. La formule reste cependant aussi vague que les précédentes, dans la mesure où elle laisse deux points indéterminés, l'εὐβουλία et la πολιτικὴ τέχνη. Former des citoyens capables d'administrer leurs biens et ceux de la Cité correspond, au rôle que la plupart des gens attribuent aux sophistes. Se faisant le relai de cette opinion, tout en insistant sur le caractère payant des leçons, Socrate y apporte à chaque fois une objection différente. Dans le *Ménon*, il évoque les nuisances possibles de cet enseignement (91 a-c). Dans la *République* (X, 600 c-d), il s'étonne qu'Homère et Hésiode n'aient pas davantage tiré profit de leurs leçons, alors que les sophistes se sont rendus indispensables. Ils ont réussi à diffuser une croyance en un besoin nouveau et à persuader les citoyens de les fréquenter pour le combler [2]. Dès lors, ils commencent par convaincre de la nécessité de leur science politique, car plus l'opinion se répandra, moins leur statut sera contesté. De ce point de vue, que la corruption psychique causée par les sophistes passe inaperçue ne plaide pas en leur faveur, étant donné qu'elle serait dissimulée par un travail de manipulation de l'opinion. Contrairement à la

1. Cette conclusion annonce la définition finale du *Sophiste* (268 a-b).

2. L'objection fait apparemment abstraction de l'évolution des régimes politiques et de l'avènement de la démocratie, avec lequel coïncide l'apparition des sophistes. Pour Platon en effet, la science politique consiste à penser le meilleur État possible, plutôt que de considérer les évolutions historiques. Il reproche donc au sophiste de chercher à rationaliser l'historicité des démocraties.

détérioration des chaussures par un mauvais cordonnier, la perversion des âmes par le sophiste et, par extension, de la Cité, s'avère imperceptible au premier regard. Socrate relativise toutefois ce succès au moyen d'un constat empirique : si les sophistes étaient aussi utiles qu'ils ne le prétendent, les cités ne les laisseraient pas voyager mais garderaient jalousement le bénéfice de leurs leçons. En définitive, pas plus qu'Homère ou Hésiode les sophistes ne parviennent à persuader leurs contemporains de leur nécessité. Ils échoueraient à induire cette idée politique fondamentale sur laquelle repose leur activité, preuve de l'inefficacité de leur méthode de persuasion et, par extension, de leur enseignement.

D'après le *Gorgias* (520 e), l'enseignement de la politique doit s'accompagner de leçons gratuites car le rendre accessible à tous attesterait qu'il relève d'une connaissance véritable de ce qui est profitable à la Cité. Le reproche tient moins au fait de rétribuer un enseignement en tant que tel, auquel cas il vaudrait pour le médecin, le pédotribe ou le grammairien, qu'à celui de se faire rémunérer pour enseigner la vertu[1]. L'objection procède comme suit : certains enseignent contre rétribution l'art de bien gérer la Cité et de bien administrer ses biens; la bonne gestion de la Cité relève de l'intérêt collectif; or limiter par le coût des leçons l'accès à l'enseignement revient à négliger l'intérêt collectif au profit de l'intérêt particulier; par conséquent, les maîtres de ce type ignorent ce qu'ils prétendent enseigner. Du point de vue de Platon, vendre des connaissances liées à l'intérêt commun témoigne de l'ignorance de la réalité de ce dernier. Cette objection est du reste confirmée par le *Sophiste* : s'agissant de matières et de savoirs les plus élevés, le sophiste, pour être vraiment conséquent, ne devrait pas les vendre à un prix si vil (πάνυ σμικροῦ νομίσματος; 234 a 5) à moins d'en déprécier la valeur[2]. La rémunération discrédite déjà le sophiste, mais la faiblesse de ses tarifs rend ses compétences d'autant plus suspectes. Les honoraires des sophistes sont trop élevés pour ce qu'ils sont, pas assez pour ce qu'ils prétendent enseigner. En définitive, le sophiste revêt seulement la parure du professeur de vertu, sans en connaître la réalité (*Rép.*, X, 600 e-601 a).

1. Comme le note W.K.C. Guthrie (*Les Sophistes, op. cit.*, p. 46), de nombreux Athéniens exerçaient des fonctions rémunérées sans être pour autant déshonorés.

2. Dans le *Sophiste*, la modicité du prix des leçons contraste avec les fortunes amassées que Platon attribue ailleurs aux sophistes (*Prot.*, 310 e, 313 b; *Hip. maj.*, 282 d-e; *Ap.*, 20 b; *Mén.*, 91 d-e). La valeur du « bien peu » doit sans doute être comprise relativement à l'objet vendu, et non à l'échelle des salaires à Athènes. Sur la rémunération des sophistes, G.B. Kerferd, *Le Mouvement sophistique*, *op. cit.*, p. 74.

En faveur des sophistes, contre cette objection de Platon qui évite d'interroger le succès des sophistes à former de bons citoyens en contexte démocratique, il est possible d'envisager une autre solution au raisonnement. Professionnel parmi d'autres, le sophiste exige un salaire pour subvenir à ses besoins et dispenser l'éducation que la Cité n'assume pas. Or la faiblesse de ce salaire et l'ouverture à tous de son enseignement s'expliquent par des options politiques. Protagoras pourrait souhaiter que la Cité prenne en charge l'éducation politique, la transfère de la sphère privée à la sphère publique et éduque tous les citoyens à être de bons citoyens démocratiques, capables de gérer et de défendre leurs intérêts. En démocrate conséquent, il pourrait viser l'organisation publique d'une éducation cautionnée par la Cité, de façon analogue, malgré les différences fondamentales du modèle politique sous-jacent, au projet de la *République*.

Modèle protagoréen contre modèle platonicien

D'après son engagement, Protagoras offre un enseignement en matière de bon jugement (εὐβουλία, 318 e 5), sans préciser le critère au vu duquel ce jugement est *bon*. Deux possibilités s'offrent à lui : soit un critère immuable qui ramène toutes les décisions à un modèle (politique) commun, soit un critère qui s'adapte aux circonstances. Dans le premier cas, la décision est évaluée en fonction d'une connaissance de la réalité de ce sur quoi elle porte; dans le second, le critère relève de la situation et le succès de la décision reçoit une valeur relative. Alors que la valeur intrinsèque d'un objet, si elle résulte seulement de la connaissance de sa réalité, est immuable, à l'inverse ce qui paraît bénéfique à un moment peut se révéler désastreux dans des circonstances différentes. Parce qu'il propose son enseignement dans des contextes variés et qu'il tient compte de la dimension historique, Protagoras semble privilégier le second modèle. Il entend enseigner une discipline à portée universelle qui, sans renvoyer à des critères immuables ni posséder de cadre définitivement établi, implique de s'adapter à la situation. Il reste à comprendre comment enseigner une *technè*, toujours la même et marquée par la même efficacité, sans se fonder ni sur la connaissance de ce que sont les choses, ni sur l'application d'un critère universel.

Dans la *République*, Platon examine la signification de l'εὐβουλία dans le cadre d'une réflexion sur la σοφία politique qui évoque la position de Protagoras (IV, 428 b-429 a). L'εὐβουλία constitue une forme de savoir qui doit permettre à la Cité d'être bien dirigée, « car ce n'est pas par ignorance (ἀμαθίᾳ) mais par science (ἐπιστήμῃ) qu'on prend de bonnes décisions »[1]. Elle ne réside cependant dans aucune science particulière, surtout pas dans une science technique. Elle doit en outre être la moins partagée de toutes (428 e). L'εὐβουλία est la propriété de la σοφία, qui appartient seulement au petit nombre des gouvernants et dont la fonction consiste à délibérer sur la Cité en son entier, et pas seulement sur un de ses éléments, afin de déterminer « de quelle manière elle s'accorderait au mieux avec elle-même et avec les autres cités (428 d 2-3). » Dans cet esprit, Protagoras semble réduire le savoir le plus haut et le plus utile à la Cité à un savoir dont il ne détermine pas vraiment la propriété et qu'il dispense à qui peut se payer ses leçons. En plus de ne pas réserver cet enseignement aux gouvernants mais de l'offrir à chacun, il n'en limite pas la portée aux décisions les plus importantes pour la Cité dans son ensemble, mais il l'étend à des problèmes particuliers, tels que la gestion patrimoniale, prétendant faire de ses élèves des experts dans des domaines si complexes et distincts. Si, à l'instar du *Protagoras*, la *République* ne détaille pas le fonctionnement de l'εὐβουλία, elle lui attribue d'administrer l'État, pas le bien privé. Platon distingue nettement la gestion patrimoniale du gouvernement de l'État et, de son point de vue, Protagoras commet l'erreur de regrouper dans une même science deux activités aussi différentes[2]. En faisant de l'εὐβουλία politique non pas la compétence *du politique* mais la compétence *du citoyen*, il confondrait économie et politique ; et en se vantant d'enseigner d'un seul mouvement l'art de gérer ses biens et celui d'administrer la Cité, il établirait un parallèle malsain entre l'attitude du dirigeant envers ses concitoyens et celle du maître envers sa maisonnée (ses esclaves). Par là, il imposerait un rapport de domination, contre la relation d'égalité censée fonder la démocratie[3]. Au lieu de *gouvernants*, il aiderait ses élèves à devenir des *maîtres* dans leur Cité, dont les citoyens apparaîtraient peu ou prou comme des esclaves.

La position de Protagoras en matière d'εὐβουλία révèle en réalité la propriété de la démocratie quant à la πολιτικὴ τέχνη. En démocratie, les

1. *Rép.*, IV, 428 b 8. La même interrogation se retrouve en *Alcibiade*, 125 e-126 a : qu'est-ce qui assure la spécificité du bon jugement du gouvernant par rapport à d'autres spécialistes, tels que le pilote ? Alcibiade conclut qu'il s'agit d'une certaine amitié entre les citoyens, dont il ne connaît cependant pas le contenu.

2. Dans le *Politique* (258 e), si l'Étranger assimile le politique au chef des esclaves et au maître de maison, cette identification s'avère provisoire : elle vise à distinguer les sciences directives des sciences productives. Plus que de degré, la différence de rôle se marque dans l'absence de fonction nutritive et despotique du politique (275 e). Ces formes de direction ne doivent donc pas être confondues.

3. Dans la *République* (V, 463 a-b), Platon insiste sur la nécessité de concevoir les relations politiques non pas sur le mode des rapports de force et de soumission, mais sur le mode d'une relation entre citoyens dirigeants et citoyens dirigés.

citoyens sont en alternance gouvernants et gouvernés, et font alternativement appel à deux types de compétence qui relèvent pourtant d'un même savoir : l'une de décider, l'autre d'obéir [1]. Dans la sphère privée en revanche, le citoyen occupe uniquement la position de dirigeant, au sens où il gère sa maison sans devoir adopter la même flexibilité ni obéir aux injonctions d'un autre. Toutefois, il est vraisemblable que le maître de maison ne se comporte pas comme un tyran, du moins s'il souhaite bien gérer ses affaires, mais qu'il se soumette à ses propres prescriptions ou aux règles de bon usage dans ce domaine. Par conséquent, en raison de la dualité tant de sa nature que de son champ d'application, la science politique de Protagoras, en tant que science du citoyen, s'avère complexe. Elle ne se réduit pas à la seule activité prescriptive et directive, mais elle suppose des compétences multiples.

Que désignent alors les μαθήματα dont le sophiste fait commerce (313 d-e) ? Tout d'abord, amené par Socrate à défendre son statut plutôt qu'à expliquer ses méthodes, Protagoras énumère une série de connaissances sans réelle connexion, qui attestent de l'étendue de son savoir. Il connaît des choses utiles aux hommes, aux plantes ou aux animaux (334 a-c). Ensuite, il ne contraint pas ses élèves à apprendre les disciplines auxquelles ils ne trouvent aucun intérêt immédiat. Il en ressort que ses μαθήματα ne relèvent pas des τέχναι habituelles, mais d'un autre type d'apprentissage. Loin de simplement transmettre son savoir encyclopédique (318 d-e), Protagoras cherche l'efficacité et vend des recettes en matière d'*action politique*, c'est-à-dire de gestion immédiate de tout ce qui concerne l'individu, en tant que particulier et en tant que citoyen. Protagoras distingue de cette façon deux conceptions de l'éducation. À ses yeux, l'accumulation de savoirs et la polymathie ne remplissent pas le but éducatif qu'il se fixe, car des connaissances encyclopédiques ne contribuent en rien à faire de l'homme un bon citoyen. Dès lors, si Protagoras adopte une conception commerciale du savoir, il se montre réfractaire à vendre indistinctement des connaissances, parce que leur utilité pour la παιδεία ne se mesure pas à leur accumulation, mais à leur application et à leur efficacité. En cela, il privilégie plutôt une éducation destinée à transformer la disposition de l'individu au moyen d'un savoir spécifique et à imposer l'idée d'une science propre à l'administration de la Cité et des biens personnels, qui ne s'épuise pas dans l'acquisition de connaissances dans tous les

1. Dans la *Politique* (III, 4, 1277 a 26-b 16), Aristote adoptera une position protagoréenne, à l'encontre du reproche de Platon : l'autorité du maître sur ses esclaves est d'un autre type que l'autorité du citoyen sur ses pairs.

champs du savoir humain. Il ne fait pas du savoir un ensemble d'opinions transmissibles, mais il insiste sur la nécessité d'une τέχνη unique et propre. Sans faire de l'art politique un savoir supérieur dont la tâche serait de rassembler tous les savoirs spécifiques et de les accorder pour le bien de la Cité, il y voit un savoir dont la supériorité résulte de sa capacité à satisfaire l'intérêt personnel et à répondre aux aspirations du citoyen en tant qu'individu, plutôt qu'aux exigences qu'il vit comme membre de la communauté politique.

Dans la *République* en revanche, l'éducation des gardiens passe par l'étude des μαθήματα : calcul, géométrie, astronomie, musique – que Protagoras exclut de son programme[1]. Ces savoirs s'avèrent utiles à tous, parce qu'ils vivifient un organe de l'âme affaibli par d'autres occupations (VII, 527 d-e). Leur acquisition ne vise pas le profit direct et matériel, mais une bonne disposition de l'âme pour contempler la vérité. Or, à les écarter, Protagoras « ressemble à quelqu'un qui, en présence de la foule, craint de paraître promouvoir des enseignements inutiles (ἄχρηστα μαθήματα προστάττειν; 527 d 5-6). » Il les sacrifie au nom de l'intérêt et du profit immédiat (ὠφελία), pliant ses leçons aux aspirations et aux attentes de l'élève au lieu de l'arracher à ses préjugés. Platon oppose ainsi deux attitudes. Dans sa recherche pédagogique, Platon poursuit l'accord avec lui-même, sans se soucier des attentes extérieures à sa quête de la vérité (528 a). Il entend satisfaire ses propres exigences, celles de la vérité, et vise un profit purement intellectuel : éveiller une intelligence que la recherche de l'intérêt personnel et immédiat a rendue somnolente[2]. Aussi n'inféode-t-il pas son enseignement (ni son dialogue) à l'intérêt d'autrui, mais il le déduit d'une démarche libre de la pensée, où il ne s'interroge et ne répond qu'à lui-même. À l'inverse, Protagoras ne jouit pas de cette liberté, soucieux qu'il est de satisfaire aux exigences d'autrui : il élabore

1. Platon désigne ces disciplines comme des μαθήματα en *Rép.*, VII, 525 b 3, 526 b 6, 527 d 6 et d 8, 534 e 2, 535 a 4 et b 5, 537 a 1, a 9 et c 2. Dans la *République*, la musique fait partie, avec la gymnastique, des sciences enseignées à tous les gardiens, et pas seulement aux philosophes, tout comme dans le *Protagoras* ces disciplines sont enseignées à tous les enfants de citoyens. Platon reprend la liste à la science du calcul (522 c-526 c), puis il passe à la géométrie (526 c-527 c) et à l'astronomie (529 a-530 c). Il ajoute ensuite la stéréométrie, manifestement inconnue des sophistes et encore peu développée à l'époque (528 c-529 a), et il conclut par l'harmonie, la théorie scientifique de la musique (530 c-531 c). Parvenu à ce terme, le futur philosophe se consacrera à l'apprentissage de la dialectique (532 b-533 a). Cf. *Prot.*, 318 d.

2. L'expression ἕνεκα ἐμαυτοῦ se retrouve en *Gorg.*, 482 b-c, et *Phéd.*, 91 a. Sur le sens du διαλέγεσθαι dans ce passage, M. Dixsaut, *Métamorphoses de la dialectique*, *op. cit.*, p. 70-72.

sa pédagogie dans l'idée de servir au mieux les intérêts des parties contractantes.

Il en résulte deux rapports aux μαθήματα. En l'état, Protagoras ne reçoit pas l'enfant dès le plus jeune âge, mais au terme d'une première formation où il a acquis des savoirs auprès de plusieurs maîtres (325 e-326 c). Le sophiste s'intègre à un système en place, attribuant à la παιδεία traditionnelle la fonction de crible. Pour cette raison, il doit adapter son enseignement tant aux cités, où le contenu de la παιδεία initiale varie, qu'aux individus, dont le programme est multiforme. Toutefois, il ne paraît pas se soucier des acquis antérieurs de ses élèves ni avoir de conception globale de la παιδεία. Dans la *République* à présent, l'enseignement propre aux philosophes débute aussi au terme d'un parcours jalonné de diverses disciplines. Mais Platon les conçoit dans un parcours intégré. À ses yeux, garder une conception partielle de l'éducation, refuser d'envisager une réforme globale, c'est faire de la science que l'on enseigne une τέχνη parmi d'autres, au lieu de lui attribuer une position souveraine. Or ce dernier enseignement doit couronner et organiser les savoirs antérieurs, comme le fait la science des gouvernants, la dialectique (VII, 534 e-535 a), plutôt que de se substituer simplement à eux et de les reléguer dans l'inutilité.

L'éducation altère l'âme et retourne sa puissance (*Rép.*, 518 d). Le contact des μαθήματα modifie l'individu de façon irréversible, pour le meilleur ou pour le pire, d'où la nécessité de s'enquérir de leur nature. L'éducation révèle le naturel de l'individu, séparant les gardiens des marchands et des producteurs, avant de mettre au jour les naturels philosophes, ceux qui s'accompliront pleinement par une éducation achevée (VI, 487 a). Platon juge impensable d'acquérir les savoirs utiles au gouvernement sans avoir préalablement filtré les bons naturels ni avoir reçu la formation nécessaire. Protagoras revendique quant à lui d'enseigner des μαθήματα spécifiques, relatifs à la politique en général. Or, pour Platon, à défaut d'avoir jamais eu de contact avec les sciences théoriques telles que l'astronomie ou les mathématiques, l'individu est condamné à rester prisonnier d'un usage pratique et spécifique de la science politique, usage d'autant plus limité qu'il n'a pas développé l'organe de l'âme utile pour atteindre la vérité (VII, 525 b-c). Pour ne s'être pas élevé à la science supérieure, celle qui sait ce que savoir veut dire, pour ne pas avoir suffisamment purifié son intelligence, il ramènera sans cesse les connaissances acquises à des préoccupations pragmatiques. L'apprentissage des sciences théoriques (des nombres, des figures géométriques ou des harmonies) libère l'âme et l'affranchit des intérêts immédiats pour l'élever vers la vérité et la contemplation de l'être (VII, 537 d). En conclusion, dans sa méfiance à l'égard du commerce sophistique, Platon se soucie moins du contact qu'il offre avec les μαθήματα que de l'incapacité qu'il entraîne à prendre du recul, parce qu'il ne s'articule pas à un long apprentissage théorique utile pour évaluer justement. Le sophiste risque ainsi de produire non pas de bons citoyens, mais des ergoteurs incapables de maîtriser leur ardeur et l'usage de la dialectique (VII, 537 e-538 a).

La langue au service de la culture

Il faut néanmoins se demander si le sophiste est vraiment dans l'incapacité de repenser l'éducation dans sa globalité. Pour former de bons citoyens, Protagoras avance sa compétence en matière de *logos*, celle qui caractérise le sophiste dans l'opinion commune (312 d). Or le *Protagoras* ne s'interroge pas directement sur l'art rhétorique ni sur la manière de l'enseigner. En revanche, il décrit un aspect de l'éducation que Protagoras juge central, à savoir l'étude critique des œuvres poétiques. Ce qui se présente comme un objet littéraire sans implication sur la formation politique est en réalité le résultat d'un projet politique et pédagogique sur lequel mise le sophiste, qui témoigne d'une réflexion globale sur l'éducation. Mais pour comprendre la raison et le moyen d'enseigner la pratique du *logos*, il faut commencer par examiner la conception protagoréenne du langage.

Dans le mythe, Protagoras situe l'origine du langage à la suite du don des arts par Prométhée, moment à partir duquel les hommes « se mettent vite à articuler des sons et des noms grâce à l'art (φωνὴν καὶ ὀνόματα ταχὺ διηρθρώσατο τῇ τέχνῃ ; 322 a 6) ». La genèse du langage n'est ni naturelle ni spontanée, puisqu'il résulte d'une production technicisée et délibérée par laquellle l'homme s'arrache à la naturalité [1]. Refuser le naturalisme (ce que confirme la métaphore du don) et insister sur la dimension technique, c'est déterminer un rapport créatif et artiste au langage. Il en résulte une

1. D'après Démocrite (B 5), le langage apparaît de façon progressive et imperceptible : les hommes s'habituent à reconnaître les sons qu'ils produisent au hasard et à identifier les objets qu'ils désignent par là. Protagoras se démarque donc en ce qu'il situe l'origine du langage dans l'art (τῇ τέχνῃ), Démocrite dans le hasard (ἑκάστων ὡς ἔτυχε συνταξάντων τὰς λέξεις). A. Brancacci a étudié d'autres textes sur l'origine du langage, « Protagoras, l'*orthoepeia* et la justesse des noms », dans *Platon : Source des Présocratiques*, M. Dixsaut et A. Brancacci (éd.), Paris, Vrin, 2002, p. 172-174. La reconstitution de la méthode protagoréenne entreprise ici s'inspire de cette étude, où l'auteur souligne notamment le lien entre la poésie épique et l'étymologie du terme, formé sur ὀρθός et ἔπος (p. 176).

possibilité de continuer à agir sur le langage car, s'il n'est pas déterminé *a priori*, rien n'empêche de poursuivre son évolution et de l'améliorer *au moyen de l'art*. Dans la mesure où il contribue nécessairement à leur développement et survient, même dans l'ordre du récit, antérieurement à la confection, à l'agriculture et à la cordonnerie qu'il conditionnerait, les hommes doivent sans cesse l'adapter. De plus, le fait qu'il apparaisse tout de suite après les premiers autels et statues à l'effigie des dieux, semblable à une réponse à un besoin d'exprimer verbalement une certaine religiosité, souligne son caractère de propriété distinctive : comme le culte divin, le langage indique la prise de conscience par l'homme de la nécessité de souligner sa différence par rapport aux bêtes et la distance que marque ce don par rapport à la nature.

La fonction première du langage est énoncée dans le *logos* qui accompagne le mythe, à savoir transmettre de l'enfance à l'âge adulte les valeurs morales et les lois en vigueur dans la Cité. Le langage joue ce rôle éducatif dès que l'enfant est capable de comprendre ce qu'il entend, car il devient en même temps capable de comprendre la description des valeurs morales (« ceci est bien, cela non ») et, du même coup, de subir les remontrances de ses parents et de son entourage (325 c). Ensuite, l'enfant se met à déchiffrer l'écriture et il poursuit son éducation morale auprès du maître par la lecture des leçons consignées chez les poètes (325 e) [1]. Une fois adulte, le citoyen poursuit son apprentissage par la lecture des lois de la Cité qui, comme la trame du maître d'écriture (ὑπογράφειν), fournissent le cadre à l'action politique. Il apprend à évoluer dans ces empreintes que la Cité laisse à son intention, les lois (νόμοι, 326 d). Au fil de ce parcours, l'éducation politique apparaît étroitement liée à l'assimilation de la langue, puisqu'elles suivent une évolution parallèle. D'où leur jonction au sein de l'activité dans laquelle culmine l'éducation, la sophistique. Mais à quoi correspond ce stade ultime ? L'éducation repose sur la correction et le redressement, en un sens moral. Or, si la langue sert de véhicule à l'éducation politique et transmet les codes moraux, elle doit aussi tendre au sommet de la correction. Dans un contexte où tous enseignent le grec, et la morale (328 a), le sophiste s'avère plus apte à améliorer cet instrument dont il connaît les nuances et le fonctionnement. Il utilise le même pouvoir artiste à l'origine du langage afin de le corriger, le sommet

1. Dans le même temps, le cithariste et le pédotribe allient formation musicale, physique et morale – la fermeté de l'âme par l'harmonie et le rythme, la force du corps pour ne pas céder devant la difficulté (326 a-c)

de la correction devant porter sur l'instrument qui véhicule le contenu et le motif de la correction. Corriger la langue, c'est en ce sens revenir au geste originel de son institution et réveiller sa genèse technique grâce à l'excellence acquise dans l'art.

> — N'y avait-il pas, Socrate, des écrits protagoréens (Πρωταγόρεια) de ce genre?
> — Oui, mon garçon, une *Rectitude de la langue* (Ὀρθοέπεια), et bien d'autres belles choses (*Phèdre*, 267 c 4-8)[1].

Le *Phèdre* atteste des recherches protagoréennes sur la correction de la langue qui, dans le *Protagoras*, prennent la forme d'un examen de la langue des poètes. Par cette pratique, Protagoras entend moins exprimer sa supériorité à l'égard des auteurs passés, dans la mesure où il les considère comme ses prédécesseurs et s'inscrit explicitement dans la filiation d'Homère, Hésiode et Simonide (316 d), que s'atteler à une critique minutieuse des vers servant à l'éducation, dans l'idée qu'une inexactitude ou une approximation serait lourde de conséquences pour la Cité[2]. Une erreur dans les textes au principe de l'éducation risque en effet d'être reproduite par les citoyens et d'ainsi nuire au fonctionnement général de la Cité. Son analyse porte cependant moins sur la signification morale du poème que sur le choix des termes et leur implication logique.

> En ce qui me concerne, Socrate, dit Protagoras, je pense que la part la plus importante de l'éducation est, pour un homme, le fait d'être compétent en matière de poésie, c'est-à-dire être capable de comprendre (συνιέναι) les propos des poètes, ce qui est ou non correctement composé (ἅ τε ὀρθῶς πεποίηται καὶ ἃ μή), ainsi que de savoir les découper (ἐπίστασθαι διελεῖν) et d'en rendre raison (λόγον δοῦναι) à qui le demande (338 e 6-339 a 3).

L'analyse littéraire retourne d'un enseignement fondé sur une connaissance critique de la langue et de la poésie. Elle paraît se diviser en trois moments. En premier lieu, elle s'attache à comprendre les poèmes (συνιέναι). Elle ne se limite plus à s'approprier le discours moral et les vers de l'auteur, mais elle s'interroge sur la composition globale

1. Comme l'expression surgit dans une énumération des premiers travaux sur la rhétorique, Ὀρθοέπεια doit correspondre à un titre d'ouvrage (266 d). Si ce passage ne dit rien du contenu, le terme lui-même a l'air emprunté aux travaux de Protagoras.

2. Lorsque Protagoras demande à Socrate s'il doit lui réciter l'ode de Simonide, ce dernier l'en dispense en répondant qu'il la connaît et s'en est même beaucoup occupé. Cette réplique témoigne que le sophiste se penche sur des textes fondamentaux de la culture grecque (339 b).

de l'œuvre et sur son degré de rectitude. Cette étape sémantique vise à tester la justesse des propos, à en évaluer la pertinence par une analyse détaillée de l'expression, du vocabulaire et de la métrique. Elle mesure par exemple le choix d'un mot ou l'adéquation de sa forme. En deuxième lieu, la critique divise le propos (διαιρεῖν). Elle découpe le poème et en isole les parties, afin de mesurer si elles se répondent et de déceler d'éventuelles contradictions[1]. Cette étape logique vérifie si les éléments entrent en résonnance ou relèvent des bonnes catégories. Elle examine notamment la concordance de la chronologie ou les oppositions entre les strophes. En dernier lieu, la critique rend raison (λόγον διδόναι). Cette étape exégétique concerne le commentaire critique destiné à tirer le sens et l'enseignement général du poème, et en particulier la manière dont il explique la vertu. C'est en effet l'objectif que Protagoras attribue à l'examen de Simonide : « Ma présente interrogation portera sur le sujet à propos duquel nous discutions à l'instant, toi et moi, la vertu, mais transféré à la poésie (339 a 3-6). » Au terme du parcours éducatif, ce dernier moment de la critique dépasse le stade de l'assimilation de la langue et du message moral pour entreprendre une forme de production : rendre raison, c'est produire un λόγος argumenté qui repose sur une compréhension du message, tant du point de vue du fond que de la forme.

Une telle méthode permet à Protagoras de prétendre achever l'enseignement politique car lui seul développe chez l'élève une compétence critique susceptible d'améliorer sa compréhension et son usage du discours, au service de la morale et de la politique. Dès lors, l'examen de la langue des poètes et la recherche de la rectitude dans leurs mots ne se résument pas à un simple exercice de style. Ils visent à déceler les contradictions internes d'un auteur, moins dans le but d'en proposer une interprétation fidèle que de dégager les conséquences de la forme du poème. L'attention portée au λόγος remplit donc une finalité pédagogique du second ordre, dans la mesure où elle se montre surtout attentive aux instruments de l'éducation. Apprendre à vérifier et à corriger la littérature qui sert de support à l'éducation des citoyens, voilà la base de l'enseignement sophistique tel que le conçoit Protagoras.

1. À défaut de trouver un exemple dans le *Protagoras*, A. Brancacci rapproche cette étape des témoignages d'Aristote sur la classification de la langue (« Protagoras, l'*orthoepeia* et la justesse des noms », art. cit., p. 180-181). Le terme διῄρει apparaît à propos de la division des genres dans la *Rhétorique* (III, 5, 1407 b 6 = A 27 DK) et peut être rapproché de la définition des parties du temps (Diog. Laër., *Vies*, IX, 52 = A 1 DK : πρῶτος μέρη χρόνου διώρισε).

À certains égards, cette entreprise de correction anticipe le projet de Platon dans la *République*. Afin de consolider le naturel des gardiens et de développer en eux la disposition favorable à l'accomplissement de leur fonction, il invite les législateurs de la Cité à élaborer un programme gymnastique et musical adapté [1]. Or cette tâche implique de contrôler les récits poétiques, à savoir d'en expurger les comportements inappropriés aux dieux et aux héros, qui doivent servir de modèles, afin d'éviter de déformer les âmes et d'encourager les comportements déviants. Cependant, plutôt que de porter le premier accent sur la valeur morale de ces récits, Protagoras s'intéresse avant tout aux mots des poètes, responsables selon lui des erreurs qui guettent les cités. Dans la mesure où son enseignement se conforme aux préceptes moraux traditionnels, il subordonne à l'expression l'attention au message moral immédiat. En outre, là où Platon entend proposer un nouveau système d'éducation fondé sur un programme censuré, formé d'un recueil de mythes choisis pour leur valeur exemplaire et leur qualité stylistique, Protagoras propose un enseignement destiné à cultiver un regard critique vis-à-vis de l'éducation traditionnelle et de ses textes de référence, afin de développer la capacité à s'écarter des égarements des poètes et à en mesurer la pertinence pour servir au mieux les aspirations politiques et le progrès de la Cité.

À l'inverse de Platon, qui repense *a priori* les bases de l'éducation et laisse aux législateurs le soin de filtrer les éléments utiles au projet politique général, Protagoras ne revendique pas de mettre au point un nouveau programme et un nouveau système d'éducation. Il développe les instruments utiles à la correction de la poésie actuelle, à sa structuration et à sa systématisation linguistiques, pour la raison qu'elle sert de base à l'éducation. S'il n'entend pas réformer de fond en comble l'éducation traditionnelle, parce qu'il arrive à son terme, il enseigne aux citoyens la capacité et les outils pour la mettre en question *a posteriori*. Dès lors, au lieu de réserver la censure aux seuls législateurs, il entend dispenser à chacun les clefs de l'esprit critique et les compétences pour évaluer la nature du système éducatif, en accord avec le projet démocratique. Loin de rompre avec la doctrine et le monde ambiants, Protagoras s'emploie à les améliorer, à faire en sorte que d'autres puissent participer à cette

1. *Rép.*, II, 377 b 4-8 : « Laisserons-nous donc si facilement les enfants écouter les premières histoires venues, façonnées par les premiers venus, et accueillir dans leur âme des opinions bien souvent contraires à celles que nous estimerons qu'ils doivent avoir une fois adultes ? »

évolution car, si l'éducation commence dès le plus jeune âge et marque l'âme durablement, acquérir les outils critiques permet peut-être moins de contester le projet moral et politique que d'y participer grâce à une meilleure compréhension de ses enjeux.

La fonction de la loi

> Car si tu veux bien réfléchir à ce que peut viser le fait de punir (τὸ κολάζειν) les coupables d'injustice (τοῦς ἀδικοῦντας), il t'apprendra que les hommes pensent que la vertu peut s'acquérir (παρασκευαστόν). Personne en effet ne punit les coupables en ayant cela à l'esprit (πρὸς τούτῳ τὸν νοῦν ἔχων) et en vue de cela (τούτου ἕνεκα), à savoir qu'il a commis une injustice, à moins de se venger comme une bête sauvage, sans raison (ὥσπερ θηρίον ἀλογίστως τιμωρεῖται). Celui qui entreprend de punir avec raison ne se venge pas en vue de l'injustice passée (τοῦ παραληλυθότος ἕνεκα ἀδικήματος) – car ce qui est fait est fait – mais en vue du futur (τοῦ μέλλοντος χάριν), afin que ni le coupable lui-même ni celui qui assiste à sa punition commette à nouveau l'injustice. Avoir une telle pensée, c'est penser que la vertu s'enseigne (324 a 3-b 6).

L'éducation se prolonge toute la vie durant grâce au cadre que dessine la loi. Celle-ci participe à l'éducation au sens où elle ne punit pas en vue de compenser le dommage causé ni d'assouvir un esprit bestial de vengeance – car les faits ne peuvent être ni supprimés ni, peut-être, apaisés –, mais dans l'espoir d'améliorer la connaissance du juste et de la vertu politique. Sa puissance s'exerce eu égard à l'avenir et non au passé, puisque ce n'est pas le crime comme tel qui justifie la punition, mais bien la perspective d'un progrès. Sa sanction vise à améliorer tant l'individu (le citoyen sanctionné) que le groupe (à qui le spectacle de la punition sert d'exemple). La loi remplit donc la fonction éthique essentielle d'inculquer les valeurs en vigueur au sein de la Cité, plutôt que de se réduire à contraindre et à limiter l'espace public. Propriété qui distingue des bêtes l'humanité organisée, la loi détourne du pire vers le meilleur, s'avérant un bienfait pour les criminels, dans la mesure où sa réprimande contribue à les éduquer et les ramène à ce qui les caractérise en tant qu'homme, à savoir posséder la disposition à la honte et à la justice. Par conséquent, l'exercice et l'apprentissage de la loi rendent la vie de la cité possible en canalisant la tendance naturelle de l'homme à préférer le bien individuel au bien collectif. Il en résulte une conception optimiste de la loi, en lien avec le projet démocratique d'après lequel chacun peut devenir un honnête citoyen par l'éducation : personne ne peut être considéré *a priori* comme pervers ou perverti, car chacun a la capacité de participer au régime démocratique[1].

Protagoras fait remonter la loi à de bons et antiques législateurs (ἀγαθῶν καὶ παλαιῶν νομοθετῶν εὑρήματα; 326 d 6) sans revendiquer d'en devenir lui-même l'auteur[2]. Cette origine lointaine confère à la loi, et au code moral qui en résulte, une dimension incontestable, du fait de sa durée et de son origine immémoriale (elle n'apparaît pas liée à un contexte particulier)[3]. Chacun, gouvernant comme gouverné, doit s'y soumettre en vue du progrès commun. Aussi le sophiste ne prétend-il pas se substituer aux lois ni transmettre le moyen d'y parvenir, mais plutôt exercer un rôle analogue : conduire les citoyens à emprunter le chemin de l'excellence politique. Or, si l'éducation par le sophiste ou par la loi consiste à produire une amélioration, ne vient-elle pas en retard, étant inefficace à prévenir les erreurs ? Elle ne survient pas en effet à l'occasion d'une leçon spontanément motivée par la connaissance du bien, mais à la suite d'un écart par rapport à la règle en vigueur, qu'il s'agisse de l'enfant dépassant les lignes tracées par son maître ou du criminel enfreignant la loi. À défaut de résulter d'une connaissance du bien qui préviendrait toute forme de déviance, elle redresse (εὐθῦναι) vers le meilleur (326 d-e). Dans la vision de Protagoras, si la loi remplit une fonction pédagogique tournée vers l'avenir, son exercice s'ancre nécessairement dans le passé, au sens où elle reste une réponse à un écart commis. Aussi optimiste soit-elle, elle ne supprime pas la possibilité de l'erreur humaine, mais elle insiste sur la possibilité de pallier de tels déficits par l'éducation. Pour Protagoras, il n'y a jamais de forme achevée de l'éducation ni de programme pour éradiquer *a priori* toute forme de déviance. Il existe seulement une tension permanente vers un état futur de la Cité toujours et nécessairement meilleur. Si l'homme se distingue de l'animal par sa capacité à se projeter dans l'avenir sans demeurer prisonnier du passé, les cités viseront donc à exprimer au mieux ce caractère et cette aspiration au progrès.

Innovante par rapport aux pratiques archaïques, la théorie de Protagoras est vraisemblablement la première formulation de la fonction éducative de la loi et de la punition. À ce titre, elle a pu influencer Platon.

1. En accord avec M. Untersteiner (*Les Sophistes 1*, *op. cit.*, p. 104).

2. Dans les *Lois*, les lois des anciens législateurs renvoient à leur valeur de règles morales (VII, 793 a-c). S'agissant de Protagoras, il faut bien entendu noter que sa position d'étranger lui interdit de se présenter comme un législateur.

3. C'est, dans les *Lois*, le rôle que jouent les préambules, notamment dans l'explication de leur fonction générale (IV, 719 e-720 e) ou dans la législation sur le mariage (IV, 721 a-e).

> Ce n'est pas en vue de la faute commise que la justice est rendue (οὐχ ἕνεκα τοῦ κακουργῆσαι διδοὺς τὴν δίκην) – car ce qui est fait est fait –, mais pour qu'à l'avenir (εἰς τὸν αὖθις ἕνεκα χρόνον) le coupable et ceux qui assistent à sa punition en viennent à détester totalement l'injustice, ou à se libérer du grand poids de ce malheur (*Lois*, IX, 934 a 6-b 3).

Ce passage reproduit largement la formule que Platon prête à Protagoras. Ici, toutefois, elle s'inscrit dans une théorie de la proportionnalité des peines : si la loi doit posséder une fonction corrective plutôt que réparative, les peines doivent s'adapter aux crimes et correspondre au besoin réel de changement[1]. Dès lors, si le *Protagoras* ne contient aucune théorie de la proportionnalité des peines, à tout le moins l'idée proprement philosophique à la base de cette conception de la loi y est attribuée à Protagoras : la loi doit prévenir l'injustice plutôt que seulement la réprimer, en imprimant le respect et l'idée de justice, éduquant les citoyens toujours vers le mieux et les détournant de l'injustice. À cet égard, Platon retient l'idée selon laquelle la vertu s'enseigne et, surtout, que la loi y contribue. Sur ce point fondamental, ces deux théories politiques se rejoignent.

Supériorité du sophiste, supériorité du philosophe

« Je crois être l'un d'entre eux et me montrer plus utile que personne pour que quelqu'un aboutisse à l'excellence (πρὸς τὸ καλὸν καὶ ἀγαθὸν γενέσθαι; 328 b 1-3). » Protagoras se définit en tant que sophiste par sa maîtrise de l'ἀρετή et sa compétence pour y mener les autres. Il posséderait une capacité supérieure pour enseigner ce que tout le monde enseigne – l'excellence politique. Il justifie cette supériorité au moyen d'une analogie avec les autres arts : bien que tout le monde puisse pratiquer la sculpture ou la flûte, à apprentissage égal, un Phidias sera meilleur parce qu'il s'avère d'une nature plus douée (εὐφυέστατος, 327 b 9). En accord avec le *Megas Logos* de Protagoras[2], le Protagoras de Platon croit donc en une différence de nature entre individus, sans pourtant nier l'importance de l'apprentissage pour développer un don. Les faits le conduisent à supposer une hiérarchie naturelle des capacités, qui justifie les disparités et le rôle du sophiste. Toutefois, la supériorité du sophiste par rapport à la foule correspond seulement à une différence minime de degré en matière de vertu (ὀλίγον, 328 a 8), qui prend la forme d'une différence de genre dans la connaissance de la vertu politique : il ne se contente pas de connaître ni

1. C'est l'interprétation de T.J. Saunders, « Protagoras and Plato on Punishment », *Hermes. Zeitschrift für klassische Philologie* 44, 1981 (1), p. 140.

2. Voir le fragment B 3 DK.

d'enseigner la même vertu que la foule, mais sa supériorité, aussi mince soit-elle, le place dans un rapport critique, technique et réflexif à l'égard de l'ἀρετή – nuance dont les élèves et la Cité tirent profit.

Cette thèse n'implique pas nécessairement une conception aristocratique de la politique, au sens où elle réserverait le pouvoir aux élites censitaires, naturelles ou intellectuelles. Protagoras instaure le principe du *chacun dans la mesure de ses moyens*, qui légitime toute contribution individuelle à la politique [1]. Personne n'est exclu *a priori* de la participation aux délibérations et aux décisions, mais chacun est encouragé à se perfectionner autant que possible.

Sur ce point, cette théorie politique paraît contredire celle de la *République*. Dans le *Protagoras*, la participation politique relève surtout d'un *pouvoir être*, puisque chacun a les dispositions naturelles à la politique et peut les développer, selon ses moyens, pour occuper des fonctions politiques. Dans la *République* en revanche, seuls quelques individus ont le naturel philosophe qui les dispose à exercer des fonctions politiques (VI, 496 b). Dans la Cité idéale, ils reçoivent l'éducation adaptée à ce rôle et doivent, au terme du cursus établi, assumer les fonctions que la Cité attend d'eux et auxquelles elle les a préparés (VII, 520 a-d). De ce point de vue, la politique relève davantage d'un *devoir être*, qui résulte à la fois du naturel et de l'obligation morale qu'entraîne la prise en charge de la Cité. Cette opposition appelle cependant une nuance. Protagoras admet en effet des différences de nature en vertu desquelles certains sont mieux disposés à la politique, mais aussi une certaine forme d'obligation politique, puisque chacun doit en quelque sorte s'efforcer de cultiver sa capacité politique pour permettre à la Cité d'exister (*Prot.*, 322 d; 324 e-325 a). L'opposition se joue dès lors dans l'interprétation de cette différence de nature, entre une vision aristocratique où, *en raison des différences*, seuls participeront effectivement à la vie politique les meilleurs naturels (chacun devant « s'occuper de ses propres affaires », de ce à quoi sa nature le destine; *Rép.*, II, 374 b-d), et une conception démocratique où, *malgré les différences*, tous participeront à la politique. Tandis que Protagoras rationalise et justifie un état de fait, Platon appelle à la rupture et au changement.

Là où Platon réserve la politique au philosophe, Protagoras l'élargit à tous, en accord avec une aspiration à la démocratie. Une telle position

1. Comme le note K. Döring, le sophiste semble soulever une question essentielle (« Die politische Theorie des Protagoras », *Hermes. Zeischrift für Klassische Philologie* 44, 1981 (1), p. 110) : s'il y a des experts, pourquoi ne pas leur laisser le pouvoir? Peut-on trouver une solution qui n'entraîne pas la ruine de la démocratie?

ne s'explique pas simplement par l'ambition ou l'intérêt d'une minorité à soutenir l'accès du plus grand nombre au pouvoir, pour la raison qu'il est plus facile de convaincre une foule inexpérimentée que de se heurter à un nombre réduit de spécialistes. Si Protagoras paraît favoriser une élite ploutocratique, dans la mesure où seuls les riches peuvent s'offrir ses leçons, cette situation relève d'une nécessité de fait au vu de laquelle le sophiste est contraint de réclamer un salaire pour vivre (326 c). Or ce constat émis par un professeur devant assurer sa subsistance ne vaut pas comme recommandation pour une politique générale[1]. La richesse initiale et les avantages matériels n'entraînent pas nécessairement d'accéder aux fonctions politiques et, à l'inverse, le dénuement ne constitue pas un obstacle rédhibitoire. Protagoras rejette l'hérédité des facultés et juge possible l'apparition d'un don que rien ne préparait (326 e-327 c). À cet égard, Platon et Protagoras s'accordent pour refuser les élites traditionnelles héréditaires. Ils se séparent cependant sur le substitut à leur apporter. Répartir entre tous la capacité politique, c'est défendre la démocratie et ses conditions de possibilité, dans la perspective de supprimer toute forme d'aristocratie, malgré les inévitables inégalités des dons naturels. À l'inverse, insister sur les différences de nature pour exclure la majorité de la politique, c'est instituer une nouvelle forme d'aristocratie, fondée cette fois sur des dispositions intellectuelles.

Toutefois, l'art rhétorique de Protagoras n'est-il pas en contradiction avec son projet démocratique, au vu de sa dimension psychagogique[2]? Plusieurs épisodes évoquent en effet un envoûtement, un plaisir provoqué auprès du public par les propos de Protagoras, attestant là d'une recherche de l'efficacité persuasive :

> Après avoir exposé tant de belles choses, Protagoras cessa de parler. De mon côté je restai un long moment sous le charme (ἐπὶ μὲν πολὺν χρόνον κεκηλημένος) à le contempler, dans l'espoir qu'il ajoute un mot, dans mon désir de l'entendre (ἐπιθυμῶν ἀκούειν ; 328 d 3-6)[3].

Conscient du pouvoir du discours, Protagoras sait susciter le goût et le désir pour les mots. En ce sens, son art consiste à produire une dépendance à l'égard du discours, qui semble mal s'accorder avec un projet d'affranchissement. En démocratie, le sommet de l'art politique,

1. Conclusion à laquelle s'accordent G.B. Kerferd, *Le Mouvement sophistique*, *op. cit.*, p. 212-213 et R. Müller, « Sophistique et Démocratie », dans *Positions de la sophistique*, B. Cassin (éd.), Paris, Vrin, 1986, p. 183.

2. Voir *Phèdre*, 261 a-b; 271 c-d.

3. Voir aussi *Prot.*, 334 c; 339 d-e.

le niveau auquel accède le sophiste, consisterait en une capacité à manipuler la foule qui se repaît des beaux discours et suit aveuglément ses orateurs (317 a). Néanmoins, cette compétence utile pour élaborer de beaux discours s'accompagne nécessairement de la compétence à en déconstruire les effets : celui qui sait parler sait également écouter d'une oreille critique. Or, étant donné que le mythe attribue à chacun la capacité politique, le projet démocratique pourrait très bien tendre à ce que la foule atteigne aussi cet état d'esprit critique qui lui permettra de suspendre son jugement face aux actes rhétoriques, plutôt que d'applaudir béatement.

Dans la perspective de Platon, préserver l'ordre établi pour fonder une théorie pédagogique et politique contraint Protagoras à soumettre son enseignement aux attentes de ses élèves, notamment des plus attentifs à s'illustrer dans la Cité. En ce sens, il contribue à une politique intéressée, où l'accès au pouvoir est l'objet d'un désir personnel[1]. De plus, ne pas enseigner les arts libéraux parce que les élèves n'y trouvent aucun intérêt, c'est le symptôme d'une logique de plaisir qui se soucie davantage de combler un désir que d'agir en parfaite intelligence de la nécessité politique[2]. Le projet politique de Protagoras aurait pour mot d'ordre l'efficacité, l'intérêt et l'utilité. Il sacrifierait ainsi à l'intérêt personnel la liberté de penser, la politique et l'intérêt collectif. En faveur de Protagoras toutefois, il faut répondre qu'il ambitionne de justifier rationnellement la démocratie, tout en suivant une perspective pragmatique. D'une part, si le mythe se fonde sur un état de fait, il fixe un cadre politique où chacun possède en droit la capacité à être un citoyen en démocratie. Loin de viser son propre intérêt en confinant le pouvoir à une élite ploutocratique, Protagoras étend à tous les dispositions qui en rendent l'accès possible. D'autre part, sa τέχνη repose sur la nécessité de s'adapter à la situation et sur la possibilité d'éduquer tous les citoyens. Dès lors, il nourrit des aspirations à la fois très éloignées de Platon et de l'image ordinaire du sophiste.

D'après les témoignages, Protagoras fut un jour chargé par Périclès de rédiger la constitution de la colonie panhellénique de Thourioi[3]. Quelles que fussent ses ambitions personnelles, il aurait œuvré dans l'intérêt de la démocratie – comme le fit le célèbre stratège. Pourquoi Protagoras n'aurait-il donc pas pu penser que la démocratie était une forme de politique acceptable *dans l'intérêt de tous* ?

1. Voir *Rép.*, VII, 520 c-d.
2. *Rép.*, IV, 426 c; *Gorg.*, 463 a-466 a.
3. Diog. Laër., *Vies*, IX, 50 (= A 1 DK).

Chapitre III

SCIENCE CONTRE EXPERTISE

Le sophiste expert

Si le *Protagoras* envisage le contenu et la finalité de la thèse de Protagoras, le *Théétète* examine plutôt son fonctionnement et ses principes logiques. Quittant la sphère de la politique pour celle du savoir, il s'engage dans un dialogue sur les fondements épistémologiques de la position protagoréenne, selon la question suivante : à quelles conditions est-il possible d'être savant ou d'enseigner dans un monde où l'homme est mesure de toutes choses? Il contraint alors Protagoras à fournir une définition du savoir qui légitime le statut du sophiste ainsi que les opérations qu'il met en œuvre.

Redéfinir le savoir

C'est dans l'Apologie du *Théétète* que Platon prête à Protagoras une nouvelle définition. Poursuivant l'identification de l'homme-mesure à la science, il opère une distinction conceptuelle entre connaissance et expertise, ἐπιστήμη et σοφία. Or, au début du Dialogue, Socrate les avait jugées équivalentes – identification « authentiquement socratique » selon D. Sedley[1]. La reformulation de la thèse protagoréenne implique donc de rompre, du moins de préciser, l'accord passé :

1. D. Sedley, *The Midwife of Platonism*, *op. cit.*, p. 19. *Théét.*, 145 d 7-e 7 : « Dis-moi : est-ce qu'apprendre, c'est devenir plus savant à propos de ce qu'on apprend ? — Bien sûr. — Or c'est par le savoir (σοφίᾳ), je pense, que les savants sont savants (σοφοὶ οἱ σοφοί). — Oui. — Est-ce que cela diffère en quelque façon de la science (ἐπιστήμης) ? — Quoi cela ? — Le savoir (σοφία). Ou bien ce qu'on sait (ἐπιστήμονες), on en est aussi savant (σοφοί) ? — Et comment ! — C'est donc la même chose que science (ἐπιστήμη) et savoir (σοφία) ? — Oui. » La thèse se retrouve dans le *Protagoras* (329 e-330 b), où Socrate inscrit la σοφία dans la liste des vertus avant de la remplacer par l'ἐπιστήμη. Cf. *Phèdre*, 247 d-e.

> Savoir (σοφία) et savant (σοφὸν ἄνδρα), il s'en faut de beaucoup que j'en nie l'existence, mais j'appelle savant celui qui, à l'un d'entre nous à qui des choses apparaissent et sont mauvaises (ᾧ φαίνεται καὶ ἔστι κακά), les fera apparaître et être bonnes (ποιήσῃ ἀγαθὰ φαίνεσθαί τε καὶ εἶναι), en opérant un changement (μεταβάλλων ; 166 d 4-7).

Si la science appartient à tout un chacun, parce qu'elle est un simple effet de la relation phénoménale, le savoir est quant à lui réservé aux experts, parce qu'il repose sur une capacité à transformer autrui. Étant donné qu'étendre à chacun la connaissance simple entraîne des contradictions, Protagoras développe une autre forme de savoir, qui agit sur la connaissance simple d'autrui. Mais quel objet ou quel instrument attribue-t-il à l'expert pour exercer son action, s'il rejette tout critère transcendant pour évaluer la mesure des individus et s'il place en chacun le critère de la vérité ? Quelle fin l'expert poursuit-il ?

> Il ne faut rendre aucun des deux plus savant – ce n'est pas possible en effet – et il ne faut pas accuser le malade d'être ignorant parce qu'il forme de telles opinions (τοιαῦτα δοξάζει), ni le bien-portant de savant parce qu'il en forme d'autres, mais il faut opérer un changement dans l'autre sens (μεταβλητέον δ' ἐπὶ θάτερα), car, de ces deux dispositions, l'une s'avère meilleure (ἀμείνων γὰρ ἡ ἑτέρα ἕξις ; 166 e 4-167 a 4).

Bien que toutes les affections soient équivalentes du point de vue de la vérité, Protagoras ne conclut pas que tout se vaut *simpliciter*. Il rétablit un principe qui oriente l'action de l'expert : le principe du meilleur (ἄμεινον). Ni la sensation ni l'opinion ne peuvent tromper l'individu, car l'une et l'autre donnent les choses telles qu'elles affectent chacun et telles qu'elles sont pour lui (167 a 7-b 1). Ainsi une mauvaise sensation (ou une mauvaise opinion) ne sera pas fausse cependant, mais simplement moins bonne. Le critère du meilleur diffère de celui de la vérité au sens où contrairement à cette dernière le meilleur n'est pas fixé par une entité qui transcende la relation, mais il est toujours immanent à la situation. Même si le malade, ou quiconque dans une disposition défaillante, a une sensation ou une opinion moins bonne, il ne doit pas pour autant être considéré comme ignorant, dans l'erreur, pas plus que le bien-portant ne peut être dit plus savant : chacun a une sensation vraie, qu'elle soit ou non agréable (167 a). Dès lors, ce qui est jugé ἄμεινον n'est pas plus scientifique. Il est le critère en fonction duquel le savant, le σοφός, exerce son action. Comment cependant déterminer sa validité ?

Dans le *Protagoras* (334 a-c), Protagoras se vante de connaître ce qui est utile aux hommes, bien qu'il puisse nuire à d'autres espèces :

> Pour ma part, je connais des aliments, des boissons, des remèdes et mille autres choses inutiles (ἀνωφελῆ) aux hommes, d'autres utiles (ὠφέλιμα) ; d'autres sont indifférentes (οὐδέτερα) pour les hommes, pas pour les chevaux ; certaines le sont seulement pour les bœufs, d'autres pour les chiens ; certaines encore pour aucun de ceux-là, mais pour les arbres ; et certaines sont bonnes (ἀγαθά) pour les racines de l'arbre, d'autres mauvaises (πονηρά) pour les pousses : le fumier, par exemple, est bon pour les racines de toutes les plantes quand on les en recouvre, mais si on veut l'appliquer sur les branches et sur les jeunes pousses, il les tue toutes. L'huile aussi est extrêmement nocive pour toutes les plantes et agressive pour les poils de tous les animaux, à l'exception de ceux de l'homme pour qui elle est salutaire, ainsi que pour tout le reste du corps. Le bien (τὸ ἀγαθόν) est quelque chose de si bigarré (ποικίλον) et de si varié (παντοδαπόν) que, même chez l'homme, ce qui est bon pour l'extérieur du corps s'avère très nuisible pour l'intérieur. Voilà pourquoi tous les médecins interdisent aux malades de se servir d'huile dans leurs aliments, sauf en faible quantité, seulement de quoi atténuer le dégoût de certaines sensations transitant par leurs narines et se manifestant dans leur nourriture et dans leurs plats (334 a 3-c 6).

Cette énumération d'objets utiles ou nuisibles plaide en faveur de la relativité du bien. Protagoras se présente comme l'expert en ce qui est bon pour l'homme, car il possède un art pour agir efficacement. Il substitue ainsi au bien les notions d'utile et de nuisible, qui impliquent une relation et une détermination, rendant vaine l'idée qu'un seul et même critère, la connaissance du bien, s'applique sans distinction. Cependant, ce passage évoque seulement des connaissances liées à des affections du corps. Le *Théétète*, en revanche, situe l'action du sophiste au niveau des opinions et étend son expertise au-delà du corporel. Le sophiste agit en effet sur les opinions, en recourant au langage, et il modifie la manière dont celles-ci affectent l'individu.

À cet égard, l'Apologie reprend le vocabulaire de la passivité utilisé dans la Doctrine Secrète : l'individu n'agit pas sur les choses, mais ce sont ces dernières qui agissent sur lui. En effet, dans leur action, les choses résistent comme telles. Aussi, dans sa relation aux autres, le sophiste joue-t-il un rôle actif sans agir sur les choses elles-mêmes. Il modifie la façon dont la chose est perçue et la relation de celle-ci à l'individu en modifiant ce dernier. En ce sens, le sophiste n'agit pas directement sur les termes de la relation, que ce soient les choses ou les opinions des individus, mais uniquement sur les conditions de cette relation, c'est-à-dire sur les dispositions qui engendrent chez les individus des opinions semblables à elles-mêmes. Par son action, le sophiste altère radicalement l'individu sur lequel il agit et le modifie vers le bon, le faisant passer d'un état mauvais (πονηρὰ ἕξις) à un état profitable (χρηστή) [1]. Cette thèse donne un nouvel élan à la doctrine de l'*homo mensura*, tout en confortant l'instabilité immanente à la mesure. D'une certaine façon, la tâche du sophiste vise à remplacer un μέτρον par un autre plus adéquat et plus profitable à son utilisateur. Être mesure n'implique pas de rester toujours identique ni de toujours mesurer les choses de la même façon. Bien au contraire, il peut arriver de changer sous l'action d'un autre, parce que ce dernier crée des représentations différentes des choses mesurées (φαντάσματα, 167 b 4) [2].

Afin de justifier sa thèse, Protagoras recourt à un raisonnement par analogie et compare la situation du sophiste à celle d'autres spécialistes :

> Quant aux savants, cher Socrate, je suis loin de dire que ce sont les grenouilles. S'agissant du corps, j'affirme que ce sont les médecins, s'agissant des plantes, les paysans. Car je soutiens qu'eux aussi rendent aux plantes, quand l'une d'elles est affaiblie, des sensations profitables et saines, vraies aussi, à la place de sensations pénibles, tandis que les orateurs savants et bons font que les cités estiment justes les choses profitables, plutôt que des choses pénibles, puisque tout ce qui semble juste et beau à chaque cité, cela l'est réellement aussi pour elle, aussi longtemps qu'elle les décrète. Quant au savant, au lieu que des choses leur soient pénibles, il fait qu'elles leur soient, c'est-à-dire leur semblent, profitables. En vertu du même raisonnement, le sophiste, ainsi capable d'éduquer ceux qu'il éduque, est savant et digne de beaucoup d'argent aux yeux de ses élèves. En ce sens, les uns sont plus savants que les autres, bien que personne n'ait d'opinion fausse. Quant à toi, que tu le veuilles ou non, tu dois supporter d'être mesure. Dans ces conditions, la thèse est préservée (167 b 5-d 4).

Commençons par le médecin, qui a pour domaine le corps de ses patients et agit sur les σώματα pris un à un. Il soigne un patient déterminé en fonction de tel symptôme qu'il décèle et dont il impute la responsabilité à telle partie du corps. Si elle fonctionne au cas par cas, sa thérapie vise une transformation globale de l'individu. Pour améliorer une disposition, le médecin utilise des φάρμακα qui soignent et renforcent son patient,

1. Ce point rappelle le *Protagoras* (318 a), qui utilise d'ailleurs les mêmes adjectifs dans une comparaison avec le médecin : comme pour le médecin, l'élève du sophiste devient chaque jour un peu meilleur (313 d).

2. Le φάντασμα désigne la chose apparue dont on se fait une représentation, toujours vraie, qui dure au-delà de l'apparition et dépend directement de l'état de l'individu. S'agissant d'une représentation, de l'image qu'on a de la chose qui apparaît, elle peut donc être modifiée, voire entièrement produite par un agent extérieur.

c'est-à-dire qui modifient sa disposition afin de lui procurer des sensations saines et profitables (167 a)[1]. Son action tend donc à ce que le malade recouvre des sensations agréables, par exemple que le vin lui paraisse doux plutôt qu'amer. Il ne s'emploie pas à restaurer des sensations qui seraient conformes aux objets, car ceux-ci n'ont pas de qualités intrinsèques. La douceur n'appartient pas au vin lui-même, mais elle naît de la rencontre entre le vin et l'individu en bonne santé[2]. Quant au malade, l'amertume désagréable que lui procure le même vin s'avère bien réelle. Or, si la qualité relève de la relation, le médecin peut avoir l'idée de ce à quoi cette dernière doit tendre, à savoir être la plus agréable possible. Pour ce faire, il dispose d'un critère d'action donné par la santé, qui est l'état le plus agréable et le plus profitable au patient, au sens où il lui procure le plus de sensations agréables. Aussi le médecin dispose-t-il d'une τέχνη qui, d'une part, distingue entre le faible et le sain, d'autre part rétablit le premier dans l'état dusecond par l'usage de remèdes (la décoction relevant aussi de son art).

La santé n'est rien d'autre que l'état le plus profitable pour celui chez qui elle se trouve, celui qui produit plus de sensations agréables. Sa supériorité provient non pas du fait d'être un bien ou un modèle auquel l'individu devrait aspirer, un état dans lequel le corps devrait se trouver par nature, mais du fait de procurer davantage de sensations plaisantes que la maladie, par leur intensité comme par leur nombre. Pour le médecin, le critère du mieux consiste donc à maximaliser l'agrément qui résulte d'un état somatique. Dans ces termes, la santé est conçue sur le modèle du fonctionnement et du dysfonctionnement : l'agréable apparaît comme le couronnement attestant d'un meilleur (état de) fonctionnement. Ainsi, restaurer la santé, c'est s'assurer que le patient possède la disposition adéquate pour produire des sensations agréables. Toutefois, s'il est aisé d'imaginer ce que devrait être cet état d'équilibre, meilleur pour le patient, le moyen d'y parvenir n'est pas donné d'emblée. L'expertise du médecin semble largement fondée sur une méthode par essai et erreur, par tâtonnements et par approximations, bref sur son expérience en tant que

1. *Théét.*, 167 a 4-6 : « De la même façon dans l'éducation (ἐν τῇ παιδείᾳ), il faut également opérer un changement d'une disposition vers une autre meilleure. Mais le médecin opère ce changement par ses remèdes (φαρμάκοις), le sophiste par ses paroles (λόγοις). »

2. Comme le pensent étrangement M. Burnyeat, *Introduction au* Théétète, *op. cit.*, p. 43-45, et T. Chappell, *Reading Plato's "Theaetetus"*, *op. cit.*, p. 106, pour qui la théorie confère aux objets une valeur objective, et non relative.

médecin[1]. Sur ce point, Protagoras paraît s'inspirer des pratiques au sein de l'École hippocratique :

> Les tâches (du médecin) sont bien plus diversifiées et requièrent une exactitude bien plus grande. Il faut en effet viser à une mesure (δεῖ γὰρ μέτρου τινὸς στοχάσασθαι) ; or il n'y a pas de mesure – pas plus du reste qu'un nombre ni qu'un poids –, à quoi l'on puisse se référer pour connaître ce qui est exact, si ce n'est la sensation du corps (τοῦ σώματος τὴν αἴσθησιν). Aussi est-ce un travail que d'acquérir un savoir assez exact pour ne commettre que de petites erreurs en deçà ou au delà (*Ancienne Médecine*, 9 ; trad. J. Jouanna)[2].

En face du médecin, Protagoras pose le paysan, qui fait recouvrer aux plantes des sensations saines et bénéfiques (χρησταὶ καὶ ὑγιειναὶ αἰσθήσεις ; 167 c 1-2) en procédant à l'épandage de son champ. Pour une plante, l'αἴσθησις désigne le fait de se bien porter ou non, sans aucunement impliquer d'acte cognitif[3]. Ainsi, produire une sensation agréable chez une plante signifie veiller à sa nutrition et à son état général. Si, pour ce faire, l'agriculteur use le plus souvent de techniques globales, il lui arrive aussi de soigner ses plantes au cas par cas. Tout comme le médecin rétablit l'ensemble du corps en soignant une de ses parties, l'agriculteur améliore son champ en traitant une plante isolée. Pour atteindre un meilleur état, il œuvre sur le particulier, dans l'intérêt général, puisque ce dernier résulte de la somme des intérêts des éléments qui le composent. De plus, il doit s'adapter aux saisons et aux changements climatiques, en se fiant à son expérience. Introduire le modèle du paysan dans l'analogie, c'est dès lors souligner la possibilité d'une amélioration collective et, par conséquent, étendre la définition à l'ensemble des arts : tout savoir, tout art fonctionne sur le principe de l'amélioration et ne puise dans aucune autre source que l'expérience et l'observation.

De la même façon, si l'orateur se soucie des individus, c'est seulement en vue d'agir sur la Cité dans son ensemble, qui est pour lui l'analogue d'un champ où prime l'intérêt collectif. Protagoras précise d'ailleurs qu'il parle des « savants et bons orateurs (οἱ σοφοί τε καὶ ἀγαθοὶ ῥήτορες ; 167 c 2-3) », ceux qui n'agissent pas en vue de leur intérêt personnel

1. Ce point est soulevé par A.T. Cole, « The Relativism of Protagoras », *Yale Classical Studies* 22, 1972, p. 24-25.

2. Le parallèle historique entre le texte hippocratique et l'Apologie du *Théétète* a été étudié par P. Demont, « Les Humeurs : une question de goût », dans *La médecine grecque antique*, J. Jouanna et J. Leclant (éds.), Paris, Diffusion du Boccard, 2004, p. 53-69.

3. Protagoras ne contrevient pas donc à la taxinomie qui sera établie par Aristote, pour qui l'âme sensitive est une propriété animale (*De Anima*, II, 3, 413 a 32-33).

mais veillent au bien politique des citoyens – ouvrant par là la possibilité que de mauvais orateurs fassent un mauvais usage de l'art. Grâce à ses discours, l'orateur fait adopter des dispositions bénéfiques. Il n'agit pas directement sur les corps et les sensations, mais sur les opinions des citoyens, sur leur notion du juste. La Cité est pour lui comme un tout qui forme la mesure des opinions (de la même façon que l'aspect général du champ fournit à l'agriculteur le critère de la sensation) : par ses discours, il altère la somme des opinions individuelles et modifie ce que les citoyens jugent juste collectivement, c'est-à-dire ce que la Cité institue comme modèle politique et moral. Améliorer l'opinion de la Cité, c'est donc modifier sa disposition collective en introduisant un changement au sein des conceptions morales, en substituant une opinion plus profitable à ce que la Cité fait entrer dans la catégorie de justice. Or, si le juste correspond à l'opinion au niveau de la Cité, la disposition de cette dernière doit correspondre à la notion de bien qu'elle véhicule. Dès lors, l'orateur doit adapter cette notion du bien en fonction de sa perception des circonstances, faire en sorte que la loi soumise au vote (ce qui sera institué comme juste) soit meilleure, plus profitable. Tout comme le médecin et l'agriculteur rétablissent la sensation par le soin du corps et font en sorte qu'elle paraisse plus douce en modifiant l'état du corps, l'orateur opère un changement sur la source du juste et fait que ce qui est considéré comme bon produise une conception bénéfique du juste.

Plusieurs commentateurs considèrent que ce passage néglige une différence entre le point de vue de l'orateur et celui du médecin, dans la mesure où le premier aurait pour tâche de faire apparaître comme profitable *ce qui est juste* et de faire renoncer à des choses nuisibles[1]. Or cette lecture anticipe la critique de Platon sans peser la valeur potentielle de la thèse qu'il présente. Elle implique en effet d'attribuer à Protagoras l'existence d'un concept du juste, du moins l'idée que les choses justes possèdent une certaine réalité en tant que justes. Une telle interprétation contrevient au texte, dès lors que Protagoras définit précisément le juste comme *ce que la Cité décrète, aussi longtemps qu'elle le décrète*. Pour le dire autrement, le juste n'a pas d'existence en dehors de ce qui est jugé tel à un moment et dans un contexte donnés. Cette thèse pose une

1. À la suite d'A.T. Cole, « The Apology of Protagoras », *Yale Classical Studies* 19, 1966, p. 106 ; J. McDowell, *Plato : Theaetetus, op. cit.*, p. 166-167 ; M. Burnyeat, *Introduction au* Théétète, *op. cit.*, p. 44-45. Le médecin n'intervient que lorsque le patient l'appelle parce qu'il a perdu la santé, alors que la Cité peut continuer à vivre en se contentant de ses mauvaises décisions. En réalité, cela s'applique également au patient qui, du point de vue du médecin, ne suit pas forcément le bon régime, du moins celui qu'il estime bénéfique.

question sous-jacente : la Cité peut-elle subsister sans concept immuable du juste pourvu d'un contenu indépendant, ni même sans définition qui orienterait *a priori* l'énoncé des lois ? Pour Protagoras, il n'existe pas de critère *a priori* du juste, pas plus que le juste n'est une catégorie morale ou une valeur politique préétablie : le juste n'a pas de signification comme tel, en dehors d'être le résultat de la décision prise par les citoyens pour eux-mêmes – à l'instar du critère utilisé par le médecin. La justice constitue plutôt le concept fédérateur de la Cité, ce autour de quoi s'articule son unité et qui fournit les gages de son bon fonctionnement. Dès lors, l'unité est le critère du mieux pour la Cité, l'état dans lequel ce qu'elle décrète comme juste consolide ce sentiment d'unité, plutôt que de le rompre. L'orateur doit donc faire en sorte que la Cité prenne des mesures qui lui sont profitables. Du reste, il faut admettre que Protagoras produit une différence entre le juste et l'agréable, entre le juste et le bénéfique, puisque le premier désigne ce autour de quoi la Cité s'accorde (un aspect pour ainsi dire formel), le second l'orientation à suivre dans les mesures qu'elle prend. En conclusion, l'orateur agit au niveau du bien moral – qui correspond à la disposition de la Cité – pour lui faire adopter des décrets (justes) susceptibles d'engendrer un bien matériel (le bénéfique).

L'analogie entre les arts aboutit à un tableau à double entrée où l'opposition entre les opérations sur le corps et les opérations sur l'âme est complétée par un second axe, entre l'intérêt de l'individu pour lui-même et l'intérêt subsumé dans celui du groupe[1]. Le schéma suivant symbolise le mouvement du texte :

	Individu		*Groupe*
δόξα	Sophiste (σοφίστης)	→	Orateur (ῥήτωρ)
	↓		↑
αἴσθησις	Médecin (ἰατρός)	←	Paysan (γεωργός)

L'analogie permet de revenir au sophiste, afin de lui attribuer κατὰ τὸν αὐτὸν λόγον la place laissée vide, celle d'une action sur les opinions des individus dans leur propre intérêt (167c 7-d 1). Le sophiste mérite beaucoup d'argent parce qu'il améliore, par sa thérapie, les dispositions psychiques de ses disciples. Protagoras ne s'étend pas toutefois sur l'objet de son enseignement mais, grâce au parallèle autorisé avec le rôle de

1. Dans le *Phèdre*, Platon dresse une analogie similaire entre la rhétorique et la médecine, parce qu'elles reposent sur la même δύναμις εἰς τὸ δρᾶν καὶ εἰς τὸ παθεῖν (270 c-d). Si, entre les dialogues, la toile de fond est identique, puisque l'épistémologie de Protagoras s'articule au relativisme des délicats (156 a-c), le *Théétète* propose une nomenclature plus complexe.

l'orateur à l'égard de la Cité, il semble que le sophiste, par le moyen du λόγος, instruise ses disciples et les éduque afin d'améliorer leur conception du beau et du juste[1]. Par le recours à l'analogie, Protagoras restaure donc une hiérarchie dans son propre domaine de savoir : l'éducation améliore la disposition de l'âme afin d'engendrer des opinions analogues à ce nouvel état.

Protagoras établit également un parallèle étroit entre les sciences de l'âme et celles du corps, dont le critère d'action s'avère identique : l'utile, le bénéfique et l'agréable. Il n'instaure entre elles aucune hiérarchie, puisque rien ne justifie une quelconque supériorité du fonctionnement de l'âme (ni de ses objets) par rapport aux affections du corps. Le modèle thérapeutique – ou pédagogique – s'applique en effet partout de façon similaire. Modifier la perception que les gens ont des choses résulte toujours d'un changement de disposition et d'une conformation à une qualité de vie supérieure. Du reste, le statut de spécialiste, d'expert, ne tient pas à l'objet sur lequel porte l'action, mais au principe qui la régit : renforcer la disposition plus faible. En conclusion, Protagoras élabore une théorie générale de la science qui s'applique à tout domaine du savoir, qu'il concerne l'âme ou le corps, l'individu ou le collectif. En tant que sophiste, il ne revendique pas pour autant de compétence universelle, étant donné qu'il distingue plusieurs experts possédant chacun leur domaine et leur type d'objet. Bref, qu'il existe un modèle de fonctionnement unique pour toutes les sciences n'implique pas qu'un même individu maîtrise l'ensemble du savoir. En même temps qu'il rétablit une sorte de hiérarchie dans le savoir, Protagoras évacue l'idée d'une science universelle.

Renforcer le discours faible

Dans la *Rhétorique*, Aristote attribue à Protagoras une formule qui rappelle sa définition du savoir dans le *Théétète* : τὸν ἥττω λόγον κρείττω ποιεῖν. Aristote y voit l'ἐπάγγελμα du sophiste et il en propose l'analyse logique, parce que « les gens ont éprouvé bien des difficultés à son égard »[2].

1. Cette expertise en matière d'échange est donc sans lien direct avec la deuxième définition du *Sophiste*, qui fait de la sophistique une μεταβλητικὴ τέχνη, un art de l'échange, visant dans ce contexte les échanges de nature commerciale (224 c-d).

2. *Rhét.*, II, 24, 1402 a 23-25 (et, plus largement, 1402 a 4-28). Cf. *Prot.*, 319 a.

Dans les *Nuées*, Aristophane attribue à Socrate la capacité de renforcer l'argument faible (v. 112-113; 889-1114). Dans l'*Apologie*, Socrate s'en défend sans la rejeter vers quiconque en particulier (18 b-c; 19 a-c). Or le Socrate d'Aristophane rassemble plusieurs personnalités, notamment Protagoras et ses thèses sur la langue (v. 658-691; 847-853; 1248-1251; lire mon étude « Apologie et Comédie : essai de reconstitution croisée (*Nuées*, *Apologie de Socrate* et

Renforcer l'argument faible décrit un enthymème consistant à accroître la vraisemblance des prémisses et à abuser de la croyance des auditeurs de manière à triompher. Or le vraisemblable (εἰκός) revêt deux formes, au sens absolu (ἁπλῶς) ou non absolu (μὴ ἁπλῶς) – aussi appelé vraisemblable particulier (τὶ εἰκός)[1]. Dans le cas visé, l'argument joue sur la valeur non absolument vraisemblable des prémisses. Aristote illustre son propos avec le raisonnement de Corax (1402 a 17-23) : s'il est n'absolument pas vraisemblable qu'un homme faible en agresse un plus fort, il est en revanche absolument vraisemblable qu'un fort en agresse un plus faible. Cet enthymème consiste à plaider que, dans la mesure où la seconde situation est justement trop vraisemblable, il n'est pas vraisemblable que l'accusé ait couru le risque d'être poursuivi en se rendant coupable d'un tel crime. La vraisemblance est seulement relative, particulière, puisque la situation contraire est la plus vraisemblable dans l'absolu. Autrement dit, ce raisonnement consiste à retourner la vraisemblance contre elle-même. Aristote en conclut qu'il s'agit seulement d'un enthymème apparent (φαινόμενον εὐθύμημα ; 1402 a 8), qui naît de l'omission délibérée de la relativité de la vraisemblance.

La critique d'Aristote porte sur la confusion entre le vraisemblable relatif et le vraisemblable absolu, l'argument de Protagoras visant simplement à renforcer le vraisemblable apparent : « C'est en effet un leurre (ψεῦδος), un vraisemblable non vrai (οὐκ ἀληθές) mais apparent (φαινόμενον εἰκός) qui ne se trouve dans aucun autre art que la rhétorique et l'éristique[2]. » Protagoras développerait une théorie où la vraisemblance relève surtout de la persuasion et s'impose grâce à une interprétation des circonstances à l'encontre de leur caractère plus objectif. Le vraisemblable

Théétète) », *Revue philosophique de la France et de l'Étranger*, 2007 (2), p. 134-135). Celles-ci sont également attribuées à Protagoras par Aristote, *Réf. Soph.*, 14, 173 b 17-25 ; *Rhét.*, III, 5, 1407 b 6-9. Sur Aristophane, E. Schiappa, *Protagoras and* Logos, *op. cit.*, p. 110-113.

Par la mise en scène d'un débat entre deux arguments portant sur l'éducation, Aristophane donne une interprétation morale de la formule. Chez lui, l'argument plus faible est une théorie subversive de l'éducation qui consiste à braver les anciens interdits et à mettre en question les fondements de la tradition, alors que l'argument plus fort défend la position conservatrice. Le poète comique y voit une forme d'éducation où la morale s'absente au profit de la victoire, du moins entendue au sens habituel de respect de ce qui est dû à autrui (l'objectif poursuivi par Strepsiade étant d'échapper à ses créanciers). Aristophane situe la thèse de Protagoras dans un contexte rhétorique, non moral, à propos du moyen de faire triompher sa cause pour échapper à ses créanciers. Il ne se contente pas d'en signaler l'existence, mais il la lie à l'enseignement d'une méthode pour triompher qui ne se soucie pas du bien moral.

1. *Rhét.*, II, 24, 1402 a 4 ; a 9 ; a 17.
2. *Rhét.*, II, 24, 1402 a 26-28.

s'identifie alors au plus persuasif et au plus efficace car, si le vraisemblable absolu garde la correspondance entre la situation et l'argument (il est vraisemblable que le plus fort agresse le plus faible, *parce qu'il est plus fort*), le vraisemblable particulier joue uniquement sur la perception de cette relation et la possibilité de l'infléchir par un retournement de la nature du vraisemblable.

Dans ce cadre rhétorique, renforcer le discours faible signifie soit le corriger, soit en augmenter la force. Dans le premier sens, la thèse rejoindrait les travaux de Protagoras sur la rectitude du langage et elle viserait à accroître l'ὀρθότης du discours dans le but de le rendre plus fort que le discours contraire[1]. Dans le second sens, moins lié à la forme, améliorer le *logos* consisterait à chercher des arguments pour augmenter la vraisemblance du contenu[2]. En réalité, la position de Protagoras se situe au croisement de ces deux interprétations, la première donnant le moyen, la seconde la fin. D'une part, le sophiste améliore l'argument en redressant sa forme et en employant les termes adéquats, c'est-à-dire dans le sens et le contexte appropriés à l'effet escompté. D'autre part, il fabrique des arguments, soulignant la pertinence de l'un ou rejetant l'autre, pour accentuer un aspect et altérer la perception des circonstances.

Cette interprétation paraît très éloignée du *Théétète*. Tandis que Platon lie le κρείττων λόγος à la théorie de l'homme-mesure pour en faire le principe général de l'action du savant, Aristote se penche sur son usage technique, en tant que procédé rhétorique et éristique. Les deux lectures se distinguent sur la valeur et le rôle de la relativité dans le procédé : Aristote démontre que l'argumentation implique de taire le caractère relatif de la vraisemblance, Platon rappelle sans cesse que le phénomène (la mesure) est *pour quelqu'un dans tel état*. Sont en jeu deux acceptions de la relativité. Chez Aristote, ce type d'argument rhétorique consiste à inverser les circonstances pour produire une vraisemblance apparente et modifier la perception de la situation. Chez Platon, le savant modifie l'état de son patient afin d'altérer les conditions de son apparaître. Dans les deux lectures, renforcer le discours faible signifie modifier la relation à la situation. Toutefois, tandis que chez Platon le changement concerne le patient lui-même et obéit au critère du bénéfique, chez Aristote l'auditeur ne tire aucun bénéfice particulier du changement, qui profite seulement à l'orateur. D'une certaine façon pourtant, l'interprétation d'Aristote

1. *Cf.* G.B. Kerferd, *Le Mouvement sophistique*, *op. cit.*, p. 127-130.

2. A. Sesonske, « To Make the Weaker Argument Defeat the Stronger », *Journal of the History of Philosophy* 6, 1968, p. 217-231.

rejoint celle de Platon, dans la mesure où toutes deux constatent que la doctrine de Protagoras conduit à se passer du critère de vérité ou, plutôt, de lui en substituer un autre – le meilleur ou le particulier. Dans les deux cas, l'opinion la meilleure provient en définitive de la position du sophiste, qu'il soit expert ou orateur, mais elle n'est jamais qu'une opinion individuelle, par nature relative, que ce dernier impose par un retournement du plus faible. Sa démarche ne ressortit pas à une recherche du vrai, mais elle s'accommode du vraisemblable par le moyen du discours[1].

Entre la lecture de Platon et celle d'Aristote, il est difficile de trancher avec certitude du fait de l'ambiguïté sur le sens à donner au λόγος. Soit il désigne le discours au sens propre, ce qui limite la thèse à la rhétorique et à ses applications linguistiques. Cette première lecture est celle d'Aristote. Elle confine l'argument à la rhétorique, la discipline dont Protagoras aurait cherché à définir les contours et les possibilités. Soit le λόγος a un sens plus large : Protagoras développerait une théorie générale sur la compréhension et la connaissance du monde. Cette lecture est celle de Platon, qu'il développe dans l'analogie du *Théétète* : la thèse générale de Protagoras s'appliquerait à tous les champs de la connaissance, et le sophiste n'aurait qu'une capacité à changer les choses qui relèvent du langage.

Le principe du meilleur

Sur quoi repose la connaissance du meilleur par l'expert ? Dans le *Théétète*, le raisonnement analogique utilisé par Protagoras élimine la différence apparente entre la médecine et la sophistique, entre une discipline au critère jugé objectif, la santé, et une autre au critère subjectif, l'opinion. En réalité, tous ces domaines d'expertise poursuivent une finalité meilleure observable en commun. Soumis aux exigences de la santé, le médecin vise l'état où le patient se porte le mieux, éprouve davantage de sensations plaisantes et entretient un rapport plus agréable au monde. L'agriculteur poursuit un objectif de productivité, l'état où le champ produit la meilleure récolte, et son expertise se vérifie à sa capacité à accroître le rendement. Quant à l'orateur, sa compétence s'évalue d'un côté à sa capacité à imposer un point de vue, de l'autre à la hauteur des succès de la Cité qui suit les mesures préconisées et s'en porte mieux. Aussi le critère d'amélioration est-il à chercher dans la rencontre entre l'état du

1. L'interprétation d'Aristophane est en définitive la plus complète, associant la perspective pédagogique (la finalité de l'enseignement) au contexte rhétorique (la méthode). Platon et Aristote auraient respectivement porté l'accent sur un point particulier.

patient (qu'il s'agisse d'un individu ou d'un groupe) et son évaluation extérieure (par l'expert ou un autre spectateur) à partir de ce qu'il exprime et rend manifeste. L'expert ignore en effet s'il a atteint un mieux aussi longtemps que le patient ne lui offre pas de le constater : de son point de vue, le patient va mieux, parce qu'il dit ou paraît se sentir mieux. Le critère du mieux s'inscrit nécessairement dans cette relation. Quant au sophiste, en tant que spécialiste de l'éducation (δυνάμενος παιδαγωγεῖν; 167 c 8), la valeur de son expertise tient au succès de ses élèves, à leur aptitude à être des citoyens, tant du point de vue privé de la gestion patrimoniale que du point de vue public de l'administration politique. Le sophiste réussit si son élève estime (et paraît) mieux s'en sortir qu'auparavant dans ses activités de citoyen. L'analogie s'avère valide et elle dérange seulement le lecteur convaincu que la santé, ou tout autre bienfait, est une qualité dont la vérité est prédéterminée.

Deux interprétations de l'action de l'expert paraissent cependant possibles. La première pose que l'expert remplace un ensemble de choses qui apparaissent par un autre, auquel cas il n'agit pas sur la source de l'apparition, mais sur les objets phénoménaux eux-mêmes[1]. Mais cette lecture est incompatible avec la thèse de Protagoras reprise dans l'Apologie, celle de la passivité du phénomène (166 c), dans la mesure où elle suppose de changer les choses. Or il ne s'agit pas de les modifier elles de quelque façon que ce soit, car elles sont données, mais bien le rapport à leur égard. D'après la seconde lecture, l'expert agit sur l'individu et fait en sorte de changer ce qui lui apparaît, non pas en modifiant la chose elle-même en tant que cause de l'apparaître, mais en tant qu'elle se transforme en un phénomène pour quelqu'un. L'expert modifie la *manière* dont l'homme perçoit les choses, plutôt que les choses mêmes. Toutefois, rien ne lui indique vers quoi tendre, mais il ignore *a priori* où se situe l'équilibre. L'agriculture, la médecine et la politique sont en effet des domaines sujets à la contingence où, quelles que soient les circonstances, il est difficile de diriger l'action *a priori*. Le médecin et l'agriculteur trouvent leur critère dans l'état qui apparaît le plus profitable à leur patient, mais ils doivent procéder au cas par cas. Dans ces conditions, Protagoras soutient que son expertise relève de la contingence et le confronte à l'aléatoire, et il semble parfaitement s'accommoder de la faillibilité d'un savoir qui procède nécessairement par essai et erreur. Il voit en effet dans ce principe d'incertitude la garantie la plus ferme de son efficacité.

1. C'est l'interprétation de J. McDowell, *Plato : Theaetetus*, *op. cit.*, p. 165-168.

L'Apologie ouvre l'échelle du savoir, au sens où l'expert décrète une limite toujours franchissable en raison de l'évolution constante du mieux qui résulte de la contingence. Il risque à chaque instant d'être dépassé par un plus compétent qui témoignerait d'une expérience ou d'une ingéniosité plus grande. Il lui est de plus toujours possible d'améliorer l'état antérieur, qui était déjà regardé comme un mieux. La thèse de Protagoras empêche donc de clôturer *a priori* l'échelle du savoir et plaide en faveur de l'ouverture infinie de l'expertise. Elle entraîne une fuite en avant des formes de limitation qui, si elle renforce l'instabilité régissant le monde, répond largement à son mouvement général, puisque la condition du mieux ne tient pas seulement à une meilleure connaissance théorique, mais à la nécessité de suivre l'évolution et de s'adapter aux circonstances présentes.

La thèse sur l'expertise s'avère compatible avec celle sur la mesure. Le rôle de l'expert prend même tout son sens dans un monde que régit la mesure par les individus[1]. Améliorer la disposition n'implique pas de supprimer la mesure par chacun. L'expert altère seulement la mesure initiale du patient, sans lui ôter sa fonction première de mesure. Il modifie les conditions de la mesure et, du même coup, ses résultats. Ainsi l'expertise conduit-elle à doubler la mesure, au sens où l'expert produit une mesure de second ordre par rapport à la mesure du patient. Avant d'être un principe de changement, l'expertise requiert donc une capacité à se former une opinion sur l'état général du patient et sur la nature de sa mesure, sur la disposition qui génère tel résultat. Être expert, c'est donc savoir évaluer ce que les autres regardent comme une relation immédiate aux choses. L'expertise implique d'acquérir la connaissance de ce dont les autres sont mesures, c'est-à-dire de multiplier les points de vue et d'identifier leurs causes afin de déterminer ce qui profiterait à l'individu dans le cas présent et favoriserait la production d'un état bénéfique. Ce type de connaissance a donc nécessairement une origine empirique : l'expert développe dans un premier temps une compétence critique, fondée sur une connaissance élargie des possibilités de mesure, qui aboutit dans un second temps à une capacité à transformer un état. Aussi la connaissance de l'expert est-elle

1. Contre A.T. Cole, « The Apology of Protagoras », art. cit., p. 111, pour qui la fonction de l'orateur rompt avec le principe de l'homme-mesure, parce que la Cité ne serait plus mesure, alors que le patient le resterait tout au long de la cure. À nouveau, cette explication provient de l'attribution d'une valeur préétablie à δίκαια. Il revient partiellement sur cette affirmation dans « The Relativism of Protagoras », art. cit., p. 24. Voir N. Denyer, « The Political Skill of Protagoras », dans V. Harte et M. Lane (eds.), *Politeia in Greek and Roman Philosophy*, Cambridge, Cambridge University Press, 2013, p. 165-167.

faillible, puisqu'elle s'appuie sur des situations antérieures dont rien ne garantit la reproduction à l'identique dans le futur et vu qu'elle se heurte sans cesse à des situations nouvelles, imprévues ou imprévisibles.

L'expertise est une compétence reconnue puisque, pour être expert, d'autres doivent convenir d'une supériorité dans un domaine. L'expert est, littéralement, celui qui a fait ses preuves et est parvenu à ce que son patient admette se sentir mieux après son intervention[1]. Il ne revendique donc pas de science théorétique, mais sa connaissance résulte seulement d'expériences antérieures et de constats partagés à propos du mieux, de l'ἄμεινον, conçu comme l'état plus bénéfique et plus utile pour le patient auquel il s'adresse. Il s'intéresse surtout à la dimension pratique et aux retombées de ses compétences sur ses patients. Viser un mieux, c'est chercher une meilleure adaptation de l'individu au monde qui l'environne, une disposition qui procure des effets plus satisfaisants pour son sujet.

Protagoras reste vague sur sa capacité « métablétique ». Il précise uniquement que ses λόγοι agissent tels des φάρμακα qui modifient la disposition de l'âme (167 a 5-6). S'agissant du sophiste, sa compétence repose donc sur l'acquisition de connaissances relatives au discours, dont Protagoras donne un aperçu quand il admoneste Socrate pour sa conduite au cours des premiers essais de critique :

> Être injuste (ἀδικεῖν) se produit dans la situation suivante : quand on ne sépare pas les entretiens menés dans un esprit de rivalité (ἀγωνιζόμενος τὰς διατριβάς) de ceux conduits pour le dialogue (διαλεγόμενος) ; dans le premier on s'amuse (παίζῃ) à induire l'autre autant que possible en erreur (σφάλλῃ καθ' ὅσον ἂν δύνηται), dans le dialogue, en revanche, on s'applique (σπουδάζῃ) à redresser (ἐπανορθοῖ) son interlocuteur, en lui indiquant seulement ces erreurs en quoi il a été trompé, par lui-même (ὑφ' ἑαυτοῦ) et par ses précédentes fréquentations (τῶν προτέρων συνουσιῶν). Car, si tu agis de cette manière, tes interlocuteurs s'accuseront eux-mêmes de leur trouble et de leur impasse, et pas toi. Mais toi ils te poursuivront et t'aimeront, tandis qu'ils se haïront et s'évaderont d'eux-mêmes vers la philosophie, afin qu'une fois devenus différents, ils s'écartent de ceux qu'ils étaient auparavant (167 e 3-168 a 5).

Le rôle pédagogique du sophiste est de rendre son interlocuteur conscient de ses erreurs, de sa confusion et de ses incertitudes, afin de lui en faire admettre la responsabilité. La manœuvre ne relève pas d'une morale de la pénitence ou de l'acceptation des fautes ; elle est la première étape

1. Pour le dire avec U. Zilioli, l'expertise implique une forme de *feedback* (*Protagoras and the Challenge of Relativism*, *op. cit.*, p. 64).

d'un progrès vers le mieux. Par ses discours soulignant les erreurs et leur cause, le sophiste opère chez son patient un changement de point de vue sur sa propre situation. Il commence par provoquer la prise de conscience d'un mieux pour faire table rase des acquis et opinions. Ensuite, il met en place une disposition favorable à des opinions plus profitables, où règnent moins de confusion et de trouble. Précurseur d'un certain pragmatisme, Protagoras considère que l'opinion engage la totalité de l'individu. Par conséquent, la modification implique de changer l'individu dans sa totalité [1] : le meilleur état d'esprit sera celui où l'élève sera moins sujet aux contradictions.

Or, prêtant sa voix à Protagoras, Socrate paraît décrire sa propre pratique de la réfutation. Il rejoint en outre la sixième définition du *Sophiste*, qui attribue au sophiste de manifester chez un interlocuteur la vacuité de ses opinions, par la mise au jour de leurs contradictions, afin de susciter un mécontentement envers lui-même qui le rende plus conciliant (230 b-d). La réfutation contribue à vaincre sa propre ignorance, au lieu de rester dans l'illusion que chacun nourrit à l'égard de son propre savoir. Le parallèle entre le *Théétète* et le *Sophiste* paraît évident : de part et d'autre, le praticien doit vaincre l'erreur et l'ignorance dans l'intérêt de son interlocuteur par la pratique d'un art lié à la réfutation [2]. La ressemblance entre ces textes cache pourtant une différence. Le *Sophiste* accorde à ce sophiste d'un genre particulier de libérer son interlocuteur de l'ignorance au moyen d'un art de la purgation (καθαρτικὴ τέχνη; 231 b 3) : il purifie l'âme de ses opinions prétentieuses et rigides (αἱ μέγαλαι καὶ σκληραὶ δόξαι; 230 c 1-2) qui entravent l'apprentissage. Cet acte d'éducation produit donc chez l'interlocuteur un saut de l'ignorance à la connaissance grâce au tri qui le libère de son apparence de savoir (περὶ τὴν μάταιον δοξοσοφίαν; 231 b 5-6). Ce processus cible dès lors un ensemble d'opinions auxquelles il faut arracher l'interlocuteur grâce à un art

1. F.C.S. Schiller tente ce rapprochement (*Plato or Protagoras?*, Oxford, Blackwell, 1908), suivi plus récemment par J. Haden (« Did Plato Refute Protagoras? », *History of Philosophy Quarterly* 1, 1984 (3), p. 245-260) et par A. Soulez (« Le Dire comme acte du sophiste : Ou : invention et répudiation par Platon de la pragmatique sophistique », dans *Positions de la sophistique*, *op. cit.*, p. 53-73). Il faut toutefois noter une différence sur le concept de vérité. Pour le pragmatisme, la vérité est l'état de satisfaction globale de la personne, puisque *ce qui est vrai pour moi* équivaut à *ce qui est bon pour moi*. Pour Protagoras, tout état engendre des sensations ou des opinions vraies, qu'elles soient satisfaisantes ou non, qu'elles soient bonnes ou mauvaises. La vérité désigne seulement la relation à la situation, tandis que la meilleure adaptation à la situation fait l'objet du travail de l'expert.

2. Comme le note G.B. Kerferd (« Plato's Noble Art of Sophistry (*Sophist* 226 a-231 b) », *The Classical Quarterly* 48, 1954, p. 88), l'Étranger néglige la question du mal agir moral.

diacritique (διακριτικὴ τέχνη; 231 b 3) et le mener vers la connaissance. Or, dans le *Théétète*, Protagoras enjoint moins à purifier qu'à redresser l'interlocuteur (ἐπανορθοῖ, 167 e 7), c'est-à-dire moins à éradiquer les opinions mauvaises qu'à imprimer un mieux par la correction. Dans la mesure où il est impossible de transformer une opinion fausse en une opinion vraie, puisque toutes les opinions sont vraies, il s'agit de produire une meilleure adaptation (167 a). Autrement dit, le sophiste défini par Protagoras agit sur la cause des opinions, la disposition de l'âme, afin d'en produire d'autres meilleures. En ce sens, sa science s'avère plus productive que diacritique, étant donné qu'elle vise moins à trier qu'à entraîner des opinions meilleures, par la création d'une disposition plus adéquate[1]. Entre les deux textes, se joue donc la différence entre l'acte de purifier, qui suppose une opposition binaire entre le vrai et le faux, le bon et le mauvais, et l'acte de redresser, qui renvoie à une amélioration, à une meilleure adéquation, et suppose une échelle graduelle de variation entre le plus et le moins.

Une analogie : les arts et les flatteries

Dans le *Gorgias* (463 a-466 a), Platon dresse une analogie entre les τέχναι qui rappelle celle du *Théétète*. Tout se passe comme si, dans l'Apologie, Protagoras transposait l'analogie du *Gorgias* et en proposait une lecture plus propice à une théorie sophistique de l'art. Alors que, dans le *Théétète*, elle justifie la pratique du sophiste en tant que τέχνη, dans le *Gorgias* elle distingue plutôt des pratiques qui relèvent vraiment de l'art et d'autres qu'elle qualifie de flatterie (κολακεία), parce qu'elles se résument à imiter une partie de l'art (μορίου εἴδωλον; 463 d-e).

La division du *Gorgias* procède comme suit. Elle distingue la partie politique des arts, relative à l'âme, et celle anonyme relative au corps (464 b 2-5). Dans les arts corporels, elle sépare la gymnastique (γυμναστική) et la médecine (ἰατρική), auxquelles correspondent respectivement, dans les arts politiques, la législation (νομοθετική) et la justice (δικαιοσύνη, 464 b-c)[2]. Imitant l'art par la conjecture et reproduisant chacune de ses parties, la flatterie subit une division similaire : s'agissant du corps, la cuisine (κομμωτική) imite la médecine et la parure imite (ὀψοποιική) la

1. Sur la différence entre science productive et diacritique, F. Wolff, « Le Chasseur chassé. Les définitions du sophiste », dans *Études sur le* Sophiste *de Platon*, P. Aubenque (dir.) et M. Narcy (éd.), Napoli, Bibliopolis, 1991, p. 47-49.

2. Le parallèle entre gymnastique et législation se retrouve en *Pol.*, 294 d-296 d.

gymnastique; et s'agissant de l'âme, la sophistique (σοφιστική) imite la législation, la rhétorique (ῥητορική) la justice (465 c). Les divisions du *Théétète* et du *Gorgias* se rejoignent dès lors sur l'opposition entre l'âme et le corps, mais chacune use d'un critère propre au sein des espèces : le nombre pour Protagoras, le rapport à l'objet pour Socrate – d'où la confusion entre rhétorique et sophistique, qui revendiquent les mêmes objets (465 c; cf. *Soph.*, 268 b-d).

Le *Gorgias* sépare deux genres de pratique en prenant pour critère l'origine du savoir qui les fonde, selon qu'il s'avère théorique ou empirique. L'art détient la capacité de discriminer entre le réel et l'apparent, parce qu'il s'appuie sur une connaissance de la différence entre l'objet et ce qui lui est périphérique. De là, il possède la connaissance véritable du bien de son objet. La flatterie résulte quant à elle de l'expérience et de l'habitude (ἐμπειρία καὶ τριβή), et elle requiert des facteurs tels que le hasard, la hardiesse et l'expertise naturelle dans le commerce avec les hommes (463 a-b)[1]. Cette forme d'empirisme est un ἄλογον πρᾶγμα qui ne connaît ni les causes ni la nature de son objet (465 a)[2]. Il contrefait le savoir technique à la seule fin de satisfaire le plaisir, au lieu de viser le meilleur (464 d). Tandis qu'un art sait rendre raison de sa pratique grâce à sa connaissance, une empirie peut uniquement invoquer l'expérience passée. Platon reproche dès lors aux flatteries (la cuisine, la rhétorique, la parure et la sophistique) l'empirisme que Protagoras revendique dans l'Apologie, à cette nuance près : pour celui-ci, la distinction entre τέχνη et κολακεία est dépourvue de pertinence, puisqu'il n'y a jamais connaissance de l'objet. Protagoras unit ce que Platon distingue. Il tait la distinction entre arts et flatteries, sciences apparentes et sciences réelles, car rien ne la justifie dans sa théorie de la mesure – interprétée du moins comme une épistémologie phénoménaliste qui identifie être et apparaître (152 a, 166 d). Cette identité rend vaine l'idée d'une telle division puisque, pour Protagoras, l'image a autant de réalité que ce qu'elle imite[3]. Réhabiliter la sophistique en tant qu'art implique donc de rompre cette frontière, de supprimer la catégorie de κολακεία.

Dans le *Gorgias*, la sophistique imite la législation; dans le *Théétète*, elle est l'analogue de la médecine. Les deux classifications se rejoignent sur leurs objets respectifs, l'âme pour la législation et la sophistique, le corps pour la médecine. Elles se séparent en revanche sur la fonction à

1. Dans le *Philèbe*, le hasard renvoie aux sciences les plus basses de la classification (55 e).
2. *Gorg.*, 465 a 2 : τοῦ ἡδέος στοχάζεται ἄνευ τοῦ βελτίστου.
3. Cf. *Soph.*, 239 d-e.

leur attribuer. Dans le *Gorgias*, la législation et la sophistique, tout comme la gymnastique, exercent une fonction régulatrice, au sens où elles visent à maintenir les hommes dans un état de bon fonctionnement. La médecine exerce quant à elle une fonction correctrice, tout comme la justice, qui tend à résorber un dysfonctionnement. Cette différence de fonction semble offrir un meilleur critère que le nombre pour diviser les arts. Or, dans la mesure où Protagoras propose une théorie de l'art intégralement fondée sur le changement, il attribue à toutes les espèces une seule et même fonction, l'amélioration, qui redresse et inscrit le changement dans la durée. Tandis que dans le *Gorgias* la législation et la médecine reçoivent la fonction de stabiliser le monde, de le ramener à son état d'équilibre, Protagoras insiste sur la nécessité de l'adapter et de le réguler continuellement, par un ajustement permanent.

Dans le *Gorgias*, les flatteries visent à combler et à maximaliser le plaisir : le cuisinier satisfait les goûts de son public, il prépare les mets les plus savoureux en vue de son plaisir. À l'inverse, en tant que technicien, le médecin rétablit la santé parce qu'elle constitue un bien pour le corps, indépendamment du plaisir. Le *Théétète* évacue l'idée d'une recherche du bien : le médecin poursuit la santé non pas parce qu'elle est un bien comme telle, mais parce que cet état apporte davantage de sensations plaisantes que la maladie. Dans les termes du *Gorgias*, cela signifierait que Protagoras admet de subordonner la cuisine à la médecine, les flatteries aux arts, car en l'absence de la santé le cuisinier perd tout pouvoir face à un corps inapte à apprécier les sensations agréables issues de préparations culinaires (*Gorg.*, 504 e; *Soph.*, 230 c). Incapable de modifier la disposition pour favoriser les sensations agréables, le cuisinier se contente de produire des objets plaisants, il améliore les choses sans agir directement sur les individus. Dans sa théorie, Protagoras subordonne donc aux arts ce que Platon appelle flatteries, dans l'idée de transférer aux arts la fonction de chercher l'agréable. Il admettrait une hiérarchie des disciplines : si tous obéissent à un même critère, l'agréable, certains se contentent d'améliorer les choses, là où d'autres (la médecine) visent en outre à atteindre l'utile et le bénéfique, à améliorer le rapport de l'individu à lui-même, afin d'améliorer aussi son rapport aux choses. De ce fait, le sophiste a bien le rôle d'améliorer une disposition et il exerce une fonction analogue à la législation telle que la comprend le *Protagoras* (326 d-e). Or, dans le *Gorgias*, la législation se trouve plus proche de l'activité que le *Théétète* attribue à l'orateur, à savoir dessiner le cadre politique au sein duquel évoluent les citoyens. Dans le *Théétète* toutefois, l'orateur établit le juste non pas grâce à une connaissance de ce qu'il doit être, une connaissance du bien pour la Cité, mais en guidant cette dernière pour élaborer le contenu de ce qu'elle juge juste. En ce sens, Protagoras démarque la rhétorique de la cuisine, analogue que lui prête le *Gorgias*, car elle ne se contente pas de flatter le désir des citoyens mais tente de créer le meilleur état pour la Cité, celui qui s'avère le plus utile au moment envisagé. En un sens, dans la perspective de Protagoras, l'éloquence se substitue à la législation parce qu'il n'existe rien de tel que la justice ou le juste. Il ne suffit pas de produire les meilleures lois possibles ; il faut adapter la disposition des citoyens de façon à ce que le juste institué se révèle bénéfique dans la situation présente.

Malgré les nuances et déplacements, le *Théétète* rejoue l'analogie du *Gorgias* pour proposer une nouvelle théorie de l'art où la sophistique apparaît comme un art à part entière, celui de l'éducation. Pour Protagoras, tous les arts visent à un changement vers le mieux, sans tendre à préserver une situation ou à la réguler. Le maintien paraît en effet plutôt ressortir à l'incapacité naturelle à l'adaptation, inhérente à tout un chacun. Ainsi les arts ne doivent pas produire les meilleurs objets, grâce à une connaissance du bien, mais adapter les individus de façon à ce qu'il tire un meilleur parti de la situation.

L'EXPERTISE SELON PLATON : UNE COMPÉTENCE PRONOSTIQUE

Après l'Apologie, Platon entreprend de tester sa définition du savoir dans les domaines auxquels Protagoras prétend l'appliquer afin de vérifier s'ils obéissent à ce type de connaissance. La première critique a établi que, si la hiérarchisation du savoir implique nécessairement de restaurer une distinction entre le vrai et le faux, la thèse de l'homme-mesure reste néanmoins valide pour les objets de la sensation, vu que personne ne peut nier la vérité du ressenti d'autrui (171 e)[1]. Il en va de même pour la justice et la piété, au sens où elles désignent des normes et des valeurs décrétées par les cités en fonction de ce qui leur apparaît. Dans ce domaine, il n'y a ni erreur ni supériorité, puisqu'elles dépendent d'une relation déterminée (172 a). En revanche, l'acte lié à une compétence technique, soigner par exemple, ne relève pas de ce savoir immédiat et incontestable. La relativité d'une chose à un individu n'implique pas nécessairement son évidence, donc sa connaissance spontanée, et la relativité du savoir possède une extension limitée, qui s'arrête là où débute la connaissance de l'expert

1. Les différents aspects de la première critique sont examinés aux chapitres I. 3 et II. 1.

capable de produire ce qui est bon pour l'individu. Un remède peut s'avérer sain pour quelqu'un sans que celui-ci ne le sache par nature, du simple fait que cela le concernerait. Un décret peut se révéler utile ou nuisible, c'est-à-dire bon ou mauvais pour la Cité, bien que chaque conseiller (σύμβουλος) ne possède pas la même compétence pour en juger (172 a-b). De la même façon que tout régime n'est pas bon pour l'individu s'il veut recouvrer la santé, toute décision politique n'est pas salutaire pour la Cité. Telles sont les limites auxquelles Socrate accepte la thèse de Protagoras, du moins provisoirement : une théorie où l'infaillibilité du savoir reste limitée, sans s'étendre à tout ce qui est relatif à chacun [1].

Si la première critique rétablit la différence entre vrai et faux, la Digression réintroduit le critère du bien, selon lequel évaluer le bénéfique (176 a-d) [2]. Enfin, la troisième critique s'interroge sur la valeur pronostique de l'opinion. Alors que le ressenti de l'individu ou le juste dans la Cité relèvent d'un fait présent, ou éventuellement de la trace d'un fait passé qui reste présente aussi longtemps que souhaitée, l'utile et le bénéfique confrontent à un fait futur, étant donné qu'un avantage ou un bénéfice résultent des conséquences futures d'un choix présent (178 a). Or il n'est pas évident qu'une faculté infaillible dans le présent le reste en ce qui concerne l'avenir, car la prévision implique une autre forme de relation que la présence immédiate, puisqu'elle vise un donné présentement absent. Si l'immédiateté d'une relation garantit sa vérité, l'anticipation qui caractérise la prévision requiert censément un processus de vérification. Par nature, l'absence empêche l'affection qui caractérise le phénomène et contraint de recourir à une autre faculté, active, qu'il faut alors éprouver. Si le patient et le médecin peuvent faire une prévision différente, avec le même degré de certitude et sur la base de la situation actuelle, au sujet d'une fièvre possible, autrement dit si chacun d'eux peut former une opinion différente sur l'avenir, une seule se vérifie (178 c) – et il est faux, voire ridicule, de penser que des opinions contradictoires se vérifieront simultanément. Tous les jugements présents relatifs à des faits futurs ne peuvent être vrais simultanément car, de deux prévisions contradictoires, une seule peut se réaliser. Aussi l'expert se distingue-t-il du profane par sa capacité à prédire ce que ce dernier peut seulement constater le moment

1. Ce constat est reformulé en 177 c-d. Contre A.T. Cole (« The Apology of Protagoras », art. cit., p. 117), je pense que la thèse de Protagoras n'est jamais totalement battue en brèche, mais Platon s'emploie davantage à en réduire le champ et l'utilité (*cf.* E. Lee, « "Hoist with his Own Petard" », art. cit., p. 246, n. 33).

2. La Digression a été analysée au chapitre I. 6.

venu. L'opinion du profane est dénuée de fondement et seul le spécialiste (σοφότερος) peut être qualifié de mesure des choses (179 b).

Cette conclusion limite considérablement la thèse de Protagoras. Elle divise la signification des *choses* sur lesquelles porte la mesure entre celles qui relèvent de la présence, caractérisées par l'immédiateté de la relation qu'elles entraînent, et celles qui portent sur un événement futur et impliquent une compétence. Sur cette base, elle distingue deux registres dans la mesure, le premier commun à tous les hommes, le second propre aux spécialistes. La sphère de compétence qu'elle laisse à chacun présente cependant un intérêt limité pour la philosophie, puisqu'elle ne concerne que les impressions immédiates (περὶ τὸ παρὸν ἑκάστῳ πάθος; 179 c 3), qui génèrent des sensations et des opinions conformes, au sujet desquelles il paraît impossible en définitive de discuter ou de chercher la vérité en commun. Dès lors, d'après Platon, seul l'expert mesure vraiment les choses, entendues comme *choses-à-venir*, car seul il possède un savoir à propos duquel la question de la vérité conserve un sens, seul il détient la capacité de former une opinion droite sur son domaine de compétence. Rétablir le faux permet donc à Platon de séparer mesures réelles et apparentes, et d'évacuer l'idée d'une mesure universelle, par tous et pour tout.

Selon Protagoras, l'expert possède une capacité pronostique qui se fonde sur son expérience – un présent désormais passé. Sa compétence s'autorise dès lors d'une opinion droite qui, à la différence de l'opinion du profane, repose sur une connaissance acquise par conjecture à partir du passé et qui vaut dans nombre de cas. Or la troisième critique de Platon, la plus décisive selon les commentateurs, interroge la différence de l'opinion de l'expert par rapport à celle des individus à propos du futur qui les concerne[1]. Introduisant la nécessité d'un savoir objectif, elle vise à restreindre la portée de la thèse de Protagoras sans pourtant la balayer complètement.

D'une part, Platon reprend de façon systématique les propos de Protagoras dans l'Apologie : ce que la Cité juge juste le demeure aussi longtemps qu'elle le décrète (167 c et 177 d); l'impression présente est vraie de manière incontestable (167 b et 179 c); certains individus sont plus sages que d'autres (167 d et 179 b). Il lui attribue ainsi de connaître la valeur et l'effet persuasif des discours (178 e), dressant en parallèle les portraits du médecin, de l'agriculteur, du musicien, du cuisinier et du

1. Elle ne reçoit pas pour autant un traitement plus étendu : M. Burnyeat, *Introduction au* Théétète, *op. cit.*, p. 61-64; T. Chappell, *Reading Plato's "Theaetetus"*, *op. cit.*, p. 131-132; et déjà F.M. Cornford, *Plato's Theory of Knowledge*, *op. cit.*, p. 92.

sophiste, pour les mettre en regard des profanes, qu'il s'agisse de gens vraiment ignorants (le patient par rapport au médecin) ou d'experts dans un autre champ (le pédotribe par rapport au cithariste; 178 c-179 a). Ces exemples soulignent la limite des compétences de l'expert, qui sait seulement réaliser un type d'effets : le cithariste sait produire les harmonies, même s'il ne connaît rien à la fabrication du vin [1]. Avec Protagoras, Platon reconnaît l'existence d'experts qui, sans tout savoir, se consacrent à un domaine. Ce faisant, il rejette à nouveau l'idée d'une mesure universelle, de tous à propos de tout.

D'autre part, Platon reprend d'une certaine façon la distinction de Protagoras entre science et savoir, ἐπιστήμη et σοφία. Limitée aux impressions, la première est aussi infaillible que philosophiquement inintéressante (179 c). Pas davantage que Platon, Protagoras ne la considère comme un véritable *savoir* et il n'est pas d'ailleurs l'auteur de sa qualification au titre de *science*. La seconde en revanche implique une véritable connaissance, un savoir acquis dans un domaine donné. Autrement dit, si Protagoras maintient la différence entre l'ἐπιστήμη et la σοφία, c'est parce que la première a été assimilée à l'impression immédiate, sans autre forme de critère distinctif. Or Platon ne rejette ni la forme ni l'origine du savoir qui caractérise la σοφία de type protagoréen : l'expert se fonde sur un ensemble d'expériences désormais passées qui, par un système de conjectures, parvient à former une opinion droite sur un événement futur. En ce sens, il n'évacue pas ce savoir qu'il critique dans le *Gorgias* (465 a), mais auquel il reconnaît une valeur, la plus faible, dans la hiérarchie des sciences du *Philèbe* (55 e-56 a).

Le protagoréisme apparaît donc comme une théorie de l'opinion. Encore faut-il en distinguer deux types. La première résulte de l'impression, du phénomène, et elle se forme à travers la sensation en adéquation avec le donné perçu. Elle appartient par nature à tout individu. La seconde est propre à l'expert et se forme à partir de la collation de sensations et d'opinions, bref d'expériences passées. Elle requiert un travail de pensée qui la détache de l'immédiateté et procède par comparaison afin d'anticiper l'avenir à partir des sensations passées et présentes, là où la simple opinion reste prisonnière du présent. Cette seconde opinion, que Protagoras n'explicitait pas, permet de distinguer l'expert du profane : le *sophos* est celui qui a assimilé un savoir utile indispensable pour anticiper correctement la production de phénomènes. À nouveau, Platon n'en disconvient pas.

1. *Contra Euthyd.*, 293 b-c.

La différence majeure entre Protagoras et Platon à propos de l'expert apparaît dans leur définition de son objet, le bénéfique. Tandis que le premier associe le bénéfique au meilleur, au sens où l'opinion bénéfique est celle qui résulte d'une meilleure disposition, le second le lie au vrai, au sens où l'opinion bénéfique est celle que les événements futurs vérifient. Dans le premier sens, l'évaluation de l'opinion repose sur des critères subjectifs (les avis du patient et de l'expert). La propriété du savant tient alors à sa capacité à améliorer la disposition en fonction du patient lui-même. Dans le second sens, envisagé par Platon, l'évaluation se fonde sur un critère objectif : la vérité (172 a-b)[1]. L'accent se déplace alors de la compétence à agir vers la capacité à connaître ce qui est vraiment et par nature profitable à l'individu. Autrement dit, au savoir-faire défendu par Protagoras, Platon oppose un savoir théorique, qui le précède et le conditionne[2].

La nuance renverse la perspective. Certains exemples paraissent même gêner l'analogie de Protagoras. Alors qu'il considère des domaines où l'amélioration relève seulement d'un changement dans la disposition subjective, des arts tels que la cuisine ou la musique rendent caduque l'idée que le changement viserait seulement le patient, et non les objets que produit l'expert (178 d). Il est toutefois possible de les traduire dans la perspective de Protagoras. Le cuisinier pourrait enseigner à apprécier davantage de goûts (faire aimer les épinards à un enfant), le musicien pourrait habituer l'oreille à de nouvelles harmonies. Ainsi, l'expert changerait l'attitude de l'homme au sens où il étendrait sa capacité à apprécier des sensations en développant un sens ou en affinant ses sensations. Bref, tandis que le savant protagoréen modifie le patient pour produire la disposition la plus profitable pour lui, le savant platonicien se focalise sur l'objet et produit celui qui sera bon pour son patient, parce qu'il est réellement bon.

> Mais là où il s'agit, pour une Cité, d'instituer ce qui lui est utile ou non à elle-même (συμφέροντα ἑαυτῇ ἢ μὴ συμφέροντα), dans ce cas, s'il en est, on consentira à nouveau qu'un conseiller l'emporte sur l'autre et, eu égard à la vérité (πρὸ ἀλήθειαν), une opinion de la Cité sur l'autre, et on n'oserait pas du tout affirmer que ce qu'une Cité institue parce qu'elle le croit utile pour elle-même, cela lui sera également plus que tout utile (172 a 5-b 2).

1. Avec U. Zilioli, *Protagoras and the Challenge of Relativism*, *op. cit.*, p. 121-124.

2. Cette différence est relevée par J. Maguire, « Plato — or Protagoras ? », art. cit., p. 132. Elle correspond selon lui à la nuance en anglais entre *knowing that* et *knowing how*.

Dans l'Apologie, Protagoras désigne par ἀμείνων la disposition que le savant vise à réaliser chez le patient[1]. Il parle d'utile (χρηστόν) et de nuisible (πονηρόν) pour qualifier les effets produits par celle-ci, selon qu'elle est meilleure ou pire[2]. Platon ne parle pas de disposition et il désigne l'utile par les adjectifs συμφέρον et ὠφέλιμον[3]. D'une part, il choisit un lexique insistant davantage sur le bienfait que sur l'usage[4]. D'autre part, il ne lie plus l'utile au meilleur mais à la croyance sur le futur, la prédiction qui est vérifiée ou infirmée (178 c-e). Enfin, il limite la question de l'utile à la Cité, à l'effet des décrets votés par l'assemblée, alors que Protagoras l'étendait au paysan et au sophiste. Ce triple infléchissement confère au bénéfique, à l'objet de l'expert, une valeur objective qui se mesure à l'échelle de la vérité : il s'agit de produire ce qui est réellement bénéfique, ce qui produira effectivement des résultats avantageux, ceux qui sont légitimement attendus des objets de l'art (le discours persuasif, le plat savoureux, le décret d'intérêt). Pour sa part, Protagoras privilégie un principe de maximalisation, qu'il juge faillible : l'expert ne produit pas ce qu'il y a de mieux et dont l'avenir révèle qu'il était le meilleur, mais il vise seulement le meilleur pour le patient, ce qui le reste aussi longtemps que les circonstances n'appellent pas d'ajustement.

S'il restaure la hiérarchie du savoir, Protagoras maintient l'équivalence entre les individus, étant donné que tous peuvent par nature prétendre à la vérité, sans que rien ne les force à suivre les spécialistes. Rien n'oblige le patient à suivre les remèdes du médecin, ni l'élève à écouter les discours du sophiste. À cet égard, adopter une disposition meilleure, utile, relève avant tout du choix des individus qui s'y soumettent délibérément, une fois leur intérêt compris. Cette conception démocratique de la liberté de choix rejoint celle de l'éducation développée dans le *Protagoras*. De la même façon, elle n'exclut pas que certains se démarquent du lot et entreprennent d'améliorer la disposition de leurs voisins. À cela, Platon oppose une hiérarchie où le savant l'emporte sur le profane parce qu'il possède une opinion supérieure *eu égard à la vérité*. Les comparatifs βέλτιον et ἄμεινον (178 e 5) ne qualifient plus chez lui la disposition à viser, mais bien le spécialiste lui-même. Dans ces conditions, il n'est plus *seulement possible* de s'en remettre à l'expert pour améliorer sa disposition, mais *il faut* lui soumettre son jugement, parce que lui seul est compétent et

1. *Théét.*, 167 a 3, a 5; βελτίω qualifie les représentations (φαντάσματα) en 167 b 4.

2. Pour χρηστόν : 167 b 2, c 1, c 3, c 6; et pour πονηρόν, 167 b 1, b 7, c 3, c 6.

3. Pour συμφέρον : 172 a 5-6; pour ὠφέλιμον : 177 d 4-5 et e 6, 178 a 7 et a 9, 179 a 5 et a 7.

4. P. Chantraine, *Dictionnaire*, *op. cit.*, *s.v.* ὀφέλλω, p. 811-812, et χρῆμα, p. 1229-1230.

sait l'avenir. Pour le dire autrement, alors que Protagoras ne parle pas d'ignorance mais d'état inférieur, Platon tranche contre l'erreur en faveur de la vérité. Or ce changement de perspective occulte l'enjeu pédagogique inhérent à la thèse de Protagoras, au sens où l'activité du savant, selon Platon, concerne avant tout un objet, un événement, plutôt qu'un sujet, une disposition. Dans la perspective de Protagoras, l'individu est mesure et le reste : l'action de l'expert modifie la mesure afin qu'elle produise des effets plus utiles, du point de vue du patient lui-même, étant entendu que l'utile est toujours utile *pour quelqu'un* dans certaines conditions [1]. C'est un bien qui est nécessairement relatif à un individu. Aussi est-sur ce dernier qu'il faut agir. Dans la perspective de Platon cette fois, la mesure n'est plus donnée par n'importe quel individu, mais par le savant – plus exactement par l'opinion du savant que les événements vérifient. En passant des individus aux événements et aux seuls spécialistes qui peuvent les prévoir, la mesure et l'expertise qui lui correspond prennent un tour résolument aristocratiques : l'expert est l'individu qui juge mieux, du fait d'être dans le vrai. Il n'en reste pas moins vrai que l'utile est un concept relationnel.

> Au sujet du plaisir qui est déjà, ou qui a été, pour chacun, nous ne devons pas davantage débattre ; mais au sujet de ce qui va sembler, et être, à chacun, est-ce qu'il est pour lui-même le meilleur juge ? Ou bien toi, Protagoras, ce qui sera pour chacun persuasif (πιθανόν) dans les discours prononcés au tribunal, tu en auras d'avance l'opinion mieux que n'importe quel profane (178 d 10-e 6).

L'expertise tient au fait d'avoir une opinion droite dans un domaine donné [2]. Dès lors, quelle valeur Platon accorde-t-il à cette opinion, en particulier à celle de Protagoras en tant que sophiste ? Platon lui attribue comme domaine d'objets le *persuasif*. Or produire le persuasif, est-ce la même chose que rendre la santé pour le médecin, produire un vin doux pour le cultivateur ou créer une harmonie pour le musicien ? La comparaison souligne que le sophiste possède de son objet un savoir (ou un pouvoir) plus partiel que d'autres experts. En général, l'expert produit en effet un objet totalement déterminé. Le sophiste possède en revanche un savoir relatif à un instrument, au sens où il détermine les discours seulement du point de vue de la forme et de la qualité, mais pas du sens et du contenu. Pour le dire autrement, le sophiste doit s'appuyer sur le

1. En accord avec *Prot.*, 334 a-c.

2. Pour cette raison, on voit que la réfutation de Protagoras ne s'achève pas avec la première partie du *Théétète* : la discussion sur ce point se prolonge jusqu'au bout du dialogue.

savoir d'un autre expert pour doter ses discours d'un fond[1]. Comme l'annonçait le *Protagoras* (312 c-e), il est le seul expert à ne pas réellement connaître ce dont il parle et à mettre en œuvre un instrument sans objet, ou plutôt un instrument capable de se saisir de tous les objets sans les connaître. Aussi, pour Platon, le discours et la persuasion ne sont-ils pas des instruments analogues aux φάρμακα du médecin car, sans connaître l'objet du discours qu'il rend persuasif, le sophiste ignore si ses mots améliorent réellement la disposition de son destinataire, s'ils la modifient dans le bon sens. Platon estime que Protagoras tient un raisonnement circulaire, dans la mesure où le premier résultat de son objet propre consiste à soutenir qu'il est le meilleur en matière de discours, ce qu'il ne prouve qu'au moyen de discours dont le contenu premier est l'affirmation de cette supériorité – tout le reste étant emprunté. *Exit* l'idée – plausible – avancée par Protagoras dans l'Apologie d'après laquelle le sophiste serait cet expert capable de redresser l'élève dans l'erreur.

À côté de son objet, Platon met également en doute la formation de l'opinion droite du sophiste, en dépit de la validité potentielle de la thèse sur l'expertise. La Digression enseigne que le philosophe se distingue du sophiste en ce que ce dernier ne peut se détacher des préoccupations de la vie quotidienne et du même coup son savoir est sujet à la contingence et à l'instabilité (172 d-174 a). En effet, la différence entre l'expert et le profane tient à la capacité à s'arracher au flux de l'expérience immédiate et à relever des régularités, à dégager des schèmes et à en tirer des conclusions pour l'avenir. Or, s'agissant du sophiste, cette démarche analytico-critique reste attachée à un but pratique : il applique son savoir pour en tirer un avantage – l'emporter au tribunal, promouvoir ses opinions politiques ou simplement s'enrichir (178 e 5-179 a 1). Mais n'est-ce pas une nécessité à laquelle *tous les arts* sont confrontés, qu'il s'agisse de la médecine, de la musique ou de la sophistique. Toutes ces disciplines usent d'une seule et même cause, celle qui produit l'effet escompté et éprouvé, sans qu'aucune ne sache vraiment ce qu'est la santé, l'harmonie ou la justice. Dans ces conditions, il paraît bien douteux que l'une d'entre elles réponde aux exigences que Platon impose ailleurs à la τέχνη et dépasse les degrés inférieurs du savoir décrits dans le *Philèbe*[2]. Toutefois, est-il réellement impossible pour cet expert qu'est le sophiste de fonder un savoir ? Est-il en effet exclu que l'homme de la place du marché, en quoi le médecin, le

1. Du moins Platon le prive-t-il de la compétence revendiquée par Protagoras en matière de dénonciation des erreurs (*Théét.*, 167 c).

2. Voir *Gorg.*, 465 a et *Phil.*, 56 a-c (voir le chapitre I. 5).

musicien et le sophiste ne diffèrent pas, puisse prendre le recul nécessaire à un savoir plus théorique ? Faut-il nécessairement exclure la possibilité que le savoir relève, réellement et seulement, de ces hommes qu'on appelle σοφοί, experts, et dont le savoir est empirique ?

La temporalité de l'expertise

Si l'expertise relève de l'opinion droite, elle se distingue de la connaissance immédiate notamment par son rapport à la temporalité. Dans la première partie du *Théétète*, Platon envisage la formation de la sensation et de l'opinion dans le présent immédiat, un instantané de la chose et de l'individu au moment de leur rencontre. Toutefois, il montre ensuite que la sensation implique nécessairement une anticipation, car le présent du phénomène mord toujours sur un souvenir et se projette dans l'avenir (193 b-d). L'anticipation est d'ailleurs souvent la source d'erreurs, du fait des variations de proportion et de distance qu'elle suscite entre le ressenti à venir et le ressenti présent, le ressenti présent et le ressenti passé. Je vois Théodore au loin mais crois, à tort, qu'il s'agit de Théétète [1]. Les variations mènent donc à associer erronément une opinion sur un ressenti futur ou passé à ce ressenti lui-même. Par conséquent, il paraît impossible de saisir un objet dans la pure présence et sans la moindre anticipation. L'infaillibilité de l'impression immédiate et instantanée est mise à mal par l'ancrage nécessaire du présent dans le flux temporel et la prise en considération des événements futurs. Aussi est-ce sur l'usage de ce registre temporel que l'expert va se distinguer du profane.

Si l'impression se produit dans le présent, il s'agit d'un présent vivant marqué par l'altération et le changement (154 a) – la succession des instants où persistent des îlots de stabilité de durée variable en fonction desquels existent les individus et les choses comme tels, et pas seulement des singularités renouvelées à chaque instant [2]. Ces moments de subsistance correspondent à ce que Protagoras nomme *disposition* (ἕξις), l'état de l'individu qui traverse le présent du devenir et sert de support à l'action de l'expert. À cet égard, situer l'origine des impressions dans la disposition, c'est expliquer comment quelqu'un perçoit une chose en fonction de son passé, de son état présent et de ses attentes. Si le malade considère de la nourriture, il l'anticipe comme amère du fait de son

1. Ce phénomène se produit aussi dans le plaisir, qui est une forme de sensation (156 b) – en accord avec la question des faux plaisirs de l'anticipation : *Phil.*, 36 a-b. Voir *Prot.*, 356 a-c.

2. Voir *Théét.*, 166 b.

état. Or, dans la perspective de Protagoras, à juger la sensation future depuis sa situation actuelle, le malade ne se trompe pas pour autant : au vu de son état présent, la nourriture lui paraîtra réellement amère. Pour reprendre l'exemple de la vision, si l'ombre que je vois au loin me paraît être Théétète, il est vrai que, pour moi, c'est Théétète qu'il m'a paru voir, et non Théodore. L'impression qui se produit, même relativement à la sensation future, est incontestable parce qu'elle répond à la disposition actuelle. L'individu juge toujours en fonction du présent qui est le sien et, à ce titre, ne se trompe pas *du point de vue qui est actuellement le sien*. Plus encore, cette vérité subjective ne peut être contredite *a posteriori* par les événements futurs car, au vu de cette théorie de la disposition, le futur est indéterminé ou, du moins, il est seulement déterminé par l'impression qui affecte la disposition présente, et pas par les événements postérieurs.

En ce sens la théorie protagoréenne de la connaissance se fonde intégralement sur le présent, mais un présent caractérisé par le maintien de formes de stabilité. À ce titre, Protagoras peut être considéré comme le premier penseur à soulever la question de la durée, conçue comme un présent imprégné de passé et mordant sur le futur, dont les éléments dépendent les uns des autres et se modifient sans cesse mutuellement à l'ajout de données nouvelles [1]. La durée est le mode de la temporalité capable de rendre compte de l'immanence et de la complication des moments de la disposition de l'individu, au sens où elle pose la simultanéité des éléments qui composent la disposition. C'est ainsi le mode de la temporalité qui accorde du sens au présent, mais à un présent en permanence articulé au passé et au futur, celui qui pour cette raison permet au mieux de justifier la connaissance et la politique d'institution immanente. Si l'expert se distingue du profane par sa compétence pronostique à anticiper l'avenir, c'est parce qu'il parvient à penser la durée et à instaurer la disposition qui sera considérée comme bénéfique aussi longtemps qu'elle restera en vigueur. Aussi n'agit-il pas seulement sur le présent immédiat, mais il produit une modification durable parce qu'il tient compte de l'ensemble des données (passées, présentes et anticipées) qui forment un état : s'il adapte la disposition à la situation, il ne la change pas continuellement.

1. Bergson, *Essai sur les données immédiates de la conscience*, Paris, P.U.F., 1927, p. 74-75 : « La durée toute pure est la forme que prend la succession de nos états de conscience quand notre moi se laisse vivre, quand il s'abstient d'établir une séparation entre l'état présent et les états antérieurs » ; et p. 77 : « Bref, la pure durée pourrait bien n'être qu'une succession de changements qualitatifs qui se fondent, qui se pénètrent, sans contours précis, sans aucune tendance à s'extérioriser les uns par rapport aux autres, sans aucune parenté avec le nombre : ce serait l'hétérogénéité pure. »

Il cherche celle qui restera le plus longtemps satisfaisante parce qu'elle s'accorde avec l'ensemble des données qui interagissent en son sein.

En tant qu'empirie, la compétence de l'expert constitue donc une unification de la temporalité dans le présent, où rétrospection et anticipation contribuent à former un savoir actuel. L'expert collecte le passé de l'expérience pour former un savoir identifiable à une opinion droite, qui constitue un excellent guide pour l'action, afin de prédire certains effets, voire d'agir en vue de l'apparition de tels effets, tout cela dans le présent. Or, si tout le monde se fabrique un savoir intime à partir de ses affections passées qu'il projette dans le futur, seul l'expert sait comment améliorer les jugements spontanément portés sur l'avenir, parce qu'il puise un savoir des expériences passées, collationné dans un présent durable, et qu'il ne se contente pas de juger en fonction d'une situation présente. De ce point de vue, apparue en raison de la définition de la science comme phénomène et sensation, l'immédiateté constitue une illusion consommée, que Protagoras a contribué à découvrir mais à laquelle sa pensée est loin de se limiter.

EXPERTISE ET AJUSTEMENT

D'après Platon, Protagoras doit affronter une contradiction entre la supériorité qu'il revendique et la théorie démocratique qu'il prône. D'une part, les principes de la démocratie étendent à chacun le droit et les compétences pour participer à la politique. D'autre part, l'épistémologie relativiste implique de voir en chacun une source indiscutable de vérité. Ces deux postulats rendent l'enseignement du sophiste inutile, puisqu'ils dotent tout homme des capacités utiles à l'action ou à la connaissance. Quel qu'en soit l'application, le principe démocratique à la base du protagoréisme engendre dès lors un faisceau de contradictions. Or, loin d'être un handicap pour Protagoras, celles-ci servent de moteur à sa doctrine politique, à sa théorie de la connaissance et à sa définition de l'expertise. En somme, la contradiction habite sa pensée de part en part.

Le *Sophiste* présente les sophistes comme des contradicteurs en toute matière qui prétendent enseigner l'art de contredire (232 c). Platon juge néanmoins leur pratique une apparence d'art, en raison de l'incapacité humaine à tout connaître, à être dans le vrai quel que soit le domaine : tant que le sophiste contredit sans se fonder sur la différence entre le vrai et le faux, ses contradictions n'atteignent aucun résultat probant. Cependant, dès lors que surviennent une différence entre les dispositions individuelles et une échelle qui gradue le meilleur (l'utile ou le persuasif), la contradiction recouvre toute sa légitimité, étant donné qu'elle offre les conditions pour améliorer la disposition d'autrui.

Si Protagoras soumet la pensée à la contradiction, il recourt à des oppositions particulières. Niant le faux et refusant le critère du vrai, il établit au moyen de sa définition du savoir et de l'expertise qu'entre les sensations et les opinions des individus, il y a des différences non pas de vérité, mais de degré. Il autorise ainsi les avis divergents sur une même chose sans conclure que, de deux individus qui se contredisent, l'un est nécessairement dans l'erreur. Leur contradiction est tout au plus apparente, au sens où les interlocuteurs ne parlent pas d'un même sujet, mais seulement de choses semblables sous un angle (étant comparables l'une à l'autre), dissemblables sous un autre (selon le point de vue de chacun). Une telle conclusion gêne Platon, car elle ruine la prétention à la connaissance vraie. Elle est toutefois indispensable à une pensée fondamentalement démocratique, à une pensée qui entend légitimer la démocratie, au sens où elle autorise la possibilité que deux individus débattent, opposent leurs avis et, par là, contribuent à faire émerger, hors de leur contradiction, la meilleure solution – celle qui satisfera au mieux les attentes ou besoins des deux parties.

Protagoras soutient une vision résolument démocratique du monde, qui laisse de côté les principes aristocratiques et pense des formes alternatives du savoir et de la politique. Il rejette en effet la conception aristocratique selon laquelle seuls certains détiennent l'autorité (politique, intellectuelle ou religieuse) parce qu'ils sont jugés meilleurs en vertu d'un critère considéré comme objectif. Ce faisant, il s'oppose tant à la tradition, puisqu'il rejette le critère de la naissance et du don naturel, qu'à Platon et au critère de la vérité. Il ne se contente pas pour autant du principe relativiste « à chacun sa vérité », celui d'un monde où toute discussion et toute recherche d'un progrès seraient rendues vaines *a priori*. Au contraire, il défend un modèle de science et de politique qui, se débarrassant de toute forme de référence supérieure ou transcendante, repose uniquement sur l'ordre que les hommes parviennent à établir de façon collective et immanente. La démocratie consiste à accepter des conditions initiales et s'exercer à en tirer ensemble le meilleur parti, dans l'idée qu'un meilleur ordre est possible – contrairement à une vision aristocratique des choses mue par la conviction qu'il existe un bon ordre, celui qui répond au modèle optimal, et qu'il faut à tout prix le faire advenir.

Cette situation entraîne une différence entre les conceptions platonicienne et protagoréenne de l'expertise qui tient à l'opposition entre le devoir et le pouvoir. Tel que le considère Protagoras, l'expert rend le patient meilleur, mieux adapté au monde qui l'entoure. Aussi celui-ci *peut*-il suivre les remèdes parce qu'il s'en trouve mieux, tout comme il a intérêt à cultiver son excellence grâce aux leçons du sophiste afin d'améliorer sa condition politique : chacun dispose des facultés nécessaires et il lui revient de s'améliorer. Pour Platon en revanche, l'individu *doit* se conformer aux injonctions de l'expert car celui-ci, en tant qu'il est rendu meilleur par sa connaissance du bien et du vrai, exerce la fonction de produire la meilleure Cité et les meilleurs citoyens. Là où

Protagoras pose une différence de degré entre le commun des hommes et l'expert, qui repose sur une connaissance du meilleur et ne trace pas de frontière nette entre eux, mais plutôt une inégalité inhérente au plus et au moins, Platon substitue à cette échelle de l'agréable et de l'utile la connaissance de ce qui est réellement bon, qui doit être poursuivi pour lui-même. De ce point de vue, le savant platonicien se situe sur un plan différent du reste des hommes, appelés à le suivre parce qu'il possède une connaissance d'un type supérieur, radicalement autre. La vérité de la science diffère par nature de la pertinence de l'opinion.

TROISIÈME PARTIE

VERS UN AUTRE USAGE DES CONCEPTS

À lire la reconstitution de Platon, Protagoras formule une définition du savoir adaptée à la démocratie qui met les individus sur un pied d'égalité, tant sur le plan de la vérité que sur celui de la politique, voyant la première comme la condition de la seconde. Il y ajoute que, s'il subsiste des différences, elles se résorbent dans des consensus – des décisions prises collectivement (que ce soit entre deux individus ou davantage) qui améliorent la situation.

Les implications de cette thèse s'avèrent cependant aussi importantes que ses présupposés. Dans le *Protagoras* et dans le *Théétète*, Platon entreprend dès lors d'en déduire les conséquences et de l'ériger en une doctrine capable de justifier les articulations qui lui font apparemment défaut. Il s'agit d'éprouver les limites de cette théorie « démocratique » en la dotant des compléments nécessaires à sa cohérence. Éduquer les citoyens dans un contexte démocratique suppose en effet de clarifier plusieurs points essentiels, relatifs aux instruments et aux objectifs mis en œuvre. Comment le savoir de type protagoréen est-il possible ? Comment se transmet-il ? À quels résultats permet-il d'aboutir ?

Puisque Protagoras conçoit que l'enseignement repose sur le διαλέγεσθαι, en d'autres termes sur l'échange verbal et intersubjectif, il doit censément repenser les pratiques de la discussion et les méthodes de dialogue correspondant à son usage particulier. Il lui faut nourrir une forme de l'échange dialogique centrée sur les individus, en repensant les modalités de leur relation : s'il vise au progrès ou à l'amélioration d'une (au moins) des parties prenantes, alors ce sont surtout ses participants (et leurs opinions) qui deviennent l'objet de la discussion.

Protagoras doit s'interroger sur le langage, dont il fait à la fois le *medium* et le cœur de son enseignement. Si le λόγος est le nœud du processus d'apprentissage de la vertu et de la politique, le sophiste peut-il en effet se contenter de reprendre le langage dans sa forme ordinaire ? Ne doit-il pas établir à quelles conditions le λόγος recevra la forme la plus adéquate – la plus propice à véhiculer un message dépourvu d'ambiguïtés ?

Ensuite, s'il existe des experts, tel le sophiste, Protagoras doit rendre compte de la constitution progressive de leur connaissance. À cette fin, il doit expliquer comment procède la mémoire pour élaborer des savoirs complexes susceptibles d'être articulés aux situations présentes. La question est de savoir comment il est possible pour les experts d'organiser des connaissances sur une base purement empirique et, à cet égard, comment la mémoire s'avère un outil adéquat.

Enfin, puisque Protagoras se définit comme un professeur d'excellence, et en particulier d'excellence politique, il doit associer à son enseignement une thèse sur la vertu en harmonie avec celle sur l'expertise. En d'autres termes, il lui faut démontrer la possibilité que le contenu de la vertu ne soit pas déterminé *a priori*, mais qu'il résulte d'une élaboration progressive et historiquement construite. La question est alors de savoir comment ces contenus s'articulent les uns aux autres pour contribuer à l'équilibre et au consensus politique.

Les Dialogues proposent une version de l'appropriation conceptuelle réalisée par Protagoras, dans la mesure où sa théorie le contraint à une plus vaste mise au point définitionnelle [1]. Cette dernière partie vise donc à définir les concepts que Protagoras met en œuvre afin de justifier la fonction éducatrice du sophiste. Elle examine ses méthodes (le dialogue), ses instruments (la langue et la mémoire) et ses objectifs (la vertu). Elle soutient que Protagoras adopte une conception de l'éducation qui prend la forme d'un *redressement*, jouant sur les rapports de similitude existant au sein de chacun de ces domaines pour corriger ses élèves et leur proposer une vision du monde plus adéquate.

1. Il faut rappeler que, selon Aristote, le philosophe partage ses concepts avec le dialecticien et le sophiste, mais s'en distingue parce que le dialecticien cherche à mettre à l'épreuve, alors que le sophiste se contente de paraître (*Mét.* Γ 2, 1004 b 17-26).

CHAPITRE PREMIER

LE SOPHISTE FACE AU DIALOGUE

Les Dialogues n'opposent pas seulement deux façons de concevoir la pensée, celle du sophiste et celle du philosophe, mais ils les font se répondre. Pour lever les contradictions qui l'accablent, Protagoras use de stratégies argumentatives qui le placent sur un plan particulier. Dans le *Protagoras*, il interrompt le fil du dialogue par un mythe et par un discours continus. De même, dans le *Théétète*, il rompt la série des interrogations éristiques par un discours qui déjoue les pièges de ce type. Dans les deux cas, il dénonce les contradictions et rend une place au dialogue. Or cela implique de se détacher provisoirement du dialogue en cours pour y apporter un regard critique. Cette mise entre parenthèses de la continuité dialogique permet aussi de définir les bases sur lesquelles celle-ci se constitue. Ce chapitre examinera donc la définition du dialogue par Protagoras.

LES FORMES DU DIALOGUE

Débattre ou dialoguer

Dans le *Protagoras*, le sophiste s'autorise plusieurs digressions. Par exemple, il rejette l'unité du bien par des considérations sur la relativité de l'utile (333 e-334 c). Si ce type de tirade lui attire les faveurs du public, Platon y voit toutefois un refus du loisir et du temps nécessaires à la recherche d'une solution, au sens où elle coupe court au dialogue présent. Elle résulte de l'attitude inverse de celle qu'il attribue au philosophe dans le *Théétète* (172 d), que Socrate incarne dans le *Protagoras* en consentant à retarder ses obligations pour poursuivre le dialogue avec Protagoras (335 c). Protagoras, lui, ne s'abandonne jamais à ce principe de liberté et il quitte même la discussion avant son terme pour retourner à une autre occupation (361 e 5-6). Protagoras illustre ce comportement empressé, qui obéit moins à la σχολή qu'à une fuite hors du dialogue pour reprendre le contrôle de l'entretien. Platon entend dès lors montrer que sa pratique ressortit à une logique de l'esquive qui joue le jeu de la continuité grâce aux atours de la ressemblance. Visant un détournement par des glissements successifs, le sophiste n'emprunte pas le chemin indiqué par l'objet lui-même, mais il contraint le λόγος à suivre la direction qui rejoint sa position et qui lui permet d'imposer sa vision du monde. La conception protagoréenne du dialogue suppose dès lors une personnalisation des thèses, au sens où elles sont intimement référées aux interlocuteurs sans être jamais étudiées pour elles-mêmes[1]. Chacune est rapportée à un individu et à une pratique déterminée du διαλέγεσθαι.

> « En quel sens me demandes-tu de répondre brièvement (βραχέα ἀπορκίνεσθαι) ? Dois-je répondre plus brièvement qu'il ne convient ? », dit-il. — « Pas du tout », répondis-je. — « Juste ce qu'il faut (ὅσα δεῖ) ? », reprit-il. — « Oui », répondis-je. — Dois-je répondre autant qu'il me semble à moi le devoir (ὅσα ἐμοὶ δοκεῖ ἀποκρίνεσθαι), ou bien à toi ? » — « J'ai entendu dire », repris-je, « que tu était capable de parler longuement sur un même sujet, selon ton vœu, et même de l'enseigner à un autre, de sorte que jamais la parole ne vienne à te manquer et, à l'inverse, si brièvement que personne ne puisse le dire plus brièvement que toi » (334 d 6-335 a 1).

Le dialogue ne doit pas se régler sur l'objet, ni même sur la relation entre les interlocuteurs, mais sur l'un de ces derniers, qu'il voit comme des adversaires. Le sophiste ne dialogue pas avec quelqu'un, mais il discourt contre lui.

> Socrate, dit-il, j'ai déjà rencontré beaucoup de gens dans des joutes oratoires (εἰς ἀγῶνα λόγων) et si j'avais fait ce que tu demandes, à savoir dialoguer comme l'adversaire me demandait de dialoguer, je ne paraîtrais meilleur que personne, et le nom de Protagoras ne signifierait rien chez les Grecs (335 a 4-8).

La longueur des discours ne résulte pas d'un critère donné par l'objet, d'une longueur juste qui lui conviendrait parce qu'elle permettrait de le connaître et rendrait les interlocuteurs plus savants à son propos[2]. La longueur est seulement affaire de quantité qu'il faut adapter au contexte

1. Selon C. Griswold, cette personnalisation est symptomatique de la rhétorique (« Relying on Your Own Voice : an Unsettled Rivalry of Moral Ideals in Plato's *Protagoras* », *The Review of Metaphysics* 53, 1999-2000 (2), p. 285).

2. Cf. *Pol.*, 286 d-287 a.

d'énonciation, à l'auditoire et à l'auteur, sans se plier à d'autre règle que celle choisie et sans viser d'autre but que la victoire. Dans le dialogue, brachylogie et macrologie ne sont jamais que des instruments au service de l'orateur pour soutenir un point de vue et vaincre un adversaire. Pour Protagoras, la mesure convenable du discours ne relève donc pas de ce qu'impose la saisie de l'objet, mais de ce que requiert le contexte du débat pour s'imposer. D'après Platon, il accepte ainsi le dialogue non parce qu'il l'estime le moyen recommandé pour atteindre la vérité, mais pour emporter le débat. Ce n'est pas la vérité de la thèse qui est en jeu, qui s'éprouverait dans une capacité personnelle à la révéler et à la soutenir, mais l'efficacité du discours et des compétences rhétoriques à le faire triompher.

Protagoras n'admet pas les règles de son interlocuteur, parce qu'il les perçoit comme *des règles imposées de l'extérieur par un adversaire* (333 e). Il considère l'individu comme la mesure des discours, sans se soucier des exigences propres à l'objet, des souhaits de l'interlocuteur ou de la relation de collaboration. Selon Platon, même lorsqu'il accepte le dialogue, Protagoras ne dialogue pas vraiment, parce qu'il ne vise pas un intérêt commun dans l'échange avec son interlocuteur. Quand Socrate lui demande s'il appellerait bonnes des choses dépourvues de la moindre utilité, il répond par un monologue sur la relativité du bien et de l'utile. D'une part, il refuse de se plier aux limites imparties pour les réponses et il noie son interlocuteur dans un discours débordant (328 d; 333 e-334 c). D'autre part, il ne répond pas vraiment à la question, mais il bifurque et profite d'un rapport de similitude pour détourner le cours du dialogue. Il se place sur un plan similaire à son interlocuteur, la question du bien et de l'utile, mais pas tout à fait identique. Ce faisant, il ne dialogue pas vraiment, car son refus de répondre à la question, à elle et à rien d'autre, empêche la pensée de progresser parce qu'elle emprunte à chaque réplique un chemin oublieux des étapes précédentes[1]. Il se dérobe aux

1. La lecture alternative serait que Protagoras ne s'accorde pas avec les propositions que lui soumet successivement Socrate, sans voir le moyen d'y échapper. Il se sentirait ainsi contraint de répondre, comme il le confesse à la fin (360 e). Dans ce cas, il faudrait lire le *Protagoras* comme une simple joute destinée à souligner la supériorité de Socrate sur les sophistes; c'est du moins comme cela que Protagoras a perçu le dialogue. Mais il ne faudrait plus attendre du dialogue qu'il mène à la vérité. Socrate se livrerait-il à un exercice de sophistes pour prouver sa supériorité sur leur propre terrain? Il faut cependant admettre que cette lecture est la moins charitable tant pour Protagoras, pris à son propre piège éristique, que pour Socrate, soucieux de sa seule victoire. Au fond, pour Protagoras, confesser qu'il ne sait pas répondre ne serait-il pas, en réalité, se soumettre au principe du dialogue platonicien, admettre de ne plus chercher à avancer une objection? S'il y a victoire de Socrate, elle se situe sur le plan philosophique.

règles de la pensée par ses interventions intempestives, vu qu'il ne cherche pas un terrain d'entente mais conçoit le dialogue comme le lieu d'une confrontation (ἀγῶνα λόγων). Il adopte en outre une attitude de retrait et il ne s'investit pas pleinement dans la recherche commune, puisqu'il dissimule sa position derrière des formules hypothétiques (« si tu veux », « si cela te plaît »), comme Socrate le lui reproche (331 c-d). Il recourt donc à un ensemble de stratégies d'évitement qui révèle que, d'après lui, dialoguer ne signifie pas répondre ensemble à des questions mais faire vaciller l'adversaire. Le dialogue ne revêt pas alors la forme de l'interroger et du répondre, mais du persuader et du croire (*cf.* 329 a-b)[1]. En un mot, le dialogue selon Protagoras a pour principe de lutter et d'imposer d'une part ses propres règles, d'autre part ses propres positions, par la mise en œuvre de tous les moyens pour empêcher l'interlocuteur d'évaluer l'adéquation entre la question et la réponse, ainsi que pour combler les attentes du public qui, par son approbation, décerne la victoire.

Protagoras admet seulement ce qu'il établit en son nom et il refuse d'assumer une position étrangère (333 c-e, 351 d, 354 a). Il maintient ainsi en permanence la distance à l'égard du dialogue, qui n'offre dès lors plus aucune garantie de sa participation à la recherche commune de la vérité. Ses arguments sont à prendre comme tels, non comme les étapes consenties d'un processus menant à la vérité. À l'inverse, Socrate se soucie peu des auteurs des thèses, pourvu que l'interlocuteur accepte de répondre franchement, sans recourir à des conditionnelles pour exprimer ses réserves et garder ses distances.

> Peu me chaut, si seulement tu consens à répondre, que tu sois de cet avis ou non, car c'est avant tout la thèse que j'examine, même s'il en résulte peut-être que je m'examine moi-même qui interroge, ou bien celui qui me répond (333 c 5-9).

Socrate présente l'examen de son interlocuteur comme un corollaire de son enquête où prime l'analyse de la thèse. Cela suppose des interlocuteurs qu'ils prennent leurs distances à l'égard de leur propre statut (de leur renommée ou de leur rang) et laissent la place à la thèse. À l'opposé, l'examen sophistique se vit en première personne et son objet sert uniquement de prétexte à la joute oratoire. La différence tient à la manière dont s'initie le débat. Si, de part et d'autre, le dialogue s'ancre

1. La forme de son dialogue se rapproche de ce que sera la dialectique pour Aristote. Voir M. Dixsaut, « Aristote parricide. Note sur la dialectique chez Platon et Aristote », dans *Platon et Aristote. Dialectique et métaphysique*, I. Tsimbidaros (éd.), Bruxelles, Ousia, 2004, p. 75-76. Pour la définition platonicienne de la pensée, *Théét.*, 189 e-190 a ; *Soph.*, 263 e-264 b.

dans l'examen d'une question, il diffère considérablement en fonction de qui la pose. Socrate demande à plusieurs reprises : « qu'est-ce qu'un sophiste ? », « la vertu peut-elle s'enseigner ? », « qu'est-ce que la vertu ? », car tout dialogue s'enracine dans l'identification de la bonne question. La question primordiale, celle qui doit permettre de répondre aux autres, est la question du « qu'est-ce que *x* ? » (en l'occurrence « qu'est-ce que la vertu ? ») et l'absence de réponse mène le dialogue à la déroute (360 e-361 a). En face, chaque réplique de Protagoras est l'occasion pour de nouvelles questions, sans jamais préciser celle qui commande son intervention. À la question de l'unité de la vertu, il répond en séparant le courage des autres parties (319 d) et il entame un dialogue articulé à plusieurs questions : « qu'est-ce que le courage ? », « comment définir l'unité de la vertu ? » et aussi « comment définir la puissance de ses parties ? ». Ce faisceau d'interrogations entraîne une confusion qui empêche de discerner l'orientation et l'enjeu du dialogue, donc de lui imposer des limites. Il offre en revanche bien des possibilités de dévier le propos, en passant d'une question à l'autre, et de court-circuiter la progression vers la vérité. Pour Platon, le dialogue pratiqué par Protagoras ne progresse pas, au sens où il s'approcherait de la vérité par touches successives, mais il évolue de façon circulaire et conduit à reprendre les mêmes questions sans jamais trouver de réponse satisfaisante. Par exemple, l'unité de la vertu revient à trois reprises au cœur de la discussion (329 c ; 349 b-c ; 359 a-b), moins parce que l'hypothèse adoptée paraît inadéquate (comme c'est le cas dans d'autres dialogues socratiques) que parce que les pistes s'interrompent les unes après les autres sans qu'aucune ne soit poursuivie jusqu'à son terme.

À l'inverse, dans le dialogue, Socrate éprouve la vérité autant que lui-même et son interlocuteur[1]. Soucieux de sa recherche, il évite la relation conflictuelle et vit l'examen *en première personne du pluriel* (ἡμῶν αὐτῶν). Le dialogue ne convoque pas un adversaire à éprouver, mais deux partenaires qui s'examinent conjointement afin d'éprouver leurs préjugés et d'atteindre une vérité dépourvue d'enjeux personnels. En l'occurrence, Socrate cherche à définir le courage, alors que Protagoras ne cesse de rebondir de sa différence avec les autres vertus vers le principe d'unité. Dans sa volonté de restituer un tableau représentatif de cette pensée toujours en retrait, Platon dresse le portrait d'un Protagoras insaisissable à cause de sa pratique de l'esquive. Or si la pensée protagoréenne résiste à toute forme de certitude à son propos, c'est surtout dû à l'illustration platonicienne de sa pratique du dialogue.

1. *Prot.*, 348 a 5-6 : τῆς ἀληθείας καὶ ἡμῶν αὐτῶν πεῖραν λαμβάνοντας.

Disputer ou dialoguer

Socrate oppose à plusieurs reprises la brachylogie à la macrologie[1]. De prime abord, la forme brève s'identifie au dialogue, dont la condition nécessaire résulte du critère de longueur : il faut qu'existe une adéquation entre les questions et les réponses qui aide à suivre chaque étape et évite qu'un interlocuteur ne se mette à pérorer (336 a). Encore faut-il que les interlocuteurs discutent des mêmes sujets (336 a-b). À cet égard, la brièveté ne suffit pas à garantir le dialogue. En effet, si Protagoras est compétent dans les deux domaines (335 b), le dialogue qu'il mène avec Socrate s'interrompt sans cesse parce qu'il ne traite jamais exactement du même sujet. Au mieux parle-t-il de choses similaires qui donnent à la discussion une continuité apparente mais qui, à chaque intervention, introduisent une légère variation. Dans cette optique, si la longueur des propos relève uniquement d'une décision de la part du locuteur, la différence entre brachylogie et macrologie s'avère accidentelle et non essentielle : le sophiste choisit suivant ses besoins les expédients efficaces pour emporter l'entretien. À suivre cet usage rhétorique du λόγος, tout est affaire de quantité dont il faut adapter la mesure[2].

Le διάλογος désigne la forme d'entretien qui procède par question et réponse (διὰ βραχέων τε καὶ αὐτὰ τὰ ἐρωτώμενα; 336 a 7) et qui paraît indissociable de la personne de Socrate : comme le relève Callias, si Socrate quitte sa maison, il emportera avec lui la possibilité du διάλογος (335 d). Les sophistes quant à eux donnent lieu à des συνουσίαι, des rencontres où les gens devisent sans toucher à la vérité. La συνουσία désigne tout type de rencontre où le λόγος tient une place importante, parce qu'il assure le lien entre les membres de l'assemblée[3]. Or le sophiste conçoit toutes ses

1. *Prot.*, 329 a-b; 334 c-d; 335 b.

2. Contrairement à ce qu'écrit P. Coby (*Socrates and the Sophistic Enlightenment*, *op. cit.*, p. 88), l'opposition entre brachylogie et macrologie ne transpose pas simplement celle entre dialectique et rhétorique, car elles peuvent désigner deux aspects de la rhétorique, sujets à une simple variation du critère de la quantité. À l'inverse, la distinction de Platon entre rhétorique et dialectique ne se limite pas à l'opposition entre une forme brève et une forme longue. Dans le *Sophiste*, Socrate propose à l'Étranger de procéder soit par un long discours, soit par des questions (217 c). L'Étranger choisit la forme courte (κατὰ σμικρὸν ἔπος πρὸς ἔπος; 217 d) car elle convient mieux qu'un long propos à l'étude d'un sujet aussi difficile que celui qui lui est soumis : en philosophie, c'est donc le *definiendum* qui impose la méthode, pas le locuteur.

3. Le terme apparaît à de nombreuses reprises dans le *Protagoras* (310 a 2, 316 c 8, 318 a 3, 318 b 6, 335 b 3, b 5, b 8, 336 e 4, 338 d 7, 347 e 7). Socrate distingue la συνουσία du διάλογος (il parle en 338 c 7 de συνουσίατε καὶ διάλογοι) en raison de leurs aspirations différentes. Elle peut ainsi qualifier les leçons du sophiste, où l'un parle et l'autre écoute (316 c, 318 a-b).

interventions sur le mode de la συνουσία, au sens où il s'exprime toujours comme s'il s'adressait à un public. Il ne distingue pas entre le διαλέγεσθαι et le δημηγορεῖν, entre mener un dialogue et parler devant une assemblée (336 b 2-3), parce qu'il entend toujours soutenir une thèse et défendre sa position contre un adversaire. Quand il s'adresse à Socrate, Protagoras vise la foule d'auditeurs agglutinés autour d'eux, qui se manifeste bruyamment par ses applaudissements et ses acclamations (334 c ; 339 d-e), car il ne destine pas ses paroles au partenaire de la discussion, mais à ceux qui feront sa renommée. Face à une assemblée ou à un seul interlocuteur, l'objectif reste identique : le succès.

Cette conception est partagée par l'ensemble des sophistes présents, puisque, lorsque Hippias tente de retenir Socrate, il lui demande de relâcher légèrement la bride, plutôt que « de chercher cette forme précise de dialogues, caractérisée par trop de brièveté » (338 a 1-2). Le sophiste subordonne à l'agrément des auditeurs l'objet du dialogue et la précision de l'enquête. Les propos doivent surtout plaire à l'auditoire, ce qui suppose de l'ampleur et de la mise en forme. Prodicos non plus ne conçoit pas autrement le dialogue, puisqu'il l'envisage sous l'angle de la dispute, qu'elle soit amicale ou hostile (selon sa distinction entre ἀμφισβητεῖν et ἐρίζειν ; 337 a-b), et de l'évaluation des propos par l'auditoire. Il ne prend pas en considération la vérité ni l'objet de l'entretien, mais uniquement la relation entre les interlocuteurs. Il élude ainsi la possibilité d'un partenariat réel au profit de la dimension agonale, comme s'il ne pouvait concevoir que les participants d'une discussion s'entendent sur la vérité d'un objet. D'après lui, ils sont condamnés à s'affronter dans des joutes relatives à des objets similaires et à leur imposer leur autorité afin d'emporter la victoire.

Il en ressort une différence fondamentale entre la discussion sophistique et le dialogue philosophique. Le premier vise le plaisir et le succès, adaptant la forme aux besoins. Or cette conception sophistique du dialogue s'appuie sur une vision démocratique des assemblées [1], selon laquelle il importe que chacun soit libre de sa parole, légitimé à aborder le sujet selon la durée et le mode qu'il préfère [2]. En ce sens, la discussion sophistique repose autant sur le compromis (accepter que chacun s'exprime comme il l'entend) que sur la dispute (se livrer à la critique des arguments de l'interlocuteur afin d'imposer ses vues sur le sujet). Aussi

1. En accord avec E. Berti, « Ancient Greek Dialectic as Expression of Freedom of Thought and Speech », *The Journal of the History of Ideas* 39, 1978, p. 355.

2. C'est le sens de l'intervention de Callias (336 b), qui prend la défense de Protagoras tout en essayant de se concilier Socrate. Voir M. Dixsaut, « Aristote parricide », art. cit., p. 421.

ne s'octroie-t-elle jamais la liberté ni le temps nécessaires pour atteindre l'objet lui-même, le cerner dans son identité, car elle l'envisage seulement dans ce à quoi il s'assimile. Elle est une opposition de discours, plutôt qu'une collaboration entre partenaires au nom d'un objectif commun, rendant par là impossible d'atteindre une vérité qu'elle ne prend d'ailleurs pas pour but.

Par la brièveté axée sur le principe de question-réponse qui le caractérise, le dialogue philosophique œuvre avec précision dans l'examen de la vérité. En un sens, il obéit à une tyrannie de l'objet, se pliant aux exigences de celui-ci. Mieux encore, il ne requiert pas vraiment la présence d'un interlocuteur réel, au sens où proférer le discours n'est pas une condition nécessaire à son fonctionnement (cf. *Soph.*, 217 d-e). Dès le moment où il se noue avec un partenaire incarné, au lieu de demeurer un entretien de l'âme avec elle-même, celui-ci ne doit pas entraver sa progression. Dès lors, dans le dialogue qui lie Protagoras et Socrate, celui-ci peut seulement constater la faillite de l'examen en raison du dispositif mis en place, sans jamais atteindre la vérité de l'objet. Dans un dialogue marqué par la joute oratoire et par l'esquive, il se retrouve pris dans une impasse.

Quand, dans le prologue du *Protagoras*, Socrate évoque la conversation qu'il vient d'avoir avec le sophiste et qu'il s'apprête à relater, il confesse avoir « fort longuement parlé et écouté »[1]. Cet aperçu quantitatif du dialogue paraît bien peu dialectique. Il révèle dès l'ouverture qu'en dépit de sa longueur, du point de vue de Socrate, aucun διαλέγεσθαι avec Protagoras n'aura jamais vraiment eu lieu. Il n'évoque pas un échange entre question et réponse, comme si Platon avertissait le lecteur que tout dialogue avec le sophiste devait être avorté *a priori* : chacun a simplement pris la parole à son tour, sans que les répliques ne se répondent. Dès le départ, Platon indique que la conversation s'engage sur un mode dialogique boiteux, parce qu'elle manque une exigence fondamentale de la dialectique : le questionner et le répondre. Socrate estime juste « avoir pas mal bavardé », signe que le dialogue avec le sophiste n'aura jamais vraiment eu lieu.

Le dialectique de l'*Apologie*

Dans le *Théétète*, Platon prête à Protagoras une définition du dialogue à mille lieues de la pratique qu'il lui attribue dans le *Protagoras*. Cette divergence tient à la position du sophiste dans chacun de ces textes. Dans

1. *Prot.*, 310 a 1 : πάνυ γε πολλὰ καὶ εἰπὼν καὶ ἀκούσας.

le *Protagoras*, Platon met en scène un sophiste aux prises avec Socrate et soutenant une opinion sur la vertu. Dans le *Théétète*, il présente un Protagoras qui, par la bouche de Socrate, reproche à celui-ci de ne pas respecter les règles élémentaires de la collaboration dialectique. Loin d'entraver le dialogue, il se place dans une position de maîtrise et entame un discours sur la bonne manière de dialoguer. Toutefois, sa définition s'avère-t-elle cohérente avec la position d'ensemble du sophiste ?

Le double langage de Protagoras

Dans l'Apologie du *Théétète*, les propos méthodologiques de Protagoras sont répartis en deux axes. Le premier, la phase critique (166 a-b), dresse le bilan de la méthode employée par Socrate jusque là avant de reprendre systématiquement les objections formulées. Le second, la phase pédagogique (167 d-168 b), revient sur la méthode à employer pour produire une amélioration, à savoir la méthode par questions (δι' ἐρωτήσεων).

La phase critique se caractérise avant tout par une prise de distance à l'égard de Théétète, parce que la jeunesse du garçon n'a pas rendu justice à la théorie de Protagoras, ce dernier suggérant qu'il l'aurait lui-même mieux secourue (166 a 2-6). Si l'argument relève d'une stratégie éristique *ad hominem*, il est susceptible d'une autre lecture, à lire les recommandations méthodologiques de Protagoras :

> Or, très indolent Socrate, voilà ce qu'il en est : quand tu examines par question l'une de mes thèses, si l'interrogé vacille tandis qu'il fournit des réponses telles que je les aurais formulées (ἐὰν μὲν ὁ ἐρωτηθεὶς οἷάπερ ἂν ἐγὼ ἀποκριναίμην ἀποκρινόμενος σφάλληται)[1], alors c'est moi qui suis réfuté (ἐγὼ ἐλέγχομαι) ; mais s'il fournit des réponses d'un autre type (ἀλλοῖα), c'est l'interrogé lui-même qui l'est (166 a 6-b 1).

Cette remarque méthodologique peut également recevoir deux interprétations. Soit, dans une perspective rhétorique, le sophiste répond par une pirouette que seuls devraient être pris en compte les interlocuteurs doués d'un même sens de la répartie que le sien. L'objection porterait alors sur *la capacité rhétorique du porte-parole à soutenir une thèse*. Soit il renvoie plutôt à *la valeur intrinsèque potentielle de sa thèse*. Dans ce cas, Protagoras accepterait de s'avouer vaincu si sa thèse ne devait pas triompher, pour autant que son défenseur en ait compris la subtilité et se soit attelé à la développer correctement. À suivre cette hypothèse,

1. Cette traduction suit la leçon ἀποκρινόμενος TW : ἀποκρινάμενος B.

Protagoras jetterait les bases d'une herméneutique indépendante des procédés rhétoriques aussi bien que des aptitudes personnelles.

L'emploi des pronoms οἵαπερ et ἀλλοῖα entretient l'ambiguïté. Protagoras ne dit pas ἅπερ et ἄλλα, auquel cas l'identité et la différence des réponses du porte-parole permettraient de trancher, dans la mesure où il ne subsisterait aucune alternative[1]. En utilisant οἵαπερ et ἀλλοῖα cependant, il insiste sur la similitude de la réponse produite en son nom, au sens où celle-ci ne serait pas identique mot pour mot, mais seulement semblable. Dans cette optique, il devient difficile de mesurer combien une réponse similaire correspond à celle de Protagoras lui-même ou à celle que réclame la thèse pour sa défense. La question demeure : à quelles conditions Protagoras admet-il qu'une défense a été bien menée, c'est-à-dire menée aussi bien que par lui, sans invoquer la similitude et la dissemblance pour refuser la pertinence et l'efficience d'une réfutation ?

La conclusion « c'est moi qui suis réfuté » plaide en faveur de l'interprétation rhétorique, au sens où la critique prendrait un tour *ad hominem*, par personne interposée, et viserait l'éloquence de l'interlocuteur. Que le porte-parole d'une thèse ne l'ait pas assez comprise et que son plaidoyer ait manqué d'efficacité n'empêcherait pas un autre plus doué, son auteur par exemple, d'en produire une meilleure défense, plus persuasive. Dans ces conditions, la thèse serait un pur prétexte à débattre et à confronter des talents rhétoriques, et sa pertinence aurait pour seule mesure la faconde de son défenseur. Mais la lecture alternative reste possible. Souligner, avec Protagoras, qu'une théorie puisse profiter d'un soutien extérieur implique une forme de distanciation vis-à-vis de son auteur et de ses capacités rhétoriques. L'examen concernerait alors la thèse même plutôt que ses défenseurs et, comme y insiste la fin de l'Apologie, il nécessiterait d'utiliser une juste méthode d'investigation, qui s'accorde avec certains principes éthiques. Il ne s'agirait plus seulement de réfuter Protagoras, mais sa *Vérité* en tant qu'elle constitue une théorie de la science.

Rien ne permet de trancher entre ces deux lectures, qu'il faut plutôt garder conjointement à l'esprit. La première est celle passée à la postérité, l'image d'un Protagoras, sophiste prétentieux, dont les remontrances

1. Les traductions adoptées par Diès (« *ce que* j'aurais moi-même répondu… s'il répond des *choses différentes* ») et Chappell (« the *same answers as* I myself would give… if he gives *different* answers from mine ») donnent l'impression de rendre ἅπερ et ἄλλα. Cornford (« as such… ») et Narcy (« exactement comme… ») font apparaître la nuance de similitude du premier pronom, mais pas celle du second (« des réponses différentes »). Seul McDowell fait ressortir la nuance des corrélatifs (« the sort of answer… a different sort of answer »).

liminaires sèment le doute sur la crédibilité et la pertinence philosophique du reste de l'Apologie. Les réserves de Socrate après-coup, d'avoir soutenu la thèse autant que possible en dépit du déficit de ses propres talents oratoires par rapport à ceux de Protagoras (168 c), contribuent d'ailleurs à renforcer l'image négative. Reprendre ce thème à la clôture du discours, la supériorité de Protagoras en matière de λόγος et de σοφία, laisse le lecteur sur un doute quant à la franchise potentielle du sophiste. La seconde lecture présente un Protagoras plus philosophe, enclin à la méthode par questions et davantage porté par la recherche du savoir que de la renommée. Il invite même Socrate à ne plus se lancer dans une chasse mutuelle aux mots[1] ni à manquer d'équité dans l'examen des propos, mais à se plier à des principes herméneutiques respectables *afin d'analyser la valeur intrinsèque de la thèse*[2]. Dans cette perspective, il enjoindrait Socrate à ne plus se comporter en éristique et à se montrer moins mesquin à l'égard de sa thèse.

Dialogue ou éristique

Si l'Apologie refuse plusieurs fois d'adopter une perspective agonistique, elle revêt néanmoins un caractère antilogique, dans la mesure où elle constitue un *discours contre*, une réponse systématique aux premières objections qui recadre la théorie et introduit des arguments contre l'adversaire[3]. En ce sens, elle ouvre une seconde manche qui succède à la critique de Socrate et où Protagoras tente de surpasser son opposant. Elle soulève dès lors la question suivante : l'antilogie implique-t-elle nécessairement l'éristique, caractérisée par le désir de triompher, ou bien le souhait affiché de formuler une théorie sur des bases sereines résulte-t-il plutôt d'une volonté de rendre l'examen à nouveau possible ? La péroraison du discours en appelle d'ailleurs à plus de conciliation :

> Être injuste se produit dans la situation suivante : quand on ne sépare pas les entretiens menés dans un esprit de rivalité (ὡς ἀγωνιζόμενος) de ceux conduits pour le dialogue (διαλεγόμενος) ; dans le premier on s'amuse

1. *Théét.*, 166 c 1-2 : εἰ δὴ ὀνομάτων γε δεήσει θηρεύσεις διευλαβεῖσθαι ἀλλήλων ; 166d 7-e 1 : τὸν δὲ λόγον αὖ μὴ τῷ ῥήματί μου δίωκε. L'*Euthydème* contient l'expression similaire : παντὸς ῥήματος ἀντέχονται (305 a 3-4).

2. *Théét.*, 166 c 2-5 : « Cependant, bienheureux Socrate, dira-t-il, *après en être venu d'une manière plus noble* (γενναιωτέρως) *à ce que j'affirme*, si tu le peux, réfute le fait que ne sont pas individuelles les sensations qui arrivent à chacun d'entre nous ».

3. Sur la pratique de l'antilogie dans les témoignages littéraires, voir P. Demont, « Notes sur l'antilogie au cinquième siècle », dans *La Rhétorique Grecque*, J.-M. Galy et A. Thivel, Nice, Université de Nice-Sophia-Antipolis, 1994, p. 77-88.

> à induire l'autre autant que possible en erreur ; dans le dialogue (ἐν τῷ διαλέγεσθαι) en revanche, on s'applique à redresser l'interlocuteur en lui indiquant seulement ces erreurs où il a été trompé par lui-même et par ses fréquentations antérieures (167 e 3-168 a 2).

Protagoras oppose esprit de rivalité et dialogue, suggérant de poursuivre sur le second mode. Socrate prononce d'ailleurs l'Apologie parce qu'il estime s'être conduit en ἀγωνιστής et non en φιλόσοφος (164 c 9)[1], comparant du même coup l'examen précédent à un exercice de lutte dans lequel les parties ont rivalisé de force et d'ingéniosité pour faire vaciller l'adversaire[2]. Principalement destinées à renverser l'interlocuteur sans lui indiquer ses erreurs, les premières objections paraissent après-coup relever de ce que Platon nomme *éristique*, la recherche de la victoire par n'importe quel moyen[3]. Recourir à ce lexique pour condamner la méthode éristique, c'est indiquer la nécessité que l'enquête prenne un nouveau départ, car celle-là ne convient pas à l'épreuve philosophique de la vérité. Tester la validité d'une thèse, ce n'est pas chasser les erreurs mais examiner les raisons qui les produisent, ne pas mener dans l'impasse mais en saisir les mécanismes et les expliquer. Aussi Protagoras signale-t-il à Socrate ses erreurs pour conclure son discours, par exemple s'être livré à une chasse aux mots, afin de reprendre l'examen sur de meilleures bases. En un sens, l'Apologie arrache Protagoras aux artifices généralement attribués aux sophistes. Elle quitte le domaine agonistique pour rejoindre

1. La première partie du *Théétète* est émaillée de métaphores agonistiques et de renvois au lexique de la palestre, la plus longue allusion étant en 162 b, où Socrate compare Théodore qui refuse de participer à la discussion à un spectateur dans les palestres de Sparte qui resterait couvert et à l'écart. Ce passage contient les allusions suivantes au contexte gymnique : πρὸς τὰς παλαίστρας (162 b 1-2), γυμνούς (162 b 2), πρὸς τὸ γυμνάσιον (162 b 6), προσπαλαίειν (162 b 7). Sur ces allusions dans le *Théétète*, F.-G. Hermann, « Wrestling Metaphors in Plato's *Theaetetus* », *Nikephoros* 8, 1995, p. 77-109. L'image d'adversaires qui combattent par discours interposés et les métaphores de la lutte semblent faire référence aux livres de Protagoras. D'après Diogène Laërce (IX, 55 = A 1 DK), il aurait écrit un traité *Sur la lutte* (Περὶ πάλης) et un *Manuel d'éristique* (Τέχνη ἐριστικῶν) ; selon Sextus Empiricus (*Adv. Math.*, VII, 60 = B 1 DK), il aurait écrit *Les Discours terrassant* (οἱ [λόγοι] καταβάλλοντες). Ces œuvres théorisaient sans doute l'esprit de rivalité.

2. Outre la mention de σφάλληται au début du discours de Protagoras (166 a 8), on trouve les termes σφαλείς en 165 b 1, σφάλλῃ en 167 e 5 et σφάλματα en 168 a 1.

3. Voir *Soph.*, 225 c-d, et la reconstitution d'une définition par G.B. Kerferd, *Le Mouvement sophistique*, *op. cit.*, p. 113. L'ἐριστικόν y est une espèce de l'ἀντιλογικόν, la contestation privée procédant par questions et réponses. Dans l'éristique, qui s'occupe non des contrats mais des termes généraux, l'Étranger distingue encore entre ce qui est en pure perte (une sorte de bavardage) et ce qui vise le profit (l'art du sophiste).

un véritable dialogue, sans rivalité mal placée. Si elle répond à un projet antilogique, elle entend évacuer la dimension éristique.

> Car si tu agis de cette manière, tes interlocuteurs s'accuseront eux-mêmes de leur trouble et de leur impasse, et pas toi ; mais toi ils te poursuivront et t'aimeront (σὲ μὲν διώξονται καὶ φιλήσουσιν), tandis qu'ils se haïront et s'évaderont d'eux-mêmes vers la philosophie (φεύξονται ἀφ' ἑαυτῶν εἰς φιλοσοφίαν), afin qu'une fois devenus différents, ils s'écartent de ceux qu'ils étaient auparavant (ἀπαλλαγῶσι τῶν οἳ πρότερον ἀπαλλαγῶσι τῶν οἳ πρότερον ; 168 a 2-6).

La pratique de Protagoras vise à changer ses interlocuteurs afin de les orienter vers la philosophie. Elle revendique le meilleur objectif possible, dans la mesure où la philosophie offre incontestablement un mieux tant pour celui qui subit le changement que pour celui qui l'opère. Elle amène aussi une dimension érotique – en marge de la relation financière du *Protagoras* (310 d, 311 b, 313 b, 328 b ; et aussi *Théét.*, 161 d-e) : l'élève se détourne de lui-même parce qu'il éprouve une attirance aussi bien pour la philosophie que pour le savant qui lui fait y accéder. La méthode de Protagoras paraît ainsi authentiquement philosophique. Pourtant, la représentation habituelle du sophiste incite le lecteur à y voir seulement un appel dans la bonne direction, mais qui reste motivé par de mauvaises raisons : l'intérêt du sophiste toucherait moins à la personne qu'il redresse, ni même à la thèse discutée, qu'à lui-même, qui viserait par ses corrections à gagner un amour uniquement issu de la prise de conscience par ses auditeurs de la responsabilité de leurs propres égarements. Or rien dans l'Apologie ne corrobore cette lecture, d'autant que sa définition de la σοφία recommande plutôt d'indiquer à l'élève les raisons de ses chutes dans son propre intérêt : loin de la méthode agonistique qui vise à renverser l'adversaire, Protagoras préconise de montrer à ce dernier la raison de sa chute et de l'aider à se redresser, en visant un état meilleur où ses erreurs ne seraient plus une source de désagréments. En définitive, l'Apologie joue d'une ambiguïté entre les intentions louables de Protagoras, qui s'avance dans la bonne direction, et la tentation d'expliquer ses aspirations par des raisons contestables [1].

1. Au vu notamment du ton méprisant qui lui est prêté dans ce qui précède : μεγαλοπρεπῶς καὶ πάνυ καταφρονητικῶς (161 c 6-7), ἡ Ἀλήθεια Πρωταγόρου [...]παίζουσα (162 c 2), et juste avant l'Apologie, καταφρονῶν ἡμῶν (166 a 1).

L'attitude face à l'interlocuteur

Dans l'Apologie, Socrate oscille entre ironie et sincérité. Il prête dès le départ à Protagoras un ton méprisant, par lequel il dénonce la manière dont lui-même a abusé de la jeunesse impressionnable de Théétète[1]. La véhémence de l'exorde renvoie Protagoras à l'image du sophiste imbu de sa personne qui n'hésite pas à dénigrer ses interlocuteurs. Coupant court à toute cordialité, elle opte d'emblée pour l'éristique. Le *Protagoras* propose d'ailleurs un portrait très similaire, où le sophiste se réjouit de se donner en spectacle devant les autres sophistes (317 c-e). Or dans le *Théétète* ce tableau contraste avec la suite du discours, où Protagoras en appelle à une forme d'entretien qui repose sur la bienveillance réciproque. Il emprunterait là l'attitude naturelle de celui qui est piqué au vif, puis sermonne plus posément son interlocuteur. Dès lors, s'il adopte une attitude fort légitime, l'introduction de Socrate induit plutôt une représentation peu flatteuse.

Protagoras qualifie Théétète de gamin effarouchable (παιδίον)[2]. Si le suffixe -ιον a une nuance dépréciative, il est possible de l'envisager dans une perspective plus favorable. Il servirait moins à dénigrer l'âge de Théétète qu'à souligner sa crédulité potentielle et l'influence néfaste qui en découlera s'il est mal dirigé : Théétète ignorerait tout des questions de Socrate et, contrairement à Protagoras lui-même, il serait incapable de se défendre. Le reproche de Protagoras contredit donc implicitement la vertu que Platon attribue à l'interlocuteur inexpérimenté[3], au sens où il risque de ne pas suffisamment peser chaque question et de subir les manœuvres éristiques. Protagoras ne vise ni l'âge ni l'ignorance de Théétète, car cette dernière justifie son action – améliorer l'ἕξις par le discours (167 a) – et où Théétète représente l'interlocuteur idéal du sophiste. C'est plutôt la malveillance de Socrate qu'il met en cause, parce qu'il n'aurait pas pris la peine de tourner la discussion en dialogue mais se serait attelé à faire

1. *Théét.*, 166 a 2-3 : *Οὗτος* δὴ ὁ Σωκράτης *ὁ χρηστός*, ἐπειδὴ αὐτῷ *παιδίον* τι κτλ.; 166 a 6 : ὦ *ῥᾳθυμότατε* Σώκρατες.

2. A. Mele montre de façon convaincante qu'au vu des indices de l'introduction, Théétète serait âgé de 20-21 ans (« Il *Teeteto* platonico tra storia e finzione letteraria », dans *Il* Teeteto *di Platone*, *op. cit.*, p. 250).

3. Dans le *Sophiste*, l'Étranger constate qu'avec un interlocuteur docile (εὐηνίως) qui ne se vexe pas (ἀλύπως), la forme dialoguée (προσδιαλεγομένῳ) et intersubjective (πρὸς ἄλλον) est plus légère pour développer un argument (217 c). Dans le cas contraire, mieux vaut dialoguer seul et s'adresser à soi-même les questions (καθ' αὑτόν, 217 d). Comme Théétète répond aux deux conditions (217 d), la raison de l'échec de la première partie du *Théétète* ne vient pas de lui, mais des questions qui lui ont été posées. Socrate n'a pas mis en œuvre le διαλέγεσθαι.

flancher le jeune garçon. Dès lors, Protagoras n'attribue l'échec qui précède ni à l'incompétence ni à l'attitude de Théétète, mais bien à la façon dont ont été formulées les questions. Aux yeux de Protagoras, la méthode rhétorique (ou éristique) s'est ainsi faite à l'exclusion de la philosophie et, outre de l'image négative du sophiste, Socrate porte ainsi la responsabilité des impasses ridicules de la thèse protagoréenne.

Un discours contre les discours

L'Apologie soulève la question de la relation du sophiste à son instrument, le λόγος (167 a). Par le biais de Socrate, Protagoras ne propose rien d'autre qu'un λόγος, dont il convient de se demander s'il ne constitue pas, de façon réflexive, un exemple de mise en œuvre du moyen d'action propre au sophiste, une sorte d'application et de test de validité de la définition protagoréenne du savoir, qui s'interroge sur ses conditions de possibilité. Expliquer le mode d'expression de l'Apologie n'est pourtant pas évident en raison de la contradiction entre la forme et le propos. Socrate prononce un plaidoyer pour Protagoras, sous la forme d'un discours argumenté et non d'un dialogue par questions et réponses. Or, dans sa défense, le sophiste préconise cette dernière méthode, faisant de l'Apologie le lieu d'une interrogation sur la manière de mener un dialogue[1] :

> Si tu peux la contester dès son principe au moyen d'un discours, conteste-la en t'y opposant point par point (ἀντιδιεξελθών)[2]. Si tu veux le faire par des questions (δι' ἐρωτήσεων), fais-le. Car il ne faut pas fuir cette méthode, mais plus que tout c'est ce que doit poursuivre celui qui a de l'esprit (167 d 5-7)[3].

La pratique protagoréenne de la méthode interrogative vise moins à élaborer une thèse qu'à la vérifier, à examiner une affirmation déjà posée

1. Ce point est très peu observé par les commentateurs qui, tout au plus, voient dans le discours un retour caractérisé de l'expression sophistique. Par exemple, D. Babut, « Platon et Protagoras : l'"Apologie" du sophiste dans le *Théétète* et son rôle dans le dialogue », *Revue des études anciennes* 84, 1982, p. 72-73. Toutefois, son contenu plaide bien en faveur d'un réel entretien et condamne la pratique éristique.

2. Ἀντιδιεξέρχομαι est un *hapax*. À l'idée de « traverser de part en part, exposer dans le détail » contenue dans διεξέρχομαι, il ajoute l'opposition. Il renvoie à un principe traditionnel de l'antilogie qui consiste à réfuter point par point le discours adverse.

3. Il y a probablement un jeu de mots de la part de Platon entre φευκτέον et διωκτέον, qui renvoient dans le vocabulaire juridique respectivement au défendeur et à l'accusateur. Est-ce une manière détournée de montrer que le vocabulaire de Protagoras reste entaché d'une finalité pratique, plaider en justice ?

(166 a 7). Elle suit moins une finalité thétique que critique, vu que la thèse est pour elle le point de départ et non le résultat de la recherche. Cette méthode ne constitue donc pas une forme de savoir, mais une réfutation qui vise un état de vérité supérieur de la thèse par le processus de mise à l'épreuve. Toutefois, dans quelle mesure peut-on justifier la méthode interrogative par un discours, dès lors que cela revient à rechercher sa légitimité théorique dans une pratique extérieure ? Aussi, quel lien Protagoras envisage-t-il entre le λόγος et la méthode δι' ἐρωτήσεων ? Au début du discours Protagoras répond aux objections de Socrate par autant de questions (166 b). Si aucun dialogue ne peut s'engager du fait de la mort de Protagoras, ces interrogations remettent la pensée en mouvement et l'incitent à répondre aux problèmes soulevés par le sophiste. D'un point de vue formel, la méthode par questions n'est donc pas exclusive du discours, puisque le λόγος peut, en son sein, (s')adresser des objections et poursuivre son cheminement de pensée.

Cette succession de questions ne ressortit pas à un procédé rhétorique destiné à confondre l'interlocuteur. Au contraire, répondre par autant de questions aux objections déployées contre Protagoras, dans la mesure où ces dernières se sont révélées mal formulées, c'est renouer le dialogue par l'interrogation. Il devient ainsi possible d'examiner les préjugés qui ont pesé sur la première partie : le rapport entre souvenir et sensation, la simultanéité du savoir et de l'ignorance, l'identité de l'individu. À tout le moins, soulever ces questions et revenir sur les critiques concernant le savoir, le phénomène et la sensation, c'est examiner si une autre conception est envisageable et à quelle condition. De ce point de vue, l'Apologie contribue à restaurer la cohérence de la position protagoréenne et à souligner ses divergences vis-à-vis de la pensée ordinaire, afin d'en éviter les travers et de la dépouiller des éléments parasites.

Entamer un dialogue implique aussi d'arracher au statut d'opinion une pensée réduite à l'état de fragment. En tant que mouvement arrêté du *logos* intérieur de l'âme, une opinion demeurera censément incapable de répondre à des questions, donc de manifester sa vérité. En revanche, la questionner, interroger la *Vérité* de Protagoras, c'est *a minima* lui restituer un mouvement de pensée. En attribuant à Protagoras la méthode par questions, somme toute la plus philosophique, Platon ne légitime pas encore sa pratique, mais il insiste sur l'intérêt philosophique de sa thèse et sur la possibilité d'en proposer un examen valide. À cet égard, ce discours esquisse les contours d'une herméneutique qui vise à produire un λόγος pour rendre raison d'une thèse en en restaurant le mouvement d'interrogation. En cela, elle n'obéit pas à un esprit de rivalité mais de coopération, qui implique de peser, en accord avec soi-même, la validité des questions et l'adéquation des réponses. Contre les travers des méthodes rhétoriques et éristiques, elle ne livre pas un examen depuis l'extérieur, qui consisterait en des objections formelles fondées sur des accords verbaux ou des opinions courantes, mais elle procède à une étude des principes en vue d'évaluer leur pertinence et la manière dont ils rendent compte d'eux-mêmes – le dialogue étant celui de la thèse avec elle-même.

Le *Protagoras* et le *Théétète* offrent tous deux une double représentation de l'usage du dialogue. Dans la première, les adversaires s'emploient à atteindre la victoire à tout prix, usant d'un arsenal éristique destiné à effacer les différences ou les identités au profit de ressemblances et de dissemblances, obtenues par la suppression de marqueurs relatifs ou par une pratique systématique de l'esquive. Dans la seconde, les partenaires poursuivent une fin commune et respectent la coïncidence entre les réponses et les questions, afin de créer la seule situation où la réfutation ne concerne pas seulement l'individu, mais également la thèse elle-même. Dans le *Protagoras*, le sophiste reçoit la première méthode, tandis que la seconde est l'apanage de Socrate. Dans le *Théétète*, les positions sont inversées, puisque Socrate pratique le dialogue éristique, tandis que Protagoras invoque les bienfaits de la méthode par questions. Toutefois, dans un dialogue comme dans l'autre, l'ambition de Protagoras diffère de celle de Socrate, parce qu'il conserve l'aspect qui le caractérise en tant que sophiste, à savoir le lien entre un propos et une personne. Selon lui, le dialogue vise moins à examiner la thèse pour elle-même qu'à améliorer celui qui la soutient. Aussi, bien qu'il revendique la bonne méthode, Protagoras continue à différer de Socrate sur un point essentiel : parce qu'il n'admet pas l'existence d'une vérité mais soutient la multiplicité de vérités relatives, il tend moins à chercher la définition de l'objet qu'à modifier (en mieux) son interlocuteur. Dès lors, c'est moins l'attitude à l'égard du partenaire qui sépare le sophiste du philosophe, que l'intention qu'ils poursuivent dans le dialogue.

CHAPITRE II

RÉFORMER LE LANGAGE

Formé d'un ensemble de signes reconnaissables par un groupe, le langage sert de véhicule à la culture. Aussi d'après Protagoras est-il l'instrument d'action du sophiste, à la fois outil d'amélioration et objectif à viser dans l'éducation. Selon le *Protagoras*, c'est par le langage que les hommes acquièrent l'art politique et progressent moralement au fil de la vie. Au vu de ce rôle, Protagoras réfléchit à la nécessité de réformer le grec, riche en exceptions, car rationaliser la langue – tant sa morphologie que sa syntaxe –, c'est contribuer à un meilleur usage et, du même coup, à un meilleur apprentissage de la vertu. Une langue claire et bien formée contribuera non seulement aux intérêts du sophiste, qui s'en rendra plus facilement maître et l'enseignera avec plus d'aisance, mais elle participera aussi au progrès général de la Cité.

LA GRAMMAIRE SELON PROTAGORAS

Aristote a conservé quelques témoignages de la réflexion de Protagoras sur la langue, à partir desquels il est possible de reconstituer une orientation générale. En premier lieu, il aurait réparti les noms en trois genres. « Comme Protagoras divise les genres des noms en masculins (ἄρρενα), féminins (θήλεα) et objets (σκεύη) »[1] : sans être à l'origine des trois genres en tant que tels, attestés dès la littérature homérique, il aurait soit contribué à leur distinction grammaticale, soit à fixer leur nom. La démarche s'inscrit dans un vaste projet de rationalisation du langage,

1. *Rhét.*, III, 1407 b 6-8 (= A 27 DK). Les termes retenus pour les genres se sont longtemps imposés à l'usage, même si τὸ μεταξὺ ὄνομα apparaît chez Aristote (*Poét.*, 1458 a 9). Le nom τὸ οὐδέτερον survient plus tardivement.

commandé par une opération de correction et de réforme. Ainsi, de cet autre témoignage :

> On a dit précédemment ce qu'était le solécisme [165 b 20-21]. Il est à la fois possible de le commettre, de le paraître sans le commettre et de le commettre sans le sembler. Ainsi, comme l'affirmait Protagoras, si *le* colère (ὁ μῆνις) et *le* hache (ὁ πήληξ) sont masculins, celui qui la qualifie de destructrice (οὐλομένην) commet selon lui un solécisme, mais il ne le semble pas aux autres, tandis que celui qui le qualifie de destructeur (οὐλόμενον) le paraît, mais ne commet pas de solécisme <selon lui> (A 28 DK = *Réf. Soph.*, 14, 173 b 17-22).

Ce témoignage renvoie aux deux premiers vers de l'*Iliade* : « Chante, déesse, la colère... destructrice (μῆνιν... οὐλομένην; *Il.*, I, 1-2) ». Protagoras critique ici l'usage du féminin pour qualifier la colère. Il recommande l'accord au masculin, une réforme qui peut s'expliquer de deux manières[1]. Soit il suggère une refonte du point de vue sémantique, dans l'idée d'accorder le genre au référent : ainsi la colère qui caractérise Achille, le héros viril par excellence, correspondrait à une réalité masculine et régirait l'accord au masculin[2]. Soit il adopte un point de vue morphologique, cherchant à accorder le genre au signifiant – la désinence -ς (ou -ξ dans πήληξ) serait réservée aux substantifs masculins.

Dans les *Nuées* déjà, Aristophane reproduit la technique. Socrate y mentionne le pétrin, κάρδοπος, un mot féminin doté cependant d'une terminaison typique du masculin, auquel il attribue une désinence féminine pour obtenir l'adéquation entre la forme et le genre : καρδόπη (669-678). La correction résulte clairement d'une harmonisation morphologique. Socrate évoque aussi le coq, ἀλεκτρύων, un substantif masculin qui est utilisé aux deux genres pour désigner le coq et la poule. Il propose donc de réserver le masculin ἀλεκτρύων au mâle et il forge un féminin ἀλεκτρύαινα pour la femelle (658-667). Ici, la réforme est motivée par l'ambiguïté que suscite l'existence d'un même terme pour les deux genres. La rationalisation morphologique commande dès lors de produire deux mots, avec des terminaisons identifiables, afin de dissiper l'ambivalence en manifestant le genre. Par conséquent, l'accord sémantique résulte d'un

1. Voir L.-A. Dorion, *Aristote. Les Réfutations sophistiques*, Paris, Vrin, 1995, p. 312-313, n. 225. Comme il le note, Aristote fait écho à cette démarche normative dans la *Poétique* (21, 1458 a 7), en attribuant au masculin les terminaisons en ν, ρ, σ, ξ et ψ, et au féminin η, α, ω.

2. C'est la thèse soutenue notamment par G. Most, « Sophistique et herméneutique », dans *Positions de la sophistique*, *op. cit.*, p. 239.

objectif de clarification morphologique : faire correspondre aux deux genres deux formes distinctes.

Ces exemples donnent à croire que Protagoras vise l'harmonisation formelle, puisqu'il s'agit d'élaborer une langue valide et des règles pour forger les mots [1]. L'intérêt de la démarche tient à son intention : rationaliser la langue afin d'éviter les erreurs et les ambiguïtés, de faciliter l'apprentissage et la communication, de développer l'instrument de prédilection et de travail du sophiste. Les deux types de critique sont toutefois profondément différentes. D'un côté, réglementer la morphologie concerne les conventions passées entre les hommes, sans rien impliquer sur les choses. De l'autre côté, accorder le signifiant au référent, c'est accepter la valeur déterminée des réalités, au sens où certaines s'accommodent mieux d'un masculin, d'autres d'un féminin, le reste d'un inanimé, plutôt que de plier le réel à des conventions linguistiques.

> Comment pourrait-on admettre le reproche que Protagoras adresse <à Homère>, à savoir qu'il donne un ordre (ἐπιτάττει) en pensant faire une prière (εὔχεσθαι), lorsqu'il dit : « Chante, déesse, la colère » ? Car, dit-il, enjoindre à faire ou non quelque chose, c'est un ordre (ἐπίταξις ; *Poét.*, 19, 1456 b 15-17 = A 29 DK) [2].

À partir d'une réflexion sur les modes, Protagoras trouvait une seconde erreur dans le premier vers de l'*Iliade*. Employer l'impératif pour s'adresser à la déesse revient à lui intimer un ordre, ce qui s'avère totalement inapproprié à la position du poète [3]. Or identifier les modes du discours, c'est clarifier leur production et accéder à un usage plus adéquat. On le voit, le langage apparaît un objet central dans la réflexion de Protagoras. À ses yeux, il est possible de l'améliorer et de le réformer en lui imposant des catégories, du fait qu'il ne répond pas *par nature* à une forme adéquate. Ce rejet de la naturalité converge aussi avec la possibilité d'imposer des variantes qui, sans être radicalement différentes, restent similaires aux formes actuelles et contribuent non pas à produire une

1. Selon la suggestion de G.B. Kerferd, *Le Mouvement sophistique*, *op. cit.*, p. 122.

2. Le témoignage rejoint la distinction des modes d'expression (injonction, vœu, exposition, menace, interrogation, réponse, etc.). Diogène Laërce écrit aussi que Protagoras fut le premier à distinguer les parties du discours, quatre selon certains (vœu, interrogation, réponse et injonction), sept selon d'autres (exposition, interrogation, réponse, injonction, narration, vœu et invitation), les appelant fondements des discours (πυθμένας λόγων, *Vies*, IX, 53-54).

3. Sans rejeter l'idée de la réforme, Aristote estimait que connaître les modes relevait plutôt du travail de l'acteur, et pas de l'art du poète (*Poét.*, 19, 1456 b 8-19).

langue nouvelle, mais à améliorer celle qui existe dans le sens d'une plus grande rationalité.

Une illustration : le poème de Simonide

De prime abord, Platon ne paraît pas s'intéresser aux travaux linguistiques de Protagoras. Dans les Dialogues, les préoccupations grammaticales sont presque exclusivement le fait de Prodicos[1]. Le *Protagoras* porte toutefois le témoignage de l'attention de Protagoras pour la précision de la langue, en lien avec un aspect essentiel de l'éducation : l'étude des poètes (338 e). Dans l'examen de la *Scolie à Scopas*, il enjoint tout d'abord à évaluer l'ensemble, à juger si le poète exprime bien son opinion (καλῶς) et dans des termes adéquats (ὀρθῶς, 339 b 7-8). Cette première étape consiste à repérer les contradictions latentes grâce à une étude de la signification des mots (339 b 9-10). Protagoras note le fait suivant : Simonide affirme qu'il « est vraiment difficile de devenir un homme de bien »[2], mais, plus loin, il reproche à Pittacos de dire qu'il « est difficile d'être honnête »[3]. Selon Protagoras, la comparaison montre que le poète ne s'exprime pas correctement (οὐκ ὀρθῶς λέγει; 339 d 9), dans la mesure où il reproche à Pittacos d'affirmer ce que lui-même énonce de façon identique au début du poème[4]. Le poète semble bien se contredire.

Or, comme le constate Socrate, l'objection de Protagoras concerne moins un problème d'identité que de similitude : le poète ne parle pas de façon strictement identique, mais il change le qualificatif d'honnête homme (ἀγαθόν puis ἐσθλόν) et le verbe prédicatif (γένεσθαι puis ἔμμεναι). Ces deux variations empêchent de poser une identité tant de la forme que du fond, car elles aboutissent plutôt à une similitude. Soucieux de la lettre, Protagoras manque pourtant des nuances qui écartent l'accusation de contradiction. Bien plus, il refuse la première correction de Socrate (ἐπανόρθωμα), qui souligne la différence entre être et devenir (340 c-d), parce qu'elle aggraverait l'erreur, du point de vue du fond cette fois (le sens de la vertu) : si, de l'avis général, la vertu est la chose du monde la plus difficile à garder, le poète ne peut pas décemment aller à l'encontre de cette opinion et affirmer la supériorité du devenir sur l'être bon (340 d-e). Cette contre-objection traduit la perspective dans laquelle

1. *Prot.*, 337 a-c; 340 a-d; 358 a-b; *Ménon*, 75 d-e; *Crat.*, 384 b; *Euthyd.*, 277 e.

2. *Prot.*, 339 b 1 : ἄνδρ' ἀγαθὸν μὲν ἀλαθέως γενέσθαι χαλεπόν.

3. *Prot.*, 339 c 4-5 : χαλεπὸν φάτ' ἐσθλὸν ἔμμεναι.

4. *Prot.*, 339 d 4-5 : τὸν ταῦτα λέγοντα ἑαυτῷ; 339 d 6-7 : αὐτοῦ τὰ αὐτὰ ἑαυτῷ λέγοντος; 339 d 7 : τὸν ταὐτὰ λέγοντα αὑτῷ.

Protagoras se situe. Dans un contexte où la poésie sert de support pour enseigner la politique, il s'accorde avec l'opinion commune et il ne tente pas, grâce à sa méthode, de subvertir la morale classique, mais bien de corriger l'instrument qui la véhicule.

La seconde suggestion de Socrate pour sauver Simonide porte sur un point de sémantique : dans le dialecte de Céos, χαλεπόν ne signifie pas *difficile* mais bien *mauvais* (341 b-c). Cette correction paraît bien s'accorder avec les principes de la linguistique protagoréenne. D'une part, elle prend en considération le caractère historique des langues évoqué dans le mythe (322 a) : qu'elles soient le résultat de l'art, et non de la nature, laisse la place aux variations dialectales puisque rien ne les définit *a priori*. D'autre part, elle révèle l'attention portée au lexique et à la division sémantique : Simonide n'a pas séparé correctement les significations, prenant un mot pour l'autre sans bien distinguer les nuances [1]. Formulée avec la complicité de Prodicos, l'objection s'avère néanmoins ironique et est pour cette raison battue en brèche par Protagoras, puis par Socrate lui-même (341 d-e) [2]. Ce dernier propose une interprétation dans le style de Protagoras, et de Prodicos, pour révéler l'arbitrarité de leurs méthodes de division et le caractère contestable des améliorations qu'elles créent. Loin de résulter d'une distinction conceptuelle assurée, elles produisent des différences apparentes, qui s'attachent aux noms plutôt qu'aux choses elles-mêmes, et clarifient la langue plutôt que les concepts. Là où Platon voit une inversion du chemin de la pensée, au sens où l'élucidation des nuances nominales en vient à primer sur celle des relations entre les choses, les sophistes estiment que seules ces différences nominales comptent, puisque la vérité des choses se réduit aux mots qui les désignent.

La volonté qu'affiche Socrate de préserver le texte de Simonide traduit une différence majeure entre les procédés exégétiques. Contrairement à Protagoras, il emploie une herméneutique régie par le principe de charité, qui tente de sauver le texte en situant les ambiguïtés, malgré la différence des systèmes de pensée en présence. À bien des égards, cette méthode est celle mise en jeu par Platon dans les Dialogues, notamment à propos de Protagoras : elle vise à construire une interprétation cohérente de la pensée d'un auteur, qui en soulève les enjeux et les problèmes. L'analyse du poème dans les pages qui suivent va d'ailleurs dans ce

1. *Prot.*, 341 c 7-8 : τὰ ὀνόματα οὐκ ἠπίστατο ὀρθῶς διαιρεῖν.

2. Sur la division de Prodicos, qui associe un nom propre à chaque chose, G.B. Kerferd, *Le Mouvement sophistique*, *op. cit.*, p. 123-124; D.P. Taormina, « Il *Logos* di Prodico (337 a 1-c 4) », dans *Il* Protagora *di Platone*, p. 375-389. Si le procédé ne sera pas sans écho chez Platon, ce dernier en changera l'orientation, partant des choses plutôt que des noms.

sens (342 a-347 a), puisque Socrate découvre chez Simonide la doctrine d'après laquelle nul ne fait le mal volontairement et il lui prête sa propre conception intellectualiste de la vertu. Si cette opinion ne fut sans doute jamais partagée par le poète, à tout le moins lui fait-elle honneur en tirant le meilleur parti de son œuvre, car ce paradoxe suscite un plus grand intérêt pour la pensée [1]. Bref, pour Platon, l'exégèse doit mettre au jour la διάνοια de l'auteur au lieu de se focaliser sur les mots d'une façon stérile [2]. Il en témoigne d'ailleurs également par le biais d'une digression sur le laconisme, qu'il conçoit avant tout comme un art de la formule brève mais pleine de sens (342 d-e). L'importance accordée à la capacité à exprimer une pensée avec un minimum de mots relativise l'intérêt porté à la langue et aux mots eux-mêmes. Il s'agit avant tout de privilégier la recherche du sens en vue de guider l'examen des mots, sans toutefois négliger le choix des termes pour traduire une idée. À l'inverse, la méthode exégétique de Protagoras interprète les poèmes sans tenter de reconstituer la pensée de leur auteur, mais en se concentrant sur une analyse littérale de ce qu'il dit, tel qu'il le dit, c'est-à-dire en se montrant attentive à l'expression et au sens que recouvrent les mots, dans leur acception ordinaire au sein d'une communauté de pensée donnée. Elle est donc une herméneutique qui consiste en une lecture littérale attachée au sens des mots visés et établie à partir de la doctrine ambiante.

Le langage plus adéquat selon Protagoras

Dans le *Théétète*, Protagoras aborde le rapport de la langue à l'ontologie qui résulte de l'homme-mesure. Il propose ainsi plusieurs réflexions sur le langage, sur le principe de la définition et sur l'usage de la langue ordinaire, témoignant d'une volonté de se livrer à une entreprise de clarification.

> Réfute l'idée que ne sont pas propres les sensations qui arrivent à chacun d'entre nous, ou bien que si elles sont propres, ce qui apparaît n'adviendrait – ou s'il faut employer le mot « être » –, ne serait en rien davantage que pour celui seul à qui il apparaît (166 c 4-7).
> Savoir et savant, il s'en faut de beaucoup que j'en nie l'existence, mais j'appelle (λέγω) savant celui-là même qui, à l'un d'entre nous à qui les

1. Avec R. Scodel, « Literary Interpretation in Plato's *Protagoras* », art. cit., p. 34.
2. *Prot.*, 347 a 4 : Σιμωνίδης διανοούμενος; 341 e 7-8 : ἅ μου δοκεῖ διανοεῖσθαι Σιμωνίδης.

choses apparaissent et sont mauvaises, les fera apparaître et être bonnes, en opérant un changement (166 d 4-7).

Le premier passage renvoie à la discussion antérieure sur le terme *être* (157 b), lorsque Socrate invite Théétète à examiner le langage ordinaire, qui lui apparaît inadapté à maints égards. En accord avec l'ontologie associée au sensualisme et à l'homme-mesure, plus rien ne peut être dit *un*, *quelque chose*, *ceci* puisque, dans la mesure où toute stabilité est abolie, rien ne peut être réellement qualifié. Par conséquent, il faut éradiquer de la langue le terme *être* et tout autre mot qui fige le réel[1]. Pour Platon, cette suppression vaut d'ailleurs que Protagoras soit ou non mobiliste car, à tenir compte seulement de l'homme et du phénomène, il est manifeste que chaque apparaître est susceptible d'un effet différent, donc que rien n'est à proprement parler, ni en soi ni pour tout le monde. Aussi Protagoras admet-il une linguistique correspondantiste, régie par un principe de rectitude et d'adéquation intime avec le réel, qui le conduit à repenser la langue ordinaire. Il faut en effet développer un langage plus semblable au réel.

Le second extrait précise ce point. La thèse de l'homme-mesure n'implique pas uniquement de reconfigurer la conceptualité, mais elle entraîne une véritable réfection de la langue. Alors que, dans le *Protagoras*, le sophiste prend le parti de la signification ordinaire (par exemple, à propos de χαλεπόν, il maintient le sens ordinaire de *difficile*, au lieu de celui de *mauvais*, 341 c-d), dans le *Théétète* il formule de nouvelles définitions. Ainsi, puisque σοφός et σοφία ne qualifient plus un rapport à la vérité, il en adapte la définition ; de même, il remplace les qualificatifs *vrai* et *faux* par les adjectifs plus adéquats *meilleur* et *pire* (167 b 3-4). Mais que Protagoras admette une correspondance entre le réel et le langage n'implique pas qu'il croie en une rectitude naturelle de dénomination. Le mot ne reproduit pas la chose à laquelle il correspond. Il existe plutôt un emploi correct des termes, qui s'accorde à une théorie du réel et qui implique de redéfinir des mots de la langue ordinaire, en raison de leur compréhension inadéquate ou de leur emploi abusif.

Ces deux extraits semblent mener Protagoras dans une impasse. D'une part, il pose de conformer le langage au réel, par l'élision des mots fauteurs de stabilité, et il impose en ce sens une forme de corrélation entre la signification et le mot. D'autre part, il offre la possibilité au savant de redéfinir à son gré les termes et de se passer des définitions de la langue

1. *Théét.*, 157 b 5 : ἄλλο οὐδὲν ὄνομα ὅτι ἂν ἱστῇ. Cette exigence est réaffirmée à propos de la thèse mobiliste, en *Théét.*, 183 a-b.

ordinaire, rompant d'une certaine façon la corrélation entre le mot et sa signification. En réalité, il n'y a contradiction qu'à la condition de considérer que la langue ordinaire est bien formée, qu'elle manifeste déjà la correspondance entre l'usage correct d'un mot et son sens. Si, comme Protagoras, on lui refuse cet état de perfection, la difficulté disparaît car la langue requiert un redressement.

La mise en question du terme *être* évoque les pratiques des ὀψιμαθεῖς dont parle le *Sophiste* (251 b-c)[1]. Ces tard-venus limitent la prédication et l'emploi copulatif du verbe *être* à des tautologies du type « l'homme est homme » ou « le bon est bon »[2]. Toutefois, l'ambition de Protagoras est d'un autre ordre, vu qu'il vise plutôt à développer l'adéquation entre le langage et le réel. S'il s'agit aussi d'énoncer le λόγος correct de la chose, ce n'est pas au sens où il existerait une seule formulation possible de celle-ci, comme le revendique l'éristique qui vise à contester l'emploi par l'adversaire et à lui ôter toute assise par un changement permanent du sens des mots. Au contraire, Protagoras admet un emploi correct du mot, qu'il convient de définir et qui doit rendre raison de la réalité désignée.

À bien y regarder, ce projet de réforme entre en contradiction avec la thèse de Protagoras. D'une part, aucun mot n'est plus propre à réifier que celui de *choses* (χρήματα); d'autre part, la formule pose que l'homme est mesure « des *choses* qui sont comme elles *sont*, de celles qui ne sont pas comme elles ne *sont* pas »[3] : la *Vérité* s'appuie bien sur l'emploi du verbe *être*. Quand Socrate prononce, au nom du sophiste, l'abandon de l'être au profit du devenir, il le pousse donc à se contredire, en dépit d'un souci apparent pour la langue. En réalité, la thèse de l'homme-mesure obéit à une réforme linguistique, annoncée par Protagoras, qui interroge la portée de toute définition et de toute thèse. Limiter l'emploi du mot *être*, comme de tous ceux qui imposent une forme de stabilité, c'est empêcher une définition ou une thèse à caractère universel. Si plus rien n'est à proprement parler, il devient impossible de définir ce qu'*est* une *chose*. Aussi, à l'*incipit* de son traité, Protagoras doit-il encore utiliser les termes du langage ordinaire dans le but d'en évacuer le caractère réifiant. Sa nouvelle épistémologie entraîne une nouvelle linguistique, au sein de laquelle chaque mot reçoit un sens nouveau et se comprend uniquement à l'intérieur d'un système de langage non réifiant, en fonction de l'accord

1. Voir A. Brancacci, « Protagoras, l'*orthoepeia* et la justesse des noms », art. cit., p. 185.

2. Cet usage rejoint l'impossibilité de contredire énoncée dans l'*Euthydème*, l'incapacité de dire autre chose que le λόγος de la chose; 286 a-b.

3. Protagoras, B 1 DK.

passé dans un contexte d'énonciation. L'homme est mesure des choses et, par conséquent, de son langage.

Un dernier passage de l'Apologie précise ce rapport à la langue ordinaire :

> Et de là, tu examineras si la science est identique ou différente de la sensation, et pas comme à l'instant à partir de l'usage habituel des expressions et des noms (ἐκ συνηθείας ῥημάτων τε καὶ ὀνομάτων), que la plupart, les tirant où ils le peuvent, présentent les uns aux autres comme des apories de toutes sortes (168 b 6-c 2).

Protagoras recommande le détachement à l'égard de la langue ordinaire, qui constitue une source inépuisable d'apories. Du fait d'un défaut de précision dans l'usage, d'un manque d'accord entre les utilisateurs, elle rend les pièges issus de la chasse aux mots indéfiniment possibles[1]. Jouant sur la polysémie de termes insuffisamment définis dans leur contexte d'énonciation, l'éristique vise en effet à coincer l'interlocuteur et à le réfuter à partir d'une homonymie apparente, sans qu'il n'y ait toutefois de référence au discours antérieur[2], ou à opposer l'emploi passé d'un terme à son utilisation actuelle, qui est également correcte mais ne se conforme pas nécessairement aux règles préalablement établies. Aussi un moyen efficace de contrer cette déviance fréquente consiste-t-il à se doter de définitions claires, qui explicitent l'acception et dont la rectitude, fixée de façon collective, évite les impasses logiques. La recommandation de Protagoras rejoint donc une exigence fondamentale pour le bon fonctionnement du dialogue, en accord avec sa théorie linguistique : convenir ensemble de l'usage présent des termes.

La méfiance affichée par Protagoras à l'égard de la langue ordinaire trouve des échos dans les Dialogues, où la distinction entre éristique et dialogue tient notamment au rapport aux mots :

> Parce que bien des gens me semblent tomber [dans l'antilogique], même contre leur gré; ils pensent ne pas disputer (ἐρίζειν) mais dialoguer (διαλέγεσθαι), en raison du fait qu'ils ne sont pas capables d'examiner ce dont on parle en le divisant en espèces (κατ' εἴδη διαιρούμενοι), mais bien de poursuivre au mot à mot (κατ' αὐτὸ τὸ ὄνομα) la contradiction dans ce qui est dit : c'est à la dispute qu'ils se livrent l'un envers l'autre, pas à la discussion (*Rép.*, IV, 454 a 4-8).

1. *Théét.*, 166 c 1-2 et 166 d 8-9.

2. Cette pratique est illustrée dans l'*Euthydème* (275 d-278 e) et a été théorisée par Aristote dans les *Réf. Soph.*, 4, 165 b 30-166 a 6; 19, 177 a 9-177 b 9.

Une erreur fréquente est de disputer à propos des noms, c'est-à-dire d'opérer des distinctions nominales dans l'idée qu'elles correspondent à des différences conceptuelles. C'est par exemple séparer l'homme des bêtes en s'autorisant de la langue qui rassemble celles-ci sous un même nom [1]. Or un découpage spécifique indépendant des catégories lexicales usuelles révèle que le critère pour séparer l'homme des bêtes ne définit pas deux groupes homogènes : aucune propriété ne lie les bêtes, sinon le fait de ne pas être un homme. La distinction provient donc d'un anthropocentrisme injustifiable, aussi absurde que d'opposer les grues au reste des animaux [2]. Du reste, la pratique contestée dans ce passage fait songer à la méthode attribuée à Prodicos, dont Platon donne une longue illustration dans le *Protagoras* et à laquelle il fait également référence ailleurs. Prodicos enseigne la justesse des noms, qui correspond à un procédé de *division* faisant apparaître les différences entre synonymes et paronymes [3]. Cette méthode n'est d'ailleurs pas propre à Prodicos, qui la partage peut-être avec d'autres, tel Damon [4]. Elle consiste à distinguer les termes et à manifester en quoi la signification de tel mot diffère de celle de tel autre, afin d'atteindre davantage de précision dans l'usage et d'éviter les discours ambigus (neutralité *versus* impartialité, souhaiter *versus* désirer). Cette méthode part clairement de la langue et prend pour principe que, s'il existe deux termes, il doit leur correspondre deux réalités différentes. Cette théorie linguistique s'avère donc lourde de conséquences ontologiques, dans la mesure où la sémantique plie le réel (et la parodie qu'en donne Platon illustre la possibilité antilogique qui en résulte) [5]. Partir des mots au lieu des réalités, c'est opposer à son adversaire des arguments verbaux sans prise avec les choses. Pour le dire autrement, appuyer la pensée sur la langue, c'est l'entraîner dans l'erreur. Par conséquent, la dispute survient quand le dialogue aboutit à une opposition *purement nominale*, quand les interlocuteurs se chamaillent à propos de mots sans s'apercevoir que leur différend n'a pas de référent dans l'ordre du concept (et de la division

1. *Pol.*, 262 d-e.

2. *Pol.*, 263 d.

3. *Prot.*, 337 a-c, 340 a-b, 340 e-341 d, 358 a-b; *Charm.*, 163 a-b et 163 d; *Euthyd.*, 277 e; *Ménon*, 75 e; *Crat.*, 384 b. Sur la méthode, M. Untersteiner, *Les Sophistes 2, op. cit.*, p. 20-22; G.B. Kerferd, *Le Mouvement sophistique*, *op. cit.*, p. 127-128; D.P. Taormina, « Il *Logos* di Prodico », art. cit., p. 375-389.

4. Voir *Lach.*, 197 d.

5. En *Prot.*, 341 c-d, Platon s'en sert pour formuler une objection contestée par Protagoras sur le sens de χαλεπός dans le poème de Simonide : il ne signifierait pas ici « difficile » mais désignerait un mal (κακόν). En ce sens, Simonide reprocherait à Pittacos d'avoir dit qu'il était mal d'être un homme de bien – ce qui est absurde.

spécifique) – le pire étant encore de se livrer délibérément à ce type d'antilogies. Contre ces apories, se dessinent donc deux solutions : établir la signification correcte des mots, comme Protagoras, ou diviser les choses elles-mêmes, comme le suggère Platon.

Dans le *Théétète*, aussitôt après la Digression, Platon évoque la possibilité que, d'après les partisans de Protagoras, le bien ne soit qu'un nom (πλὴν εἴ τις τὸ ὄνομα λέγοι; 177 d 5-6), auquel cas l'utile subirait le même traitement que le pieux et le juste, à savoir devenir une notion relative. De son point de vue, une telle proposition ne peut être admise sérieusement, car elle contraindrait à se mettre sur le plan d'une argumentation verbale, dans laquelle le bien ne serait rien en soi, sinon un nom attribué à une situation ou à un intérêt. Pour Platon, il ne faut pas s'occuper des noms, mais plutôt des réalités qu'ils servent à désigner (πρᾶγμα, 177 e 1-2)[1]. Or, à estimer que les choses s'identifient à leur apparaître, les noms qui leur sont attribués ne renvoient plus à une réalité, car ils résultent simplement d'une appellation donnée par convention, sans valeur référentielle. Cependant, la Cité, par exemple, ne peut se contenter de nommer utile, en vertu d'un décret, une situation qui lui paraît telle, car cette situation doit réellement l'être. Il ne suffit pas de nommer une chose ou de la juger telle pour qu'elle le soit réellement. Selon Platon, la thèse de l'immédiateté du savoir entraîne donc un usage creux des noms, étant donné qu'ils reçoivent leur signification du seul usager.

Protagoras reconnaît par contre au nommer une force contraignante. Puisque rien n'existe jamais de façon déterminée en dehors de ses manifestations, poser un nom pour désigner une réalité (concept ou valeur), c'est conférer une unité et une stabilité à ce qui en est dépourvu par nature. De cette façon, décréter ce qui est juste signifie pour la Cité unifier sous un nom un ensemble de manifestations similaires – d'où la nécessité de se montrer attentif à éviter un usage à mauvais escient –, une vision démocratique du langage s'il en est. Protagoras ne raisonne pas à partir des noms parce qu'ils seraient les seules entités importantes par soi, mais parce qu'ils constituent pour la pensée les seules sources possibles d'unité. Dans le cadre de la linguistique correspondantiste, s'il n'y a que des faits justes *pour quelqu'un* ou *pour quelque chose*, la langue doit se prémunir contre les écueils de l'imprécision et convenir d'un sens commun symbolisé par le nom.

1. C'est aussi la recommandation de Socrate à Cratyle (*Crat.*, 439 b, 440 b-d).

Le projet d'une langue nouvelle selon Platon

La langue ordinaire résulte d'une mauvaise catégorisation du réel, d'un usage inapproprié du λόγος, en raison de l'ignorance de la τέχνη adéquate. Réclamer une réforme du langage ordinaire souligne donc le désir protagoréen d'améliorer un outil grâce à une τέχνη : il entend rectifier le λόγος au moyen du λόγος lui-même. Ce souhait s'avère cohérent avec sa nouvelle définition du savoir, dans la mesure où il s'agit de renforcer le λόγος qui paraît vrai en lui conférant un sens approprié. Cependant, ce projet lexical ne se présente pas comme une méthode heuristique, puisqu'il consiste moins à rechercher qu'à poser des définitions. Réformer la langue, attribuer un nouveau sens aux mots, en abandonner certains, toutes ces opérations d'institution prennent la forme de postulats, justifiables *a posteriori*, qui vont à l'encontre de la méthode platonicienne de définition. Or, s'il suffit de poser une signification pour corroborer une théorie ou une vérité, il convient de se demander à quoi bon encore chercher. Quelles conséquences la linguistique de Protagoras entraîne-t-elle pour la pensée ?

Le principe protagoréen ne correspond ni à l'ὀρθότης d'Hermogène ni à celle de Cratyle dans le *Cratyle*, puisque les noms ne sont ni le fruit de conventions passées entre les hommes ni l'inscription dans un signe de la forme naturelle des choses [1]. Dans le *Théétète*, Protagoras se soucie moins de la forme que du sens des mots, de leur articulation et de leur adéquation au réel. Sa sémantique pose un rapport étroit entre la chose et le nom. Elle exige toutefois une telle acribie de l'usage et instaure une relation

1. Dans le *Cratyle*, Socrate propose à Hermogène de renforcer son conventionnalisme avec les propos de Protagoras (385 e-386 a). Dans un cadre conventionnaliste (συνθήκη), l'homme-mesure signifierait que l'homme donne à la chose le nom qui lui convient, sans qu'il y ait de connexion naturelle dans la dénomination. Cette proposition ne peut qu'attirer Hermogène, du moins s'il comprend l'homme dans un sens collectif (comprendre l'homme au sens d'individu impliquerait un particularisme extrême où chacun serait l'auteur de ses propres conventions et rendrait toute communication inefficace), mais elle contrevient à la conception protagoréenne de la rectitude, car le conventionalisme d'Hermogène ne repose sur aucune règle, si ce n'est la liberté totale des conventions (384 d) : un nom a une valeur aussi longtemps qu'il est en usage, mais il est possible pour chacun et à tout moment de la changer. Cette règle ne correspond pas davantage à la règle qui régit dans le *Théétète* l'entreprise de redéfinition, qui consiste à poser de nouvelles définitions pour d'anciens mots, et non l'inverse. Du reste, elle ne s'accorde pas avec les témoignages d'Aristote sur la linguistique de Protagoras, car le principe de rectitude d'Hermogène admet la validité de toutes les conventions, tandis que Protagoras postule une ὀρθοέπεια relevant d'une corrélation entre le mot et sa signification. C'est dès lors d'un autre type de rectitude que parle Protagoras.

si serrée entre le mot et la chose qu'elle ne laisse plus la place pour la pensée du concept : le nom finit par englober la chose [1]. De cette façon, elle participe de l'ambition d'immédiateté du savoir qui caractérise la pensée de l'homme-mesure, mais elle rend du même coup vaine l'entreprise de recherche de définitions. Avec Protagoras, tout est donné d'emblée ou, à tout le moins, il faut restaurer cette familiarité entre la chose et le mot. Ce dernier se charge de trop de sens, tandis que le concept se vide de son universalité. Tout comme l'apparaître se substitue à l'être, au concept se substitue le nom.

Le projet de former une nouvelle langue ne laisse pas Platon indifférent – ce dont témoigne la profusion des néologismes dans les Dialogues [2]. Il faut forger les termes correspondant aux réalités que dégage la méthode de division. Platon manifeste pourtant à plusieurs reprises des réserves, craignant une sorte d'excès de zèle : l'attention portée aux mots ne doit en aucun cas primer sur celle portée aux objets qu'ils servent à désigner. Par exemple, Socrate encourage Cratyle à ne pas se focaliser sur les mots, mais sur les choses (*Crat.*, 439 b, 440 b-d). De même, dans le *Politique*, l'Étranger invite le jeune Socrate à négliger l'absence de nom pour désigner une branche de la division car, pour autant que la découpe soit claire et fasse apparaître des entités distinctes, il paraît bien inutile de perdre du temps à nommer chaque branche avec précision (259 c). Et, un peu plus loin :

> — À cet élevage en commun de groupes, lui-même issu de l'élevage du vivant, lequel de ces deux noms, d'élevage en troupeaux ou d'élevage collectif, donnons-nous ?
> — Celui des deux qui se présentera au fil du discours.
> — Bravo, Socrate ! Si tu veilles à ne pas prendre au sérieux les noms, tu te montreras avec l'âge plus riche de pensée (261 e 5-7).

Pour Platon, le mot n'est jamais qu'un instrument de la connaissance, et non une fin en soi. Il doit rester subordonné au λόγος, à la définition et connaissance de l'objet auquel il renvoie. S'il est utile de s'entendre sur un nom, il est plus important encore de s'accorder sur la chose qu'il désigne et sur la définition à lui attribuer, car les quiproquos naissent lorsque, entre des interlocuteurs, la chose n'est pas commune. Partager un nom

1. Avec A. Brancacci, « Protagoras, l'*orthoepeia* et la justesse des noms », art. cit., p. 189-190. Platon n'évoque pas les composantes formelles, sur la division du genre des substantifs, que contiennent les témoignages sur Protagoras.

2. A. Balansard y voit une empreinte de la sophistique (*"Technè" dans les "Dialogues" de Platon*, *op. cit.*, p. 34-35).

donne un sentiment d'accord, bien qu'il se puisse que chacun attribue à la chose un sens différent [1]. Dès lors, si l'entreprise de définition revendiquée par Protagoras répond correctement à cette volonté de clarifier la langue, elle en inverse la logique en subordonnant le λόγος aux mots, plutôt que les mots au λόγος [2].

Les réserves de Platon n'excluent pas toutefois de viser la précision lexicale. Au contraire, il est parfois nécessaire de préciser le sens d'un terme pour assurer la poursuite du raisonnement :

> Le bon maniement des mots et des expressions, sans rechercher trop de précision (μὴ δι' ἀκριβείας ἐξεταζόμενον), est bien souvent non dénué de noblesse. C'est plutôt le contraire qui est servile, sauf en cas de nécessité (ὅτε ἀναγκαῖον) [3].

Il faut interroger les mots qui font obstacle au raisonnement et manifester au moyen de la langue la différence conceptuelle qui ne surgit pas d'emblée. Dans le passage cité, il s'agit de distinguer deux formes du sentir : *au moyen* des sens (datif instrumental) ou *par* les sens (διά et le génitif), une opération linguistique qui révèle deux rapports à la sensation et marque ainsi la différence entre d'une part l'instrument (ou organe) de la sensation, d'autre part le réceptacle qui unifie le donné [4]. Si une différence lexicale correspond à une différence conceptuelle, il convient de la préciser et d'insister sur la rectitude de l'emploi de chaque terme, sans conclure aussi vite que la langue refléterait une ontologie sous-jacente.

Toutefois, une recherche trop importante d'adéquation et de rectitude lexicale entrave le cheminement de la pensée, au sens où elle ne lui laisse plus la place pour se développer. Penser se limite alors à expliciter le langage, parce que les concepts finissent par s'identifier aux mots et aux conventions qui les instituent. La recherche de précision linguistique doit donc s'arrêter au stade de la clarté et éviter toute attention excessive. Aussi, d'après Platon, en privilégiant le principe de rectitude, Protagoras soumet-il la pensée aux mots et condamne-t-il en même temps le λόγος à demeurer une somme d'entités atomiques incapable de devenir un ensemble articulé de questions et de réponses. Son erreur consiste à

1. *Soph.*, 218 c 4-5 : δεῖ δὲ ἀεὶ παντὸς πέρι τὸ πρᾶγμα αὐτὸ μᾶλλον διὰ λόγων ἢ τοὔνομα μόνον συνωμολογῆσθαι χωρὶς λόγου.

2. C'est en effet pour répondre à une objection lancée par Socrate sur son statut de σοφός que Protagoras redéfinit le terme.

3. *Théét.*, 184 c 1-4. Et *Théét.*, 184 c 6-7 : ᾧ ὁρῶμεν τοῦτο εἶναι ὀφθαλμούς, ἢ δι' οὗ ὁρῶμεν, καὶ ᾧ ἀκούομεν ὦτα, ἢ δι' οὗ ἀκούομεν.

4. Sur ce passage, M. Dixsaut, « Nature et rôle de l'âme dans la sensation », dans *Platon et la question de l'âme. Études platoniciennes II*, Paris, Vrin, 2013, p. 32-34.

prendre la précision des mots pour finalité, plutôt que de la considérer comme une étape nécessaire ou un effet du raisonnement, lorsque la production d'une différence conceptuelle entraîne celle d'une distinction lexicale.

En conclusion, les recherches de Protagoras sur le langage alimentent en un sens la réflexion de Platon. Toutefois, à l'instar de Prodicos qui jette les bases de la méthode de division mais se trompe sur ses fondements, vu que ses divisions se bornent à souligner une dissemblance entre des synonymes plutôt qu'une différence entre des réalités, Protagoras insiste sur la nécessité de l'usage correct mais il part des mots plutôt que des choses. Une telle intention clarifie surtout l'usage de la langue, parce qu'elle évite les ambiguïtés et facilite l'utilisation du λόγος – tant dans son emploi rhétorique que dans sa fonction de transmettre les savoirs. Cependant, la juste dénomination et la division doivent servir la pensée au lieu de l'asservir. Platon s'appuie dès lors sur ces théories sophistiques pour les renverser car, aussi longtemps qu'elles refusent l'existence d'une référence commune, stable, permanente, elles ne trouvent de refuge que dans les mots, les seuls dépositaires de sa connaissance. Si les mots ne sont jamais que des signes, ils deviennent alors signes de rien : à avancer à rebours, le sophiste n'obtiendrait jamais de certitude sur ses résultats, dans la mesure où rien en dehors du λόγος qu'il construit ne pourrait les corroborer. Tout cela mène à conclure à l'absurdité de son projet de rectitude onomostique, qui serait à lui-même sa propre fin. Dès lors, à en croire Platon, sauver la pensée implique d'admettre l'existence d'une réalité extérieure au langage, qui donne sens aux concepts.

CHAPITRE III

LA MÉMOIRE OU L'ÉPREUVE DE L'IDENTITÉ

Mise en scène d'une mémoire à l'œuvre, le *Théétète* soulève la question de la vérité du souvenir. Dès le prologue, à la mémoire du mathématicien Théétète, l'enchâssement des récits traduit la complexité du procédé mnésique, s'agissant de lire un aide-mémoire (ὑπομνήματα) rédigé à partir des souvenirs d'Euclide qui retranscrit le récit par Socrate d'une conversation qu'il tint avec Théodore et Théétète (143 a). Euclide a consigné son récit non pas sur la base de ses propres souvenirs, mais sur celle des souvenirs de Socrate. L'entrelacs des médiations incite à se demander dans quelle mesure la mémoire se réfère à un objet dans son identité. La question anime d'ailleurs une partie du dialogue avec Protagoras qui entame son Apologie de la manière suivante :

> Ce brave Socrate ! Parce qu'a pris peur un gamin qu'il interrogeait sur la question de savoir si une même personne (τὸν αὐτόν) était capable de se souvenir d'une même chose (τὸ αὐτό) en même temps que de ne pas la savoir (ἅμα καὶ μὴ εἰδέναι), et qu'apeuré, ce dernier a répondu que non, en raison de son incapacité à prévoir, il a démontré que c'était moi qui prêtais à rire dans cette discussion (166 a 2-6).

Dans le cadre du sensualisme, comment identifier le souvenir à une forme de savoir puisque, tant que savoir se réduit à saisir le donné sensible, la mémoire ne procure pas de connaissance en l'absence du ressenti ? La réponse de Protagoras annonce un rapprochement implicite entre statut de la sensation et rémanence de l'affection, attribuant au souvenir une valeur épistémique. La reformulation de la théorie protagoréenne est ainsi l'occasion d'une investigation sur la fonction et sur les conditions de la mémoire. En marge du sensualisme, l'homme-mesure autorise à définir la mémoire en tant que forme de savoir – ce qui ressort de la série de questions que Protagoras rétorque à Socrate. Il faut toutefois faire le pari de la cohérence, c'est-à-dire ne pas les envisager comme des artefacts éristiques, mais les estimer susceptibles d'une interprétation philosophiquement pertinente. Leur analyse requiert d'examiner au préalable l'objection formulée par Socrate et les problèmes que Protagoras s'apprête à résoudre (163 c-164 c).

Concilier savoir et souvenir

Bien souvent, les commentateurs s'intéressent seulement à la validité logique de l'objection, que Socrate lui-même met en doute parce qu'elle néglige le sens des concepts qu'elle invoque[1]. Toutefois, malgré ce défaut de formulation, elle soulève un point essentiel :

> Ce dont on est devenu savant à un moment donné, et dont on possède encore – c'est-à-dire conserve – le souvenir (μνήμην), lorsqu'on se souvient, est-ce qu'il est possible de ne pas savoir cela même dont on se souvient (163 d 1-4) ?
> Après avoir appris une chose, celui qui s'en souvient ne la sait-il pas (163 d 5)[2] ?

En substance, la question revient à se demander si la mémoire constitue une véritable forme de savoir pour le sensualisme, ou bien s'il faut l'exclure et, de ce fait, se heurter à des contradictions vis-à-vis du vécu. Or Socrate propose plutôt une sorte de raisonnement par l'absurde.

Prémisse (1) : voir est un sentir et la vision une sensation. Après avoir vu une chose, quelqu'un en devient savant, du fait de cette sensation (163 d 7-e 3). Il faut cependant noter que la sensation n'est pas d'emblée identifiée et limitée à la vue, qui deviendrait le paradigme de la sensation[3]. Il s'agit d'un exemple parmi tant d'autres, comme il y en a eu à propos de l'audition (163 b-c) et du toucher (152 b c). Toutefois, isoler un sens ne sera pas sans incidence sur l'objection.

1. J. McDowell (*Plato : Theaetetus*, *op. cit.*, p. 160-161) et D. Bostock (*Plato's Theaetetus*, *op. cit.*, p. 86-88) sont les seuls à se pencher sur sa portée, alors que tous les autres interprètes s'en débarrassent en quelques mots.

2. Socrate identifie ici *apprendre* (μανθάνῃ) et *devenir savant* (ἐπιστήμων γίγνομαι).

3. *Contra* D. Bostock, *Plato's Theaetetus*, *op. cit.*, p. 86 ; et T. Chappell, *Reading Plato's* Theaetetus, *op. cit.*, p. 98.

Prémisse (1') : « "on ne voit pas", c'est "on ne sait pas" (164 b 1-2) », soit la contraposée de la prémisse (1). L'inversion est logiquement problématique, car elle suppose de réduire la *sensation* et le *savoir* à la *vision*, au sens où la vision serait le tout de la sensation, à l'exclusion de toute autre forme de la sensation. Pour cette raison, la validité de l'argument sera contestée après coup.

Prémisse (2) : le souvenir est la conservation de l'objet vu, une fois la vision achevée (163 e 10-13), et il prend le relais de la vision lorsque l'objet quitte le champ visuel. De ce fait, il possède toujours un contenu intentionnel, celui d'une sensation passée (163 e 4-7). La prémisse découle de la définition de la sensation, qui est nécessairement déterminée et sans erreur (152 c 5-6).

Prémisse (2'), qui résulte implicitement de (2) : le souvenir n'est pas un objet sensible ni la mémoire une sensation. Cette prémisse entraîne un second accroc.

Conclusion : de (1') et (2'), il résulte que la définition de la science comme sensation ne justifie pas d'identifier la mémoire à une forme de savoir, puisque sortir de la vision entraîne de perdre la sensation, donc la connaissance.

L'aporie survient parce que la mémoire n'a pas été définie en tant que faculté. Il a seulement été question du contenu du souvenir (μνήμη), jamais de l'acte de se souvenir comme tel. Rien n'est dit quant au retour de l'objet mémorisé sur le plan de l'objet perçu, de sa réactualisation dans la connaissance. Aussi, alors que la connaissance est définie à partir de l'acte de sentir, la mémoire apparaît-elle comme un réservoir de données dont rien en fait n'explique le fonctionnement. Cependant, l'inconsistance de l'objection conduit Platon à soulever la question du rapport des données mnésiques au vécu sensible et à examiner les conditions de leur surgissement, ainsi que le lien qu'elles entraînent. Rien n'est dit non plus sur le passage de l'objet perçu en objet de souvenir, c'est-à-dire sur la différence entre l'objet de la sensation et celui du souvenir. Manifestement, si le contenu de la mémoire est issu de la sensation, il ne peut être que vrai, par extension, dans la mesure où la sensation est infaillible. Le souvenir semble être uniquement la transposition du donné sensible en une autre forme. Quelle en est toutefois la nature exacte : s'agit-il d'une forme dérivée de la sensation ou bien d'un objet différent ? Cette conception inachevée de la mémoire entraîne enfin la question de l'unité de la sensation. Faut-il admettre que les objets sensibles possèdent une forme commune et unique de la sensation, ou bien sont-ils totalement étrangers les uns aux autres ? En effet, alors qu'il distingue différents sens, Socrate parle d'une seule μνήμη. Dès lors, si la mémoire a un statut unique pour les différents types d'objet, y a-t-il un organe central de la sensation qui lui corresponde ?

Malgré son manque de validité, l'argument soulève la question du sens et de la fonction de la mémoire. Lui attribuer spontanément un statut différent, voire radicalement séparé de celui de la sensation, entraîne un problème de cohérence pour l'épistémologie attribuée à Protagoras. Pour lever la difficulté, celle-ci doit élargir le concept de sensation et revenir à l'identification initiale entre αἴσθησις et φαντασία.

La réponse de Protagoras

Répondant en chiasme aux premières objections, l'Apologie commence par la dernière critique – sur la mémoire. Au lieu d'exposer les principes de sa théorie, Protagoras répond aux critiques de Socrate par une série de questions. D'allure rhétorique, celles-ci possèdent un réel fond philosophique et leur emboîtement fournit les bases d'une réflexion protagoréenne sur la mémoire.

> Par exemple, 1) crois-tu qu'on te concèdera que le souvenir de ce que quelqu'un a éprouvé (ἔπαθε) lui sera présent (παρεῖναι) – le souvenir étant une affection (πάθος) semblable à celle (τοιοῦτόν τι οἷον) qu'il éprouvait (ἔπασχε) alors – s'il ne l'éprouve plus (μηκέτι πάσχοντι) ? Il s'en faut de beaucoup (166 b 1-4).

Afin d'intégrer la mémoire, Protagoras doit préalablement définir le lien entre sensation et souvenir. La trace mnésique n'est pas présentée comme une image de l'objet senti, ce qui reviendrait à étendre le modèle de la vision aux autres sens. Protagoras cherche un paradigme adapté à tous les sens, qu'il trouve dans l'affection[1]. Le rapport entre l'objet de la sensation et celui du souvenir est ainsi donné par une similitude d'affection. Or le πάθος couvre un domaine plus large que l'αἴσθησις

1. Seuls C.J. Rowe, M. Welbourne et C.J.F. Williams (« Knowledge, Perception, Memory : *Theaetetus* 166 b », *Classical Quarterly* 32, 1982 (2), p. 304-306) jugent ce terme central pour comprendre la réponse de Protagoras. Ils discutent aussi les interprétations concurrentes. En *De mem.*, 1, 449 b 24-25, Aristote définira la mémoire comme suit : « La mémoire n'est donc ni sensation, ni croyance, mais une disposition (ἕξις) ou une affection (πάθος) se rapportant à l'une d'elles (τούτων τινός), lorsque du temps s'est écoulé (trad. P.-M. Morel). »

– qu'il produit[1]. De plus, il insiste sur la propriété du souvenir ou de la sensation : dans le souvenir, chacun est confronté à un objet *pour lui* passé.

Que signifie la similitude d'affection propre au souvenir, s'il est « du même type » que la sensation, donc aussi de nature différente ? La fiabilité du souvenir résulte de sa proximité avec la sensation, de son ancrage dans l'affection. Quant à la similitude, et non à l'identité, elle résulte du fait que la mémoire n'entre pas en contact direct avec le donné externe. Elle installe une relation entre l'agent et le patient sans extériorité de l'agent affectant, qui reste tout entier intérieur au patient qui se souvient (Protagoras emploie παρεῖναι pour désigner l'immanence qui caractérise cette relation).

Par conséquent, le souvenir similaire à la sensation passée désigne le souvenir vivant (la mélodie qui nous trotte en tête, le visage dont les traits restent nets). Dans ces situations, l'affection paraît semblable à la sensation originaire, celle au moment de l'expérience directe de l'objet perçu. C'est donc la similitude, non pas de l'objet comme tel mais de l'affection qu'il provoque, qui garantit le statut épistémique du souvenir. D'un point de vue logique, il faut pourtant reconnaître qu'à demeurer dans les limites de la similitude, le rapport exact entre sensation et souvenir est incertain et entraîne un doute quant à la vérité du souvenir.

Cette conception de la mémoire a plusieurs implications. Premièrement, étant donné qu'une affection intervient dans la restitution du souvenir, la mémoire est rétablie dans son statut de faculté, au même titre que la sensation. Elle n'est pas seulement décrite comme un réservoir de données, mais comme un mouvement d'affection analogue à celui tiré de la sensation. Deuxièmement, elle secondarise l'importance du donné extérieur, puisque le caractère du donné, extrinsèque ou immanent, se voit subordonné à la similitude de l'affection subie par le sujet de l'expérience. Troisièmement, elle implique une différence, inexploitée jusqu'ici, entre le souvenir vivant et une autre forme de souvenir, différence qui refléterait la distinction entre μνήμη et δόξα : la mémoire renverrait à la reproduction de la sensation, l'opinion au jugement sur la sensation, soient deux façons d'avoir une expérience de l'objet senti différente du souvenir vivant. Quatrièmement, du fait d'assimiler le souvenir à une affection, elle évacue l'erreur de la remémoration. Enfin, en définissant le souvenir comme une sorte d'affection, elle attache la mémoire au présent, dans la mesure

1. *Théét.*, 179 c 2-4 : περὶ δὲ τὸ παρὸν ἑκάστῳ πάθος, ἐξ ὧν αἱ αἰσθήσεις καὶ αἱ κατὰ ταύτας δόξαι γίγνονται, χαλεπώτερον ἑλεῖν ὡς οὐκ ἀληθεῖς. Voir 156 a-c.

où tout πάθος est toujours vécu au présent, même s'il vise la rémanence d'une affection passée. Cette théorie de la mémoire implique de réfléchir aux relations entre les modes de la temporalité.

> 2) Ou crois-tu qu'on hésitera à convenir qu'une même personne (τὸν αὐτόν) est capable de savoir et de ne pas savoir une même chose (τὸ αὐτό, 166 b 4-5) ?

Cette question doit être comprise dans la ligne de la précédente. Elle retourne l'objection éristique soulevée par Socrate en 163 c-164 c (puis reprise de manière caricaturale en 165 b-c) : d'une certaine façon, il s'avère possible pour une même personne de savoir et d'ignorer une même chose, en admettant que la mémoire constitue une forme de connaissance – ce que permet l'emploi du terme πάθος pour caractériser tant la sensation que la mémoire. La similitude d'affection garantit la vérité de la mémoire, au sens où la μνήμη est une affection propre, semblable à celle éprouvée dans la sensation. Dans ces conditions, en l'absence de l'objet extérieur, c'est-à-dire une fois achevée la sensation directe, il reste possible de se le rappeler et de le connaître par le biais d'une autre affection.

Que dire alors de l'objet du souvenir, puisqu'il s'agit de savoir et de ne pas savoir *une même chose* ? Cette esquisse d'une théorie de la mémoire soulève la question de l'identité entre l'objet senti et l'objet du souvenir, si l'objet est censé changer à chaque perception et s'il n'y a aucune unité en dehors du phénomène. En réalité, elle considère seulement le sujet affecté, sans rien dire à propos de l'objet affectant. De ce point de vue, dès le moment où deux affections semblent similaires, elles peuvent avoir un même objet pour origine, quoique la forme de l'affection puisse différer – intérieure ou extérieure. C'est pour cette raison que ces affections sont similaires, et non identiques. Dès lors, il y a bien une sorte de restauration d'une même chose, par la similitude d'affection. Protagoras parle du reste de la *même personne*, capable de se souvenir sans plus sentir, de subir cette affection similaire à celle qu'il avait eue auparavant.

Enfin, l'identité de l'objet peut se comprendre de façon diachronique ou de façon synchronique, selon qu'elle renvoie à la mémoire dans son rapport à la sensation ou bien à la sensation seule. Dans ce second cas, c'est par une fin de non-recevoir que Protagoras répondrait à l'objection de Socrate d'après laquelle un même individu pourrait à la fois connaître et ignorer une même chose, s'il se cache un œil et la regarde avec l'autre. Cette objection serait purement éristique, car la fonction d'un organe peut très bien s'exercer en l'absence des autres.

3) Ou alors, si on a peur de cela, qu'on accordera jamais que celui qui est dissemblable (τὸν ἀνομοιούμενον) est identique (τὸν αὐτόν) à ce qu'il était avant de le devenir (τῷ πρὶν ἀνομοιοῦσθαι ὄντι, 166 b 5-7) ?

Le lien entre la question (3) et les questions (1) et (2) n'est pas évident : faut-il considérer que la (3) les prolonge[1], ou bien vise-t-elle une autre objection[2] ? Protagoras reconnaît tout d'abord l'aspect éristique de (2) : cette contradiction apparente – attribuer deux états contraires à une même personne à l'égard d'un même objet – suscite une méfiance légitime. Or, si (3) est également destinée à soutenir sa thèse, elle ne doit pas constituer un pas en arrière par rapport à (1) et à (2) : en faisant marche arrière devant les premières objections pour passer à une troisième, Protagoras diminuerait le crédit de sa défense. Au contraire, s'il s'agit de renforcer son argumentation, (3) progresse en formulant *in extenso* une question relative à l'unité de l'expérience implicitement contenue en (2) – voire déjà en (1) –, tout en évitant le mode d'expression problématique de (2). Quel rapport existe-t-il entre le sujet qui a eu la sensation et celui qui se souvient ?

Le problème consiste à déterminer si la personne qui se souvient est identique à celle qui a eu la sensation. Protagoras reprend l'alternative laissée de côté par Théétète : rien n'apparaît identique, parce que personne n'est jamais semblable à lui-même[3]. Toutefois, il ne précise pas la cause du *devenir dissemblable*, qu'il faut sans doute attribuer à une forme (minimale[4]) de mobilisme. Le problème du *devenir dissemblable* est inhérent à celui de la mémoire, dans la mesure où le processus de mémoire met en relation un individu x, qui a une sensation à un moment t_1, et cet individu x qui se souvient de sa sensation à un moment t_2. Protagoras demande d'envisager que cet individu x ne puisse être identique en t_2 à ce qu'il était en t_1, car entre deux moments du temps il a changé par rapport

1. J. McDowell, *Plato : Theaetetus*, *op. cit.*, p. 164; S. Rotondaro, « Qualche osservazione sulla memoria in un dialogo-memoria », dans *Il* Teeteto *di Platone*, *op. cit.*, p. 230-231.

2. F.M. Cornford, *Plato's Theory of Knowledge*, *op. cit.*, p. 69-70; T. Chappell, *Reading Plato's* Theaetetus, p. 105; D. Sedley, *The Midwife of Platonism*, *op. cit.*, p. 55.

3. *Théét.*, 154 a 6-9. Il est raisonnable de suivre la suggestion de M. Narcy (*Platon. Théétète*, p. 323-324, n. 110) qui, dans la réponse de Théétète, renvoie τοῦτο à la première proposition et ἐκεῖνο à la seconde. Si cette solution renverse les habitudes de la syntaxe grecque (le LSJ signale que cette lecture, moins fréquente, est attestée par ailleurs), elle est cependant la seule à expliquer qu'ensuite Socrate développe la première option, sans ne tenir aucun compte de la seconde. Donc, en (3), Protagoras reprendrait la solution écartée par Théétète.

4. Protagoras n'insiste pas sur ce *jamais* et parle du cas où se produit une dissemblance.

à ce qu'il était. Socrate malade, qui a goûté du vin, peut être devenu bien portant au moment où il s'en souvient. Or Socrate bien portant qui se rappelle le vin qu'il a trouvé amer devrait le trouver doux au moment où il s'en souvient, vu qu'il est devenu bien portant. Dans ce cas, puisqu'il n'y a pas identité entre les deux Socrate, comment parler de souvenir d'une même chose et concilier les deux états d'un même individu ?

À proprement parler, pour qu'il y ait souvenir, il faut que subsiste un élément qui conserve la trace de la sensation et assure le lien entre t_1 et t_2. Autrement dit, pour parler de mémoire, un niveau minimal de stabilité et de ressemblance est nécessaire, sans quoi nous serions confrontés à un monde uniquement constitué d'instants hétérogènes qui disparaîtraient une fois l'affection terminée. Mais cette continuité vient-elle de l'objet ou du sujet du souvenir ? En accord avec la (2), il ne faut pas s'interroger sur la nature intrinsèque de l'objet externe. Si la similitude d'affection constitue le critère de comparaison entre le souvenir et la sensation passée, elle se place du côté du pôle subjectif au sein de la corrélation unissant le sujet à l'objet de la sensation. Par conséquent, il n'est pas possible de parler de souvenir sans tenir compte de l'acte qui associe l'objet de l'affection externe (la sensation) à l'objet de l'affection interne (le souvenir), ni sans se placer du point de vue du sujet de l'affection. Aussi, malgré les différences qui surviennent en son sein entre deux moments du temps, le sujet de l'expérience conserve-t-il une certaine unité afin de permettre l'identification entre les deux affections.

Protagoras explicite le processus d'altération intervenant dans le passage de la sensation en souvenir. Si le souvenir résulte d'une dissemblance à l'égard de la sensation originale, il s'agit de deux états de connaissance différents. L'individu qui se souvient a subi une modification de son être, notamment en ce que, d'une part, la sensation s'est transformée en souvenir à l'intérieur de lui, d'autre part en ce que son état s'est modifié. Or, puisqu'une dissemblance survient, il n'y a pas de raison de poser l'identité du souvenir et de la sensation. Rien n'empêche dans ces conditions de les poser comme deux formes de savoir distinctes : l'une originaire, l'autre dérivée. Dès lors que l'objet n'est plus présent, la sensation s'altère en souvenir et le sujet affecté, autant que l'objet senti, changent. Il ressort de cette troisième question que les individus, sujets aux sensations et aux souvenirs, changent avec le temps à travers leurs actes phénoménaux et que, du fait de cette dissemblance, ils ne sont jamais affectés dans le souvenir comme ils ont pu l'être au moment de l'affection, puisqu'ils sont devenus dissemblables par rapport à ce qu'ils étaient[1]. Néanmoins, une persistance est nécessaire à la mémoire[2].

> 4) Davantage même : que quelqu'un soit *lui* (τόν) et non pas *eux* (τούς), ceux-ci devenant infinis en nombre dans le cas où se produit une dissemblance, s'il faut nous prémunir contre des chasses mutuelles aux mots (166 b 7-c 2) ?

Si l'individu s'altère avec le temps et devient, dans le souvenir, dissemblable à ce qu'il était au moment de la sensation, alors il faudra parler de l'individu au pluriel, en raison de la production de dissemblances. Pour se prémunir contre les objections éristiques, le langage devrait accentuer la pluralité individuelle afin d'éviter l'impression d'une identité entre le sujet qui se souvient et celui qui a la sensation actuelle. Dès lors, la question (4) se présente comme une tentative de réconcilier la multiplicité et l'unité au sein des individus. En effet, comme y insiste l'Apologie, à côté de la relativité et de la propriété des phénomènes, maintenir une unité de l'individu est indispensable à la thèse de Protagoras, sous la forme de la disposition (ἕξις). D'un autre côté, la pluralité des états rend seule possible une amélioration de l'individu (c'est-à-dire de sa disposition).

Protagoras ne nie pas l'existence d'individus en tant qu'unités, dans la mesure où il dit : τὸν εἶναί τινα ἀλλ' οὐχὶ τούς. Le pronom indéfini, au singulier et non repris au pluriel, suggère qu'il existe quelque chose d'identifiable à un individu, qui doit être considéré comme la recollection des états issus des dissimilitudes. L'individu ne demeure pas identique à lui-même, mais ses actes perceptifs, ainsi que leur passage dans le souvenir, le rendent dissemblable en altérant son stock de connaissances. Il subsiste pourtant en tant qu'individu, puisqu'il est possible de parler de Socrate, de Protagoras, de Théétète. Mais le Socrate qui se souvient de Protagoras

1. En accord avec S. Rotondaro (« Qualche osservazione sulla memoria », art. cit., p. 230-231). Elle a cependant tort de présenter les sujets comme complètement distincts car, dans ces conditions, comment pourrions-nous parler de mémoire ? Son erreur semble provenir d'une erreur de traduction (l'introduction d'un « *mai* », jamais), qui entraîne d'inverser le sens de la question (2), bouleversant ainsi sa relation à (3).

2. À moins de considérer que Protagoras nie l'existence de la mémoire, ce qui ne semble qu'être une hypothèse éristique et peu philosophique, uniquement destinée à mettre Socrate en difficulté. Dans ce cas, la question de Protagoras n'aurait d'autre fin que d'éviter une contradiction *formelle* et elle impliquerait pour sa définition de la science une contradiction *principielle*. Or, étant donné que la mémoire joue un rôle essentiel dans la connaissance (car sans mémoire nous ne pouvons pas formuler de jugement, confronter notre expérience passée à notre expérience présente), comment Protagoras pourrait-il la nier ?

à présent et qui l'évoque dans son souvenir par un discours est différent du Socrate qui l'a rencontré des années plus tôt. C'est ici qu'intervient une forme acceptable de mobilisme, qui relève du devenir au sens propre.

L'unité des personnes, du point de vue de Protagoras, est-elle alors purement nominale ? Pour être cohérent, il faudrait dire « x dans tel état E à un moment t_1 » et « x dans tel état F à un moment t_2 » pour qualifier l'individu à chaque moment et en fonction de l'état qui est le sien. Or, dans l'exposé du relativisme des délicats, Socrate a posé deux individus dissemblables, Socrate bien portant et Socrate malade, comme des totalités complètement différentes (158 e-159 c). Toutefois, une unité de l'individu, qui rassemble ces différents états, s'avère nécessaire à la thèse de Protagoras, au concept de mémoire et à celui de mesure. De la relation entre (1), (2), (3) et (4), il résulte que sa thèse ne peut s'accorder pleinement ni avec celle des délicats, ni avec le mobilisme absolu.

La réponse de Platon

Chacune des quatre questions confronte l'épistémologie platonicienne à des difficultés. La première pose le problème de la relation entre le souvenir et la sensation, puisqu'il s'agit de déterminer, d'une part, s'il existe une autre source pour les souvenirs que la sensation, d'autre part, si la forme du souvenir vivant est la seule manière de conserver la trace des affections passées. Autrement dit, elle contraint à expliquer la cause des erreurs survenant dans la remémoration. La seconde question soulève le problème sous-jacent du statut de la mémoire comme faculté cognitive. Ensuite, envisageant l'unité du sujet de l'expérience passée au moment présent, la troisième question entraîne d'interroger la manière dont les souvenirs s'entreposent et se retrouvent. Enfin, la quatrième question renchérit sur le problème de l'unité des individus entre deux moments du temps. Rassemblées en une seule, ces quatre questions conduisent Platon à interroger la conception de la mémoire, l'idée de revenir par le processus de remémoration à un objet dont la connaissance serait enfouie. Car si l'affection, présente ou passée, ne renvoie jamais à rien d'autre qu'à elle-même, comment admettre la possibilité de la connaissance d'un objet toujours identique ?

Mise en question de la réminiscence

Accéder à l'objet lui-même par la remémoration est le nœud de la théorie de la réminiscence telle qu'elle est présentée dans le *Phédon* (72 e-77 a).

Socrate commence par y décrire la forme ordinaire de réminiscence (ἀνάμνησις), ce qui se produit lorsque la perception d'un objet renvoie à un autre conservé en mémoire. Pour se ressouvenir, il faut avoir eu au préalable connaissance de la chose (73 c), un savoir acquis à un moment antérieur et que la sensation réactive : la sensation d'une chose renvoie à un moment donné à la conception d'une autre.

> Chaque fois que, quand on voit, entend ou saisit par un autre sens une chose, non seulement on la perçoit, mais on en conçoit aussi une autre – qui ne fait pas l'objet de la même connaissance (ἡ αὐτὴ ἐπιστήμη), mais d'une autre –, n'est-ce pas dans ce cas que nous disons à juste titre qu'on s'est ressouvenu de la chose dont on a saisi la conception (ἔννοιαν ; 73 c 6-d 1) ?

À la sensation s'associe une conception, qui fait l'objet d'un savoir différent, et l'acte de la saisir par la pensée est qualifié de réminiscence. Quand un amant aperçoit un objet qu'il reconnaît pour appartenir à son aimé, aussitôt se forme dans sa pensée (ἐν τῇ διανοίᾳ) l'image (τὸ εἶδος) de son propriétaire (73 d). La sensation est bien la condition de la réactualisation de l'objet de pensée, puisque c'est elle qui entraîne la remémoration de l'objet du souvenir. Toutefois si, pour qu'il y ait réminiscence, une perception doit activer la saisie d'une conception présente dans l'âme, la sensation ne suffit pas à la réminiscence, car il faut qu'il y ait reconnaissance de l'objet. Bien que l'origine du souvenir soit souvent la transformation d'une sensation en une conception du même objet, la sensation qui active la conception ne fournit pas par soi le critère de comparaison, mais la condition de l'accès à la conception qui partage avec elle une certaine affinité. Sans être la cause de la réminiscence, la sensation constitue un appel vers l'objet remémoré, en soulignant un manque de l'objet présent par rapport à l'objet en mémoire. Une différence se joue entre les deux facultés, vu que la remémoration de la conception quitte le champ de la passivité pour celui de l'activité. L'ἔννοια n'a plus la forme de la sensation. Elle est la trace d'une activité de l'âme qui réfléchit sur ce qui l'a affecté, qu'il s'agisse d'un jugement, d'un désir ou d'une perception, et son origine n'est pas réservée au champ de la perception.

À côté de la réminiscence ordinaire, Platon propose une analyse plus précise du mécanisme déclencheur de la sensation, qui fait apparaître la finalité de sa déficience. Si l'objet de la sensation en appelle à l'objet de la réminiscence, ils peuvent être liés soit par la ressemblance (ἀφ' ὁμοίων) soit par la dissemblance (ἀπὸ ἀνομοίων, 74 a). La sensation peut soit correspondre à l'image de l'objet (le portrait de Simmias qui rappelle

Simmias) soit lui renvoyer indirectement (la lyre de Simmias qui rappelle Simmias). En cas de ressemblance, le dépassement du sensible dans la conception correspondante se justifie par une imperfection de l'image vis-à-vis du modèle, car la sensation conduit à constater un défaut par rapport à la conception. La sensation de Simmias ne livre qu'un aspect ou un profil de Simmias, tandis que sa notion rassemble d'autres qualités que celles issues d'une seule sensation.

Se profile une autre réminiscence, qui ne concerne plus les objets sensibles mais leurs propriétés : il ne s'agit plus d'identifier l'homme et son portrait, mais de comparer des bouts de bois égaux à l'égal lui-même. Dans la sensation, nous n'éprouvons pas une affection similaire[1] à l'égard de bouts de bois égaux et de ce dont l'être est l'égalité, car se produit un décalage entre le senti et le connu, le perçu et le conçu, s'expliquant par l'imperfection du premier (74 d). La sensation ne donne pas l'égalité, bien qu'elle mène vers la propriété d'égalité commune à toutes les choses égales. L'égal lui-même ne réside pas dans les choses égales, qui ne sont ni senties ni conçues comme telles à partir d'elles-mêmes, parce que ces dernières, sans changer, sont tantôt égales tantôt inégales à l'égard d'objets différents. La connaissance de l'égal lui-même ne peut dès lors être déduite de la sensation, puisqu'elle ne rencontre jamais rien de tel. Aussi la sensation cause-t-elle la connaissance de ce qu'est l'égal, mais seulement en tant qu'elle suscite la réminiscence. Elle n'est ni connaissance ni origine de la connaissance, mais elle est le facteur qui entraîne la saisie des connaissances acquises préalablement – cette antériorité est nécessaire, car le manque se manifeste toujours par rapport à quelque chose que nous pouvons évaluer (74 e-75 b)[2]. Cette connaissance doit même être prénatale, dans la mesure où elle doit précéder toute rencontre avec les objets de la sensation (75 a-c).

À la différence de Protagoras dans le *Théétète*, Platon ne parle pas dans le *Phédon* de souvenir (μνήμη), mais de conception (ἔννοια)[3]. Il désigne ensuite la connaissance comme remémoration (ἀνάμνησις). Enfin, si la sensation cause la réminiscence mais résulte elle-même d'une forme de

1. *Phéd.*, 74 d 4 : πάσχομέν τι τοιοῦτον. Ces termes sont analogues à ceux de *Théét.*, 166 b.

2. En *Rép.*, VII, 524 d-525 a, Socrate pose que la sensation suscite une réflexion sur l'unité qui apparaît en elle mais qu'elle ne peut traiter. L'âme égarée se lance dans une recherche mettant en mouvement la notion vers la contemplation de la réalité. La différence entre ces passages tient à l'absence ici de l'origine réminiscente de cet accès à la connaissance.

3. Platon semble réserver le terme μνήμη au souvenir qui est toujours la conservation d'une sensation (*Phéd.*, 96 b 5-8 ; *Phil.*, 34 a 10-11).

passivité, la remémoration comme telle constitue une activité de la pensée, l'acte de *saisir* une conception. En dépit de la similitude d'affection entre la sensation et la conception, seule la saisie active de cette dernière définit la réminiscence comme une connaissance. Grâce à cette faculté, Platon introduit avec la réminiscence une connaissance de la chose dans son identité, dès lors que la déficience constatée dans la sensation, par rapport à la réminiscence qu'elle suscite, élève vers des objets semblables à ceux perçus auxquels cependant rien ne manque. Dans le *Théétète*, en revanche, le souvenir est décrit comme une affection analogue à la sensation – qui connaît le même mode de passivité. En évacuant la déficience inhérente à la sensation et au phénomène, la μνήμη de Protagoras rend vain le dépassement vers un savoir supérieur, dans la mesure où, entre μνήμη et αἴσθησις, le rapport n'est pas de manque mais de similitude (d'affection). De plus, à chaque affection survient une dissemblance qui exclut de considérer qu'existe un défaut, au sens où toutes se valent eu égard à la vérité et où le dissemblable n'est jamais comparé à l'état parfait. Si, dans le *Phédon*, la ressemblance établit un lien entre les sensibles et les choses elles-mêmes, dans les questions de Protagoras, la liaison se produit par rapport à soi – un soi soumis au changement. Par conséquent, la théorie de la mémoire attribuée à Protagoras évacue la connaissance *a priori* des propriétés de la sensation, étant donné qu'elle rend impossible de justifier le dépassement de la sensation vers une connaissance d'objets stables qui la transcendent. Les propriétés sont progressivement acquises, la tâche de l'expert étant notamment de les adapter et de les redresser afin de produire une meilleure disposition. En limitant la mémoire à une affection dérivée analogue à la sensation, Protagoras rend difficile la théorie de la réminiscence et il exige de Platon qu'il justifie la nécessité de connaître des réalités dès avant la naissance.

La réminiscence du *Phédon* se définit comme *un processus psychique de saisie de la trace mnésique d'un savoir acquis antérieurement*. Or l'objection du *Théétète* à la thèse protagoréenne demande de justifier le statut de la mémoire comme une connaissance, dans la mesure où elle diffère de la sensation. Platon choisit bien son vocabulaire et parle de μέμνηται, μεμνημένον : avoir en mémoire, conserver le souvenir (163 d). Il envisage la mémoire comme la conservation du souvenir, et non comme sa réactivation, ce qui la distingue de la sensation et empêche de lui accorder le statut de science. En réponse, Protagoras présente la mémoire comme une affection analogue à la sensation, sans impliquer la pensée dans la récupération de la sensation (166 b). Dès lors, si la mémoire se définit comme la simple réactivation du souvenir, si le souvenir est la conversation de la sensation et si la sensation est toujours vraie puisqu'elle est affection, alors d'une part la mémoire sera infaillible, d'autre part elle se substituera à la réminiscence. Enfin, si la thèse de l'homme-mesure dépasse bien les limites du sensualisme et étend le champ de la φαντασία, il paraît bien plausible que la mémoire du phénomène n'implique pas non plus l'existence d'une distinction de nature entre mémoire et réminiscence, la seconde étant reconduite à la première.

Les modèles de la mémoire dans le Théétète

D'où pourraient venir les catégories de la sensation, dans le cadre des théories empiristes, sensualisme et phénoménalisme ? Le mobilisme que Platon y associe établit que la qualité (ποιότης) ne se rencontre jamais, mais seulement le qualifié (ποιόν ; 182 a-b). La qualité est toujours en mouvement et, à proprement parler, rien ne possède un tel nom, car le terme se dissout dans ses manifestations et en devient incompréhensible dans sa généralité [1]. Le mobilisme rend impossible l'existence même de qualités et admet seulement la genèse des qualifiés dans la sensation. Dans une telle théorie, il faut accepter de parler du blanc et du beau sans pouvoir renvoyer ces états à la blancheur ou à la beauté, du moins pas en tant que concepts antérieurs à toute sensation.

De plus, le sensualisme admet l'idée que la sensation transite par les sens sans qu'il existe un organe central conférant une unité aux sensations. Or, argumente Platon, dans la mesure où chaque faculté perçoit seulement ses objets propres, une autre est nécessaire pour les comparer et les rapporter à un objet commun (τὸ κοινόν, 185 a). Dans la sensation se produit donc une affection simultanée du corps et de l'âme, par laquelle il est possible de considérer l'existence d'objets, sans quoi il existerait seulement des sensations particulières sans aucune liaison. Comment se passe donc le rapport entre ces deux d'affection ? Premièrement, ces termes communs,

1. *Théét.*, 182 a 10 : οὐ μανθάνεις ἀθρόον λεγόμενον. Pour certains commentateurs, Théétète ne comprend pas le sens de ποιότης parce qu'il s'agit d'un néologisme proposé par Socrate. Nous assisterions à un procédé littéraire auquel recourt Platon pour introduire un concept. *Cf.* J. McDowell, *Plato : Theaetetus*, *op. cit.*, p. 180. Or, s'il est vraisemblable qu'il s'agisse de la première occurrence du mot (ἀλλόκοτόν τε φαίνεται ὄνομα), ce n'est pas le seul néologisme que Platon forme dans les Dialogues, et il ne le fait jamais avec autant d'avertissements. Par ailleurs, ce n'est pas comme tel que Théétète ne le comprend pas, mais dans sa généralité (ἀθρόον). Il y a donc plus à puiser dans ce passage qu'une création lexicale, mais la question de la possibilité de la qualité dans certaines théories.

les κοινά (être et non-être, unité et multiplicité, semblable et dissemblable, même et autre, etc.) ne relèvent pas d'un organe de la sensation, mais ils ressortissent à un examen de l'âme seule[1]. Deuxièmement, c'est par le biais de pensée que l'âme applique ces κοινά aux différentes sensations[2].

> [L'âme] me semble examiner l'être en comparant [les affects] les uns par rapport aux autres surtout dans de telles situations, analysant en elle-même ce qui est passé et ce qui est présent par rapport à ce qui est à venir (186 a 10-b 1).

Les sens perçoivent les objets secs ou mous. Toutefois, l'âme seule perçoit la sécheresse du sec ou la mollesse du mou. Elle seule a la faculté de comparer une sensation présente à des sensations passées ou à venir (186 b). Dans un premier temps, l'âme intervient donc pour attribuer au donné perçu par les organes de la sensation la qualité qui lui correspond. Dans un second temps, elle rassemble les différentes sensations et compare leurs données, sans plus se référer directement aux organes de la sensation. Elle se livre alors à un exercice solitaire, revenant sur le donné lui-même avant de le comparer au donné passé ou à venir. De ce fait, elle constitue l'organe de la sensation qui transcende le donné immédiat et l'inscrit dans un système de comparaison, parce qu'elle seule accède aux termes communs. La sensation ne se limite jamais aux rôle des organes sensoriels, mais elle implique une réflexion de l'âme, qui examine les sensibles et les compare pour unifier la sensation. À disposer seulement du donné immédiat des sens, l'âme serait cantonnée dans le présent et il serait impossible de concevoir des individus ou les objets qu'ils perçoivent comme des touts unifiés : chacun serait dissout dans la multiplicité des sensations présentes auxquelles il est confronté à chaque instant. L'âme joue donc un rôle nécessaire dans la sensation, s'agissant toujours de la même âme, qui compare le présent au passé. Elle est le caractère unique qui maintient ensemble toutes les sensations (μίαν τινὰ ἰδέαν… πάντα ταῦτα συντείνει ; 184 d 3-4), le trait commun qui permet de concevoir toutes les sensations en tant que sensations et vers lequel toutes celles-ci convergent (ὅσα διὰ τοῦ σώματος παθήματα ἐπὶ ψυχὴν τείνει ; 186 c 1-2), parce que la différence ne permettrait pas la comparaison. En

1. *Théét.*, 185 e 1 : αὐτὴ δι' αὑτῆς ἡ ψυχή ; 186 a 4-5 : αὐτὴ ἡ ψυχὴ καθ' αὑτὴν ἐπορέγεται. Cf. *Théét.*, 185 a 11-12 : Οὐκοῦν καὶ ὅτι ἑκάτερον ἑκατέρου μὲν ἕτερον, ἑαυτῷ δὲ ταὐτόν ; 185 b 2 : Καὶ ὅτι ἀμφοτέρω δύο, ἑκάτερον δὲ ἕν ; 185 b 4-5 : Οὐκοῦν καὶ εἴτε ἀνομοίω εἴτε ὁμοίω ἀλλήλοιν.

2. *Théét.*, 185 e 7. Cf. *Phédon*, 79 c 2-5.

revanche, l'absence d'unité et d'identité inhérente au mobilisme associé à Protagoras constituerait une difficulté majeure puisque, d'une part, rien ne lui permettrait de justifier des termes communs, tels que le semblable et le dissemblable, sur lesquels il fonde son argument ; d'autre part, sa redéfinition du savoir serait impossible car, sans faire appel à l'unité d'une faculté qui centralise les connaissances, rien ne permettrait d'unifier ce savoir d'origine empirique à propos du meilleur et de l'utile.

Or, comme le rappelle Platon, la sensation appartient *par nature* à l'homme et aux animaux (186 b 11). Malgré l'objection (161 c-d), Protagoras n'est pas revenu sur cette proximité. Il a simplement nié que l'animal puisse être savant, étant donné que le savant se démarque par sa capacité à améliorer la disposition et à influencer l'apparition de sensations (167 d). Si l'animal sent et, à ce titre, ne se trompe pas, il est par contre incapable de produire consciemment un changement vers le mieux chez un congénère. Platon ajoute une différence, dans la capacité de raisonner et de se rapporter à l'être, à la vérité ou à l'utile (186 c), comblant ainsi le silence laissé par Protagoras au sujet de l'acquisition de l'utile. Celui-ci requiert un travail de confrontation des sensations, qui implique du temps, de la pratique et de l'éducation. À l'inverse de ce qu'affirme Protagoras, l'être et la vérité n'apparaissent pas immédiatement dans la sensation, mais ils résultent d'un long apprentissage. Par conséquent, de la même façon qu'attribuer le sec à une sensation nécessite l'intervention de l'âme, attribuer l'être ou la vérité passe aussi par elle. La sensation ne peut être science, parce qu'elle ne se suffit pas à elle-même, mais elle suppose un mouvement de l'âme qui confère à l'affection une signification. Autrement dit, la sensation implique toujours un savoir des termes communs. Aussi longtemps qu'il demeure lié au sensualisme, Protagoras est conduit à une aporie, parce qu'il ne peut rendre compte de la connaissance à laquelle il prétend.

Il reste pourtant possible d'interpréter la thèse protagoréenne sans réduire le phénomène à la sensation et sans rencontrer les limites inhérentes aux affections singulières. La réfutation du sensualisme soulève le problème de l'origine et de la connaissance des termes communs auxquels l'âme recourt dans la sensation. Or Protagoras ne pourrait-il pas suggérer que ceux-ci soient entièrement issus de l'expérience ? Si le protagoréisme est battu en brèche, il soulève à tout le moins la question d'une origine empirique des κοινά unifiant la sensation. Le temps, les nombreux efforts et l'éducation que Platon mentionne pourraient constituer une piste pour rendre compte du statut de l'expert et de la connaissance selon Protagoras.

Ce passage dévolu aux termes communs ne soulève pas la question de l'origine des κοινά utiles pour conférer la signification à la sensation et ne les rapporte pas non plus à la mémoire[1]. Après l'Apologie, il faut en effet attendre la deuxième définition de la science, comme opinion vraie, pour voir la mémoire reparaître, à propos cette fois de la possibilité de l'opinion fausse. Socrate y expose deux modèles qui en expliquent l'origine, fondés sur la mémoire : la tablette de cire et le colombier. Dans le premier, les savoirs passés s'impriment dans la mémoire, comme un sceau dans la cire (191 c-197 a) ; dans le second, les savoirs s'accumulent comme des oiseaux domestiques que chacun rattrape lorsqu'il en est besoin (197 b-200 d). Aucun de ces modèles ne rend compte du processus dont Socrate fait état pour justifier l'intervention de l'âme dans la sensation, à savoir la connaissance des κοινά.

La définition de la pensée comme dialogue intérieur de l'âme (189 e-190 a) ne change pas la description du savoir comme emmagasinement de connaissances. Tout au plus, Platon répond-il par provision à la question de l'origine, puisque chacun des deux modèles suppose, sans le préciser, que les opinions acquises soient le résultat de sensations ou d'opinions. Or, si la faculté sensitive apparaît avec nous, la connaissance qui accompagne l'expérience doit toujours être déjà enfouie en nous, au sens où nous devons posséder de quoi conférer un sens aux sensations. En revanche, parce qu'elle n'apparaît pas naturellement, il faut développer la capacité de connaître activement ces κοινά et dépasser la connaissance passive au travers des sensations ou des opinions. Par conséquent, l'hypothèse d'un savoir totalement subjectif, un corolaire possible de l'homme-mesure en tant que savoir entièrement fondé sur la genèse individuelle, s'avère impossible, étant donné que toute expérience suppose déjà la possession du concept d'expérience, autrement dit la connaissance des κοινά nécessaires à la sensation. Platon sort ainsi de la boucle dans lequel, selon lui, le raisonnement de type protagoréen enferme la pensée sur le chemin de la définition de la connaissance. Il reste cependant une alternative compatible avec les prémisses de Protagoras, car poser l'acquisition extérieure des κοινά constitue seulement une solution possible pour résoudre le problème de l'origine. Protagoras pourrait en effet s'accommoder d'une genèse collective des termes communs où, comme la langue ou la morale, l'individu acquerrait progressivement des catégories de pensée élaborées par le groupe. Le travail de l'exper[illegible]

1. Comme le note aussi J. Cooper, « Plato on Sense Perception and [illegible] (*Theaetetus* 184-186) », *Phronesis* 15, 1970 (1), p. 128-129.

qui à force de temps et d'effort se forme une connaissance plus aboutie de ces notions élaborées de façon collective, consisterait alors à redresser ses interlocuteurs, afin de produire en eux de meilleures sensations et de meilleures opinions, par l'amélioration de leur disposition cognitive (une meilleure compréhension ou un meilleur usage des catégories instituées).

CHAPITRE IV

L'UNITÉ DES VERTUS

Dans le *Protagoras*, la question de la vertu n'est pas envisagée sur le plan strictement théorique de la définition, sous la forme « qu'est-ce que la vertu ? », mais elle demeure celle de la possibilité d'enseigner la vertu [1]. La définition du sophiste a en effet lié Protagoras à l'éducation, lui qui s'est présenté comme un professeur d'art politique enseignant aux citoyens l'εὐβουλία utile pour gérer les affaires, tant privées que publiques, par les actes ou la parole (318 e-319 a). Très vite, Socrate traduit ce projet en un enseignement de l'ἀρετή, avant de soulever la question de sa possibilité et d'entraîner Protagoras dans une entreprise de justification de son propre rôle. Or, aussitôt après ce plaidoyer, Socrate envisage un autre point, relatif cette fois à l'unité de son objet, l'ἀρετή :

> Tu dis que la vertu s'enseigne, et je m'en remettrais plus volontiers à toi qu'à quiconque. Mais quelque chose m'a étonné dans ton discours et je te prierai de combler l'attente de mon âme sur ce point. Tu as raconté que Zeus avait envoyé aux hommes la justice (τὴν δικαιοσύνην) et la honte (τὴν αἰδῶ) ; ensuite, dans tes discours, tu as parlé à plusieurs reprises de la justice, de la sagesse, de la piété, de toutes celles-ci comme si, en un mot, elles étaient une seule chose, vertu (ὡς ἕν τι εἴη συλλήβδην, ἀρετή ; 329 b 7-c 6).

Si la vertu reste associée à l'éducation et à une investigation sur les modes de production de l'excellence, si elle n'est pas envisagée *in abstracto*, du point de vue de ses conséquences logiques, mais se tient dans le cadre d'une amélioration des individus au sein d'un contexte donné, le

1. La question de la définition ne survient qu'à la fin (360 e-361 a), quand Socrate impute à son oubli l'aporie du dialogue, et elle reste irrésolue à cause des obligations de Protagoras.

problème de l'unité doit être examiné dans sa relation à l'éducation, et l'éducation elle-même en regard de sa fin (politique). Or, si la vertu n'est ni déterminée *a priori* ni inscrite *par nature* en chaque individu, et si sa réalisation dépend du contexte, comment Protagoras rend-il compte de sa genèse et de son unité [1] ?

ÉDUCATION ET HISTORICITÉ

Dans son long monologue, Protagoras a en effet évoqué l'unité de la vertu (ou de son contraire) à deux reprises, dans des termes similaires à Socrate :

> Dans ce nombre, une chose est l'injustice, l'impiété et, en un mot, tout ce qui est contraire à la vertu politique (ὧν ἐστιν ἓν καὶ ἡ ἀδικία καὶ ἡ ἀσέβεια καὶ συλλήβδην πᾶν τὸ ἐναντίον τῆς πολιτικῆς ἀρετῆς). Chacun alors s'irrite et réprimande le coupable, évidemment parce qu'il estime qu'il s'agit d'une acquisition tirée de l'application et de l'apprentissage (ἐξ ἐπιμελείας καὶ μαθήσεως ; 323 e 7-324 a 3).
>
> Existe-t-il, oui ou non, *une certaine chose* (ἔστιν τι ἕν) dont il est nécessaire que tous les citoyens participent pour que la Cité puisse exister ? Car c'est en ce point que se résout l'aporie que tu soulèves, et nulle part ailleurs. Si elle existe et si cette chose une (εἰ μὲν γὰρ ἔστιν, καὶ τοῦτό ἐστιν τὸ ἕν) n'est pas l'architecture, la fonderie ni la poterie, mais la justice, la sagesse et le fait d'être pieux, en un mot la chose une (συλλήβδην ἓν αὐτὸ) que j'appelle *vertu de l'homme* (ἀνδρὸς ἀρετήν ; 324 d 7-325 a 2)…

L'unité de la vertu entretient un lien étroit avec la Cité. Elle renvoie moins à une nécessité logique qu'à une exigence fédératrice, selon laquelle il doit exister un caractère unique et partagé, *appelé vertu*, auquel les

1. La question de l'unité des vertus a entraîné de nombreux commentateurs à se concentrer sur trois problèmes : révéler la structure logique de la démonstration ; restituer à Socrate une thèse cohérente ; saisir l'unité grâce à une distinction entre identité, homogénéité et similitude, pour atteindre la prétendue doctrine socratique. Ce débat naît de l'Introduction de G. Vlastos au *Protagoras* (Indianapolis, Liberal Arts Press, 1956, p. XXVI-XLV), qui a suscité les réactions de D. Gallop, « The Socratic Paradox in the *Protagoras* », *Phronesis* 9, 1964 (2), p. 117-129 ; G. Vlastos, « The Unity of the Virtues in the *Protagoras* », *Platonic Studies*, Princeton, Princeton University Press, 1973, p. 221-269 ; T. Penner, « The Unity of Virtue », édité par G. Fine, *Plato 2. Ethics, Politics, Religion, and the Soul*, Oxford, Oxford University Press, 1999, p. 78-104. Or ces lectures oublient l'enjeu du Dialogue platonicien et le principe exégétique fondamental qui l'accompagne : envisager un développement dans son ensemble et respecter la structure globale. Pour cette raison, elles manquent de constater que la question de l'unité trouve son origine dans le mythe. D. O'Brien a récemment montré l'impossibilité d'attribuer à Socrate une thèse sur l'unité à partir du *Protagoras* (« Socrates and Protagoras on Virtue », *Oxford Studies in Ancient Philosophy* 24, 2003, p. 129).

citoyens se conforment, non pas en tant que référence à un bien en soi mais à *un bien commun transcrit dans un système de codes moraux et politiques*, jugé valide dans un contexte donné. Ce qui s'appelle de ce seul et même nom de vertu doit être un, unique, pour assurer la cohésion politique et constituer la condition de possibilité de la Cité, car seule la référence à un code commun, unique et convenu, dans lequel chaque citoyen se reconnaît, garantit le maintien et l'unité de la démocratie. Ainsi la vertu constitue-t-elle par son unité le point sur lequel s'accordent les citoyens pour signifier leur appartenance à un même groupe. L'unité de la vertu apparaît alors comme une condition nécessaire de la démocratie, ce qui assure sa cohésion malgré la diversité des éléments qui la composent [1].

Toutefois, la vertu ne renvoie ici à aucun contenu prédéterminé et plusieurs réalisations de cet accord peuvent exister, selon le contexte. La genèse de la Cité est conditionnée par la possession *a priori* de capacités qui, collectivement, aident à forger les normes communes nécessaires à la conjonction politique, et, individuellement, permettent de participer aux règles instituées dans la Cité. La vertu unique recouvre donc une infinité de déterminations particulières possibles en matière de justice, de piété, de sagesse. À chaque fois, elle reçoit un même nom, l'excellence de l'homme, l'ἀνδρὸς ἀρετή, qui désigne l'accomplissement du citoyen dans son rôle, la conjonction entre la liberté d'action que lui garantit la démocratie et la réalisation la plus parfaite de sa conformation à l'ordre établi. En ce sens, la vertu désigne la réalité une que tous les citoyens doivent respecter du fait d'y reconnaître une aspiration et un bien communs, à moins de s'exclure (et d'être exclus) de la Cité.

À travers le mythe et le discours, Protagoras distingue ainsi deux catégories d'ἀρετή politique (deux façons d'exceller en tant qu'homme et que citoyen) : la sienne, en tant que professeur, et celle de la Cité. La seconde, qu'il ne prétend pas enseigner, ressortit aux conventions politiques et aux normes sociales qui véhiculent une idée du bien moral, liée à des conditions historiques propres, et la transmettent aux citoyens par la voie de l'éducation (du pédotribe aux lois). La première, à laquelle Protagoras se consacre, réside en deçà des normes et relève de compétences techniques que le sophiste sait utiliser dans le cadre de la norme civique, à la faveur d'une action qui prend pour objet de modifier ce dernier. En marge

1. Contrairement à ce que soutient O'Brien (« Socrates and Protagoras on Virtue », art. cit., p. 127), la position de Protagoras selon laquelle la vertu est une malgré sa multiplicité n'est plus si paradoxale dès que l'unité de la vertu devient une condition de possibilité de la Cité.

des règles elles-mêmes, il cultive les procédés utiles à leur remaniement. Enfin, au terme du Dialogue, Socrate laisse poindre un dernier niveau d'ἀρετή, pour lequel le bien ne relève pas de la contingence mais de la connaissance de ce qui est réellement bon, par opposition aux deux autres (360 a-b). Par conséquent, la foule, Protagoras (le sophiste) et Socrate (le philosophe ?) entretiennent un rapport différent vis-à-vis de l'excellence, donc incarnent une manière différente d'envisager le bien et la relation à la communauté politique. Tout d'abord, la foule manifeste à l'égard de la vertu un rapport conjonctif et normatif, au sens où le *dèmos* partage une certaine conception du bien, une communauté de vue et d'aspiration qu'il s'est définie pour lui-même et qui assure son unité. Ensuite, le sophiste s'arrache au contexte historique et valorise un rapport pragmatique à la morale, puisque sa science transcende les valeurs circulant dans les cités et agit plutôt sur le tissu social. Enfin, Socrate pose un rapport médié par un terme supérieur et commun : le bien[1]. En définitive, Protagoras semble concevoir une ἀρετή à la fois déliée de tout cadre historique et de toute référence transcendante comme la seule justification possible de sa compétence générale, capable d'agir indistinctement dans toutes les formes de cités.

La perspective génétique sur l'unité de la vertu ne paraît dès lors ni morale, ni théorétique, mais elle s'inscrit dans le cadre d'une justification des conditions de possibilité de la politique. Elle légitime la possibilité du régime démocratique par l'existence d'un caractère unique et commun en quoi les citoyens participent et s'identifient pour que la Cité subsiste. En tant que telle, elle n'implique rien encore quant à l'harmonie ou à l'homogénéité des parties de la vertu, dans la mesure où celle-ci apparaît comme le résultat d'une construction historique dont l'unité s'avère indispensable au groupe politique pour sa propre sauvegarde.

Une unité multiforme

Envisagée par Protagoras dans une perspective génétique, l'unité de la vertu n'est jamais mise en question mais est assumée comme un postulat dont il faut examiner les modalités, car définir la vertu implique

1. Cette distinction rejoint celle de Maguire (« Plato… or Protagoras ? II », *Phronesis* 22, 1977 (1), p. 122), à la différence que ce dernier justifie la position de Socrate par un passage (356 b 5) où celui-ci ne fait pas allusion à un critère pour évaluer tous les plaisirs, mais à un moyen technique de dissiper les illusions pour les comparer l'un à l'autre dans leur réalité.

de comprendre la nature de son unité et analyser cette unité aide à saisir la nature du lien politique qu'elle instaure. L'examen se présente sous la forme de trois alternatives successives, au fil desquelles se précise la position de Protagoras. Il faut cependant noter que les solutions laissées de côté (sans justification) peuvent être conçues comme autant de modèles pour penser l'unité de la vertu. Néanmoins, dans la mesure où une seule est exploitée, les autres doivent demeurer des pistes de réflexion, sans offrir de prise à l'interprétation du *Protagoras*.

Homonymie ou nominalisme

Le problème de l'unité naît d'une question de la langue ordinaire : si un nom désigne plusieurs réalités, quelle caractéristique l'homonymie dévoile-t-elle ?

> — Explique-moi précisément ce qu'il en est sur ce point : la vertu est-elle une (ἕν μέν τί ἐστιν ἡ ἀρετή), alors que la justice, la sagesse et la piété en sont les parties (μόρια δὲ αὐτῆς), ou bien tous ces noms que je viens d'énumérer appartiennent à une même réalité une (πάντα ὀνόματα τοῦ αὐτοῦ ἑνὸς ὄντος) ? Voilà ce que je désire encore savoir.
> — À cela, Socrate, il est facile de répondre, dit-il, que ce sur quoi tu m'interroges sont les parties de la vertu, qui est une réalité une (ἑνὸς ὄντος ; 329 c 6-d 4).

La première alternative révèle deux conceptions opposées de l'unité. Selon la première, admise par Protagoras, la vertu constitue une *totalité formée de parties distinctes*, irréductibles entre elles ou à la totalité. Cette branche de l'alternative préserve l'autonomie autant que la différence entre les parties, étant donné que celles-ci présentent une homonymie du tout à la partie qui n'est cependant pas absolue : les parties de la vertu sont elles-mêmes des vertus, mais pas dans le même sens que la vertu dans son ensemble. Le rapport entre les parties et le tout se présente sous le mode de l'altérité, dans la mesure où ces parties semblent posséder une différence propre au vu de laquelle chacune se démarque du reste.

Selon la seconde, les vertus apparaissent comme les dénominations d'une seule et même réalité, dont les variations nominales résultent de ses multiples applications possibles. L'unité est maximale et s'apparente à une identité, où la relation entre les vertus particulières relève d'une différence non essentielle et d'une dissemblance purement nominale. Dans ce cas, la vertu se caractérise par une *identité de référence* : les différents noms renvoient aux différents aspects que la vertu peut prendre – justice, sagesse et piété – selon l'usage et le contexte, sans être pour autant synonymes au sens strict. Protagoras rejette cette position nominaliste, qui disparaît alors complètement du Dialogue.

La première branche de l'alternative n'exclut pas l'unité de la vertu, qui se définit comme l'unité générique d'une multiplicité de parties. La vertu serait *une réalité une* qui rassemblerait toutes les parties – une option compatible avec la thèse d'une unité politique de la vertu, qui résulte de l'ensemble du système de valeurs conçues comme un tout. Reste à comprendre, d'une part, la nature de la relation entre les parties ; d'autre part, le principe de leur différenciation.

Homéomère ou anhoméomère

La deuxième alternative distingue deux descriptions de la relation qui unit des parties et un tout, autrement dit deux conceptions de l'unité d'une pluralité :

> — Est-ce, dis-je, à la façon dont les parties d'un visage en sont les parties (bouche, nez, yeux et oreilles), ou bien est-ce à la façon dont les parties de l'or ne diffèrent en rien ni les unes des autres ni du tout, si ce n'est en grandeur et en petitesse (μεγέθει καὶ σμικρότητι) ?
> — De la première façon, me semble-il, Socrate : à la façon dont les parties du visage se rapportent au visage tout entier (329 d 4-e 2).

Écarté par Protagoras, le second paradigme, celui de l'or, implique une unité homéomère : les parties se distinguent les unes des autres autant que du tout par un trait accidentel, leur grandeur ou leur petitesse[1]. Il en résulte que, si le tout ne s'identifie à aucune de ses parties, il faudra fournir le critère en vertu duquel il s'en distingue, malgré leur homogénéité. Et s'il faut comprendre le critère de la taille de façon littérale, la différence du tout à la partie et des parties entre elles relèverait uniquement de l'extension. Une partie couvrirait en ce sens davantage de cas, là où l'autre serait d'application plus restreinte. En revanche, les parties autant que le tout posséderaient une définition unique et partageraient une même nature, seulement limitée par leur domaine d'application[2].

1. Est-ce la position qu'il faut attribuer à Socrate dans la réfutation de Nicias du *Lachès*, à partir de l'identification du courage au tout de la vertu, comme connaissance générale du bien et du mal (199 c-e) ? Comme le note L.-A. Dorion, cette définition du courage n'est cependant pas explicitement admise par Socrate, ce qui ne garantit en rien qu'il retienne cette définition de la vertu (*Platon. Lachès – Euthyphron*, traduction inédite, introduction et notes, Paris, GF Flammarion, 1997, p. 61-63 et p. 171-178).

2. Sur la métaphore des parties de l'or, cf. *Timée*, 50 a-b, où l'or possède toujours la même nature, bien qu'il reçoive différentes formes.

Retenu par Protagoras, le premier paradigme pose l'hétérogénéité des parties, puisque le visage se compose d'organes extérieurs et indépendants. Comment expliquer dès lors le rapport entre les parties du visage – le nez, la bouche, les oreilles ou les yeux ?

> — Chacune est ainsi différente de l'autre ?, demandai-je.
> — Oui.
> — Et chacune d'elles possède-t-elle une faculté propre (δύναμιν ἰδίαν), tout comme les parties du visage ? L'œil n'est pas semblable aux oreilles, et la faculté n'en est pas identique. Aucune d'entre elles n'est semblable à l'autre (οἷον τὸ ἕτερον), ni par la faculté (κατὰ τὴν δύναμιν) ni par le reste (κατὰ τὰ ἄλλα). Est-ce donc de cette façon qu'il en va aussi des parties de la vertu, l'une n'est pas semblable à l'autre, ni en elle-même ni par sa faculté ? N'est-il pas évident qu'il en est ainsi, si du moins notre comparaison est vraisemblable ?
> — Il en est bien ainsi, Socrate, répondit-il (330 a 3-330 b 3).

Chaque partie du visage possède une faculté qui la distingue des autres, et aucun organe ne reproduit ni ne partage la fonction d'un autre. De plus, comme le visage ne constitue pas l'organe central de la sensation, le lien s'avère local ou morphologique, mais non essentiel. En ce sens, le paradigme du visage impose une *unité apparente*, qui tient seulement à la coprésence des organes, vu que les parties ne possèdent aucun rapport réciproque bien qu'elles produisent un effet de totalité. L'unité naît d'une multiplicité qualitative dont l'agencement *apparaît* comme un tout organisé. Dans ce modèle, sans se réduire à la somme de ses parties, tout comme le visage désigne *ce à quoi se reconnaît un individu*, par l'union de ses parties, la vertu serait *ce à quoi se reconnaît* un code éthique (ou politique) et qui assure l'unité politique.

Comme les parties du visage, chaque partie de la vertu se distingue grâce à sa puissance, en vertu de laquelle la justice produit des actions justes, la sagesse des actions sages. Par extension, rien ne produit le juste ni le pieux, si ce n'est la justice ou la piété elles-mêmes (330 c-e)[1]. Jusqu'où

1. En accord avec F. Trabattoni, « Unità della virtù e autopredicazione in *Protagora* 329 e-332 a », dans *Il* Protagora *di Platone*, *op. cit.*, p. 284. Même s'il y voit un cas de *self-predication*, D. Savan renvoie à raison au mythe (« Self-Predication in *Protagoras* 330-331 », *Phronesis* 9, 1964 (2), p. 132-133). Dans le mythe, la justice et le respect constituent les puissances pour former et maintenir les cités, qui équivalent aux capacités des animaux, parce qu'elles rendent possibles les actions justes et respectueuses. La δύναμις de la piété désigne ainsi la capacité à produire le pieux, la justice le juste. Ce point semble confirmé lors de la reprise de l'examen, en 349 a 8-b 6 : « La question, je crois, était la suivante : savoir, sagesse, courage, justice et piété, est-ce que ce sont là cinq noms qui s'appliquent à une seule chose (ἐπὶ ἑνὶ πράγματι), ou bien à chacun de ces noms est sous-jacente une réalité propre

tient cependant l'analogie ? À la suivre, la vertu se réduirait au tout formé par ses parties, à un assemblage semblable au visage. Or les puissances des parties ne doivent-elles pas posséder un trait commun qui manifeste l'unité de la vertu ? C'est la question que Socrate soulève, au nom d'un interlocuteur fictif, dans les termes suivants :

> Par conséquent, la piété n'est pas une chose capable d'être juste (οἷον δίκαιον εἶναι πρᾶγμα), ni la justice une chose capable d'être pieuse (δικαιοσύνη οἷον ὅσιον), mais capable d'être non pieuse (οἷον μὴ ὅσιον). La piété est-elle donc capable d'être non juste (οἷον μὴ δίκαιον), donc injuste (ἄδικον ἄρα), et la justice impie (ἀνόσιον ; 331 a 7-b 1) ?

Capable, c'est-à-dire *propre à recevoir un prédicat*, doit s'entendre en termes *dynamiques*[1]. Dire la justice juste ou la piété pieuse ne signifie pas que les prédicats *juste* et *pieux* s'appliquent à la justice et à la piété, respectivement, mais que la puissance de la justice ou de la piété s'exprime dans le produit juste ou le pieux. Par conséquent, la justice n'est pas capable d'être pieuse, vu que sa puissance l'empêche de produire le pieux, et son effet constitue nécessairement la négation d'une qualité différente. En ce sens dynamique, le passage de *non juste* à *injuste*, discutable sur le plan logique, paraît légitime. Tout comme l'œil, qui produit la vision sans être audible, s'avère inaudible, puisque chaque sens possède une fonction propre et qu'un type de sensation n'est rien pour un organe inadapté (*Rép.*, I, 352 e; *Théét.*, 184 e-185 a), la piété est injuste en ce qu'elle ne produit pas et *est incapable de produire* des choses justes. Bref, la négation porte moins sur le prédicat que sur la puissance, et chaque puissance est seule capable de produire un prédicat donné. Inaudible et non audible, injuste et non juste reviennent au même, respectivement, en tant qu'expressions d'une non-capacité à produire l'audition ou la justice.

Deux conceptions de l'unité s'affrontent ici. Pour la première, présentée par Socrate et liée à l'idée d'une essence constitutive, l'unité de la vertu requiert un trait commun qui se diffuse à travers les parties, de telle sorte que l'une soit en un sens affectée par l'autre et que chacune constitue pour l'autre *ce qu'il y a de plus semblable* (ὅτι ὁμοιότατον,

(τις ἴδιος οὐσία) et une chose qui possède sa puissance spécifique (πρᾶγμα ἔχον ἑαυτοῦ δύναμιν ἕκαστον), telle que l'une d'elles diffère des autres » ; et la dernière fois en 359 a 2-7 : « Cela étant établi, Prodicos et Hippias, repris-je, notre Protagoras doit justifier la rectitude de ce qu'il a répondu au début – non pas au tout début, quand il affirmait que, parmi les cinq parties de la vertu, aucune n'était semblable à l'autre (τὸ ἕτερον οἷον τὸ ἕτερον), mais que chacune possédait sa puissance propre (ἰδίαν δὲ αὑτοῦ ἕκαστον ἔχειν δύναμιν)… »

1. J. Finamore conclut de façon similaire quant à la signification ici de οἷον (« The Role of δυναμις in Plato's *Protagoras* 329 C 2 – 332 A 2 », *Elenchos*, 1988 (2), p. 322-327).

331 b 5). Pour la seconde, formelle et avalisée par Protagoras, les parties de la vertu possèdent une puissance de produire mais, bien que leur ressemblance provienne de cette fonction commune, toute relation entre elles, ou entre leurs produits, semble inconcevable. Elle ne conçoit pas les vertus séparément de leur capacité de produire et de leur manifestation dans les actes. De ce fait, elle postule une unité vide de la vertu, qui se concentre sur la multiplicité des manifestations et la réalité des puissances. Pour cette raison, elle refuse explicitement l'identité des vertus, au nom d'une différence réelle (τὶ... διάφορον εἶναι), voire d'une contradiction entre les parties (331 c 2).

Indépendance ou dépendance logique

La dernière alternative explore la co-implication entre les parties de la vertu. Posséder une partie implique-t-il soit de les posséder toutes, soit de pouvoir en développer une indépendamment des autres ?

> — Mais est-ce que parmi les hommes, demandai-je, les uns ont part à l'une de ces parties de la vertu, les autres à une autre, ou bien, si quelqu'un en a une, il les possède nécessairement toutes ?
> — Aucunement, répondit-il, puisqu'il existe beaucoup d'hommes courageux mais injustes, ou justes mais pas sages.
> — Est-ce que ce sont aussi des parties de la vertu, dis-je, la sagesse et le courage ?
> — Absolument, rétorqua-t-il ; et la sagesse (σοφία) est la plus importante des parties (329 e 2-330 a 2).

Résultat de l'analogie, les parties de la vertu s'avèrent séparées, puisque la possession de l'une n'implique pas celle de l'autre : un homme peut être courageux sans être juste, de la même façon qu'il peut être voyant mais sourd. Protagoras opte pour l'extériorité et la séparation des parties de la vertu, puisque chaque partie entretient un rapport avec l'unité, sans s'impliquer réciproquement ni même posséder de relation directe. En ce sens, la pluralité des vertus mène à la possibilité de posséder une partie sans les posséder toutes.

En outre, s'esquisse la possibilité d'un classement et d'une hiérarchie des vertus. De la même façon que, parmi les sens, la vue possède une supériorité, la σοφία, la vertu sophistique par excellence (312 c), domine les autres parties. Elle est néanmoins une vertu particulière, plutôt que le principe qui les rassemblerait toutes. Cette supériorité ne signifie pas que l'acquisition de la vertu en général, ou d'une vertu particulière, se fonde sur le savoir – auquel cas devenir juste requerrait d'être sage, ce qui conduirait à une implication réciproque, sous la forme d'une condition nécessaire. La réfutation de Socrate consistera à montrer que, si les vertus ne peuvent se nier réciproquement sans être contraires, alors elles sont reconduites à une unité, mais sans distinction réelle.

Le rôle de la ressemblance

Sans admettre l'identité (ταὐτόν) ni la similitude absolue (ὅτι ὁμοιότατον) – car l'une et l'autre mènent à la co-implication des vertus –, Protagoras reconnaît une similitude entre les parties, puisque tout est semblable à tout *d'une certaine manière* :

> Évidemment, dit Protagoras, la justice ressemble d'une certaine manière (προσέοικείν τι) à la piété, car n'importe quelle chose ressemble, en quelque sorte du moins (ἁμῆ γέ πη προσέοικεν), à n'importe quelle autre. Le blanc est quelque part semblable au noir, le dur au mou, ainsi que le reste de ce qui semble le plus contraire réciproquement. Les parties du visage, que nous disions tout à l'heure avoir une puissance différente et ne pas être analogues l'une à l'autre, se ressemblent, en quelque sorte du moins (ἁμῆ γέ πη προσέοικεν), et sont analogues l'une à l'autre. De sorte que, de cette manière, si tu le voulais, tu pourrais prouver que toutes sont semblables les unes aux autres. Or il n'est pas juste d'appeler semblables les choses qui possèdent une certaine similitude, ni dissemblable celles qui possèdent une certaine dissemblance, même si leur ressemblance est bien petite (πάνυ σμικρόν ; 331 d 1-e 4).

Poser une ressemblance et une dissemblance universelles permet de repenser en permanence les limites entre les choses, interdisant de saisir avec précision un objet. Cette thèse repose sur un constat de fait : il est impossible de faire l'expérience de l'identité dans le monde, mais uniquement de similitudes plus ou moins élevées, ce qui mène à recomposer en permanence les catégories de la pensée – comme en témoigne la réalité politico-morale, où les valeurs subissent d'importantes variations selon le temps et le lieu. Cette similitude n'entraîne cependant pas une compénétration de tout par tout, car la ressemblance comporte des limites et toutes les relations ne sont pas équivalentes : certaines choses, plus proches que d'autres, peuvent être réellement dites semblables, d'autres non. Il en résulte une classification fluente des rapports de similitude, dont le *Protagoras* n'évoque cependant ni les détails ni le critère de démarcation et maintient ainsi un flou quant au contour des choses.

Cette indécision contraint Platon à préciser la relation de contrariété : si une chose possède une qualité du fait d'exprimer la puissance correspondante, sa contraire résulte de l'expression de la puissance contraire (332 a-c). Le laid est contraire au beau parce qu'il résulte de la cause contraire. Ce principe rencontre pourtant une difficulté dans son application, en lien avec l'unicité des contraires. Si une seule chose est la contraire d'une autre, alors tout ce qui ne possède pas une qualité a nécessairement la contraire (332 d). Or l'irréflexion (ἀφροσύνη) s'oppose tant à la sagesse (σωφροσύνη) qu'au savoir (σοφία). À suivre le principe d'unicité, ces deux parties de la vertu seraient identiques (333 a-b).

> Laquelle de nos affirmations allons-nous abandonner, Protagoras ? Celle d'après laquelle une chose a un seul contraire, ou bien celle dans laquelle on disait que le savoir (σοφία) était autre chose que la sagesse (σωφροσύνη), que chacune est une partie de la vertu, et qu'elles-mêmes, comme leurs puissances, sont autres mais aussi dissemblables, à la manière des parties du visage (333 a 1-5) ?

Afin de préserver la thèse de l'unicité des contraires, Protagoras est contraint d'aménager le rapport entre les parties et d'accepter malgré lui (μαλ' ἀκόντως) – et surtout à tort – l'identité de la σοφία et de la σωφροσύνη que lui suggère Socrate. Son embarras provient de la conjugaison entre deux éléments, à savoir d'une part le lien, issu du modèle dynamique, entre négation et contrariété, et, de l'autre, la frontière incertaine entre identité et similitude. Pour cette raison, sa définition de la négation implique à la fois, sans nuance, une opposition radicale et une proximité entre les choses, puisqu'elle enveloppe le contraire, la forme la plus élevée d'altérité, et le semblable, sa forme la plus faible. Les rapports de similitude conduisent à concevoir une distinction purement nominale entre les parties de la vertu, puisque la différence entre sagesse, savoir, justice et piété se révèle si minime qu'elle se réduit à une nuance lexicale. Ne pas distinguer les formes de la négation enferme le rapport du tout à la partie, et des parties entres elles, dans des problèmes de langage. La démonstration de Platon conduit donc Protagoras à conclure que sa distinction entre les vertus, posée sur le modèle de la dissemblance, est inappropriée et seulement apparente. S'il est impossible que les vertus se nient réciproquement sans être contraires, alors elles devraient être reconduites à l'identité, sans distinction réelle.

L'inconséquence de Protagoras ici conduit à ne conserver aucun terme de l'alternative posée en 333 a pour expliquer l'unité de la vertu. La démonstration reprend alors, pour envisager cette fois la coexistence de vertus et de vices au sein d'un individu, et évaluer l'éventualité d'être sage et de commettre une injustice (ἀδικῶν ἄνθρωπος σωφρονεῖν, ὅ τι ἀδικεῖ, 333 c 1). Bien qu'il ait admis tout à l'heure la possiblité d'être juste et pas sage (δίκαιοι αὖ, σοφοὶ δὲ οὔ, 329 e 6), Protagoras refuse cette nouvelle hypothèse, parce qu'il la juge honteuse et vulgaire. Elle s'accorde pourtant avec sa théorie de l'extériorité des parties de la vertu, au sens où posséder une vertu sans les avoir toutes impliquerait d'être simultanément sujet au vice et à la vertu. Ce revirement conduit à reconsidérer sa manière d'envisager le rapport entre les vertus.

Pour Protagoras, l'unité de la vertu n'implique ni l'équivalence de toutes les parties, ni leur possession simultanée, puisque certaines combinaisons seulement sont admises. Or si *agir sagement* (σωφρονεῖν), c'est *bien penser* (εὖ φρονεῖν), et que bien penser implique de *bien délibérer* (εὖ βουλεύεσθαι), commettre une injustice tout en étant sage impliquerait de se décider en connaissance de cause pour l'injustice, en dépit de sa sagesse (333 d). Cette proposition soulève une difficulté majeure pour le rôle central qu'il attribue à l'εὐβουλία (318 e). Si son enseignement n'évinçait pas l'injustice par principe et, par conséquent, s'il allait potentiellement à l'encontre de la disposition universellement partagée qui fonde le tissu social, Protagoras serait face à une contradiction : au lieu de couronner l'éducation politique, fondée sur le respect et la justice, par l'art de bien diriger ses affaires, il enseignerait une faculté susceptible d'un conflit avec la Cité et ses valeurs [1]. Le rejet de cette contradiction demanderait donc de creuser davantage le paradigme des parties du visage, dans le sens d'une extériorité partiellement inclusive (pour souligner, par exemple, le lien qui unit le goût et l'odorat).

Du point de vue de Platon, parce qu'il se soucie seulement des produits de la vertu sans envisager ce qui caractérise chaque vertu en tant que telle, c'est-à-dire parce qu'il ne regarde pas la vertu dans sa totalité, ni même une partie comme telle, mais un ensemble d'actions, de dispositions ou de qualités qu'il regroupe sous une même catégorie, Protagoras manque la raison de son unité. En effet, il se concentre uniquement sur *ce qui est bon pour* une classe, et non sur le bien comme tel (333 e-334 c). Sa position tiendrait au refus de saisir l'unité de la vertu et de ses parties en dehors de l'ensemble de leurs manifestations. En réalité, à partir du moment où la vertu se délie d'un contenu moral universel, il ne reste aucune raison d'en chercher une unité essentielle puisque prime la multiplicité des excellences propres à chaque classe ou à chaque Cité.

1. Ce souhait de cohérence de Protagoras va à l'encontre de l'inconsistance que lui attribue D.C. Russell (« Protagoras and Socrates on Courage and Pleasure : *Protagoras* 349 d *ad finem* », *Ancient Philosophy* 20, 2000, p. 313), puisqu'il cherche bien la coïncidence entre son projet et sa vision de l'unité de la vertu.

Une partie à part

Après la lecture de Simonide, la reprise de l'examen permet à Protagoras de préciser la nature des relations d'exclusion. Il soutient à présent que le courage est une partie de la vertu indépendante et séparée, tandis que les autres (savoir, sagesse, justice et piété) paraissent voisines (il parle d'affinité ou de voisinage, παραπλήσια, et plus de similitude, soulignant leur proximité et non leur identité ; 349 d). Il paraît possible d'être courageux sans avoir d'autre vertu, de sorte que quatre vertus semblent davantage liées, la cinquième (le courage) se produisant de façon isolée. Le modèle *dynamique* reste prégnant : de même que, dans le mythe, les capacités ont été réparties sporadiquement pour le bien-être de la Cité (322 c-d), toutes les vertus ne sont pas nécessaires à tous, ni *a fortiori* à toutes les cités dans les mêmes proportions. Cette conception de l'unité des vertus s'avère parfaitement cohérente avec le reste des doctrines exposées par le sophiste.

Comment définir les deux types de relation, entre les vertus voisines d'une part, le courage de l'autre ? Détacher une partie complique le principe d'unité, car la puissance d'une vertu peut se distinguer davantage des autres que celles-ci entre elles *si et seulement si* ces dernières partagent une affinité qui les lie sans relever pourtant de la définition de la vertu générale. Entre ces puissances devrait donc exister une caractéristique commune, que rien n'explique pourtant ici et dont le paradigme du visage ne permet pas vraiment de rendre compte. Aux yeux de Platon, Protagoras commet donc le type de division que critiquera l'Étranger dans le *Politique* (262 b), écarter une partie du tout afin de l'isoler, sans considérer si chaque groupe nouvellement formé a une caractère unique qui l'oppose à l'autre. En arrachant une partie, Protagoras réalise un morcellement qui témoigne de son rejet de penser l'homogénéité du tout dans une adéquation des relations entre les parties.

Comment définir le courage ? Protagoras rejette la définition intellectualiste, selon laquelle être courageux ce serait risquer en *conscience* et en *connaissance* de cause, là où d'autres reculent. Celle-ci rétablit en effet le lien, voire l'identité, entre courage et savoir. Or le courage ne peut se limiter à une capacité à évaluer les risques grâce à une connaissance déterminée, car il est possible de connaître sans prendre de risques, même mesurés (349 e-350 c)[1]. Par ailleurs, si Protagoras admet que le courageux

1. Le *Lachès* (193 a-c) dresse une liste d'exemples semblable à celle du *Protagoras* (350 a) : le soldat qui sait que les renforts vont arriver et a la préparation suffisante tient sa position en raison de son courage, de même pour le cavalier ou l'archer qui combattent grâce

(ἀνδρεῖος) partage avec l'audacieux (θαρραλεός) la qualité d'affronter le danger, il refuse que tous les audacieux soient courageux, bien que l'inverse soit vrai. L'audacieux peut être fou (350 b). Bref, Protagoras n'identifie le courage ni au fait de connaître les dangers affrontés, ni au fait de les affronter.

Il compare les rapports entre courage et audace à ceux qui lient force et puissance. Les plus puissants dans un domaine sont ceux qui connaissent l'art adéquat, sans être plus forts (350 d-e). Bien que les forts soient puissants, les puissants ne sont pas tous forts : la puissance résulte du savoir, voire de la folie et de la fougue, tandis que la force provient « de la nature et d'une bonne nourriture du corps » (351 a 3-4). Protagoras pose le courage comme l'analogue psychique de la force : *un don naturel qui se cultive*, en accord avec le don des vertus et leur développement dans le mythe[1]. Le courageux se démarque de l'audacieux non pas par son savoir, mais par la fermeté et la force de son âme. Être courageux, c'est résister devant le danger, pour une raison différente de l'audace[2]. Or, si le courage désigne une fermeté d'âme qui se manifeste dans la résistance au danger, celui qui agit courageusement fait aussi preuve d'audace – du fait de résister au danger. À nouveau, en accord avec son discours, Protagoras propose une définition du courage qui n'en appelle pas aux objets du danger mais qui se concentre sur l'individu, confronté à des situations particulières.

Cette définition du courage n'implique ni la σοφία ni une autre vertu. Elle suppose seulement l'existence d'une conscience du danger, indépendante d'une compétence technique sur la façon de l'affronter :

à leur savoir et leur art, ou le plongeur qui descend dans les puits. Le courage est une chose belle parce qu'il mesure le danger, à l'inverse de la folie et de l'audace.

1. D'après E. Spinelli, le fait que Protagoras s'exprime en première personne et expose un argument concluant serait un indice de l'authenticité historique de cette doctrine : l'audace et la puissance résultent du savoir (de l'art) ou de la folie ; le courage et la force proviennent de la nature et d'une bonne nourriture de l'âme ou du corps (« Un Socrate inconcludente ? (*Prot.* 348 c-351 b) », dans *Il* Protagora *di Platone*, *op. cit.*, p. 510). Si cette hypothèse est acceptable, le fait que le courage soit renvoyé à la φύσις et à l'εὐτροφία ne constitue pas, contre l'avis de cet auteur, un obstacle pour le rôle du sophiste en tant que professeur de vertu. D'une part, le sophiste ne part jamais de rien et admet le rôle des dons naturels dans l'éducation. D'autre part, il peut entendre par εὐτροφία la bonne éducation, en l'occurrence l'enseignement reçu d'un maître tel que lui.

2. L'affirmation est problématique, comme le note R. Weiss (« Courage, Confidence, and Wisdom in the *Protagoras* », *Ancient Philosophy* 5, 1985, p. 19) : si le courage et l'audace ont des sources différentes, d'où les courageux sont-ils audacieux ? Le sophiste commettrait là une erreur logique.

connaître le danger inhérent à la plongée dans les puits signifie être conscient du danger qui en résulte et s'y risquer revient à faire preuve de courage. La conscience du danger est une forme de connaissance qui ne nécessite pas de compétence technique. Où se situe alors la frontière entre conscience du danger et folie? Dans le fait pour le courageux de se rendre là où existe un danger reconnu et craint (ἐφ' ἃ οἱ πολλοὶ φοβοῦνται ἰέναι, 349 e 3). Autrement dit, la définition du courage dépend nécessairement du contexte social. Malgré le flou apparent, il paraît donc possible de restituer une cohérence à la position de Protagoras : *le courage relève d'une disposition individuelle qui s'exprime en relation avec un système de croyances valable dans certaines circonstances*. Il suppose de développer une capacité individuelle et s'inscrit nécessairement au sein d'un contexte définitionnel, historiquement et localement déterminé, qui implique un accord entre les individus qu'il lie.

À la toute fin, le *Protagoras* revient sur la définition de l'homme courageux. Protagoras admet que même ce dernier ne se risque pas à ce qu'il juge vraiment dangereux, car personne ne le fait (359 d). Confrontés aux mêmes dangers, le brave et le lâche s'opposent par leur attitude respective : fuir pour le lâche, lutter pour le brave. Cependant, tandis que les craintes du brave n'ont rien de honteux, le lâche ignore *ce qui est vraiment redoutable*. Protagoras est conduit à définir le courage comme la connaissance de ce qui est redoutable, le faisant apparaître, malgré lui, comme une forme de savoir, moralement déterminée (360 e)[1].

Que déduire de cet élément? Au détriment de la définition comme fermeté de l'âme, le courage est réaffirmé comme une forme de savoir, mais en un sens différent de l'argument précédent : là où l'audace relevait d'une compétence technique dans le redoutable, le courage correspond à une connaissance morale, qui doit trancher entre l'action bonne (ou belle) et l'action mauvaise (ou laide; 360 b). Le brave ne vit que des craintes justifiées, sans conséquence honteuse, et il agit comme il faut. Contre

1. Cette thèse apparaît dans le *Lachès* (194 e) et dans la *République* (IV, 430 b). Dans le *Lachès*, la définition du courage comme savoir est mise en cause de façon anticipative, du fait que celui qui possède la connaissance pour mesurer les risques passe pour moins courageux que celui qui ne la possède pas mais les affronte pourtant, car ce dernier résiste devant le danger sans savoir s'il est ou non en mesure de le faire, alors que le premier sait parfaitement ce qu'il doit craindre (192 d-193 d). Le courage qu'accompagne l'art paraît moins beau que ce qui passe ailleurs pour laid, à savoir la fermeté de l'âme dénuée d'intelligence. En réalité, l'objection montre que la définition du courage comme savoir ne suffit pas à en rendre compte, mais qu'il requiert de prendre en compte le rapport de l'individu au risque : résister là où il y a un risque connu et en connaissance de cause.

la définition initiale de Protagoras, centrée sur la nature de l'homme et caractérisant une disposition de l'individu, le courage est restauré en tant que vertu morale, désignant le fait d'adopter l'attitude adaptée à la situation en vertu d'une connaissance de ce qu'il est bon ou non de craindre, et plus de la simple conscience de ce qui est craint ou non.

À la définition individualiste s'oppose à présent une définition objective, qui rapporte le courage à des objets dotés d'une valeur, redoutables ou non. Alors que la première est centrée sur la disposition de l'individu (sa capacité à rester ferme dans des situations données), cette dernière définition souligne un rapport attendu de l'individu à des situations dont la valeur peut être identifiée *a priori*, grâce à un principe de connaissance. Le savoir auquel se rapporte le courage n'est pas seulement un savoir relatif à une technique pour développer la fermeté de l'âme, mais un savoir portant sur la connaissance de choses en situation.

Ces deux derniers points opposent Platon et Protagoras. Protagoras s'exprime au pluriel. Il ne définit pas le courage mais parle des hommes courageux. Il reste dans la multiplicité indéfinie des individus qui posent des actes courageux. Il en ressort que le courage constitue une disposition (une certaine fermeté d'âme) qui s'adapte au contexte. Le courageux adopte en effet un comportement différent du reste des hommes, osant ce que d'autres redoutent, sans savoir théorique ni compétence technique, mais en ayant simplement conscience de ce que d'autres redoutent. Par conséquent, les motifs de la crainte sont soumis à une évolution, locale et temporelle, et c'est à l'individu de se renforcer pour affronter plus de situations. Aussi longtemps que le courage reste indépendant des autres vertus, il échappe à la dimension déontologique. En revanche, la dernière définition de Socrate réintroduit un élément axiologique. Dès lors que la réaction à l'égard de ce qui suscite la crainte est évaluée en termes de beauté et de laideur, il ne s'agit plus seulement de distinguer ce que les hommes craignent ou non, mais ce qu'ils doivent ou non craindre : il n'est plus question du *redouté*, mais du *redoutable*. Or, dès ce moment, on quitte le domaine de l'être dans lequel évolue Protagoras, le simple constat qu'il y a des choses craintes et d'autres non, pour entrer dans celui du devoir être et de l'agir moralement défini.

Une unité politique de la vertu

La conception de l'unité et de l'origine des vertus prêtée à Protagoras se soucie seulement de *ce qui est bon pour une classe d'individus et dans certaines conditions*, plutôt que du bien en soi (333 e-334 c). De cette façon, elle ne considère que les productions relatives de chaque vertu particulière et délie la vertu générique d'un contenu moral universel, soulignant la multiplicité des réalisations possibles et la bigarrure du bien[1]. Se fonder sur le semblable et le dissemblable offre en effet une alternative au couple de l'identité et de la différence car, sans fixer de limites, la similitude constitue une forme de mise en relation qui repense les contours en chaque instant, de façon à ouvrir l'espace du discours et à produire de nouveaux éléments. Elle rend cependant impossible l'acte de cerner une chose dans sa singularité, dans la mesure où elle réinvente les contrastes à la faveur des circonstances et impose de la saisir au sein d'un faisceau de relations tissées avec le reste du monde.

Recourir à la ressemblance pour penser l'unité de la vertu exclut de concevoir le rapport entre les parties en termes de différence. Elle ouvre à la possibilité d'une recomposition permanente dont les termes connaîtraient des agencements différents ou recevraient des fonctions diamétralement opposées. En ce sens, l'unité de la vertu possède moins un caractère *apriorique*, déterminé en fonction de critères essentiels, qu'elle ne s'avère constituée ou instituée en fonction d'un contexte historico-politique, relevant d'un fait relatif, circonstanciel. Il en résulte une conception *spontanéiste* de l'unité, chaque situation politique produisant à chaque fois une harmonie et une unité différente. Selon l'analogie, si tout visage possède les mêmes organes, leur assemblage varie en fonction de leurs formes et proportions, de même que le résultat sera beau et harmonieux dans un contexte, sans être nécessairement jugé de façon identique dans d'autres circonstances. L'absence de principe structurant ou de caractère eidétique inhérent à cette unité rend donc possible tant des évolutions que des différences de jugement.

Envisagé à présent sur le plan de la vertu politique qui assure l'unité de la Cité, il en résulte que la modification d'une de ses parties modifiera l'ensemble, sans pour autant que les autres n'en soient affectées dans leur être propre. En ce sens, produire une évolution politique requiert uniquement d'agir sur une partie, puisque l'altération d'une seule entraîne une perturbation dans la constitution du tout et dans son unité. Cette conception de l'unité de la vertu implique moins la nécessité d'instaurer un ordre nouveau que de développer une compétence technique en mesure d'interagir avec un système contextuel de vertu, ouvrant en outre

1. *Prot.*, 334 b 6-7 : οὕτω δὲ ποικίλον τί ἐστιν τὸ ἀγαθὸνκαὶ παντοδαπόν; cf. *Mén.*, 71 d-72a.

la voie à de multiples réalisations possibles, en fonction des proportions et des contours pour lesquels optent la Cité et les citoyens. Aucune vertu n'aura donc de définition valable ni d'unité en dehors de son contexte d'énonciation, pour les comportements admis qu'elle vise à subsumer.

La conception de l'unité des vertus prêtée à Protagoras autorise des variations au sein de la définition du bien. Elle apparaît fondamentalement liée tant aux conditions de la démocratie qu'aux circonstances historiques que rencontrent les différents régimes. Elle admet cependant une unité de la vertu, au sens où, d'une part, toute cité possède un code commun, défini pour assurer sa cohésion et son équilibre, d'autre part où tout citoyen participe des conditions de sa réalisation. Il y a à la fois unité des vertus et différence des puissances, dualité qui justifie la multiplicité des réalisations et des assemblages possibles. Ainsi l'unité de la vertu relève du système de croyances en vigueur au sein d'une communauté et possède pour cette raison un caractère fondamentalement génétique, dès lors que tout individu possède des capacités à développer, dans le but tant de s'intégrer au système politico-moral que de contribuer à son évolution.

Pour Protagoras, les vertus renvoient avant tout à des *excellences politiques*, plutôt qu'à des *compétences morales*, c'est-à-dire à des capacités à développer au sein d'un groupe pour y exercer la meilleure action possible, conformément à ses attentes[1]. À cet égard, toute vertu est déjà, et nécessairement, politique : elle désigne une capacité à réaliser de façon optimale sa fonction propre de citoyen, le comportement qui est exigé d'un individu dans un contexte politique donné et qui contribue à l'existence de ce dernier. Or, selon Platon, révéler au mieux les possibilités d'action dans la bigarrure du régime démocratique, enseigner la vertu démotique constitue un réel problème, à savoir celui de reposer sur les mêmes valeurs et les mêmes vertus que des cités inconséquentes, dès lors que la possibilité du déséquilibre et du développement séparé des vertus contribue à leur maintien, sinon à leur évolution (*Rép.*, VI, 493 a-d). En définitive, la critique de Platon à l'encontre de cette conception protagoréenne de l'unité de la vertu tient moins à la perversion du système par le sophiste qu'à sa sauvegarde : ne pas assez œuvrer à sa critique et à son renversement.

1. Sur ce sens d'ἀρετή, *République*, I, 353 a-c. J. Maguire souligne à juste tire que le souci premier de Protagoras n'est pas de produire le καλὸς κἀγαθός, de pratique l'ἀρετή au sens moral, mais que son exposé se concentre sur la compétence politique (« Protagoras… or Plato ? II. », art. cit., p. 100).

L'UNITÉ PLATONICIENNE DES VERTUS

Le thème de l'unité de la vertu resurgit plusieurs fois chez Platon. La plupart des œuvres de jeunesse interrogent la signification d'une vertu particulière : l'*Euthyphron* se focalise sur la piété, le *Lachès* sur le courage, le *Criton* sur la justice, le *Charmide* sur la modération. Ces Dialogues se concluent de façon aporétique car, quand ils cherchent la vertu dans son ensemble, ils tentent de l'approcher par la bande et en détachent une partie. Leur aporie résulte de ce morcellement : le *Lachès*, par exemple, examine dans un premier temps le tout de la vertu, que doit transmettre l'éducation. Puis, parce que le problème paraît difficile à affronter, il se concentre sur le courage, sans réussir à le définir. Cet échec provient du défaut inhérent à une vision partitive de la vertu : supposer qu'il est possible de considérer isolément ses parties revient à ne pas l'envisager dans son unité, mais comme une simple totalité sans propriété en dehors d'être une somme. Une telle approche ruine toute assise définitionnelle, puisqu'elle ne fournit jamais le principe de l'unité réelle. Pour cette raison, dans les Dialogues postérieurs, Platon déplace la question de l'unité, en passant du rapport entre le tout et la partie à celui de l'un et du multiple. Par ce geste, il vise à échapper au principe de relativité infinie du tout et de la partie, afin d'établir en quoi consiste l'unité.

Imposer l'unité

Les *Lois* s'achèvent sur la position de quatre vertus (XII, 962 e-964 d). Chacune est une, c'est-à-dire possède une nature propre, et il est facile de voir en quoi elle se distingue des autres [1]. Il paraît moins évident d'expliquer comment ces parties forment une seule et même réalité, la vertu. Les *Lois* laissent la question indéterminée. Elles insistent en revanche sur un principe qui traverse les Dialogues politiques : les législateurs doivent instaurer un système d'éducation qui vise au développement de la vertu totale, et non à l'hypertrophie d'une des parties (I, 630 e-631 a; XII, 963 a) [2]. Ils sont contraints de chercher ce qui en garantit l'unité, car seule la connaissance de l'unité, l'observation du caractère propre et unique

1. *Lois*, XII, 963 e 3-8 : « L'une, le courage, porte sur la crainte, et même les animaux y participent, tout autant que les habitudes des jeunes enfants : sans la raison (ἄνευ λόγου), l'âme est courageuse par nature ; mais sans la raison, l'âme n'a jamais été, n'est ni sera jamais prudente (φρόνιμος) ni douée d'intelligence, preuve qu'il s'agit d'autre chose. »

2. Les *Lois* s'ouvrent sur une critique des modèles spartiates et crétois, parce qu'ils sont orientés vers le courage et reposent sur des pratiques adaptées à la guerre, mais pas aux temps de paix (I, 624 a-650 b). Sur le fonction éducative de la loi, L. Brisson, « La Loi dans les *Lois*

qui les traverse toutes (πρὸς μίαν ἰδέαν βλέπειν), permet d'ordonner la multiplicité (965 b-d) – la plus haute connaissance résidant dans la capacité à passer de l'un au multiple et, inversement, du multiple à l'un. Ils devront ensuite transmettre par le biais de l'éducation cette union mesurée, afin de maintenir l'équilibre de la Cité, autrement dit de veiller à ce que chacune de ses composantes possède la vertu qui lui convient et dans la proportion qui lui convient, occupant de ce fait la place qui lui revient (964 d)[1]. C'est donc la connaissance dialectique qui doit organiser la Cité et son éducation à la vertu, parce qu'elle connaît la relation tissant le lien entre l'un et le multiple : elle doit déployer la façon dont l'un se diffuse à travers le multiple (cf. *Philèbe*, 16 c-17 a).

Le *Politique* étudie les relations entre les parties, se plaçant sur le terrain du lien politique. Contre la croyance ordinaire, relayée par la position attribuée à Protagoras, il établit que poser l'unité de la vertu n'implique pas d'assumer l'harmonie naturelle de ses parties. Par exemple, tout en étant deux portions de la vertu, la modération et le courage se trouvent en conflit : il ne résulte pas de leur appartenance à l'unité d'être amis l'un de l'autre (306 b). Platon observe la situation de la Cité, où les parties de la vertu s'incarnent dans des groupes et où les naturels qui leur correspondent entrent en opposition manifeste. Les modérés tendent à résoudre les conflits avec calme et pondération, au point de se rendre impuissants à se défendre. À l'inverse, les courageux poussent sans cesse leur Cité à la guerre, au risque de l'entourer d'ennemis et de la réduire à l'esclavage (307 e-308 a). Ces naturels renvoient à des attitudes mutuellement exclusives, mènent à des prises de positions inverses et cherchent à se dominer l'un l'autre. Or la prédominance non mesurée d'une faction et l'absence de concertation entre les inclinations opposées aboutissent à une servitude générale. L'absence d'équilibre doit donc être compensée par un principe d'unité.

Comment dès lors concilier la lenteur et l'énergie, si toutes deux peuvent se produire de façon opportune, mais en des moments différents et à la condition de fuir tout excès ? Comment éviter aussi que l'opposition des vertus n'engendre des individus schizophrènes, s'aliénant par la démesure d'une de leur tendance ? Platon octroie à la science politique

de Platon », dans *Les Doctrines de la loi dans la philosophie de langue arabe et leurs contextes grecs et musulmans, Mélanges de l'Université Saint-Joseph* 59, 2008, p. 348-352.

1. Platon vise directement les soi-disant spécialistes de l'éducation, à savoir les poètes et les sophistes (voir *Prot.*, 328 a-b), qui prétendent mieux connaître la vertu et mieux exercer le rôle d'éducateur, bien qu'ils soient étrangers à la Cité où ils proposent leurs leçons et qu'ils ignorent en quoi consiste la vertu dans sa totalité.

le rôle de tisser la trame de la Cité. Elle doit attribuer à chaque partie une place adéquate, qui s'accorde avec les autres, et prescrire aux sciences qui lui sont auxiliaires de veiller à éduquer les citoyens dans le respect de l'harmonie. Idéalement, elle demeurerait au chevet de chacun pour moduler les prescriptions aux circonstances. Mais en raison de l'ampleur de la tâche, elle est contrainte à édicter des lois pour diriger les esprits et les comportements (295 a-296 b; 308 e-309 a) [1]. Notons que les individus récalcitrants à l'éducation vertueuse et à sa transcription dans la loi seront mis à mort, exilés ou frappés d'infamie (293 d).

Parce qu'elle est une science véritable, seule la science politique peut inscrire dans les esprits une opinion vraie sur le beau, le bien et le juste, et ainsi induire des comportements vertueux et harmonieux (309 b-e). Le lien qu'elle tisse entre les parties de la vertu, et entre les individus qui les incarnent, reçoit un caractère divin, parce que sa connaissance échappe à la contingence des affaires humaines et formule des prescriptions en fonction des réalités véritables, qu'elle adapte à la situation présente car, à l'instar de la dialectique, la science politique est un art de l'à-propos (305 c-d; 284 e). Elle doit entraver les habitudes, en excluant les mariages d'argent ou les unions endogamiques entre naturels identiques. Cet art royal doit plutôt contraindre les naturels opposés à s'unir (311 b-c).

Par conséquent, Platon évacue l'idée d'une organisation spontanée et souligne l'aspect conflictuel de la relation entre parties. Il ne conteste pourtant pas l'unité de la vertu. Celle-ci reste constituée d'espèces différentes, dont il est à présent besoin d'assurer la synthèse, celle-ci n'étant plus inscrite dans l'appartenance aux espèces de la vertu. Il en découle une forme d'activité politique différente de celle du modèle spontanéiste, car agir en favorisant une seule partie, sans tenir compte du lien tissé entre toutes, conduit à ruiner l'ensemble. Se prononçant contre l'expression de l'unité *a priori* de la vertu, qui résulterait du seul fait que les parties en sont les parties, Platon privilégie une unité dynamique, en tension, qui doit trouver le point d'équilibre entre des tendances opposées, tout en les contraignant à entrer en relation et à former une union pour le bien de la Cité.

Enfin, la *République* impose de veiller à la relation entre les vertus en vue de définir chacune. Les Dialogues socratiques échouaient parce qu'ils cherchaient à isoler une partie. Or le travail de définition n'est

1. Sur la nécessité de la loi et sa fonction d'institution dans le *Politique*, F. Teisserenc, « "Il ne faut être en rien plus savant que les lois". Loi et connaissance dans le *Politique* », *Les Études philosophiques*, 2005 (3), p. 376-382.

réalisable qu'à œuvrer avec coordination (*Rép.*, IV, 428 a). Platon ausculte dès lors chaque vertu particulière pour lui attribuer une fonction propre, en examinant par le détail la place qui lui revient et que nulle autre n'occupe. Il formule quatre définitions, adaptées aux parties de la Cité et aux relations qu'elles entretiennent, car la Cité parfaite sera celle qui manifeste toutes les vertus. La σοφία est la science qui délibère sur l'État en son entier et appartient au petit nombre des dirigeants (428 c-429 a). Le courage consiste dans le maintien, par les guerriers, de l'opinion relative à ce qui est à craindre, en fonction de ce qu'édicte le législateur (429 b-d). La tempérance (σωφροσύνη), disséminée entre tous les citoyens, relève de l'accord entre parties plus faible et plus forte, la seconde exerçant le commandement (432 a). Enfin, la justice traverse toute la Cité et veille à ce qu'aucun individu ni aucune partie n'empiète sur les autres (433 b). Aucune des vertus n'a davantage d'importance, mais elles contribuent ensemble à la perfection de la Cité (433 c-d). Un lien étroit les unit, modérant la tendance de chacune à envahir l'espace réservé aux autres. La *République* pose donc la double nécessité d'approcher les vertus dans leur totalité et de considérer l'interpénétration des plans individuel et politique. De façon générale, la conception platonicienne de l'unité insiste sur l'homogénéité des vertus et sur l'exigence d'obéir à une dynamique de convergence.

Délimiter les actes

La *République* énonce une définition du courage qui comprend un double versant politique et individuel. De façon générale, le courage se révèle « une sorte de conservation (σωτηρία τις, 429 b 5) ». Du point de vue politique, il revient à sauver en tout temps « l'opinion engendrée par la loi, à travers l'éducation, relative aux choses à craindre – ce qu'elles sont et de quel genre elles sont » (429 b 9-c 2). Cet énoncé repose sur trois éléments : la préservation, la sanction de la loi et la transmission par l'éducation. Premièrement, les apories du *Protagoras* et du *Lachès* (194 d-195 a) ont conduit Platon à refuser le modèle intellectualiste : Platon ne fonde le courage ni sur une connaissance théorique ni sur une compétence technique, ni même sur une opinion droite relative à ce qui inspire la crainte ou la confiance. Il tire en effet du *Lachès* la leçon qu'assimiler le courage à une forme de savoir revient à l'identifier à la vertu tout entière et interdit d'en saisir la spécificité (199 d-e). Pour cette raison, il y ajoute une qualité nécessaire de caractère (déjà formulée par

Lachès, 192 c-d). Le courage allie donc la fermeté de l'âme à une opinion, une disposition de l'âme à une connaissance.

Deuxièmement, l'opinion à préserver reçoit sa détermination de la loi. Dans la Cité idéale, le législateur prescrit ce que les gardiens doivent craindre et ce qu'ils doivent être en mesure d'affronter. Pourquoi le courage ne peut-il être une science et un savoir, mais renvoie-il à une opinion ? D'une part, eu égard au processus de connaissance, une loi n'est jamais qu'une opinion, puisqu'elle inscrit dans la durée le résultat d'une réflexion et fixe la pensée productrice de la constitution. D'autre part, s'il existe une définition du courage, définir ses objets se révèle une tâche impossible car, dans la mesure où ils varient en fonction des conditions, historiques et locales, ils peuvent seulement relever de l'opinion, qui sert de guide au quotidien [1]. S'agissant d'objets contingents, il n'y a donc sur la crainte qu'une forme de connaissance qui ne peut recevoir le statut de véritable connaissance, de science. En revanche, l'art du législateur consiste à formuler des prescriptions dotées de la plus grande extension, tout en les adaptant aux circonstances. Il relève de la connaissance la plus haute, la dialectique, qui sait les causes de chaque chose mais aussi les moyens de les assembler. Dans le cadre d'une constitution parfaite, il devra veiller au maintien des limites, en définissant le cadre moral en vertu duquel chacun doit agir pour préserver la plus belle unité des parties, mettant en œuvre la méthode dialectique et la connaissance pour les adapter au devenir sensible (cf. *Pol.*, 305 d), et engendrant une opinion relative aux objets à craindre.

Troisièmement, l'éducation assure le rôle de transmettre l'opinion et de renforcer le caractère. À la différence des autres vertus, le courage n'implique pas initialement le λόγος mais repose sur une disposition naturelle (*Rép.*, IV, 441 a-b; *Lois*, XII, 965 c-d). L'éducation doit guider ce naturel, sans le rendre excessif ni déficient, en enseignant à résister aux plaisirs, aux douleurs, à toutes les passions, et à maintenir l'opinion droite (*Rép.*, 429 d-430 b).

Transposée à l'individu, la définition devient : « Nous appelons un homme courageux, je pense, en raison de cette partie-là, lorsque son ardeur (θυμοειδές) préserve, à travers peines et plaisirs, ce qui a été prescrit par la raison (ὑπὸ τῶν λόγων παραγγελθέν) comme objet de crainte ou

1. De même que les objets de la crainte, l'efficacité des exercices mis en œuvre pour forger les caractères peut évoluer, au point d'aboutir à des effets néfastes si le législateur manque de vigilance et ne prend pas le soin d'adapter ses prescriptions (*Politique*, 295 c-d; *Lois*, I, 636 b).

non (*Rép.*, IV, 442 b 10-c 2). » Le courage relève de la partie guerrière de l'âme, de même qu'il concerne les gardiens de la Cité. Alors que dans l'acception protagoréenne, le courage révèle une dimension purement subjective, puisque l'homme courageux se définit uniquement par la culture d'une fermeté psychologique, Platon restaure avec la conservation d'une opinion une dimension objective et intentionnelle, qui échappe à la simple disposition. Il évite les apories d'une définition strictement contextuelle, en articulant le courage à un contenu intentionnel.

L'expression ὑπὸ τῶν λόγων παραγγελθέν dissimule une ambiguïté. Dans la perspective d'une Cité idéale, elle signifie que le citoyen doit maintenir les prescriptions des lois grâce à son ardeur. Il doit obéir à l'opinion qui lui a été transmise de l'extérieur par l'éducation. Sur le plan individuel, le sens est tout autre : l'individu devient à lui-même l'auteur de ses propres prescriptions, formulées au regard du maintien de l'équilibre de ses parties. Lui seul aura l'initiative et la liberté de formuler des règles pour agir. Dès lors, si le courage n'est pas science, ni connaissance, mais est soumis à la science véritable, l'individu qui connaîtra cette science véritable accédera à une forme autonome de courage, indépendante des opinions extérieures.

Unité et liberté

Platon et Protagoras proposent deux définitions du courage et de la vertu, qui illustrent deux conceptions de la liberté et de l'agir, et résultent de deux rapports au donné extérieur. De part et d'autre, la vertu apparaît comme un enjeu de l'éducation et son unité garantit le lien politique. Toutefois, à l'inverse de la conception spontanéiste de Protagoras, la définition platonicienne de la vertu apparaît dans des ouvrages qui présentent une théorie générale de l'État. Platon propose un nouvel ordre, en dehors duquel il n'y a pas à proprement parler de courage ni de vertu en général, tant sur les plans individuel que politique. Seul l'État bien constitué offre à la vertu ses conditions de réalisation. Or, si les circonstances à l'intérieur desquelles évolue la Cité changent, il en va aussi des lois prescrivant les comportements à adopter. Dans la perspective platonicienne, l'art de prescrire possède, tout autant qu'il la requiert, la liberté de réinventer ses énoncés pour toujours mieux les adapter, dans le respect de l'unité des parties.

Considérer que la conduite à suivre pour faire preuve de courage résulte des aléas de chaque cité et de la vision qu'y ont les autres citoyens, des codes sociaux, revient pour Platon à postuler une forme d'asservissement.

Si l'individu doit s'adapter à une situation qui le contraint de l'extérieur, il le fait en vertu de codes et de lois dans lesquels il s'insère : dans le cas du courage, par exemple, il réfère son action à ce qui est considéré comme redoutable *par les autres*. Son attitude est conditionnée par un état de fait et ne résulte pas d'une libre détermination. Or, dans la perspective protagoréenne, démocratique, l'individu politique dispose de la liberté d'influencer l'évolution d'une vertu sans tenir compte des autres, dans le but de produire d'autres comportements. Protagoras concevrait cette liberté comme maximale, car grâce à cette possibilité d'agir séparément sur les vertus, il devient aisé de faire évoluer au cas par cas l'opinion commune et de modifier les comportements admis.

À l'inverse, selon Platon, seule la recherche de la réalisation nécessaire de l'unité des vertus garantit la liberté de la pensée et de la définition du contenu des vertus. Il s'agit de tirer parti de cette méthode, de cette science qui connaît les causes des choses et dont il reste à inscrire les résultats dans le devenir. La liberté de pensée assure la liberté de la politique et de la morale : par soi, l'individu prescrit les règles définies au moyen du λόγος. En revanche, considérer que l'équilibre est toujours déjà donné par la situation politique et sociale, c'est manquer selon lui ce qui garantit l'essence de la vertu, et du courage en particulier : la capacité d'énoncer de bonnes prescriptions.

POUR UNE PENSÉE DU REDRESSEMENT

Platon rend une cohérence à la pensée de Protagoras, qui privilégie le couple du semblable et du dissemblable. Ainsi, le langage ne pourrait atteindre la chose comme telle, dans son identité, et la dénomination correcte énoncerait seulement ce à quoi celle-ci ressemble. Si le λόγος doit s'assimiler au réel, puisqu'il est le moyen de le connaître, il faut élaborer une langue plus adéquate qui ne laisse la place à aucune ambiguïté, dans la mesure où elle doit contribuer à l'éducation et transmettre les codes. Assimilé au phénomène, dans une plus grande proximité à la chose et soumis à davantage de précision, le langage deviendrait plus efficace, au point de supprimer l'usage du concept.

Dans le διαλέγεσθαι, Protagoras insiste sur la dualité entre les interlocuteurs. Chacun garde ses distances, parce que la nécessité demeure pour l'un d'imposer sa supériorité sur l'autre. Le dialogue apparaît comme une lutte pour la victoire – le triomphe d'une opinion meilleure sur une pire. Au lieu d'instaurer une unité qui se dédouble, il installe une dualité qui, au mieux, tente de se ressembler par la collaboration. L'assimilation apparaît en effet comme la base du consensus : il faut accepter de parler d'un objet semblable, dans un but semblable.

Quant au souvenir, il ne donne pas l'image identique de la chose. La mémoire implique un πάθος, semblable dans son contenu à la sensation réceptrice, mais dissemblable en tant qu'il entraîne une affection d'un autre type. Il n'y a aucune raison dans ce cas d'accorder moins de crédit à l'objet du souvenir, en tant qu'il constitue une affection présente. Dans ces conditions, Protagoras peut justifier la genèse des termes communs dans une histoire à la fois individuelle et collective, puisqu'ils se construisent par ressemblance et comparaison des affects passés.

Enfin, l'unité de la vertu se réduit à la multiplicité des actes, se formant au gré des circonstances et des décisions collectives. La justice, la sagesse et le courage n'ont aucun contenu déterminé *a priori*, mais ils le tirent du contexte : les noms ne changent pas, mais bien les contenus qu'ils désignent. Ainsi, la politique et la morale se constituent progressivement, et le rôle des citoyens est précisément de participer à cette évolution, tant par leur respect des lois que par leur attention à les améliorer, à les adapter. De cette façon, l'unité de la vertu est celle que la Cité se donne et à laquelle les citoyens doivent s'assimiler.

À préférer le couple du semblable et du dissemblable, Protagoras soulève une difficulté pour la pensée. Il contraint tout savoir à demeurer provisoire et relatif, dans la mesure où il s'avère impossible de cerner l'objet dans son identité : tout mot, toute opinion, toute vertu peut faire l'objet d'une reconfiguration. Par là, il empêche la pensée de se reposer dans une certitude définitive, qui serait garantie par le critère de l'identité ou de la vérité. Il la condamne à un mouvement sans τέλος : sans terme, mais pas sans finalité. Le mouvement d'amélioration doit se comprendre dans les termes d'un redressement. Viser un mieux, c'est redresser la situation qui paraît incorrecte, inadaptée, inadéquate, et lui conférer davantage de rectitude. Un mot sera jugé droit à partir du moment où il remplira mieux sa fonction, lorsqu'il perdra son ambiguïté et véhiculera un message de façon plus claire. Un système de valeurs sera jugé droit à partir du moment où il garantira l'unité de la Cité. Or il arrive qu'un mot perde l'usage précis ou qu'un système de valeurs devienne désuet. Dans ce cas, il faut les redresser, s'accorder sur une signification plus adaptée à la réalité que le mot désigne ou sur un système de valeurs qui fasse davantage consensus.

Contrairement à l'objection du *Théétète*, le relativisme de type protagoréen ne rend vaine ni la pratique du dialogue ni l'activité de penser (161 e). Il contraint à en changer les termes, c'est-à-dire à définir autrement les concepts et à accepter une tâche manifestement infinie. Dès lors que la collaboration se situe davantage dans le résultat d'une confrontation, la pensée du redressement s'autorise à une mise en question, à une correction et à une adaptation constantes, admettant le caractère nécessairement provisoire de ses certitudes.

Sous le nom de Protagoras, Platon incarne dès lors un modèle de pensée qui s'accorde à la démocratie. Tout en effet y est affaire de consensus, d'évolution et de correction d'une convention initiale au gré de l'immanence de la situation. Dans les limites d'un monde en remaniement permanent, la vérité s'épuise dans l'adéquation aux circonstances et l'efficacité de la décision prise au présent. Car la démocratie n'a pas besoin de se voir imposer un ordre ni même de perpétuer indéfiniment un même modèle. Elle a besoin de s'entendre sur les ajustements dont des individus plus clairvoyants parviennent à lui démontrer qu'ils vont dans son intérêt, pour le temps que cela durera.

Conclusion

L'EXPERT, MESURE DES CHOSES

Protagoras interroge la vérité, le savoir et le sujet connaissant – qui détermine le monde et le régit par ses normes. Or, à faire de l'homme la seule référence et à rejeter tout principe transcendant qui fixe la vérité, il supprime la juste mesure. Il condamne ainsi la connaissance et la politique à rester instables, incapables de fixer les limites exactes de leur objet et contraintes à en redéfinir en permanence les contours.

La vérité selon Protagoras

La définition de la science est intimement liée à celle de la vérité. Dans le *Théétète*, la science est d'abord identifiée à la sensation puis, par extension, au phénomène : du fait de ne jamais porter sur ce qui n'est pas, sur le faux (152 c), ces deux facultés garantissent l'infaillibilité et la vérité que requiert la science, puisque tout ce qui apparaît à quelqu'un est vrai pour lui, à chaque fois que cela lui apparaît. Le vrai ne désigne alors rien d'autre que l'adéquation de la relation entre l'homme et la chose. Il en résulte une théorie relativiste de la vérité qui ne laisse pas de place au faux, une forme de vérité correspondance au sens restreint où la chose est seulement conçue de la façon dont l'homme la perçoit, dans leur relation adéquate.

Principale force de sa thèse, cette définition de la vérité est également sa plus grande faiblesse, car elle place Protagoras dans une position délicate en rendant vaine sa fonction d'éducateur. Un monde où le phénomène est absolument vrai rend l'enseignement sans objet, de la même manière que, dans une Cité où tous enseignent la politique à tout le monde, des professeurs particuliers remplissent une fonction inutile. Or, si le sophiste se présente comme un maître dans l'art de contredire, sur tout sujet et contre n'importe quel adversaire, la contradiction sur son propre statut est pour lui une source incomparable de bienfait, parce que sa défense contribuera à le renforcer en apportant la preuve de sa supériorité.

Loin de constituer une faiblesse, la contradiction fait ainsi partie intégrante de la thèse de Protagoras, qui la met en œuvre grâce au κρείττων λόγος. D'une part, dans l'Apologie, Platon lui confère une finalité pédagogique, puisqu'elle sert de base à une définition de la σοφία où le renforcement du λόγος s'identifie à celui d'une ἕξις. Renforcer le λόγος plus faible, c'est améliorer le discours d'autrui sur son propre état. D'autre part, à l'échelle du *Théétète* et du *Protagoras*, il est le principe d'une théorie rhétorique partant d'une position contradictoire pour lui conférer un sens issu de la redéfinition des termes et des arguments. Renforcer l'argument plus faible, c'est adopter une position délicate et la dépasser à l'aide du λόγος. Protagoras fait dès lors en sorte qu'une chose paraisse différente, voire contraire à ce qu'elle paraissait précédemment, en prenant la contradiction pour principe et en appuyant sa thèse sur une hiérarchie de degrés au sein de laquelle il faut se hisser.

Cette thèse implique l'absence d'une vérité universelle incontestable, car elle conduit à abandonner le vrai pour un autre critère. La vérité devient un concept secondaire qui qualifie un type de relations sans en faire le tri. Sans être inutile, puisqu'elle justifie la validité des phénomènes et fonde l'action de l'expert, elle devient un concept vide incapable de départager les (opinions des) individus. La théorie protagoréenne crée un monde où le vrai s'assimile au vraisemblable, à ce qui paraît vrai à quelqu'un à un moment et pour une période délimitée. Identifier le vrai au vraisemblable, c'est ainsi assurer la possibilité de changer la vision du monde de ses contemporains, de leur en façonner une plus agréable ou plus utile – en un mot, une vision du monde meilleure. Protagoras substitue le meilleur au vrai, dépassant la logique binaire qui oppose le vrai et le faux, l'opinion droite et l'opinion trompeuse, au profit d'une axiologie, une logique graduelle qui classe les opinions selon leurs effets.

Que deviennent les χρήματα, les choses dont l'homme est mesure? L'homme ne possède aucune connaissance ni aucun pouvoir sur les objets en dehors de sa propre expérience, au sens où il ne vit que des relations aux choses. Cependant, cette relativité n'exclut pas que la relation entre l'homme et la chose puisse être inadaptée : sans être fausse, elle est inconvenante, déplaisante, susceptible d'être améliorée. En d'autres termes, l'incontestabilité du rapport entre l'homme et la chose doit s'entendre au sens logique et épistémologique, pas axiologique : il est toujours possible d'améliorer la relation, mais pas de l'invalider. L'homme ne peut transformer les choses, vu qu'il lui est impossible de modifier ce qui lui est extérieur. Aussi l'action du savant consiste-t-elle à transformer une disposition subjective – le facteur de la relation aux choses –, sans aucunement modifier les choses qui sont elles-mêmes intangibles. Il altére la disposition qui conditionne la saisie des choses et, du même coup, modifie l'effet de cette relation vraie.

Plutôt que de changer le rapport de l'homme aux choses, le savant que décrit Platon produit quant à lui de meilleurs objets grâce à sa connaissance, possédant une opinion droite qui résulte d'une réflexion sur leur cause et leur reproduction dans le futur. Celle-ci se fonde sur une connaissance objective de la prévisibilité de l'objet, certaines causes étant données. À l'opposé, le savant selon Protagoras produit un changement dont il décide de la meilleure orientation. Celle-ci résulte d'une maîtrise de l'utile et du bénéfique qui s'acquiert avec de l'expérience. Elle correspond à un ensemble de recettes pratiques (tel acte engendre tel effet aux conséquences bénéfiques), plus qu'à une connaissance de l'objet. Cet expert sait que, pour l'homme, être heureux, bien portant, riche, renommé, est un état plus utile. Toutefois, à en croire Platon, il en ignore la raison, tout comme il ignore la véritable finalité de la vie humaine. Il fournit des idéaux ou des connaissances par provision, qui restent valides seulement sur un laps de temps donné. De fait, Protagoras ne cherche pas à apporter une solution définitive aux problèmes, ni à fournir une orientation *ad vitam*. Il répond aux besoins et adapte la disposition aux circonstances présentes. Il ramène le futur au présent, non pas dans le but de les unifier, mais d'en augmenter la grandeur. Il ne fixe pas d'objectif immuable à atteindre mais veille aux intérêts actuels, qu'il tâche d'inscrire dans la durée.

Protagoras ne tient aucun compte de réalités autres que celles de l'impression immédiate ou des circonstances qui déterminent une orientation politique, car le bénéfique ou l'utile sont tels pour une période de temps déterminée. Il considère que leur connaissance s'acquiert uniquement dans l'expérience, puisqu'il s'agit d'un bien toujours relatif à un groupe ou à un individu donné. Autrement dit, il pose une vérité d'institution immanente et qui est de l'ordre de l'efficacité, se plaçant sur le terrain de la démocratie et ne faisant intervenir d'autre critère que les accords passés entre individus. Cela implique de poser la question de la compréhension de l'homme dans le *Théétète*, au sein de la formule de l'homme-mesure, mais aussi de l'homme de la Cité dans le *Protagoras*.

L'Homme selon protagoras

Lorsqu'au début du *Théétète* Socrate conclut son premier exposé de la thèse de Protagoras devant son jeune interlocuteur par : « or tu es un homme, et moi aussi » (152 b 8), il oppose leurs sensations respectives. S'agissant du vent, l'un le trouve chaud, l'autre frissonne. Ce conflit de perceptions confère à l'homme-mesure un tour résolument individualiste. Protagoras se pencherait sur le monde phénoménal relatif à un homme donné. Il accorderait à l'individu une force et un intérêt qu'il n'avait pas connus auparavant dans la pensée grecque, vu que celui-ci fixerait désormais le contenu de sa propre connaissance, sans que personne ne puisse interférer dans le sens qu'il attribue aux choses. Si Platon semble s'arrêter à cette étape du raisonnement, la suite du dialogue (les retours de Protagoras et l'ultime critique par Platon) apporte une autre vue. Platon ne conclut-il pas que c'est le savant qui est mesure des choses, plutôt que tout un chacun (179 b) ? Par ailleurs, lorsque Protagoras met en scène les cités, dans le *Protagoras* que dans le *Théétète*, n'adopte-t-il pas un autre point de vue sur la notion d'homme ?

Quoiqu'il l'introduise avec ironie, Platon perçoit le lien étroit chez Protagoras entre la dimension individuelle de l'homme et sa dimension spécifique[1]. S'il axe la discussion sur les conséquences ontologiques des variations individuelles, il envisage aussi les aspects spécifiques : il oppose un homme à un homme, un individu à un autre, mais en tant qu'ils sont tous les deux des hommes. Opposer l'homme au cochon ou au babouin, soulever la possibilité pour l'homme d'être aussi savant que le dieu, c'est confronter ce qui est spécifiquement humain à ce qui ne l'est pas – qu'il soit animal ou divin (161 c-d). Platon ne renvoie pas à tel cochon, tel babouin ou tel dieu, comme il comparait deux individus que caresse un même vent (152 b), mais il parle du cochon, du babouin, du dieu en tant qu'ils représentent leur espèce. Aussi la première critique du *Théétète* témoigne-t-elle indirectement de la prise en compte d'un point de vue alternatif sur l'homme. Chacun peut ainsi admirer Protagoras pour l'étendue de son savoir, mais aussi pour la superbe de son expression, en raison de son *incipit* : avoir dit que c'était *l'homme* qui était la mesure. Platon admet que le génie de Protagoras provient de cette promotion de l'homme au cœur de l'attention – l'homme en tant qu'il porte un caractère qui le démarque d'autres espèces vivantes.

1. *Théét.*, 161 b-162 a.

Par extension, l'homme-mesure désigne l'homme en tant qu'il s'affranchit du point de vue divin, étant donné que Protagoras envisage le devenir d'un monde d'où le divin s'absente et où le savoir appartient aux seuls hommes, un monde où il n'existe plus de point de vue transcendant sur les choses, mais où celles-ci apparaissent toujours en fonction de conditions qui sont les nôtres. La spécificité de l'homme tient à son pouvoir de saisir les choses de manière véridique, car il n'existe pas pour lui d'autre mode d'appréhension.

Platon reproduit la dualité sémantique du concept d'homme que Protagoras met en œuvre. Au cours de l'Apologie, il y ajoute un troisième niveau, puisque l'orateur dont parle Protagoras s'adresse à la Cité, à un groupe d'hommes qui a la capacité d'instituer une valeur et de la juger juste pour lui-même. Si, dans leur globalité, les cités sont l'analogue des individus, elles n'en restent pas moins des collectivités humaines qui ne correspondent ni à l'homme en tant qu'individu ni en tant qu'espèce, mais en tant que groupe. Envisager le cadre politique conduit Protagoras à interroger la capacité instituante de l'homme : la Cité, l'homme en tant que collectivité, constitue le seul critère des valeurs politiques, excluant la référence à une forme de juste extérieure à ses décrets. En quoi ce dernier niveau est-il compatible avec les deux autres ?

Dans le *Protagoras*, les thèses du sophiste usent de ce triple niveau de sens. Il y a d'abord l'individu, l'élève de Protagoras, l'être sujet au plaisir qui doit aussi acquérir la vertu établie par le groupe auquel il appartient. Puis vient l'humanité, l'homme dont traite le mythe, en un sens spécifique, l'homme comme tel, avec ses besoins, ses défauts et ses possibilités, celui mis en question dans l'étude des conditions de la démocratie. C'est l'homme défini comme l'animal doté d'αἰδώς et de δίκη, qui sont les conditions d'acquisition des valeurs politiques. Quant au dernier niveau, la Cité s'entend comme le groupe qui établit les codes moraux en se fondant sur ces capacités que chacun possède *a priori*. Sans parler de mesure, le *Protagoras* tient compte des trois mêmes niveaux. En un sens il va même plus loin que le *Théétète*, puisqu'il se penche sur la condition d'une humanité dotée des facultés requises pour s'instituer elle-même sans se modeler sur à un ordre extérieur. Le fait que les cités établissent les lois et statuent sur ce qu'est le juste pour les individus qui composent le groupe signifie qu'elles servent de seules et uniques références quant à la valeur du juste et de l'injuste. En d'autres termes, l'homme, en tant qu'il compose des cités, est mesure du juste et de l'injuste, de toutes les normes nécessaires, de la même façon qu'à titre d'individu, il évalue son intérêt propre.

Reste à concilier ces niveaux, l'individuel et le collectif. Si la fonction du σοφός est d'infléchir une disposition, dans l'esprit de Protagoras le procédé est similaire selon qu'il s'adresse au groupe ou à l'individu. Or, dans le *Protagoras*, parce que le sophiste se pose la question de l'unité de la Cité, il se penche sur ce qui assure la cohésion du groupe, ainsi que sur le moyen par lequel les individus se rassemblent et s'y intègrent. Du point de vue politique, le comportement du groupe se distingue donc nettement de celui de l'individu. Dans le *Théétète*, en revanche, Protagoras insiste moins sur ce qui fait l'homogénéité du groupe, qu'il considère *grosso modo* comme un individu. Du point de vue épistémologique, il ne sépare pas dans la formation des opinions entre le degré individuel et le degré collectif. Penser les valeurs politiques comme des opinions lui permet d'étendre le principe de l'homme-mesure aux collectivités et d'en faire des cas particuliers d'une règle générale. D'une certaine façon, la fusion des niveaux de sens libère les cités des concepts de juste, de beau, de bon, dans la mesure où les propriétés intersubjectives sont traitées sur le mode des propriétés subjectives (le chaud, le doux,...). Dès lors, affirmer que l'homme est mesure, c'est soutenir d'une part que rien d'extérieur ne lui impose de signification (sens générique), d'autre part que lui seul donne la signification aux choses (sens individuel). Les deux sens du terme homme constituent alors les deux faces d'une même idée. L'athéisme épistémologique de Protagoras débouche sur un humanisme de la connaissance, où l'homme apparaît comme l'unique point de référence. Penser l'individu, c'est débarrasser l'espèce de la possibilité d'une connaissance totale.

Parce qu'il est doté de facultés socio-politiques et épistémologiques, l'homme intéresse Protagoras en tant qu'il offre un terrain disponible à l'éducation et à la culture. Or le meilleur moyen d'agir sur l'individu est d'agir sur le groupe dans lequel il s'insère, en lui imprimant la direction souhaitée. Dans le *Protagoras*, le sophiste n'apparaît pas comme un réformateur. Il enseigne à se modeler sur le tissu politique et à y exceller par la connaissance du fonctionnement de la démocratie. Il n'enseigne pas cependant la morale traditionnelle, mais l'usage des principes sur lesquels elle repose. Dans ces conditions, il revendique un savoir d'origine empirique relatif au mode de fonctionnement des cités, utile pour déterminer comment y servir au mieux et exercer son rôle de citoyen. Il refuse de concevoir l'existence du bien en dehors de ses manifestations particulières (333 e-334 c). Sa conception de la vertu politique ne partage donc rien avec la morale, mais elle se situe sur un plan différent, celui de l'utile et de l'intérêt. De la même façon, dans le *Théétète*, Protagoras se situe sur un autre plan que la vérité : en matière de connaissance, comme en matière d'éthique, il rejette l'idée d'une vérité ou d'un bien auquel tendre, mais il privilégie un mieux que l'expert tâche de manifester. En conclusion, en choisissant l'homme comme objet d'étude, Protagoras se situe sur un plan différent de Platon : penser l'homme pour lui-même, sans recourir à aucun principe extérieur à ce qu'il pourrait façonner au moyen des capacités dont il est naturellement pourvu.

Platon présente le protagoréisme comme une pensée de l'individu. Même s'il envisage que le sophiste décrive également une théorie générique de l'homme, il la conçoit du point de vue de l'homme individuel. Il conduit ainsi sa réfutation : s'il n'y a pas de principe en dehors de l'homme, plus rien n'est garanti car tout passe par les individus, tout se réduit aux perceptions et aux intérêts individuels. Platon n'attribue jamais complètement à Protagoras une conception de l'homme en tant qu'espèce, différente de la somme des hommes individuels, de l'homme en tant qu'homme et non en tant qu'individu. Or prendre l'homme comme tel pour référence aurait des implications autres que de généraliser l'homme en tant qu'individu. Pourquoi Platon n'accepte-t-il pas un monde régi par une logique de degrés, où chacun a un point de vue sur la chose et où certains paraissent mieux connaître les choses que d'autres ? Parce que cela repousse sans cesse les limites de la discussion, laissant toujours la porte ouverte à un nouvel argument, à un retournement ou, tout simplement, à un refus du dialogue (*Parm.*, 135 b-c). Le savoir qui résulte de l'expérience ne rencontre qu'une stabilité analogue aux objets de l'expérience, un savoir en devenir toujours susceptible d'être modifié, voire invalidé. Dans un tel monde, la pensée a renoncé au mouvement qui mène à *la* vérité. Elle s'arrête sur un savoir qu'elle façonne à partir de l'expérience. Tel que le décrit Protagoras, le monde de l'expert n'a aucun τέλος. Sachant qu'il possède le savoir en lui-même et qu'il est seul responsable de l'opinion droite qu'il forme sur le meilleur, le σοφός ne cherche pas un objet de savoir toujours à distance. Il jette un regard rétrospectif sur ce qu'il a acquis, afin de produire une image de ce mieux.

Au fil du *Théétète* et du *Protagoras*, Platon développe à l'égard de Protagoras une exégèse contradictoire. Partagé entre fidélité et critique, il dresse un tableau ambigu. Il offre en effet toutes les clefs pour une interprétation philosophique de Protagoras, pratiquant une herméneutique qui le conduit à développer plusieurs arguments restés inachevés (du moins en l'état de nos connaissances). Dans ces conditions, il rend possible de reconstituer les principes d'une pensée censément démocratique, tant du point de vue épistémologique que politique. Il ressort de sa retranscription qu'en se centrant sur l'homme, celle-ci justifie et défend le modèle de la politique athénienne, autant qu'une conception du savoir fondée sur l'expertise et la véracité du phénomène. Face à la question la plus délicate qu'il soulève, à savoir la mise en cause d'un système de référence transcendant, Platon néglige la possibilité évoquée par Protagoras : ne pas chercher ailleurs que dans l'homme. De sa réfutation de Protagoras, Platon puise la nécessité de fonder la vérité autrement que sur la relativité des individus. Il manque toutefois de reconsidérer le modèle que le sophiste met à sa disposition, à savoir celui de l'homme, qui aurait encore demandé à être pensé en tant qu'homme. Dès lors, si la contribution de Protagoras à l'histoire de la philosophie devait se résumer à un seul point, ce serait d'avoir attiré l'attention sur cette option.

BIBLIOGRAPHIE

Sans prétendre à l'exhaustivité, cette bibliographie mentionne les études auxquelles ce livre fait explicitement référence.

I. Auteurs antiques

Éditions et traductions

Présocratiques

Fragmente der Vorsokratiker, 3 vol., 6ᵉ édition de H. Diels révisée par W. Kranz, Berlin, 1951-1952.

Les Présocratiques, traduit par J.-P. Dumont, D. Delattre et J.-L. Poirier, Paris, Gallimard, 1988.

Sofisti. Testimonianze e frammenti, traduit par M. Untersteiner, 4 vol., Florence, La Nuova Italia, 1949-1962 (réédité par G. Reale, Milano, Bompiani, 2009).

Les Sophistes. Fragments et témoignages traduits par J.-P. Dumont, Paris, P.U.F., 1969.

Platon

Instrument de travail

Brandwood L., *A Word Index to Plato*, Leeds, Maney and son ltd, 1976.

Œuvres complètes

Œuvres complètes, Paris, Les Belles Lettres, 1920-1964.

Œuvres complètes de Platon, traduction nouvelle et notes établies par Léon Robin avec la collaboration de J. Moreau, « Bibliothèque de La Pléiade », 2 vol., Paris, Gallimard, 1950.

Platonis Opera, edidit J. Burnet, 5 vol., Oxford, Oxford University Press, 1900-1907.

Platonis Opera, tomus I, ed. A. Duke, W.F. Hicken, W.S.M. Nicoll, D.B. Robinson et J.C.G. Strachan, Oxford, Oxford University Press, 1995.

Dialogues séparés

Cratyle, traduction inédite, introduction et notes par C. Dalimier, Paris, GF-Flammarion, 1998.

Gorgias, a Revised Text With Introduction and Commentary, E.R. Dodds, Oxford, Clarendon Press, 1959.

Phédon, traduction nouvelle, introduction et notes par M. Dixsaut, Paris, GF Flammarion, 1991.

Plato : Statesman, Edited with an Introduction, Translation and Commentary by C.J. Rowe, Warminster, Aris & Phillips, 1995.

Politique, traduction inédite, introduction et notes par L. Brisson et J.-F. Pradeau, Paris, GF-Flammarion, 2003.

Protagoras, présentation et traduction inédite par F. Ildefonse, Paris, GF Flammarion, 1997.

Protagoras, A Revision of the Jowett translation by M. Oswald, Edited with an Introduction by Gregory Vlastos, Indianapolis, The Liberal Arts Press, 1956.

Protagoras, traduction nouvelle, introduction et commentaires de M. Trédé et P. Demont, Paris, Le Livre de Poche, 1993.

Plato : Protagoras. Translated with notes by C.C.W. Taylor, Oxford, Oxford University Press, 1991 2.

Platonis Rempublicam, ed. S.R. Slings, Oxford, Oxford University Press, 2003.

La République, Du régime politique, traduction par P. Pachet, Paris, Gallimard, 1993.

La République, traduction inédite, introduction et notes par G. Leroux, Paris, GF-Flammarion, 2002.

Sophiste, traduction inédite, introduction et notes par N.-L. Cordero, Paris, GF-Flammarion, 1993.

Plato's Theory of Knowledge. The Theaetetus *and the* Sophist, Translated With a Commentary by F.M. Cornford, London, Routledge and Keagan Paul, 1935.

Theaetetus. Translated with notes by J. McDowell, Oxford, Clarendon, 1973.

Théétète, traduction inédite, introduction et notes par M. Narcy, Paris, GF-Flammarion, 1995 2.

Reading Plato's "Theaetetus", translated by T. Chappell, Sankt Augustin, Akademia, 2004.

Timée/Critias, traduction inédite, introduction et notes par L. Brisson, Paris, GF-Flammarion, 1992.

Autres auteurs anciens

ÆLIUS ARISTIDE, *Contre Platon, pour défendre la rhétorique*, traduction de B. Cassin, *Philosophie* 28, 1990, p. 3-13.

ANTIPHON, *Discours, suivis des Fragments d'Antiphon le Sophiste*, texte établi et traduit par L. Gernet, Paris, Les Belles Lettres, 1989.

ARISTOPHANE, *Œuvres complètes*, 5 tomes, texte établi et traduit par V. Coulon et H. Van Daele, Paris, Les Belles Lettres, 1923-1930.

– *The Clouds*, edited by K.J. Dover, Oxford, Clarendon, 1972.

ARISTOTE, *Aristotelis Opera*, 5 vol., édité par I. Bekker, Berlin, 1831-1870.

– *De l'âme*, texte établi par A. Jannone, traduction et notes de E. Barbotin, Paris, Les Belles Lettres, 1966.

– *La Métaphysique*, traduction et commentaire par J. Tricot, 2 vol., Paris, Vrin, 1953.

– *La Décision du sens. Le Livre Gamma de la* Métaphysique *d'Aristote*, introduction, texte, traduction et commentaire par B. Cassin et M. Narcy, Paris, Vrin, 1989.

– *Petits traités d'histoire naturelle*, texte établi et traduit par R. Mugnier, Paris, Les Belles Lettres, 1965 [2].

– *La Physique*, texte établi et traduit par H. Carteron, 2 vol., Paris, Les Belles Lettres, 1926-1931.

– *La Poétique*, texte établi et traduit par J. Hardy, Paris, Les Belles Lettres, 1932.

– *Les Réfutations sophistiques*, introduction, traduction et commentaire, texte traduit et commenté par L.-A. Dorion, Paris, Vrin, 1995.

– *La Rhétorique*, texte établi et traduit par M. Dufour, Paris, Les Belles Lettres, 3 vol., 1960-1973.

DIOGÈNE LAËRCE, *Vies et doctrines des philosophes illustres*, trad. sous la direction de M.-O. Goulet-Cazé, Paris, Le Livre de poche, 1999.

GORGIAS, *Éloge d'Hélène*, traduit par B. Cassin dans *L'Effet sophistique*, Paris, Gallimard, 1995, p. 141-148.

– *Sur le non-être*, traduit par B. Cassin dans *L'Effet sophistique*, Paris, Gallimard, 1995, p. 121-140.

HÉRODOTE, *Histoires*, texte établi et traduit par Ph.-E. Legrand, 9 vol., Paris, Les Belles Lettres, 1930-1955.

HÉSIODE, *Théogonie. Les travaux et les jours. Le bouclier*, texte établi et traduit par P. Mazon, 1928.

HIPPOCRATE, *L'Ancienne Médecine*, dans *Œuvres*, t. II, 1re partie, texte établi et traduit par J. Jouanna, Paris, Les Belles Lettres, 1990.

– *L'Ancienne Médecine*, éd. et tr. A. J. Festugière, Paris, Klincksieck, 1948.

HOMÈRE, *Iliade*, texte établi et traduit par P. Mazon, Paris, Les Belles Lettres, 2 vol., 1937-1938.

– *Odyssée*, texte établi et traduit par V. Bérard, 3 vol., Paris, Les Belles Lettres, 1924 [2].

ISOCRATE, *Discours*, texte établi et traduit par G. Mathieu et revu par E. Brémond, Paris, Les Belles Lettres, 4 vol., 1960-1963.

JAMBLIQUE, *Protreptique*, texte établi et traduit par E. Des Places, Paris, Les Belles Lettres, 1989.

PINDARE, *Isthmiques. Fragments*, texte établi et traduit par A. Puech, Paris, Les Belles Lettres, 1952 [2].

– *Olympiques*, texte établi et traduit par A. Puech, Paris, Les Belles Lettres, 1922.

THUCYDIDE, *La Guerre du Péloponnèse*, texte établi et traduit par R. Weil et J. de Romilly, 5 vol., Paris, Les Belles Lettres, 1953-1972.

ÉTUDES ET COMMENTAIRES

Protagoras et les Sophistes

BALABAN O., *Plato and Protagoras. Truth and Relativism in Ancient Greek Philosophy*, Lanham-Boulder-New York-Oxford, Lexington Books, 1999.

BERKEL T. (van), « Made to Measure : Protagoras' *Metron* », dans *Protagoras of Abdera : The Man, His Measure*, J.M. van Ophuijsen, M. van Raalte & P. Storke (eds.), Brill, Leiden, 2013, p. 37-67.

BERTI E., « Ancient Greek Dialectic as Expression of Freedom of Thought and Speech », *The Journal of the History of Ideas* 39, 1978 (3), p. 347-370.

BETT R., « The Sophists and Relativism », *Phronesis* 34, 1989 (2), p. 139-169.

BRANCACCI A., « Protagoras, l'*orthoepeia* et la justesse des noms », dans *Platon : Source des Présocratiques*, M. Dixsaut et A. Brancacci (éds.), Paris, Vrin, 2002, p. 169-190.

CAPIZZI A., *Protagora. Le testimonianze e i frammenti. Edizione riveduta e ampliata con uno studio su la vita, le opere, il pensiero e la fortuna*, Firenze, Sansoni, 1955.

– « Il "Mito di Protagora" e la polemica sulla democrazia », *La Cultura*, 8, 1970 (4), p. 552-571.

CASSIN B., *L'Effet sophistique*, Paris, Gallimard, 1995.

COLE A.T., « The Apology of Protagoras », *Yale Classical Studies* 19, 1966, p. 103-118.

– « The Relativism of Protagoras », *Yale Classical Studies* 22, 1972, p. 19-45.

CORRADI M., « Protagoras dans son contexte. L'homme mesure et la tradition archaïque de l'*incipit* », *Mètis* N.S. 5, 2007.

DECLEVA CAIZZI F., « Il Frammento 1 D.-K. di Protagora. Nota Critica », *Acme* 31, 1978 (1), p. 11-35.

DENYER N., « The Political Skill of Protagoras », dans V. Harte et M. Lane (eds.), *Politeia in Greek and Roman Philosophy*, Cambridge, Cambridge University Press, 2013, p. 155-167.

DÖRING K., « Die politische Theorie des Protagoras », *Hermes. Zeitschrift für Klassische Philologie* 44, 1981 (1), p. 109-115.

DUNN F.M., « Protagoras and the Parts of Time », *Hermes. Zeitschrift für Klassische Philologie* 129, 2001 (4), p. 547-550.

DUPRÉEL E., *Les Sophistes. Protagoras, Gorgias, Prodicus, Hippias*, Neuchâtel, Éditions du Griffon, 1948.

GAGARIN M., « Protagoras et l'art de la parole », *Philosophie antique* 8, 2008, p. 23-32.

GLIDDEN D.K., « Protagorean Relativism and *Physis* », *Phronesis* 20, 1975 (3), p. 209-227.

GUTHRIE W.K.C., *Les Sophistes*, traduction par J.-P. Cottereau, Paris, Payot, 1976.

HOURCADE A., *Atome et Sophistique. La tradition abdéritaine*, Bruxelles, Ousia, 2009.

HUSS B., « Der Homo-Mensura-Satz des Protagoras. Ein Forschungsbericht », *Gymnasium* 103, 1996, p. 229-257.

KAHN Ch. H., « The Origins of Social Contract Theory in the Fifth Century B.C. », dans *The Sophists and their Legacy*, G.B. Kerferd (ed.) Wiesbaden, Steiner, 1981, p. 92-108.

KERFERD G.B., *Le Mouvement sophistique*, traduction par A. Tordesillas et D. Bigou, Paris, Vrin, 1999 (1981).

KULESZ O., *Antilogía Final. La crítica platónica al antropometrismo de Protágoras*, Buenos Aires, Nicolás Bourbaki, 2006.

LASSERRE F., « Hérodote et Protagoras : le débat sur les constitutions », *Museum Helveticum* 33, 1976 (2), p. 65-84.

LEE M.-K., *Epistemology after Protagoras. Responses to Relativism in Plato, Aristotle, and Democritus*, Oxford, Clarendon, 2005.

LOENEN D., *Protagoras and the Greek Community*, Amsterdam, Noord-Hollandsche Uitgevers Maatschappij, 1940.

MOST G.W., « Sophistique et herméneutique », dans *Positions de la sophistique*, B. Cassin (éd.), Paris, Vrin, 1986, p. 233-245.

MÜLLER R., « Sophistique et Démocratie », dans *Positions de la sophistique, op. cit.*, p. 179-193.

NARCY M., « À qui la parole ? Platon et Aristote face à Protagoras », dans *Positions de la sophistique, op. cit.*, p. 75-90.

– « Le Contrat social : d'un mythe moderne à l'ancienne sophistique », *Philosophie* 28, 1990, p. 33-56.

NOËL M.-P., « *Kairos* sophistique et mises en forme du *logos* chez Gorgias », *Revue de philologie, de littérature et d'histoire anciennes* 72, 1998 (2), p. 233-245.

NILL M., *Morality and Self-interest in Protagoras, Antiphon and Democritus*, Leiden, Brill, 1985.

RANKIN H.D., « *Ouk esti antilegein* », *Hermes. Zeitschrift für Klassische Philologie* 44, 1981 (1), p. 27-37.

ROMILLY (de) J., *Les Grands Sophistes dans l'Athènes de Périclès*, Paris, Éditions de Fallois, 1988.

SCHIAPPA E., *Protagoras and* Logos. *A Study in Greek Philosophy and Rhetoric*, Columbia, University of South Carolina Press, 2003 [2].

SESONSKE A., « To Make the Weaker Argument defeat the Stronger », *Journal of the History of Philosophy* 6, 1968, p. 217-231.

TORDESILLAS A., « L'Instance temporelle dans l'argumentation de la première et de la seconde sophistique : la notion de *kairos* », dans B. Cassin, *Le Plaisir de parler, op. cit.*, 1986, p. 31-61.

UNTERSTEINER Mario, *Les Sophistes. 1*, traduction par A. Tordesillas, Paris, Vrin, 1993.

– *Les Sophistes. 2*, traduction par A. Tordesillas, Paris, Vrin, 1993.

ZILIOLI U., *Protagoras and the Challenge of Relativism*, Aldershot-Burlington, Ashgate, 2007.

Ouvrages généraux sur Platon

BONTEMPI M., *L'icona e la città. Il lessico della misura nei dialoghi di Platone*, Milano, Vita & Pensiero, 2009.

BALANSARD A., *"Technè" dans les "Dialogues" de Platon. L'empreinte de la sophistique*, avec une Introduction de Luc Brisson, Sankt Augustin, Academia, 2001.

BRISSON L., *Platon, les mots et les mythes. Comment et pourquoi Platon nomma le mythe ?*, Paris, La Découverte, 1994 [2].

COLLETTE B., « *Phantasia* et *Phantasma* chez Platon », *Les Études philosophiques*, 2006 (1), p. 89-106.

DIXSAUT M., « Qu'appelle-t-on penser ? Du dialogue intérieur de l'âme selon Platon », dans *Platon et la question de la pensée. Études platoniciennes I*, Paris, Vrin, 2000, p. 45-70.

– « De quoi les philosophes sont-ils amoureux ? Sur la *phronèsis* dans les Dialogues de Platon », p. 93-119.

– *Métamorphoses de la dialectique dans les dialogues de Platon*, Paris, Vrin, 2001.

– *Le Naturel philosophe. Essai sur les dialogues de Platon*, Paris, Vrin, 2001 [3].

– « Aristote parricide. Note sur la dialectique chez Platon et Aristote », dans *Platon et Aristote. Dialectique et métaphysique*, I. Tsimbidaros (éd.), Bruxelles, Ousia, 2004, p. 70-99.

HERRMANN F.-G., *Words & Ideas. The Roots of Plato's Philosophy*, Swansea, The Classical Press of Wales, 2007.

JOLY H., *Le Renversement platonicien. Logos, Epistémè, Polis*, Paris, Vrin, 2001 (1974).

KAHN C.H., « Some Philosophical Uses of "to be" in Plato », *Phronesis* 26, 1981 (2), p. 105-134.

– *Plato and the Socratic Dialogue. The Philosophical Use of a Literary Form*, New York, Cambridge University Press, 1996.

KRÄMER H.J., *Arete bei Platon und Aristoteles. Zum Wesen und zur Geschichte der platonischen Ontologie*, Amsterdam, P. Schippers, 1967 [2].

MATTÉI J.-F., *L'Étranger et le Simulacre. Essai sur la Fondation de l'ontologie platonicienne*, Paris, P.U.F., 1983.

MOREAU J., *Le Sens du platonisme*, Paris, Les Belles Lettres, 1967.

MULLER R., *La Doctrine platonicienne de la liberté*, Paris, Vrin, 1997.

REINHARDT K., *Les Mythes de Platon*, traduction par A.-S. Reineke, Paris, Gallimard, 2007.

TEISSERENC F., *Langage et image dans l'œuvre de Platon*, Paris, Vrin, 2010.

VAN RIEL G., *Plato's Gods*, Ashgate, Farnham, 2013.

Sur le Protagoras

ADKINS A.W.H., « Ἀρετή, Τέχνη, Democracy and Sophists : *Protagoras* 316 b-328 d », *Journal of Hellenic Studies* 93, 1973, p. 3-12.

BALABAN O., « The Myth of Protagoras and Plato's Theory of Measurement », *History of Philosophy Quarterly* 4, 1987 (4), p. 371-384.

BARNEY R., « Plato on Conventionalism », *Phronesis* 42, 1997 (2), p. 143-162.

BAYONAS A., « L'Art politique d'après Protagoras », *Revue philosophique de la France et de l'Étranger* 157, 1967 (1), p. 43-58.

BRISSON L., « Le Mythe de Protagoras. Essai d'analyse structurale », *Quaderni urbinati di cultura classica* 20, 1975 (1), p. 7-37.

– « Sur le *Protagoras* : le mythe de Protagoras et la question des vertus », dans *Lectures de Platon*, Paris, Vrin, 2000, p. 113-133.

BUCHHEIM Th., « Maß haben und Maß sein. Überlegungen zum platonischen *Protagoras* », *Zeitschrift für philosophische Forschung* 38, 1984, p. 629-637.

CAPRA A., « La Tecnica di misurazione del *Protagora* », *Annali della Scuola Normale Superiore di Pisa, Classe di lettere e filosofie*, serie 4, 1997 (2a), p. 273-327.

– *Ἀγὼν λόγων. Il "Protagora" di Platone tra eristica e commedia*, Milan, LED, 2001.

CERRI G., « Il Canto di Simonide nel *Protagora* di Platone », dans *Il* Protagora *di Platone. Strutture e problematiche*, G. Casertano (ed.), Napoli, Loffredo, 2004, p. 474-495.

COBY P., *Socrates and the Sophistic Enlightenment. A Commentary on Plato's* Protagoras, Lewisburg, Bucknell University Press, 1987.

DEVEREUX D.T., « Protagoras on Courage and Knowledge : *Protagoras* 351 a-b », *Apeiron* 9, 1975 (2), p. 37-39.

– « The Unity of the Virtues in Plato's *Protagoras* and *Laches* », *The Philosophical Review* 101, 1992 (4), p. 765-789.

DUNCAN R., « Courage in Plato's *Protagoras* », *Phronesis* 23, 1978 (3), p. 216-228.

FINAMORE J.F., « The Role of δυναμις in Plato's *Protagoras* 329 C 2-332 A 2 », *Elenchos*, 1988 (2), p. 311-327.

GALLOP D., « Justice and Holiness in *Protagoras* 330-331 », *Phronesis* 6, 1961 (2), p. 86-93.

GERAGOTIS S., « Justice et Pudeur chez Protagoras », *Revue de philosophie ancienne* 13, 1995 (2), p. 187-197.

GOMES DE PINA M., « L'Arrossire sorridendo di Ippocrate », dans *Il* Protagora *di Platone. Strutture e problematiche, op. cit.*, 2004, p. 39-64.

GRISWOLD Ch. L., « Relying on Your Own Voice : an Unsettled Rivalry of Moral Ideals in Plato's *Protagoras* », *The Review of Metaphysics* 53, 1999-2000 (2), p. 283-307.

GROSSMANN G., « Platon und Protagoras », *Zeitschrift für philosophische Forschung* 32, 1978, p. 510-525.

KERFERD G.B., « Protagoras' Doctrine of Justice and Virtue in the *Protagoras* of Plato », *Journal of Hellenic Studies* 73, 1953, p. 42-45.

KLOSKO G., « On the Analysis of *Protagoras* 351 b-360 e », *Phoenix* 34, 1980 (4), p. 307-322.

MAGUIRE J.P., « Protagoras … or Plato ? II. The *Protagoras* », *Phronesis* 22, 1977 (1), p. 103-122.

MANUWALD B., *Platon, Protagoras. Übersetzung und Kommentar*, Göttingen, Vandenhoeck & Ruprecht, 1999.

MCPHERRAN M.L., « Piety, Justice, and the Unity of Virtue », *Journal of the History of Philosophy* 38, 2000 (3), p. 299-338.

O'BRIEN D., « Socrates and Protagoras on Virtue », *Oxford Studies in Ancient Philosophy* 24, 2003, p. 59-131.

PENNER T., « The Unity of Virtue », dans *Plato 2. Ethics, Politics, Religion, and the Soul*, G. Fine (ed.), Oxford, Oxford University Press, 1999, p. 78-104.

RICHARDSON H.S., « Measurement, Pleasure, and Practical Science in Plato's *Protagoras* », *Journal of the History of Philosophy* 28, 1990 (1), p. 7-32.

RODGERS V.A., « Some Thoughts on δικη », *The Classical Quarterly* 21, 1971, p. 289-301.

RUDHARDT J., « Quelques remarques sur la notion d'*aidôs* », dans *Kêpoi. De la religion à la philosophie.* Mélanges offerts à André Motte, V. Pirenne et É. Delruelle (éds.), Liège, Kernos, 2001, p. 1-21.

RUGGIU L., « La Politica come scienza nel *Protagora* di Platone », dans *Il* Protagora *di Platone, op. cit.*, p. 639-669.

RUSSELL D.C., « Protagoras and Socrates on Courage and Pleasure : *Protagoras* 349 d *ad finem* », *Ancient Philosophy* 20, 2000, p. 311-338.

SAUNDERS T.J., « Protagoras and Plato on Punishment », *Hermes. Zeitschrift für Klassische Philologie* 44, 1981 (1), p. 129-141.

SAVAN D., « Self-Predication in *Protagoras* 330-331 », *Phronesis* 9, 1964 (2), p. 130-135.

SCODEL R., « Literary Interpretation in Plato's *Protagoras* », *Ancient Philosophy* 6, 1986, p. 25-37.

SICKING C.M.J., « Plato's *Protagoras* : a "Battle of Wits" ? », dans *Distant Companions. Selected Papers*, Leiden Boston-Köln, Brill, 1998, p. 183-208.

SPINELLI E., « Un Socrate inconcludente ? (*Prot.* 348 c-351 b) », dans *Il* Protagora *di Platone. Strutture e problematiche, op. cit.*, p. 496-512.

STALLEY R.F., « Punishment in Plato's *Protagoras* », *Phronesis* 40, 1995 (1), p. 1-19.

STOKES M.C., *Plato's Socratic Conversations : Drama and Dialectic in Three Dialogues*, Baltimore, The Johns Hopkins University Press, 1986.

TAORMINA D.P., « Il *Logos* di Prodico (337 a 1-c 4) », dans *Il* Protagora *di Platone. Strutture e problematiche, op. cit.*, p. 375-389.

THEIN K., « Teleology and Myth in the *Protagoras* », dans *Plato's* Protagoras. Proceedings of the Third Symposium Platonicum Pragense, A. Havlícek et F. Karfík (eds.), Praha, Oikoumene, 2003, p. 60-70.

TRABATTONI F., « Unità della virtù e autopredicazione in *Protagora* 329 e-332 a », dans *Il* Protagora *di Platone*, *op. cit.*, p. 267-291.

VLASTOS G., « The Unity of the Virtues in the *Protagoras* », *Platonic Studies*, Princeton, Princeton University Press, 1973, p. 221-269.

WARD A., « Statesmanship and Citizenship in Plato's *Protagoras* », *Journal of Value Inquiry* 25, 1991, p. 319-333.

WEISS R., « Courage, Confidence, and Wisdom in the *Protagoras* », *Ancient Philosophy* 5, 1985, p. 11-24.

– « The Hedonic Calculus in the *Protagoras* and the *Phaedo* », *Journal of the History of Philosophy* 27, 1989 (4), p. 511-529.

ZEYL D.J., « Socrates and Hedonism : *Protagoras* 351 b-358 d », *Phronesis* 25, 1980, p. 250-269.

Sur le Théétète

ADALIER G., « The Case of *Theaetetus* », *Phronesis* 46, 2001 (1), p. 1-37.

ARTHUR E.P., « Plato, *Theaetetus* 171 A », *Mnemosyne* 35, 1982 (3-4), p. 335-337.

BABUT D., « Platon et Protagoras : l'"Apologie" du sophiste dans le *Théétète* et son rôle dans le Dialogue », *Revue des études anciennes* 84, 1982, p. 49-86.

BARKER A., « The Digression in the *Theaetetus* », *Journal of the History of Philosophy* 14, 1976, p. 457-462.

BOSTOCK D., *Plato's Theaetetus*, Oxford, Clarendon, 1988.

BURNYEAT M.F., « Protagoras and Self-refutation in Later Greek Philosophy », *The Philosophical Review* 85, 1976 (1), p. 44-69.

– « Protagoras and Self-Refutation in Plato's *Theaetetus* », *The Philosophical Review* 85, 1976 (2), p. 172-195.

– « The Philosophical Sense of *Theaetetus*' Mathematics », *Isis* 69, 1978 (249), p. 489-513.

– *Introduction au* Théétète *de Platon*, traduction par M. Narcy, Paris, P.U.F., 1998.

BÜHLER A., « Protagoras : Wahrnehmung und Wahrheit », *Allgemeine Zeitschrift für Philosophie* 14, 1989 (3), p. 15-34.

CARTALADE V., « Protagoras défendu par Socrate… ou l'aphorisme du *metron-anthrôpos* à la lumière de l'"Apologie" du *Théétète* », *Revue philosophique de la France et de l'Étranger*, 1998 (2), p. 165-174.

CASTAGNOLI L., *The Logic and History of the Self-Refutation Argument from Democritus to Augustine*, Cambridge, Cambridge University Press, 2010.

CHAPPELL T., « Does Protagoras refute himself? », *Classical Quarterly* 45, 1995 (2), p. 333-338.

– « Reading the περιτροπή : *Theaetetus* 170 c-171 c », *Phronesis* 51, 2006 (2), p. 109-139.

COBB-STEVENS V., « Perception, Appearance and *Kinêsis* : The Secret Doctrine in Plato's *Theaetetus* », dans *Essays in Ancient Greek Philosophy III : Plato*,

J.P. Anthon et A. Preus (éd.), Albany, State University of New York Press, 1989, p. 247-265.

COOPER J.M., « Plato on Sense-Perception and Knowledge (*Theaetetus* 184-186) », *Phronesis* 15, 1970 (1), p. 123-146.

DAY J.M., « The Theory of Perception in Plato's *Theaetetus* 152-183 », *Oxford Studies in Ancient Philosophy* 15, 1997, p. 51-80.

DECLEVA CAIZZI F., « Da Protagora al discorso 'maggiore' (*Tht.* 171 d 5-172 c 1) », dans *Il* Teeteto *di Platone. Strutture e problematiche*, G. Casertano (ed.), Napoli, Loffredo, 2002, p. 63-87.

DIXSAUT M., « Nature et rôle de l'âme dans la sensation », dans *Platon et la question de l'âme. Études platoniciennes II*, Paris, Vrin, 2013, p. 25-44.

EMILSSON E.K., « Plato's Self-Refutation Argument in *Theaetetus* 171 a-c Revisited », *Phronesis* 39, 1994 (2), p. 136-149.

FINE G., « Conflicting Appearances : *Theaetetus* 153 d-154 b », dans Ch. Gill et M.M. McCabe, *Form and Argument in Late Plato*, Oxford, Clarendon Press, 1996, p. 105-133.

– « Plato's Refutation of Protagoras in the *Theaetetus* », *Apeiron* 31, 1998, p. 201-234.

– « Relativism and Self-Refutation. Plato, Protagoras, and Burnyeat », dans *Method in Ancient Philosophy*, J. Gentzler (éd.), Oxford, Clarendon Press, 1998, p. 137-163.

FORD A., « Protagoras' Head : Interpreting Philosophic Fragments in *Theaetetus* », *American Journal of Philology* 115, 1994, p. 199-218.

GAVRAY M.-A., « Apologie et Comédie chez Platon : essai de reconstitution croisée (*Nuées, Apologie de Socrate* et *Théétète*) », *Revue philosophique de la France et de l'Étranger*, 2007 (2), p. 131-156.

– « Comment ne pas interpréter un fragment philosophique : le dialogue avec Protagoras dans le *Théétète* », dans *La Mesure du savoir. Études sur le* Théétète *de Platon*, D. El Murr (éd.), Paris, Vrin, 2013, p. 25-48.

GIANNANTONI G., « Il *Teeteto* di Platone e l'interpretazione della filosofia di Protagora », *Atti dell'Accademia di scienze morali e politiche della società nazionale di scienze, lettere e arti in Napoli* 107, 1996, p. 229-243.

HADEN J., « Did Plato Refute Protagoras ? », *History of Philosophy Quarterly* 1, 1984 (3), p. 225-240.

HEIDEMANN D.H., « Der Relativismus in Platons Protagoras-Kritik », *Méthexis* 13, 2000, p. 17-38.

HERRMANN F.-G., « Wrestling Metaphors in Plato's *Theaetetus* », *Nikephoros* 8, 1995, p. 77-109.

HUSSEY G.B., « Note on Plato's *Theaetetus* 171 D », *The Classical Review* 10, 1896 (3), p. 156.

KETCHUM R.J., « Plato's "refutation" of Protagorean Relativism : *Theaetetus* 170-171 », *Oxford Studies in Ancient Philosophy* 10, 1992, p. 73-105.

KIRWAN Ch., « Plato and Relativity », *Phronesis* 19, 1974 (2), p. 112-129.

LEE E.N., « "Hoist with his Own Petard" : Ironic and Comic Elements in Plato's Critique of Protagoras (*Tht.* 161-171) », dans *Exegesis and Argument.* Studies in Greek Philosophy Presented to Gregory Vlastos, E.N. Lee *et al.*, Assen, Van Gorcum, 1973, p. 225-261.

LONG A.A., « Refutation and Relativism in *Theaetetus* 161-171 », *Phronesis* 49, 2004 (1), p. 24-40.

MAGUIRE J.P., « Protagoras — or Plato ? », *Phronesis* 18, 1973 (2), p. 115-138.

MEJER J., « Plato, Protagoras and the Heracliteans. Some Suggestions Concerning *Theaetetus* 151 D–186 E », *Classica et Mediævalia* 29, 1968, p. 40-60.

MELE A., « Il *Teeteto* platonico tra storia e finzione letteraria », dans *Il* Teeteto *di Platone. Strutture e problematiche, op. cit.*, p. 246-255.

NEWMAN J., « The Recoil Argument », *Apeiron* 16, 1982 (1), p. 47-52.

PUSTER R.W., « Das Zukunftsargument - ein wenig beachteter Einwand gegen den Homo-mensura-Satz in Platons *Theaitetos* », *Archiv für Geschichte der Philosophie* 75, 1993, p. 241-274.

ROTONDARO S., « Qualche osservazione sulla memoria in un dialogo-memoria », dans *Il* Teeteto *di Platone. Strutture e problematiche, op. cit.*, p. 216-245.

ROWE C.J., WELBOURNE M. et WILLIAMS C.J.F., « Knowledge, Perception and Memory : *Theaetetus* 166 b », *Classical Quarterly* 32, 1982 (2), p. 304-306.

SCHILLER F.C.S., *Plato or Protagoras ?*, Oxford, Blackwell, 1908.

SEDLEY D., *The Midwife of Platonism. Text and Subtext in Plato's* Theaetetus, Oxford, Clarendon Press, 2004.

SICKING C.M.J., « Homo or Philosophus Mensura ? », *Distant Companions, op. cit.*, p. 168-182.

SILVERMAN A., « Flux and Language in the *Theaetetus* », *Oxford Studies in Ancient Philosophy* 18, 2000, p. 109-152.

TRABATTONI F., « Il pensiero come dialogo interiore (*Theaet.* 189 e 4-190 a 6) », dans *Il* Teeteto *di Platone, Strutture e problematiche, op. cit.*, 2002, p. 175-187.

WATERLOW S., « Protagoras and Inconsistency : *Theaetetus* 171 a 6-c 7 », *Archiv für Geschichte der Philosophie* 59, 1977, p. 19-36.

Sur d'autres Dialogues

BENITEZ E., « La Classification des sciences (*Philèbe* 55 c-59 d) », dans *La Fêlure du plaisir. Études sur le* Philèbe *de Platon : 1. Commentaires*, M. Dixsaut (éd.), Paris, Vrin, 1999, p. 337-364.

BRISSON L., *Le Même et l'Autre dans la structure ontologique du* Timée *de Platon. Un commentaire systématique du* Timée *de Platon*, Sankt Augustin, Academia, 1998 [3].

– « La Loi dans les *Lois* de Platon », dans *Les Doctrines de la loi dans la philosophie de langue arabe et leurs contextes grecs et musulmans, Mélanges de l'Université Saint-Joseph* 59, 2008, p. 347-358.

CASTORIADIS C., *Sur le* Politique *de Platon*, Paris, Seuil, 1999.

DELCOMMINETTE S., *L'Inventivité dialectique dans le* Politique *de Platon*, Bruxelles, Ousia, 2000.

– « La juste mesure. Étude sur les rapports entre le *Politique* et le *Philèbe* », *Les Études philosophiques*, 2005 (3), p. 347-366.

– *Le* Philèbe *de Platon. Introduction à l'agathologie platonicienne*, Leiden-Boston, Brill, 2006.

FERBER R., « Für eine propädeutsiche Lektüre des *Politicus* », dans *Reading the* Statesman, Ch. J. Rowe (ed), Sankt Augustin, Academia, 1995, p. 63-75.

GADAMER H.-G., *L'Éthique dialectique de Platon. Interprétation phénoménologique du* Philèbe, traduction par F. Vatan et V. von Schenck, Arles, Actes Sud, 1994.

HACKFORTH R., *Plato's Examination of Pleasure. A Translation of the* Philebus, *with Introduction and Commentary*, Cambridge, University Press of Cambridge, 1945.

HARTE V., « Quel prix pour la vérité ? *Philèbe* 64 a 7-68 d 3 », dans *La Fêlure du plaisir*, *op. cit.*, p. 385-401.

HAZEBROUCQ M.-F., « La Cause du mixte. *Philèbe* 26 e-28 c », dans *La Fêlure du plaisir*, *op. cit.*, p. 173-192.

KAUSCH F., « Le Privilège ontologique de la limite au sein des quatre genres du *Philèbe* », dans *La Fêlure du plaisir*, *op. cit.*, p. 155-172.

KERFERD G.B., « Plato's Noble Art of Sophistry (*Sophist* 226 a–231 b) », *The Classical Quarterly* 48, 1954, p. 84-90.

KUCHARSKI P., « La Conception de l'art de la mesure dans le *Politique* », dans *La spéculation platonicienne*, Paris – Louvain, Nauwelaerts, 1971, p. 231-257.

LA TAILLE A. (de), « Aux Portes du Bien (64 a 7-65 a 6 et l'interprétation de Gadamer) », dans *La Fêlure du plaisir*, *op. cit.*, p. 365-383.

LAFRANCE Y., « Métrétique, mathématique et dialectique en *Politique* 283 c-285 c », dans *Reading the* Statesman, *op. cit.* p. 89-101.

LANE M., *Method and Politics in Plato's 'Statesman'*, Cambridge, Cambridge University Press, 1998.

MACÉ A., *Platon, philosophie de l'agir et du pâtir*, Sankt Augustin, Academia, 2006.

MARCOS DE PINOTTI G., « Homme-mesure *versus* dieu-mesure : Traces de la polémique avec Protagoras dans les *Lois* IV », dans *Plato's* Laws : *From Theory into Practice*. Proceedings of the VI Symposium Platonicum, S. Scolnicov et L. Brisson (éds.), Sankt Augustin, Academia, 2003, p. 116-121.

MOREAU J., « Qu'est-ce qu'un sophiste ? », dans *Platon devant les sophistes*, Paris, Vrin, 1987, p. 7-17.

MUELLER I., « Remarques sur les cinq *mathèmata* chez Platon », dans *Études sur la* République *de Platon : 2. De la Science, du Bien et des mythes*, M. Dixsaut (éd.), avec la collaboration de F. Teisserenc, Paris, Vrin, 2005, p. 105-124.

NARCY M., *Le Philosophe et son double. Un commentaire de l'*Euthydème *de Platon*, Paris, Vrin, 1984.

– « La Critique de Socrate par l'Étranger dans le *Politique* », dans *Reading the* Statesman, *op. cit.*, p. 227-235.

NOTOMI N., *The Unity of Plato's 'Sophist'. Between the Sophist and the Philosopher*, Cambridge, Cambridge University Press, 1999.

ROSEN S., *Le* Politique *de Platon. Tisser la cité*, traduction par É. Helmer, Paris, Vrin, 2004.

SCOTT D., *Plato's* Meno, Cambridge, Cambridge University Press, 2006.

SOULEZ A., « Le Dire comme acte du sophiste. Ou : invention et répudiation par Platon de la pragmatique sophistique », dans *Positions de la sophistique*, *op. cit.*, p. 53-73.

TEISSERENC F., « "Il ne faut en rien être plus savant que les Lois". Loi et connaissance dans le *Politique* », *Les Études philosophiques*, 2005 (3), p. 367-383.

– *Le* Sophiste *de Platon*, Paris, Presses Universitaires de France, 2012.

TORDESILLAS A., « Le Point culminant de la métrétique », dans *Reading the* Statesman, *op. cit.*, p. 102-111.

VANCAMP B., « New Light on an Old Crux : Plato, *Philebus* 66 a 6-8 », *Classical Quarterly* 52, 2002, p. 388-390.

WOLFF F., « Le Chasseur chassé. Les définitions du sophiste », dans *Études sur le* Sophiste *de Platon*, P. Aubenque (dir.) et M. Narcy (éd.), Napoli, Bibliopolis, 1991, p. 17-52.

Sur d'autres auteurs antiques

BRANCACCI A., *Antisthène : le discours propre*, traduction par S. Aubert, Paris, Vrin, 2005.

DEMONT P., « Notes sur l'antilogie au cinquième siècle », édité par J.-M. Galy et A. Thivel, *La Rhétorique Grecque.* Actes du colloque "Octave Navarre", troisième colloque international sur la pensée antique oranisé par le CRHI les 17, 18, 19 décembre 1992 à la Faculté des Lettres de Nice, Nice, Université de Nice Sophia-Antipolis, 1994, p. 77-88.

– « Les Humeurs : une question de goût », édité par J. Jouanna et J. Leclant, *Colloque : La médecine grecque antique*, Paris, Diffusion du Boccard, 2004, p. 53-69.

DODDS E.R., *Les Grecs et l'Irrationnel*, traduction par M. Gibson, Paris, Montaigne, 1965.

GOMPERZ Th., *Les Penseurs de la Grèce. Histoire de la philosophie antique*, traduction par A. Reymond, Paris, Félix Alcan, 1904.

GOSLING J.C.B. et TAYLOR C.C.W., *The Greeks on Pleasure*, Oxford, Clarendon Press, 1982.

GOTTLIEB P., « Aristotle and Protagoras : the Good Human Being as the Measure of Goods », *Apeiron* 24, 1991 (1), p. 25-45.

TRÉDÉ M., *Kairos. L'à-propos et l'occasion (Le mot et la notion, d'Homère à la fin du IV*[e] *siècle avant J.-C.)*, Paris, Klincksieck, 1992.

VAN RIEL G., *Pleasure & the Good Life. Plato, Aristotle, & the Neoplatonists*, Leiden-Boston-Cologne, Brill, 2000.

II. Auteurs modernes

Bergson H., *Essai sur les données immédiates de la conscience*, Paris, P.U.F., 1927.

Blumenberg H., *La Raison du mythe*, traduction par S. Dirschauer, Paris, Gallimard, 2005.

Hegel G.W.F., *La Théorie de la mesure*, traduction par André Doz, Paris, Presses Universitaires de France, 1994 [2].

Husserl E., *Recherches logiques, tome I. Prolégomènes à la logique pure*, traduction par H. Élie et al., Paris, P.U.F., 1969 (1913).

Perelman Ch. et Olbrechts-Tyteca L., *Traité de l'argumentation. La nouvelle rhétorique*, Bruxelles, Éditions de l'Université de Bruxelles, 2000 [5].

INDEX DES NOMS

Auteurs anciens

Auteurs modernes

INDEX LOCORUM

TABLE DES MATIÈRES

INTRODUCTION

PREMIÈRE PARTIE
LA MESURE ET SA SCIENCE

DEUXIÈME PARTIE : *SOPHIA*, DÉMOCRATIE ET CONTRADICTION

TROISIÈME PARTIE

VERS UN AUTRE USAGE DES CONCEPTS

Achevé d'imprimer sur les presses de l'Imprimerie Moderne de Bayeux
ZI, 7, rue de la Résistance - 14400 Bayeux - Dépôt légal n° 54415 - Février 2017

Imprimé en France